Die geheimnisvollen Kräfte des Mondes

Die geheimnisvollen Kräfte des Mondes

Das große Buch der Mondphasen

NAUMANN & GÖBEL

Bildquellen

Franz X. Kohlhauf (Umschlag)
NASA, National Space Science Data Center (5, 10, 19, 20, 21, 22, 23, 24, 25, 26, 27, 28, 29, 31, 32, 33)
Archiv für Kunst und Geschichte (9, 11, 13, 15, 17, 36, 37, 39, 41, 42, 43, 44, 45, 47, 50, 51, 54, 55, 60, 63, 71)
ClipArts by CorelDRAW!

Autorin: Regine Manthey-Soolbach

Gesamtherstellung: Naumann & Göbel Verlagsgesellschaft mbH, Köln

Dieses Werk berücksichtigt die neue deutsche Rechtschreibung

ISBN 3-625-10493-8

Inhalt

Kapitel I

Dieses Kapitel gibt Ihnen einen ersten Überblick über die Bedeutung des Mondes. Sie erfahren, warum für die Menschen schon seit Urzeiten die Betrachtung der Gestirne von Bedeutung gewesen ist und warum der ewig gleiche Rhythmus des Mondes in früheren Zeiten ein wesentlicher Faktor für die grundlegenden Aktivitäten unserer Vorfahren war. Nicht nur Dichter und Lyriker erkannten die geheimnissen Kräfte des Mondes – auch für ganz alltägliche Tätigkeiten achtete man auf die Übereinstimmung mit den äußeren Gegebenheiten. Erst in letzter Zeit lässt sich die Tendenz beobachten, wieder verstärkt auf dieses überkommene und tradierte Wissen zurückzugreifen, ohne die wissenschaftlichen Aspekte außer Acht zu lassen.

Einführung

Füllest wieder Busch und Tal
Still mit Nebelglanz,
Lösest endlich auch einmal
Meine Seele ganz.

So wendet sich Goethes berühmtes Gedicht »An den Mond«. Es spricht vielen, ja uns allen aus der Seele: Wer hätte noch nie die besänftigende Wirkung einer Mondnacht erlebt, wer nicht gespürt, wie irdische Sorgen unter dem bestirnten Himmel leicht werden? Die Nacht, die uns die Weite des Alls und unsere eigene Nichtigkeit fühlbar macht, richtet den Menschen zugleich auf: Wer außer ihm kann diese Unendlichkeit geistig erfassen, wer sonst vermag mit ihr und über sie ins Gespräch einzutreten?

So lange es Menschen gibt, haben sie ihre Augen zum Himmel gerichtet und nach Zeichen gesucht für künftiges Wetter, für das, was das Schicksal bringen wird, für den Willen der Götter oder des Gottes. Der Vogelzug und die Wolken, der Mond und die Sonne, die Wandelsterne (Planeten) und die scheinbar unverrückbaren Gestirne (Fixsterne) waren und sind ihre Weiser. Ganz konkret gilt das für das Pfadfinden im Unwegsamen, ob auf See oder in der Wüste, im übertragenen Sinn bedeutet es Jahrtausende des Sammelns von Erfahrung mit dem, was uns der Himmel rät. Nicht Astrologen, nicht Sonnengötter können uns die

Darstellung der Luna Buchminiatur aus dem Kodex De Sphaera, 15. Jahrhundert

freie Entscheidung abnehmen, ihre Hinweise aber zu ignorieren, wird stets zu falschen, wenn nicht verhängnisvollen Entschlüssen führen.

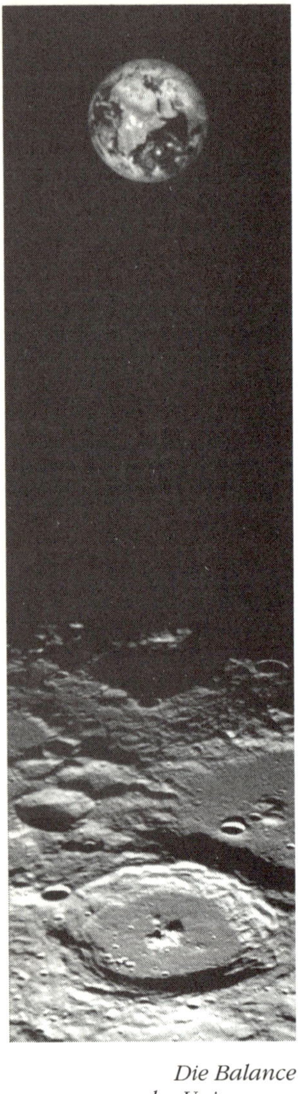

Die Balance des Universums

Auf diesen Nenner lassen sich die Lehren bringen, die in unzähligen Generationen aus der Beobachtung des Himmels gezogen worden sind. Denn so viele Kulte und Kulturen sich auch dem Deuten der himmlischen Zeichen gewidmet haben, sie sind zu verblüffend ähnlichen Ergebnissen gekommen. Wenn uns Regen und Wind, Ebbe und Flut, Jahres- und Tageszeiten – also vergleichsweise winzige Einflüsse – so gebieterisch vorschreiben, wann zu säen und wann zu ernten ist, wie wir bauen und was wir anziehen sollen, dann soll das Firmament ohne Wirkung auf unseren Alltag sein? Eine absurde Vorstellung.

Dass die Sonne alles Gedeihen steuert, dass die Gezeiten mit der Mondstellung zusammenhängen, dass Nacht- und Taggestirn in ewig gleichem Rhythmus auf die Erde einwirken, das haben schon die Frühmenschen erkannt. Die Folgerung, dass das, was »über« Sonne und Mond steht, dass also die Sterne ihrerseits die beiden Zentrallichter der Erde beeinflussen und damit auch diese und uns – diese Folgerung wurde schon in vorgeschichtlicher Zeit gezogen. Eine dieser Wirkungen ist längst auch wissenschaftlich dingfest gemacht: die Gravitation, die Sonnen- und Sternsysteme, ja das ganze Universum in Balance hält.

Natürlich spielten Sonne und Mond in den Religionen der ersten Hochkulturen eine besondere Rolle als personifizierte Götter. Schon ihre enorme Größe verglichen selbst mit den hellsten Sternen sicherte ihnen diese Sonderstellung, trug aber – freilich wesentlich später – zugleich zu einer gewissen »Verweltlichung« bei. Den gigantischen Feuerball der Sonne mit ihrer glühenden Macht betraf das weniger. Der Mond aber verlor durch die forschende Betrachtung mit wachsenden astronomischen Kenntnissen und spätestens seit dem Besuch der ersten Menschen scheinbar seine Geheimnisse, seine Größe am Himmel wurde als relative Nähe zur Erde »entlarvt«. Mit Berechnungen seiner Dichte und Entfernung auf Kilo- und Millimeter, mit der Erforschung seines Aufbaus und seiner Oberflächenstruktur, glaubte der moderne Mensch, alle Rätsel seiner Wirkung gelöst zu haben und verschrottete uraltes Wissen gerade über die nächste und zugleich mächtigste kosmische Quelle irdischer Rhythmen.

»Der vierte Engel der Apokalypse, der Adler, die Sonne und der Mond«, Buchmalerei, französisch, Mitte des 11. Jahrhunderts

Die klassische Astrologie erfreut sich bis heute hoher Achtung und hier soll auch beileibe nicht an diesem Image gekratzt werden. Im Gegenteil: Der Mond, unser nächster Nachbar im All, soll – wieder – eingebunden werden in die Gesamtschau. Auch geht es nicht um Ablehnung der Erkenntnisse der modernen Mondastronomie. Ebenfalls im Gegenteil: Wir wissen viel und eben darum, dass wir viel zu wenig wissen. Selbst einfache Effekte lassen sich nicht restlos erklären, wie viel weniger die umfassende, innige Verflochtenheit des Menschen mit seiner nächsten kosmischen Umgebung. Vergessenes gilt es daher wieder zu erinnern, Verschüttetes zu heben, das neben dem Vermess- und Analysierbaren »gewusst« worden ist und wieder verdient, ernst genommen zu werden. Kein Mensch käme auf die Idee, die Poesie vergangener Zeiten für überholt zu halten; wir lesen mit hohem Gewinn unsere wenige Jahrhunderte jungen Klassiker ebenso wie die Jahrtausende alten griechischen Philosophen.

Der Weg der Erkenntnis – Innere Wahrheiten

Und die Mediziner berufen sich bis heute sogar ganz bewusst auf den Eid des Hippokrates, obwohl er schon vor 2500 Jahren formuliert wurde. Neues Wissen muss altes nicht verdrängen, sondern soll es ergänzen und sollte vor allem zu der Erkenntnis führen, dass der Berg des Unerklärlichen immer schneller wächst, als Forschung ihn je zu ersteigen vermag. Wir bleiben heute und in Zukunft angewiesen auf einen Erfahrungsschatz, der nicht im Labor gewonnen wurde, der sich aber im Leben bewährt hat. Dazu gehört vor allem die Erneuerung der Bekanntschaft mit den schon mehrfach erwähnten Rhythmen des Lebens, die zu einem hohen Maße vom Mond regiert werden.

Natürlich sind nicht alle Mythen und Märchen über den Mond »wahr«. Den »Mann im Mond« etwa haben die amerikanischen Astronauten nicht getroffen, in den »Mondmeeren« ist auch keiner ertrunken, und die bleiche Scheibe als Gott anzubeten, besteht ohnehin keinerlei Anlass.

Deswegen bietet Ihnen dieses Buch zu Beginn erst einmal eine Übersicht über das, was die Wissenschaft bisher über den Erdtrabanten herausbekommen hat. Nein, Sie brauchen keinen Kursus in Astrophysik zu befürchten, doch ein bisschen Aufmerksamkeit werden Sie schon brauchen. Oder könnten Sie auf Anhieb erklären, warum die Erde von jedem Punkt der Mondvorderseite aus gesehen stets an derselben Stelle am Himmel steht?

Frontispiz zu Jules Verne, »Die Reise um den Mond«, Illustration von R. Grünberg, um 1890

So gerüstet lassen sich mit dem nötigen Abstand die fesselnden religiösen und poetischen, die künstlerischen und mythischen Annäherungen an den Mond im nächsten Kapitel studieren. Sie sind, wie gesagt, nicht »wahr« im Sinne einer platten Realitätswahrnehmung. Wie viel innere Wahrheit aber in ihnen steckt, werden Sie schon an sich selbst erfahren haben und in den späteren Abschnitten des Buches noch lesen. Ob Beethovens »Mondscheinsonate« erklingt, ob der Mond über Caspar David Friedrichs »Schwänen im Schilf« leuchtet, ob der tausende von Jahren alte mesopotamische Mythos vom »Mondbaum« raunt oder ob der altrömische Schriftsteller Plutarch die »vollkommene Weisheit« des Mondes preist – etwas in uns schwingt mit, gibt Antwort auf Reize, die zu den ältesten Erinnerungen der Menschheit gehören.

Durchaus auch wissenschaftlich anerkannt, obschon in vielen Wirkmechanismen (noch?) nicht hinreichend zu erklären, sind mondabhängige Rhythmen in der Natur. Den Einfluss auf das Steigen und Fallen der Weltmeere kennt jeder. Wissen Sie aber auch, dass die Häufigkeitskurve begangener Straftaten verblüffende Parallelen zu den Mondphasen aufweist? In der Natur wird an vielen Prozessen ein Zusammenhang mit dem Lauf des Mondes deutlich. Was in Jahrtausenden der Beobachtung darüber an Kenntnissen gesammelt wurde, wie der zunehmende, wie der volle Mond wirkt, was in welchen Zeiten am besten zu erledigen ist und was man lieber auf einen anderen Termin verschieben sollte, erfahren Sie im dritten Abschnitt. Er bildet die natürliche Brücke zum Hauptteil des Buches.

Freundschaft mit dem »guten Mond«

Hier geht es um ganz persönliche Dinge. Sie können darin an Hand des Mondkalenders im Anhang nachschlagen, welche Kräfte zur Stunde ihrer Geburt oder bei der Geburt Ihres Partners, ihrer Kinder und Freunde prägend waren. Nachdem Sie im vorigen Abschnitt gesehen haben, welcher Zeitpunkt für welche Vorhaben günstig ist, genügt bei konkreten Plänen ein Blick in den Mondkalender zur Prüfung, ob die Zeichen auf Erfolg, auf Abwarten oder gar auf Sturm stehen. Zentrales Thema aber ist der Einfluss des Geburtsmonds auf Gesundheit und Partnerschaft, auf Hobby und Beruf, auf Charakterzüge und Ernährung. Dieser Einfluss mischt sich natürlich mit dem des Lebensalters, mit dem der persönlichen Lebenssituation und mit vielfältigen Umweltfaktoren. Die Skizzen sollen Sie daher nicht etwa etikettieren oder gar abstempeln, sondern Ihnen sagen, wozu Sie neigen, wo gegenzusteuern und was zu fördern ist.

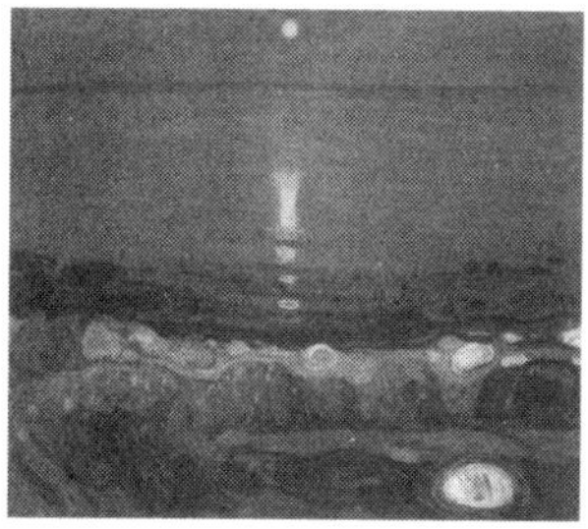

Edvard Munch (1863 – 1944), »Eine Sommernacht am Strand«

Manche Aussage wird Ihnen womöglich kühn, wenn nicht abwegig vorkommen. Ehe Sie aber den Kopf schütteln, beobachten Sie genau, was wann geschieht, wann was gelingt oder misslingt, und Sie werden zwar keine hundertprozentige, aber eine deutliche Übereinstimmung mit den von altersher überlieferten Zusammenhängen mit dem Gang des Mondes feststellen. Eingangs wurde Goethe bemüht als Zeuge für die psychischen Wirkungen des Lichtes der Nacht. Sie reichen weit in die Tiefe der Seele, die als wohltuend empfindet, was der Dichter in der nächsten Strophe sagt:

Breitest über mein Gefild
Lindernd deinen Blick,
Wie des Freundes Auge mild
Über mein Geschick.

Diese Freundschaft mit dem »guten Mond« will unser Buch vertiefen.

Kapitel II

Keine Angst – in diesem Kapitel erwartet Sie kein Kursus in Astrophysik! Dennoch erscheint es wichtig, sich dem Mond auch von der wissenschaftlichen, akademischen Seite her zu nähern. Noch lange nicht sind hier alle Geheimnisse erforscht, alles Unerklärliche ergründet. Trotzdem hat sich durch die unbemannte und bemannte Raumfahrt das Verhältnis zum »Mysterium Mond« wesentlich aufgeklärt. Die rationale und fachwissenschaftliche Betrachtungsweise kann dabei durchaus als Basis dienen, warum der Einfluss des Mondes auf die Erde notwendigerweise auch die auf dieser Erde lebenden Menschen betreffen muss.

Ein bemerkenswertes Gespann

Von kosmischen Dimensionen hatten die Menschen lange keinerlei Vorstellung. Da der Mond die Sonne verfinstern kann und umgekehrt, hielten sie beide Himmelslichter für gleich mächtig, sahen in ihnen göttliche »Geschwister« oder ein himmlisches »Ehepaar«. Was die Sonne dabei an Leuchtkraft voraus hatte, bot der Mond durch seine erstaunenliche Wandlungsfähigkeit. Dass zwischen beiden ein Größenverhältnis wie Kürbis zu Sandkorn bestehen könne, dämmerte den Astronomen erst mit der Erkenntnis, dass gar nicht die Erde, sondern die Sonne das Zentralgestirn des ganzen Systems ist. Eine schmerzliche Einsicht und mit dem Selbstverständnis des Menschen als »Krone der Schöpfung« und »Ebenbild Gottes« nur schwer zu vereinbaren. Entsprechend beharrlich war vor allem der kirchliche Widerstand dagegen.

Wilhelm Kranz, »Ideale Landschaft auf dem Monde bei Sonnenaufgang«, um 1905

Bis das neue Weltbild daher ins allgemeine Bewusstsein drang, vergingen noch einige Jahrhunderte, und selbst heute würde den meisten der Beweis schwer fallen, dass nicht die Sonne aufgeht, sondern dass die Erde eine Kugel ist und sich dreht. Mit dem Mond und seinen Phasen haben wir es etwas leichter, weil wir von außen zuschauen und sie in Beziehung zum Sonnenstand setzen können.

Kaum mehr als eine Lichtsekunde weit weg

Dass wir den Mond so gut kennen, liegt an seiner geringen Entfernung von der Erde. Und eben wegen dieser Nähe erscheint er ja auch so groß am Himmel, obwohl alle anderen mit bloßem Auge sichtbaren Lichter dort oben vielfach, ja oft tausendfach größer sind als er. Bloß sind sie halt ebenso viel weiter weg: Schon die Distanz von der Erde zur Sonne beträgt das 400-fache.

In Zahlen sieht das Verhältnis zwischen Erde und Mond so aus: Durchschnittlich umrundet (genauer: umeiert) uns der Mond in 384.400 km Entfernung. Ein exzellenter Wanderer könnte ihn also in rund 20 Jahren erreichen (bei 50 km Tagesleistung), per Rennauto wäre man (ohne Tank-, Schlaf- oder sonstige Pausen) frühestens in 100 Tagen da, und selbst die von Raketen ins All geschossenen Raumschiffe brauchten noch vier Tage.

Das Licht erreicht den Mond hingegen in einem Wimpernschlag: 1,28 Sekunden (zur Sonne 8,5 Minuten) dauert sein »Flug«. Man sagt daher: Der Mond ist durchschnittlich 1,28 Lichtsekunden von uns entfernt. Durchschnittlich heißt: Die Entfernung schwankt, weil der Mond keinen genauen Kreis, sondern eine eiförmige (elliptische) Bahn um die Erde beschreibt. Mal nähert er sich bis auf 356.500 km, dann wieder geht er 406.700 km auf Distanz. Deswegen erscheint uns die Vollmondscheibe verschieden groß, ihr scheinbarer Durchmesser differiert um ein Siebentel. Kommt es bei Erdferne zu einer Sonnenfinsternis, ist sie daher ringförmig, das heißt der Sonnenrand ist rings um den bedeckenden Mond noch zu sehen; bei Erdnähe des Mondes verschwindet die Sonne ganz und wir haben eine totale Sonnenfinsternis. Dazu weiter unten Genaueres.

Und groß ist der Mond nach kosmischen Maßstäben auch nicht: Er erreicht mit 3.474 km nur etwas mehr als ein Viertel des Erddurchmessers und hat also nicht einmal 10 Prozent der Oberfläche (etwas größer als Afrika). Etwa 50 Mondbälle könnte man in die Erde füllen und die Masse des Mondes beträgt bei einer Dichte von 3,3 g/ccm (Erde 5,5) sogar nur 1/81 der Erdmasse, so dass die Schwere auf der Mondoberfläche nur ein Sechstel von der ausmacht, der wir auf Erden ausgesetzt sind. Deswegen konnten sich die Astronauten auf dem Mond trotz ihrer schweren Raumanzüge relativ leicht bewegen. Ein guter Springer ohne solche Last käme dort oben auf Weiten von 30 Metern und mehr. Und doch ist der Mond groß, nämlich im Verhältnis zu dem Himmelskörper, den er umkreist. Da ist er sogar der zweitgrößte: Nur der Mond Charon, der den äußersten Planeten Pluto begleitet, erreicht sogar 50 Prozent (1.200 km) von dessen Durchmesser. Sonst hat keiner der zahlreichen Monde im Sonnensystem verglichen mit seinem Planeten ein solches Gewicht wie der unsere.

Der ständige Begleiter der Erde

Am Gängelband

Keiner außer Charon hat mithin auch solchen Einfluss auf seinen Partner wie der Mond auf die Erde. Man spricht daher bei diesem bemerkenswerten Gespann auch vom Doppelplaneten Erde-Mond. Dabei bringt der Mond eine ziemliche Unwucht in die Umlaufbahn der Erde. Sie geht ihren Weg nicht gerade um die Sonne, sondern in einer ganz leichten Schlangenlinie, weil der Mond sie einmal nach der einen, einmal nach der anderen Seite zieht. Und so erzeugt er auch Ebbe und Flut – doch dazu mehr im Kapitel IV, wo es um die mondgesteuerten Rhythmen auf Erden geht. Umgekehrt bestimmt die Erde natürlich fast gänzlich die Bahnbewegung des Mondes, den sie so fest am Gängelband hat, dass er uns stets die gleiche Seite zuwendet.

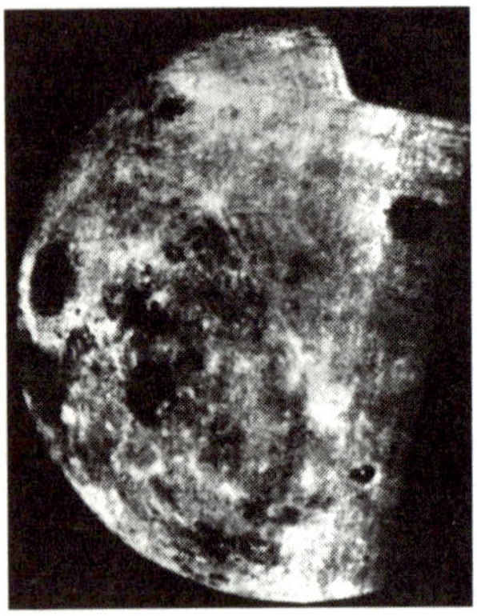

Das erste Bild der Rückseite des Mondes, aufgenommen 1959 von der russischen Luna-3-Mission

Für einen Umlauf um die Erde braucht der Mond 27,3 Tage. Genauso lange dauert seine eigene Drehung um sich selbst, so dass wir immer nur eine Seite sehen. Die Wissenschaftler nennen das »gebundene Rotation«, daher das Bild vom »Gängelband«. Wegen gewisser Unregelmäßigkeiten in der Mondbewegung, Libration genannt, und durch wechselnde Beobachtungsorte waren vor Beginn der Raumfahrt bereits 59 Prozent der Mondoberfläche bekannt. Von der Rückseite des Mondes wussten wir nichts. Erstmals funkte die russische Sonne Luna 3 im Oktober 1959 Bilder von ihr zur Erde, allerdings hatten die Kameras noch ein so geringes Auflösungsvermögen, dass nur sehr große Objekte zu erkennen waren.

Sie tragen seitdem russische Namen, während die kleineren Landmarken, die erst während der amerikanischen Mondmissionen im Rahmen des »Apollo«-Programms genau kartiert wurden, nach internationalen Wissenschaftlern benannt sind. Natürlich hatte niemand erwartet, dass es »hinten« auf dem Mond wesentlich anders aussehen könne als auf der uns zugewandten Seite. Und doch: Die schon mit bloßem Auge sehr gut zu erkennenden »Meere« (lateinisch »Maria«, Mehrzahl von »Mare« = Meer), große dunkle Flecken auf der Vorderseite, fehlen dort weit gehend. Nur das vergleichsweise kleine »Mare Sovieticum« unterbricht die helle Kraterlandschaft. Die Frage, warum das so ist, führt zu den Überlegungen, wie denn der Mond entstanden und wie die Erde zu diesem Begleiter gekommen sein mag.

Eingefangen oder abgespalten?

Wie alle Himmelskörper ballte sich auch der Mond aus rotierenden kosmischen Gas- und Staubwolken zu einer glühendflüssigen Kugel. Das geschah wie bei der Erde vor rund 4,5 Milliarden Jahren. Gehörte der Mond aber zunächst zu einer gemeinsamen Wolke mit der Erde und bildete sich gleichzeitig mit ihr? Oder löste er sich wie ein Tropfen aus dem glühenden Erdball? Oder entstand er woanders und geriet durch Zufall ins Schwerefeld des Planeten, wurde also eingefangen? Oder ist er Ergebnis einer kosmischen Katastrophe, bei der er durch Kollision mit einem anderen Himmelskörper aus der Erde herausgeschlagen wurde? Alle vier Hypothesen haben Anhänger und gute Gründe gibt es ebenfalls für alle. Selbst die Mondflüge haben keinen endgültigen Aufschluss darüber gebracht. Immerhin wissen wir seitdem, dass der Mond wie die Erde einen heißen Kern hat.

Mondgesteins-Felsbrocken in der Fra-Mauro-Region

Und das hatte Folgen für die heutige Mondlandschaft: Zum einen modellierten daran lange Vulkanismus und Mondbeben, durch die eine ganze Reihe von Rinnen und Verwerfungen zu erklären sind. Zum anderen war der Mond nach Erkalten der Oberfläche einem ständigen, in der Frühzeit vor 4 bis 3,5 Milliarden Jahren besonders heftigen Bombardement mit Gesteinsbrocken aller Kaliber ausgesetzt. Darunter waren so große, dass sie ausgedehnte Narben hinterließen, unter denen die Kruste besonders dünn war. Wo sie gar brach, trat aus dem Inneren des Mondes Magma aus und füllte die so entstandenen Becken. Es gerann zu den dunklen »Meeren« – insofern ist der Name gar nicht so abwegig –, die das uns zugewandte Gesicht prägten. Inzwischen nämlich hatte der Meteoriteneinschlag nachgelassen, so dass nur noch vereinzelt Krater die »Meere« zernarbten. Vielleicht hat die Erdanziehung das Austreten von Magma auf dcr uns zugckchrten Seite gefördert – daher erklären sich möglicherweise die wenigen »Meere« auf der Rückseite.

Der Südpol des Mondes

Kein Wasser, keine Luft, kein Leben

Einige der größeren späteren Einschläge konnten die immer dickere und festere Kruste dann nicht mehr gefährden. Sie wirbelten nur ungeheuer viel Staub auf, der strahlenförmig um die Aufprallstelle wieder herabfiel.

Diese Strahlenkrater, z. B. »Tycho« und »Kepler«, sind als die jüngsten Züge im Mondantlitz von der Erde aus mit bloßem Auge oder doch schon mit einem Opernglas zu sehen; sie sind allerdings auch schon hundert und mehr Millionen

Jahre alt. Die helleren Gebiete (»Hochländer«) bestehen aus zahllosen solcher, freilich meist wesentlich älterer Krater, deren Wälle bis zu 6 km, vereinzelt bis zu 10 km aufragen. Das Gelände ist an den meisten Stellen extrem zerklüftet, weil keinerlei Erosion die Ecken und Kanten abgeschliffen hat. Wasser und Luft, und damit Vegetation und Wetter, die die irdischen Landschaften ständig verändern, fehlen. Seit fast drei Milliarden Jahren hat sich fast nichts mehr auf dem Mond getan.

Der erste Mensch auf dem Mond

Erst in den letzten Jahrzehnten passierte wieder allerlei: Von der Erde kamen zunächst unbemannte Sonden und dann kam der Mensch selbst in diese lebensfeindliche Wüstenei. Dahinter stand ein irdischer Kampf der Giganten, die im Atomzeitalter ihre Rivalität nicht mehr kriegerisch ausfechten konnten: Die kommunistische Sowjetunion hatte die kapitalistischen Vereinigten Staaten herausgefordert und ihnen in der Raumfahrt schwere Niederlagen beigebracht: Der erste künstliche Erdsatellit war ein sowjetischer (1957), als Erster umkreiste ein Russe die Erde in einer Raumkapsel (1961) und sowjetische Sonden erreichten als Erste den Mond (1958) und fotografierten die Mondrückseite (1959).

»Ein kleiner Schritt für einen Menschen, aber ein großer Sprung für die Menschheit«

Das stachelte die USA zu einer beispiellosen Kraftanstrengung an: Präsident Kennedy verkündete 1961, dass noch vor Ablauf des Jahrzehnts ein Amerikaner den Mond betreten werde.

Der Zeitplan wurde eingehalten. Nachdem mit Apollo 8 erstmals ein bemanntes Raumschiff den Mond umrundet hatte (Weihnachten 1968), löste sich am 20. Juli 1969 beim Unternehmen Apollo 11 vom Mutterschiff »Columbia« die Landefähre »Eagle« (Adler) in der Mondumlaufbahn und schwebte mit zwei Mann hinab zur lunaren Geröllwüste. Dort setzte Kommandant Neil Armstrong die Fähre im »Meer der Ruhe« (Mare Tranquillitatis) auf und funkte an die Bodenstation im texanischen Houston: »Der Adler ist gelandet.« Heute klingt das so einfach, damals aber wusste kein Mensch, ob der Boden des Mondes überhaupt trüge. Es gab allerlei Spekulationen, dass die Fähre in metertiefem Staub versinken könne. Und dann die zahllosen Brocken, die überall herumliegen. Würde sich überhaupt eine genügend ebene Stelle finden lassen?

Der Landeplatz der »Eagle« im südwestlichen Teil des Mare Tranquillitatis

Das Problem hätte beinahe zum Scheitern des Unternehmens geführt: Die vorgesehene Landestelle erwies sich als ganz ungeeignet. Armstrong musste per Handsteuerung darüber hinweg segeln und einen neuen Platz suchen, den er mit den letzten Tropfen Treibstoff dann ein paar hundert Meter weiter auch fand. Als die Triebwerke abgeschaltet waren, konnten sich die Männer auf ihren Mond-»Spaziergang« vorbereiten.

Nach wenigen Stunden betrat Armstrong am 21.7. um 4.30 Uhr MEZ den Erdtrabanten und kommentierte den Abstieg von der letzten Leiterstufe auf den Mondboden mit den von Millionen Menschen an den Fernsehschirmen in aller Welt mitgehörten Worten: »Ein kleiner Schritt für einen Menschen, aber ein großer Sprung für die Menschheit.« Ihm folgte Edwin Aldrin. Sein Foto im Raumfahrtlook mit klobigem Helm, in dem sich Landfähre und Landeplatz spiegelten, wurde erster lunarer Schnappschuss.

Der zweite Mensch auf dem Mond

Dann nahmen die beiden Haltung an, von der Erde meldete sich US-Präsident Nixon und sprach den Mondfahrern seine Anerkennung aus. Das angeknackste Image des »Landes der unbegrenzten Möglichkeiten« war wieder hergestellt. Die Astronauten machten sich an die Arbeit, sammelten Gesteinsproben, stellten Messgeräte – und eine amerikanische Fahne, versteht sich – auf und machten den Rückkehrteil der Landefähre klar zum Rückflug.

Wie ein Korken aus der Champagnerflasche schoss die Restfähre empor – das spinnenbeinige Untergestell blieb im öden »Meer der Ruhe« zurück –, als die Raketen zum Rückstart in die Mondumlaufbahn zündeten.

Mit einem gigantischen Teleskop hätte man den Feuerstrahl von der Erde aus sehen können, denn die Landung war sechs Tage nach Neumond erfolgt, so dass im »Mare Tranquillitatis« Mondmorgen herrschte, also erstes Viertel des zunehmenden Mondes.

Wechselbad der Temperaturen

Die Astronauten im »Meer der Ruhe« hatten sich nicht beeilen müssen, vor dem Mondabend fertig zu werden, denn dort oben steht wegen der langsamen Eigenrotation des Mondes jede Stelle 14 Tage lang im Sonnenlicht und nur alle 29,5 Tage erlebt man einen Sonnenaufgang. Dabei werden Oberflächentemperaturen von plus 120°C erreicht, die in der folgenden zweiwöchigen Nacht auf minus 150°C absinken. Daher auch die Wahl des Mondmorgens als Landezeit, denn dann ist der Boden nicht mehr eisig, aber auch noch nicht glutheiß. Wenn die Männer Eile hatten, dann wegen der schwindenden Vorräte an Sauerstoff, der auf dem Mond ja nicht vorhanden ist, und wegen der begrenzten Energiemengen zur Kühlung und für den Funkbetrieb. Sie hüpften daher hastig wie Kängurus durch den Wüstensand ihres »Meeres«, in dem die geriffelten Fußspuren noch in Jahrmillionen zu sehen sein werden. Es sei denn, der Mensch kolonisiert den Mond und überbaut solche Spuren. Doch das ist noch kaum hörbare Zukunftsmusik, weil jedes Gramm Atemluft und jeder Tropfen Wasser auf den Mond gebracht werden müsste, wenn dort Menschen arbeiten sollten.

Die unvergängliche Spur des Menschen auf dem Mond

In der Mondumlaufbahn wartete Michael Collins im Mutterschiff auf die zurückkehrenden Kollegen. Er hatte mehrmals den Mond umkreist und hinreichend Gelegenheit, die Mondrückseite zu bewundern. Nichts aber war das gegen das überwältigende Gefühl, das die kühnen

Männer in ihren fliegenden Raumkisten und inmitten der hellen Trost- und Leblosigkeit des »Mondmeers« erfasste, wenn sie über dem Mondhorizont das blaue Juwel der Erde mit ihren treibenden Wolkenschleiern aufgehen (Collins bei den Mondumrundungen) oder fest an den Himmel gebannt sahen, wie es für die Männer auf der Mondoberfläche schien. Sie zeigt ja der Erde immer dieselbe Gegend und daher scheint die Erde ortsfest darüber zu stehen.

Die aufgehende Erde über dem Mondhorizont

Quarantäne für die Heimkehrer

12 Menschen waren bei 6 Apollo-Missionen in den 70-er Jahren auf dem Mond, einige sogar mit einem Elektroauto. Die Mission Apollo 13 scheiterte wegen eines Lecks im Versorgungsteil; die Mannschaft umflog nur den Mond und kehrte ohne Mondstopp auf die Erde zurück.

Nur die Raumfahrer der ersten Mission Apollo 11 mussten nach der Rückkehr mehrere Wochen in Quarantäne; man wollte ganz sicher gehen, dass sie keine Mondkeime oder -gifte einschleppten. Wie erwartet aber zeigten sich keinerlei Spuren extraterrestrischen Lebens. Seitdem die Astronauten von Apollo 17 als vorerst letzte im Dezember 1972 am Rande des Tauros-Litrow-Gebirges auf dem Mond ihre Spuren hinterlassen haben, betrachten wir den großen Begleiter der Erde wieder vornehmlich von ihr aus. Die Besuche bei ihm haben ihm nichts von seiner Schönheit und von der Schönheit des Schauspiels seiner wechselnden Gestalt genommen.

Kleine Mond-Astronomie

Auch die Erde durchläuft, wie der Mond von uns aus gesehen, aus der Mondsicht Phasen, weil sich auch ihre Stellung zur Sonne verändert: Vollerde, Halberde, Neuerde. Und sie zeigt dabei in raschem Wechsel dem Betrachter auf dem Mond ihre Kontinente und Meere, weil sie sich in 24 Stunden einmal um sich selbst dreht. Ihre scheinbare Größe am Mondhimmel übertrifft die des irdischen Vollmonds erheblich. Die Phasen entstehen wie beim Mond durch die unterschiedliche Ausleuchtung der Kugel durch die Sonne. Mond und Erde leuchten ja nicht selbst, sondern reflektieren das Sonnenlicht. Auf dem Mond sieht man daher die Erde zunehmen und schwinden, wie auf der Erde den Mond, nur steht die Erde dabei still, während der Mond alle 24 Stunden einmal das irdische Firmament überquert, weil sich die Erde unter ihm wegdreht.

Die verschiedenen Zonen des Mondes

Dabei sieht er nach jedem neuen Aufgang ein wenig anders aus, rundet sich allmählich bis zur Vollmondkugel und speckt dann wieder ab bis zur Unsichtbarkeit in der Neumondphase. Sie tritt immer am Tage ein, weil Mond und Erde dann in einer Reihe zur Sonne stehen, so dass wir den Mond (außer bei Sonnenfinsternissen, s. u.) nicht sehen können. Nach Neumond zeigt sich die schmale Sichel des wieder zunehmenden Mondes gleich nach Sonnenuntergang links (auf der Südhalbkugel der Erde rechts) am Osthimmel, wo Mond wie Sonne aufgehen. Der äußerste rechte Rand ist dann erleuchtet (auf der Südhalbkugel der Erde der linke), weil die untergegangene Sonne den Mond von Westen anstrahlt. Nacht für Nacht wird der beleuchtete Teil größer; nach sieben Tagen scheint ein halber Mond auf die nächtliche Erde, das erste Viertel seines Laufs um die Erde ist beendet. Hat er das zweite Viertel durchlaufen, ist Vollmond, denn dann steht die Sonne genau hinter der Erde und beleuchtet die gesamte Mondvorderseite. In den nächsten Tagen geht es im gleichen Tempo wieder rückwärts über den abnehmenden Halbmond (3. Viertel) bis zum Neumond (s. o.), mit dem das letzte Viertel endet.

Bei der Inszenierung des Schauspiels am Himmel wirkt auch ein »schräger« Grund mit: Die Bahn, die ein Himmelskörper um einen anderen beschreibt, lässt sich als Scheibe betrachten. Die Bahn der Erde um die Sonne bildet eine solche elliptische Scheibe; die Astronomen nennen sie die Ekliptik. Sie ist dafür verantwortlich, dass der Beobachter auf der Erde die Sonne am Himmel im Verlauf eines Jahres durch die 12 Zeichen des Tierkreises wandern sieht. Die ebenfalls nicht ganz runde Scheibe der Mondbahn um die Erde schneidet die Ekliptik, denn sie ist gegen diese geneigt oder einfacher ausgedrückt: Sie steht schräg dazu. Der Neigungswinkel ist mit 5,15 Grad nur klein, aber ausreichend, uns den Vollmond zu bescheren. Läge nämlich die Mondbahn exakt auf der Ekliptik, hätten wir statt der runden Nachtleuchte jedes

Das Prinzip von Fliehkraft und Anziehung

Mal eine Mondfinsternis und bei Neumond immer eine Sonnenfinsternis am Äquator.

Partiell, ringförmig total – die Finsternisse

Stellt man einen Gegenstand ins Licht, wirft er einen Schatten. Das ist mit kosmischen Gegenständen nicht anders. Die nicht selbst leuchtenden Körper von Mond und Erde erzeugen einen von der Sonne abgewandten Schatten. Verliefen beider Bahnen in derselben Ebene gerieten sie bei jedem Umlauf einmal in den Schatten des anderen. So aber läuft der Mond in den Vollmondstellungen mal unter dem Erdschatten durch, mal über ihn hinweg. Nur wenn genau zu dem Zeitpunkt Vollmond herrscht, wenn der Erdtrabant die Ekliptik schneidet, verschwindet er für eine Weile im Erdschatten und wir haben eine totale Mondfinsternis. Selbst dann ist der Mond nicht ganz unsichtbar, denn durch die Erdatmosphäre erreicht ihn ein schwacher Schimmer, der ihn sanft kupferrot erleuchtet. Manchmal streift der Mond den Erdschatten nur, dann verfinstert er sich nur zum Teil und man spricht von einer partiellen Mondfinsternis.

Die nächsten totalen Verfinsterungen: 21.1.2000 um 21.21 Uhr, 16.5.2003 um 4.40 Uhr, 9.11.2003 um 2.19 Uhr, 4.5.2004 um 21.20 Uhr, 28.10.2004 um 4.04 Uhr (MEZ bei Finsternismitte)

Zu diesen Zeiten wird es in der Vollmondnacht überall dort auf der Erde dunkel, wo der Mond dann über dem Horizont steht. Verfinstert sich aber die Sonne oder genauer: wird sie vom Mond verfinstert, ist dies nur in einem schmalen Korridor von maximal 200 km Breite zu sehen. Weil die scheinbare Größe von Mond und Sonne am Himmel annähernd gleich ist, kann die Mondscheibe die Sonne für einen Beobachter, der sich im Kernschatten des Mondes befindet, ganz verdecken und es kommt zu einer totalen Sonnenfinsternis. Das ist aber nur dann der Fall, wenn der Mond zu diesem Zeitpunkt in Erdnähe steht. In Erdferne reicht seine scheinbare Größe nicht mehr aus, so dass ein leuchtender Sonnenring während der bis zu sieben Minuten andauernden Finsternis um die Mondscheibe sichtbar bleibt. Dann spricht man von einer ringförmigen Sonnenfinsternis.

Viel häufiger sind natürlich partielle Sonnenfinsternisse, bei denen der Mond nur einen Teil unseres Zentralgestirns bedeckt. Doch auch die totalen Finsternisse kommen öfter vor, als es die Angaben für einen bestimmten Ort vermuten lassen. So werden etwa die Hamburger erst am 7. Oktober 2135 wieder in den Genuss eines solchen Schauspiels kommen. Sie brauchen aber nur am 11. August 1999 nach Stuttgart zu reisen, wo der Kernschatten des Mondes dann genau zur Mittagszeit (Finsternismitte um 12.03 Uhr) den Tag zur Nacht machen wird. Zunächst dämmert es fahl, dann kommt Wind auf, es wird rasch drastisch kälter und schließlich stockfinster, die Tiere verkriechen sich ängstlich und auch gut informierte Menschen können sich eines leichten Grauens in dieser Weltuntergangsstimmung kaum erwehren. Ein Reiz ganz eigener Art, der einen regelrechten Finsternistourismus ausgelöst hat. Heute jetten ganze Reisegruppen in die entle-

Wenn der Mond die Erde verfinstert ...
Totale Sonnenfinsternis vom 24. Oktober 1995

gensten Gegenden der Welt, um dabei zu sein, wenn die Sonne erlischt und mitten am Tag der Sternhimmel wegen der tiefen Dunkelheit besonders prächtig erglänzt.

Noch eine »Schräge«

Zur Erklärung des Mondstandes über dem Horizont brauchen wir noch eine dritte Ebene und auch die ist »schräg«: Zieht man parallel zum Äquator der Erde einen Kreis am Himmel, erhält man den Himmelsäquator. Die durch den Erdäquator gedachte Ebene ist noch weit stärker gegen die Ekliptik geneigt als die Mondbahn, nämlich um 23 Grad. Man kann es auch anders ausdrücken: Die Rotationsachse der Erde steht schräg zu ihrer Umlaufbahn. Daher wendet unser Planet beim Rundgang um die Sonne dieser einmal stärker die Nordhalbkugel zu (Nordsommer und Südwinter) und kippt dann allmählich, bis die Südhalbkugel mehr Sonne bekommt (Südsommer und Nordwinter). Die Schrägstellung der Erdachse zur Ekliptik ist also verantwortlich für den Wechsel der Jahreszeiten auf Erden.

Der volle Mond

Im Sommer steht die Sonne bekanntlich am höchsten und sie steht in Vollmondnächten bezogen auf die Erde dem Mond immer genau gegenüber (in Opposition). Daher steigt der Wintervollmond so hoch am Himmel und erscheint in dieser fast senkrechten Blickrichtung besonders klein und klar. Das liegt daran, dass sein Licht einen kürzeren Weg durch die Atmosphäre hat als im Sommer. Dann nämlich steht er wegen des hohen Sonnenstandes besonders tief im Süden. Sein Licht fällt schräg durch die Atmosphäre, die es krümmt und die Mondscheibe wie durch ein Vergrößerungsglas erscheinen lässt. Auch sind die Konturen des Sommervollmonds weicher, weil das Licht beim weiten Weg durch die Lufthülle zerstreut wird. Deswegen erscheinen uns aufgehende und untergehende Sonne auch stets größer als die im Zenith stehende.

Vom Mond in unendliche Galaxien

Auch die Rötung von Sonne und Mond beim Aufgang rührt daher: Das Licht wird von Staub- und Wasserpartikeln in der Luft gebrochen und verschiebt seine Färbung nach Rot hin, je nach Konzentration der Partikel stärker oder schwächer.

Die Sonne wandert nur scheinbar

Warum fällt der Mond nicht auf die so viel mächtigere und damit »anziehendere« Erde hinab? Aus dem gleichen Grund, aus dem die winzige Erde nicht in die 333.000 mal massenreichere Sonne stürzt. Die Himmelskörper umrunden den jeweils größeren so schnell, dass sich Fliehkraft und Anziehung durch den größeren Partner gegenseitig genau aufheben; ein Prinzip, nach dem Geschwindigkeit und Höhe der künstlichen Erdsatelliten bestimmt werden. In 36.000 km Höhe über dem Äquator ist beispielsweise eine Bahngeschwindigkeit erforderlich, die genau dem Tempo der Erdrotation entspricht, so dass der Satellit immer an derselben Stelle über der Erde steht.

Er ist dann »geostationär«, sagen die Fachleute und nutzen die Position z. B. für Fernmelde- oder Navigationssatelliten. Der Mond hält sich mit einer Bahngeschwindigkeit von 3.659 km/h auf Distanz zur Erde.

In diesem Tempo legt er bei einer Umrundung der Erde von Ost nach West etwa 2,4 Millionen km zurück und braucht dazu 27,3 Tage. Diese knapp vier Wochen nennt man einen siderischen (auf die Sterne bezogenen) Monat; das Wort »Monat« stammt ja vom Begriff »Mond«, und in poetischen Texten finden sich noch heute Formulierungen wie: »nach sieben Monden«. Da aber die Erde inzwischen fast ein Zwölftel auf ihrer Bahn um die Sonne (und damit scheinbar die Sonne auf ihrer Reise durch die Tierkreiszeichen) weitergerückt ist, tritt der nächste Neu- oder Vollmond erst wieder nach 29,5 Tagen ein, weil der Mond die Sonne sozusagen erst wieder »einholen« muss. Diesen Zeitraum nennt man einen synodischen (auf Sonne und Erde bezogenen) Monat. Er liegt allen Mondkalendern zu Grunde.

Zwei himmlische Taktgeber

Diese synodischen Monate waren die ersten – freilich nur halbwegs – brauchbaren Einteilungen des Jahres, bereiteten aber eine Schwierigkeit: Das Mondjahr stimmt nicht mit dem Sonnenjahr überein, so dass die Jahreszeiten durch die Monate wandern. 12 synodische Monate, stets beginnend mit dem ersten Erscheinen der Sichel des zunehmenden Mondes, also dem Neulicht, ergeben nur 354 Tage. Ein scheinbarer Durchgang der Sonne durch alle 12 Tierkreiszeichen dauert aber 365,25 Tage. Das war für die einfachen Jäger und Sammler und auch für die späteren Bauern nicht handhabbar. Und es half auch wenig, dass die Kalendermacher alle drei Jahre einen 13. Monat einschalteten. Sie kamen damit zwar dem Sonnenjahr wieder sehr nahe, doch schon das Zurückbleiben des Mondes in den drei Jahren zuvor führte zu Irritationen.

Die ersten Sonnenkalender

Ägypter und Mayas entwickelten die ersten Sonnenkalender, indem sie die Bindung der Monatslänge an die Dauer des Mondumlaufs lockerten. Taktgeber wurde jetzt die durchschnittliche Dauer des Sonnenaufenthalts in den Tierkreiszeichen. Sie liegt bei 30 Tagen, 10 Stunden und 29 Minuten und ist damit ziemlich genau einen Tag länger als der Mondumlauf. Diese verbleibende Ähnlichkeit spiegelt bis heute die ursprüngliche Jahreseinteilung nach Monden.

Der Gregorianische Kalender

Auch der Sonnentakt war nicht problemlos, weil man ja schlecht mit halben Tagen operieren konnte. Deswegen ist selbst unser moderner Gregorianischer Kalender, der seit 1582 gilt, nicht ganz einfach: Monate mit 30 und 31 Tagen wechseln nicht mal regelmäßig, was man sich mühsam an den Fingerknöcheln beider Hände merken muss: Erhebung = 31 Tage, Senkung = 30 Tage, daher Juli und

»Widerstreit zwischen Sonne und Mond«, aus Splendor Solis, Prunkhandschrift, 16. Jahrhundert

nach Handwechsel auch August = 31 Tage. Der Februar tanzt selbst dabei aus der Reihe, er liegt zwar in einer Knöchelsenkung. Die müsste aber eigentlich tiefer sein, denn er hat ja nur 28 Tage. Ihn verlängert man alle vier Jahr um einen Schalttag. Damit geht unser Kalender zwar nicht mehr »nach dem Mond«, aber immer noch nicht ganz richtig. Alle hundert Jahre fällt der Schalttag wieder aus, die Jahre 1700, 1800 und 1900 waren keine Schaltjahre. Wohl aber die Jahre 1600 und 2000, denn alle 400 Jahre gilt die Ausnahme von der Ausnahme nicht.

Neben Neu-, Halb- und Vollmond, zunehmendem und abnehmenden Monden spielen die Mondknoten eine wichtige Rolle, wie schon bei den Finsternissen beschrieben.

Was dort als »Schneiden der Ekliptik« durch den Mond bezeichnet wurde, nennt man fachsprachlich Mondknoten. Davon gibt es zwei: Einen aufsteigenden, wenn der Mond von unten kommend die Ebene der Erdbahn um die Sonne von Süd nach Nord passiert, und einen absteigenden auf der gegenüberliegenden Seite, wenn er von Nord nach Süd durch die Ekliptik stößt. Nur in diesen Stellungen kann es Finsternisse geben, zu deren Berechnung die Mondknoten entscheidend sind. Sie wandern wegen der Sonnengravitation in 18,61 Jahren einmal um die Ekliptik herum und liegen also stets woanders.

Etwa alle zwei Tage steht der Mond von uns aus gesehen zudem in einem neuen Tierkreiszeichen des Fixsternhimmels. Diese Konstellationen haben schon im Altertum die Astronomen beschäftigt. Mehr noch die Astrologen, die seit Menschengedenken registriert haben, welche Kräfte dann jeweils besonders wirksam sind. Dabei spielt auch eine Rolle, ob der Mond abnehmend, zunehmend oder voll im jeweiligen Tierkreiszeichen steht. Welche Rolle, erfahren Sie in Kapitel IV, und was die Mond-Sternbild-Kombination für den Zeitpunkt der Geburt eines Menschen bedeutet, wird für jedes Tierkreiszeichen im Hauptkapitel V ausgeführt.

Das Tierkreiszeichen des Krebses, Miniatur, türkisch, 16. Jahrhundert

Kapitel III

In allen Kulturen gibt es allgemeingültige Mythen, Parallelen in der Hierarchie und dem Aufbau der Götterwelt, in der Interpretation, welchen Einfluss die Gestirne auf die Menschen ausübten. Auch der Mond macht hier keine Ausnahme. In allen Hochkulturen spielte er eine entscheidende Rolle – wobei zu beachten ist, dass man in dieser Hinsicht den Erdtrabanten vielleicht besser als »die Mondin« bezeichnen sollte, denn bis heute lassen sich mit dem Mond vorrangig feminine Attribute verbinden: Vor allem als Sinnbild der Fruchtbarkeit wurde das Antlitz des Mondes in vielfältiger Weise als Göttin verehrt.

Sin, Thot, Coyolxauhqui, Selene, Luna

Vorgeschichtliche Zeugnisse belegen die religiöse Bedeutung des Mondes schon in den steinzeitlichen Kulturen. Sicher haben bereits die ersten Menschen, die sich über die Weltentstehung, unsere Rolle auf Erden und das Schicksal nach dem Tod Gedanken machten, Antworten am Himmel gesucht und die Gestirne, allen voran Sonne und Mond, als göttliche Zeichen, ja als Götter verstanden. Sie ritzten beschwörend Gestirnskonstellationen in Höhlenwände, gaben üppigen weiblichen Figuren wie der »Frau von Laussel« (ca. 15.000 v. Chr.) Mondzeichen als Fruchtbarkeitssymbole in die Hand, schmückten sich für die Tänze in den Vollmondnächten und begrüßten nach Neumond die wiederkehrende Sichel mit Opfergaben.

Mondsichel mit Menschengesicht, Volkskunst, süddeutsch

Der Mond der Priester, Künstler und Dichter

Auch wenn wir dies aus den in einigen Gebieten der Erde noch lebendigen Mondkulten mit ziemlicher Sicherheit schließen können, wissen wir doch erst Genaueres von den ersten Hochkulturen. Unser schriftliches Gedächtnis reicht knapp 5.000 Jahre zurück und schon in den frühesten Dokumenten in Keilschrift und Hieroglyphen (heilige Zeichen) begegnen wir dem Mond als Gott in höchster Position. Die ersten durchorganisierten Gesellschaften in Mesopotamien, in Ägypten, am Indus, in China und in Altamerika waren sämtlich Theokratien, also Kulturen, die von Priestern und Priesterkönigen geführt wurden. Die Herrscher beanspruchten nicht selten selbst göttliche Verehrung und waren oberste Mittler zwischen den Menschen und den Göttern. Die Priesterkaste hatte aufgrund ihrer Götternähe das kultische Monopol, verfügte allein über die Rechen- und Schreibkunst und vor allem über die Fähigkeit zur Deutung der himmlischen Signale.

Die Götter günstig stimmen

Während in Ägypten die ersten namentlich bekannten Könige ins Licht der Geschichte traten, blühten im Zweistromland hochentwickelte Stadtkulturen. Sie waren wie am Nil Ergebnis der Bevölkerungsballung in den fruchtbaren Gebieten, Städte, die nur in geregeltem Miteinander gedeihen konnten. Gesetze bestimmten die Landverteilung, bedrohten Übeltäter mit Strafen, schützten die Familien und setzten Abgaben fest; Bewässerungsanlagen sorgten für gerechte Verteilung der befruchtenden Fluten, Kanäle förderten den Warentransport, Ordnungskräfte sicherten den inneren Frieden. Oben und unten in diesen Gesellschaften war abzulesen an der Größe der Wohnungen und an ihrer Nähe zum Palast des Königs.

Doch meist war gar nicht dieser Herrschersitz der prächtigste Bau. Ihn überragten gewaltige Tempelanlagen, die hoch zum Himmel aufstrebten. Zwar war der König gewöhnlich zugleich oberster

Priester, doch gerade dies zeigte, dass es noch eine Macht über ihm gab. Sie konnte fördernd oder strafend eingreifen; Niederlagen, Missernten oder Seuchen galten als Zeichen der Unzufriedenheit der Himmlischen mit dem Herrscher und den Menschen. Die mächtige Priesterschar, die dem König zur Seite stand – nicht selten aber auch gegen ihn –, verkündete, womit die Götter günstig zu stimmen seien und was die Sterne über die Zukunft sagten. In ihren Observatorien an der Spitze der pyramidenartig hochgetürmten Tempel, den so genannten Zikkurat, lasen sie eifrig die Zeichen am Firmament und suchten dessen strenge Gesetze zu ergründen.

König Melischipak weiht seine Tochter dem Mondgott Nanna,
Babylonisch,
Zeit der Kassitenherrschaft,
1183/1169 v. Chr.

Zu staunenswerten Erkenntnissen gelangen sie mit den geringen Mitteln der Beobachtung, die ihnen zur Verfügung standen. Sie entwickelten einen Mondkalender auf der Basis der 30-tägigen Wiederkehr des Vollmonds, führten den 360-Grad-Tierkreis ein und berechneten Finsternisse auf mehrere Jahrzehnte voraus. So konnten sie zum Staunen der Menschen etwas sicher prophezeien, das für alle anderen als unvorhersehbares Schicksal hereinbrach. Die Verfinsterung von Mond und Sonne nämlich kündete vom Zorn der Götter, der nur durch aufwändige Gaben zu besänftigen war. Schon die dadurch geförderte Anhäufung von Reichtümern sicherte den Einfluss der Priester. Aber stärker noch wirkte die politische Instrumentalisierung solchen Herrschaftswissens: Verfinsterte sich der

Mond über Babylon, ließ sich die Angst der Bewohner leicht in Wut gegen missliebige Rivalen oder gar den Herrscher selbst ummünzen.

Pieter Brueghel d. Ä. »Turmbau zu Babel«, 1563

Gigantische Tempeltürme wie die berühmte Zikkurat in Ur, der Heimatstadt des jüdischen Stammvaters Abraham, waren die Burgen dieser priesterlichen Macht. Die biblische Geschichte vom Turmbau zu Babel erzählt von ihrem Missbrauch und sie deutet die Höhe des Turms als frevelhaften Versuch, Gott gleich zu werden und ihn zu entthronen. So weit dürften freilich selbst die überheblichsten Priester kaum gedacht haben. Es ging ihnen um die Erhöhung über das gewöhnliche Volk, gewiss, zugleich aber um die Annäherung an den Himmel, damit sie dessen Zeichen besser lesen konnten – so wie heute Observatorien hoch ins Gebirge gebaut werden zur Verminderung der atmosphärischen Störungen. Hier oben konnten die Gelehrten zudem in aller Ruhe den Kult immer weiter ausschmücken, dem sie ihre Macht verdankten.

Fruchtbarkeit für Felder und Frauen

Die Gläubigen brauchen Stoff für ihren Glauben. Das Göttliche muss daher bis zu einem gewissen Grad auf die Welt kommen, braucht Namen und Taten, damit sich die Menschen darin wiedererkennen können. Wir lächeln heute, wenn wir vom höchst irdischen Gezänk, von Ehebruch, Mord und Totschlag auf dem griechischen Olymp lesen. Schauen wir uns aber selbst »moderne« Religionen an – wenn es so etwas gibt –, so finden wir Heere von Heiligen, sehen, wie aus dem einen Gott die Dreifaltigkeit wird, zu der noch die Muttergottes tritt; auch Satan und Fegefeuer haben noch lange nicht ausgedient. Die mesopotamischen Priester kannten dieses Bedürfnis nach Vielfalt und hatten es selbst. Ihm verdanken wir eine der ersten großen Dichtungen der Weltliteratur, das Gilgamesch-Epos, aufgezeichnet vor rund 3.000 Jahren, das aber in seinem Kern Jahrtausende älter ist.

Kolossalstatue des Gilgamesch, Zeit Sargons II. (722–705 v. Chr.)

Aus dieser Geschichte des sagenhaften Königs Gilgamesch und seiner abenteuerlichen Wanderungen kennen wir den babylonischen Götterhimmel. Sin oder – wie die Sumerer sagten – Nanna, der Mondgott, war darin die Schlüsselfigur. Er war der Vater des Sonnengottes Schamasch und der Ischtar oder Inanna, die als Liebesgöttin und damit Allmutter höchste Verehrung genoss. Sin aber blieb als Instanz darüber stets erhalten und wurde in großer Gefahr, in die Gilgamesch unzählige Male geriet, angerufen. In einer Region, die vor der Übermacht der Sonne zitterte, musste der Mond als mildes Licht wie eine Erlösung wirken. Er kam, wenn die Mühen des Tages endeten, wenn nach harter Arbeit Muße war zum Himmel aufzuschauen und Ischtar anzurufen, dass sie Felder und Frauen fruchtbar sein lassen möge. Die hellen Vollmondnächte galten als Zeit der monatlichen Regel der Göttin.

Der Rhythmus des Nils

Der in so vielfältiger Gestalt auftretende Mond entzündete im nicht minder – wie wir in unserem touristischen Leichtsinn sagen – »sonnenverwöhnten« alten Ägypten ebenfalls die religiöse Fantasie. Die dortigen Priester waren wie im Zweistromland Kalendermacher und Herren der Schrift. Sie berechneten den Rhythmus der Nilfluten, von dem das Wohlergehen des Landes abhing, verwalteten das Land, das dem Staat, dem Pharao als irdischem Gott oder aber den Tempeln gehörte, und verfassten Totenbücher mit Texten, die den Verstorbenen helfen sollten, das Gericht des Osiris, dem Herrn der Unterwelt, zu bestehen. Dass dem Mond in ihrem Weltbild eine entscheidende Rolle zukam, ergab sich schon aus seinen Phasen als Grundlage der altägyptischen Zeitrechnung.

Die Pyramiden von Giseh – Nicht nur Grabstätten sondern auch Beobachtungsstationen für die Gestirne?

Die Nilanwohner stellten sich die Erde als längliche Schüssel vor mit dem Bett des lebensspendenden Flusses in der Mitte. Überwölbt wurde diese Welt von Nut, der Himmelsmutter, die der Luftgott Schu stützte, damit sie nicht auf den Erdgott Geb stürzte. Ra, der Himmelsgott, nutzte für seinen Weg über das Firmament bei Tage die Sonne, als Gott Re oder Aton verehrt, und des Nachts den Mond, der als wandernder Gott Chons dargestellt wurde. Er trug in einer Hand das Kreuz als Zeichen des Lebens und in der anderen den Wanderstab. Sein Falkenkopf spiegelte den Glauben an die Seelenwanderung, auf der Chons die Menschen begleitete. Das Wachsen und

Schwinden des Mondes symbolisierte für die ägyptischen Gläubigen Werden und Vergehen, Leben, Tod und Wiederkehr.

Magische Macht des Mondgottes

Zahllose Kulte vermischten sich in der altägyptischen Religion, da regionale Gottheiten mit Reichsgottheiten verschmolzen, importierte Götter in den heimischen Himmel aufgenommen wurden und alle im Lauf der Zeit viele Umdeutungen erlebten. So stand in Heliopolis Urgott Atum an der Spitze des Pantheons, der neben dem schon erwähnten Luftgott Schu den Gott der Feuchtigkeit Tefnut schuf. Dieser stand in enger Verbindung zu Chons, da dieser Nachtherrscher nach des Tages Dürre für Tau und Nässe und damit für Fruchtbarkeit sorgte. Die Fertilität beschränkte sich natürlich auf das enge Niltal, das denn auch genau parzelliert war. Priesterverwalter regelten die Aufteilung. Ihr Gott war Thot, eine andere Bezeichnung für den Mondgott. Und weil Verwalten immer auch Schreiben und Rechnen bedeutete, avancierte Thot zum Gott der Wissenschaft und der Kunst. Im Volk wurde er daher auch als Zauberer verehrt und gefürchtet, was den magischen Eigenschaften des Mondgottes oder genauer der Mondgöttin in vielen Religionen entspricht.

Der Schreiber Nebmertuf vor Thot, dem Gott des Mondes, Ägyptisch, 18. Dynastie, 16. – 14. Jahrhundert v. Chr.

Sanftes Gegenstück zur Sonne

Mögen noch manche Parallelen in der mesopotamischen und ägyptischen Mondverehrung mit der Nähe der beiden Kulturräume zueinander erklärt werden, so dürfte das für die Entsprechungen in den altamerikanischen Religionen kaum anzunehmen sein. Immer wieder zwar tauchen Thesen auf, nach denen vorgeschichtliche Berührungen zwischen der Alten und der Neuen Welt stattgefunden haben könnten. Überzeugende Beweise ließen sich aber nicht entdecken. Die Ähnlichkeiten sind natürlich dennoch nicht zufällig, sondern liegen in der menschlichen Natur und in den gleichen Erfahrungen, die alle Völker beim Umgang mit Natur und Kosmos gemacht haben.

Hochkulturen entwickelten sich in Amerika ebenfalls zuerst in äquatornahen Regionen, also im südlichen Nord- und im nördlichen Südamerika. Anders aber als in Asien und Afrika standen ihre Wiegen weniger in Flusstälern als vielmehr auf Hoch-, ja Höchstebenen: Tenochtitlán, Hauptstadt des Aztekenreiches lag 2.250 m hoch, Cuzco, die bedeutendste Stadt der Inkas, stand sogar 3.380 m über dem Meeresspiegel.

Die Ursache, warum die Zentren der süd- und mittelamerikanischen Hochkulturen in hoch gelegenen Regionen zu suchen sind, mag klimatischen Ursprungs sein, weil in diesen Höhen gemäßigtere Temperaturen herrschten als im Amazonas-Dschungel oder in den Fiebersümpfen an den Küsten. Vielleicht aber haben auch religiöse Motive mitgespielt.

In den Anden wie im mexikanischen Hochland waren die Menschen dem Himmel jedenfalls näher als in jeder anderen Kultur. Mit fast ebenso gewaltigen Bauten wie den ägyptischen Pyramiden versuchten sie den Göttern noch näher zu kommen um ihren Willen zu erforschen und die Erkenntnisse für den Alltag zu nutzen. Nicht von ungefähr schufen die Priester der von etwa 1.000 v. Chr. bis 1.500 n. Chr. blühenden Maya-Kultur den genauesten Kalender der Geschichte, genauer noch als unser heute gültiger Gregorianischer Kalender.

Sie berechneten den Venusumlauf für 481 Jahre mit einer Abweichung von nur einem Zehnteltag. Ihre Mathematik, aufgebaut auf einem Zwanzigersystem, arbeitete schon mit der Null, als sie im christlichen Abendland noch unbekannt war.

Ähnliche Leistungen auf wissenschaftlichem und technischem Gebiet sind aus den anderen Hochkulturen der Inkas in Peru und der Azteken in Zentralmexiko bekannt. Und ähnlich aufgebaut waren ihre Götterwelten – Auch was die wichtige Rolle des Mondes darin anging. Er war überall das sanfte, weibliche Gegenstück zum zürnenden Sonnengott, dessen ständiger Durst nur mit Opferblut, bevorzugt solchem von Menschenopfern, zu stillen war. Das sollte ihm und seinen Anhängern zum Verhängnis werden, denn die spanischen Eroberer nahmen den grausamen Ritus zum Vorwand, seine Priester im Namen Christi zu Tausenden hinzurichten und seine Bilder zu zerstören, wo immer sie sie fanden.

Mondmaske, benutzt bei den Tänzen der Tsimshian-Indianer

Ob es den indianischen Völkern glimpflicher ergangen wäre, wenn sich ihre Kulte auf die Verehrung der Mondgöttin beschränkt hätten, darf freilich bezweifelt werden. Eroberer finden stets edle Vorwände für ihr eigensüchtiges Tun: Die neue Welt galt bei den Eindringlingen als »El Dorado«, als »Goldland«. Gold diente auch den Indianern als Schmuck, hatte aber bei weitem nicht den fast mythischen und zerstörerischen Wert wie bei den Europäern. Es gewann seinen Rang aus der Fähigkeit, das Licht des Sonnen- wie des Mondgottes zu spiegeln und wurde daher zu kultischen Zwecken aus Flüssen und Erzadern gewonnen. Dass es den Blutdurst der Fremdlinge ins Unermessliche steigern würde, konnte sich niemand vorstellen.

Eine Göttin unter Göttern

Doch zurück zum Mond: Bei den Maya waren den Göttern Zahlen zugeordnet; die Eins trug die Göttin Ixchel. Im sonst weit gehend männlichen Himmel war sie dadurch und als Frau besonders herausgehoben. Als Herrin des Mondes und damit des weiblichen Zyklus wurde sie auch als Regenbogenfrau verehrt, weil sie für die Fruchtbarkeit zuständig war. Die Maya-Frauen brachten duftende Blüten an ihren Altar als Liebeszauber, der ihren Kinderwunsch erfüllen helfen sollte – eine fast direkte Parallele zur babylonischen Ischtar. Wie diese wurde Ixchel, die auch Hebammen und Ärzte anriefen, mit langem Haar und üppigen Brüsten dargestellt.

Ein kosmischer Mord

Ihre »Kollegin« bei den Azteken war Coyolxauhqui, die ihre Rolle als Mondgöttin einem Mord verdankte: Noch vor der Geburt war dem Sonnengott Huitzilopochtli geweissagt worden, die Sterne würden sich dereinst gegen ihn erheben und ihn entthronen. Da schwor er, dass er das erste Wesen, das ihm begegne, wenn er auf die Welt käme, töten werde. Und so kam es, dass er ohne Besinnung seiner Schwester Coyolxauhqui den Kopf abschlug. Erst danach erkannte er, was er getan hatte, und warf in seiner Verzweiflung den Kopf an das Firmament, wo Coyolxauhqui fortan als Mond wandelte und den Sonnengott ständig mit seinem Mord konfrontierte. Den Menschen aber war sie wohlgesonnen, sorgte wie Ixchel für die Fruchtbarkeit und zeigte ihnen eines Tages eine paradiesische Gegend, wohin sie ihre Hauptstadt bauen sollten. Und so entstand dort, wo heute Mexiko-Stadt wuchert, das malerische Tenochtitlán auf der »Insel des Mondes«.

Bei den anderen vorkolumbischen Kulturen war die Mondrolle ähnlich besetzt. Die Eskimos hoch im Norden nahmen an, die Mondgöttin könne höchstselbst vom Himmel steigen und ihre Frauen befruchten.

Mondgötter in asiatischen Kulturen

Im fernen China gehörte der Mond als eines der beiden Augen des aus dem Chaos geborenen Pan-ku in den Bereich des Yin, also ebenfalls in den des weiblichen Prinzips.

Den Indern galt das Nachtgestirn als Gefäß der Götter, die aus ihm den berauschenden, fruchtbringenden Trank des Soma-Saftes schlürften. Gott Indra stärkte sich besonders gern damit, ehe er in den Kampf um fruchtbares Land und gute Weideplätze zog. Im Hinduismus verlor Indra zwar an Bedeutung, doch blieb er als Regengott in dem heißen Land ein oft beschworener Beschützer der Bauern.

Europäische Mondmythen

Und bei uns? Auch bei allen europäischen Völkern gab es Mondmythen. Die ältesten kennen wir aus Griechenland, wo der Mond als Gott gleich in dreierlei Gestalt (und zahllosen nach Region und Funktion verschiedenen Namen) auftauchte: Selene, eine Titanen-Tochter, war die Schwester des Sonnengottes Helios und zugleich seine Frau. Sie zog in zweispännigem Wagen über den Himmel und verließ ihn zuweilen, um den schönen Hirten Endymion zu küssen, der in einer Höhle schlief. Das erklärte ihre Abwesenheit bei Neumond. Die »Glänzende«, so die Übersetzung ihres Namens, symbolisierte mit ihrem Wachsen und Schwinden, mit dem ständigen Wandel der Gestalt Leben und Vergänglichkeit, Jugend und Alter, Wachstum und Fruchtbarkeit, Gesundheit und Krankheit. Zugleich galt sie als Schutzherrin der Zauberer, die sie bei Mondfinsternissen vom Himmel herabzögen.

Kampf der Götter und Giganten: Hekate und Klytios, Griechische Plastik, um 180 v. Chr.

Zauberinnen beschworen sie unter dem Namen Hekate, die mit Fackeln über den Himmel zog. Einerseits schrieb man Hekate als Mondgöttin heilende Wirkung zu und bat sie um Hilfe bei Entbindungen. Andererseits war sie Verderben bringend, inspirierte Hexen und Giftmischerinnen und hetzte mit ihren heulenden Hunden (die ja bekanntlich den Mond anbellen) Menschen ins Unglück. Hunde waren auch ihr bevorzugtes Opfertier, sie nahm aber ebenso mit den Speisegaben vorlieb, die ihr die athenischen Frauen auf einem Altar vor dem Haus darbrachten. Ihre unheimlichen Züge sind wohl auf ihre Rolle als Herrin der Nacht zurückzuführen.

Als Schutzgottheit der Jagd und Herrin der freien Natur trat die Mondgöttin unter dem Namen Artemis auf, in der sich viele Kulte versammelten. Besonders bekannt ist eine Darstellung aus Ephesos, die Artemis mit zahllosen Brüsten als Vegetationsgöttin zeigt. Die Kühle der Nacht, in der der Mond herrscht, brachte die nötige Feuchtigkeit für das Gedeihen der Felder und die Muße für die Liebe. Deren Folgen half sie zur Welt bringen und wurde dafür von den griechischen Frauen mit reichen Kleiderspenden bedacht. In Kleinasien verehrte man die Göttin selbst als »große Mutter«. Zugleich war Artemis, eine der wenigen griechischen Götter ohne Affären und ohne Ehepartner, Hüterin der Jungfräulichkeit. Sie wurde als Artemis Phosphoros (Lichtträgerin) mit Fackel dargestellt.

Statue der Artemis, Römisch, 1. Hälfte des 2. Jahrhunderts n. Chr.

Die römische Mythologie

Die römische Mythologie war in vielem ein Spiegel der griechischen. Selene wurde in Italien zur Luna, Artemis zur Diana, Hekate hatte keine eigene Entsprechung. Beide Mondgöttinnen hatten ihren Tempel auf dem Aventin. Der Mond ist denn auch in allen romanischen, ja fast in allen Sprachen weiblich. Sogar im Englischen, das mit »moon« dasselbe germanische Wort wie das Deutsche verwendet, heißt es in literarischen Texten »she«, wenn ein Fürwort (Pronomen) statt des Begriffs auftritt. Dahinter steckt der normannische Einfluss auf die englische Kultur seit der Besetzung der Insel durch Wilhelm den Eroberer 1066 und wohl auch keltische Tradition. Bei den Kelten wurde die Mondgöttin Sirona (Stern) verehrt als Hüterin des Wassers und damit der Heilkunst wie der Fruchtbarkeit.

Das war bei den Germanen, also unseren Ahnen, nicht anders. Wir wissen durch den römischen Schriftsteller Tacitus viel über ihre Gebräuche und daher auch, dass sie Versammlungen bevorzugt bei Voll- oder Neumond abhielten. Entscheidungen nämlich, so glaubten sie, die zu solchen Terminen getroffen wurden, etwa über einen Kriegszug, wurden durch diese Mondstellungen günstig beeinflusst.

Viel von den germanischen Kulten ist durch die nachhaltige Christianisierung verschüttet worden. Mondverehrung aber lässt sich vielfach nachweisen und spiegelt sich noch heute in der Bezeichnung der Wochentage.

Auch der Einfluss auf die Bezeichnung der Tage der Woche ist eminent: Mond-Tag für den Beginn der Woche, Hauptgötter wie Ziu (Dienstag) und Donar (Donnerstag) sind erst weiter hinten verewigt. Als letzte in der Woche (Samstag und Sonntag sind christliche Bezeichnungen) taucht Freya auf und damit in gewissem Sinn nochmals der Mond im Wort »Frei-Tag«. Freya wachte über die Heilkunst und die weisen Frauen, die sie ausübten. Und wie Ischtar im Zweistromland oder Ixchel bei den Mayas war sie die Liebes- und Fruchtbarkeitsgöttin der Germanen, die Schützerin der Ehe und des Hauses. Bis heute wird bevorzugt am Freitag geheiratet, was von der ungebrochenen Mondtradition auch hier zu Lande zeugt. Dafür lassen sich noch andere Gebräuche anführen wie zum Beispiel der, Brot und Salz bei Vollmond in eine neue Wohnung zu tragen. Dann soll es dort nie an Lebensmitteln fehlen.

Besungen, gemalt, erträumt

Der, der die religiöse Fantasie derart beschäftigte, ließ natürlich noch weniger die künstlerische ruhen. Zu allen Zeiten und in allen Künsten ist der Mond ein viel variiertes Thema. Im einführenden Kapitel I wurde schon mit Goethes »Mondlied« eine der zahlreichen lyrischen Verarbeitungen der Mondnacht genannt. Hier soll ein winziger Streifzug durch die deutsche Musik, Kunst und Literatur die Inspirationskraft der Königin der Nacht belegen.

Damit ist gleich ein musikalisches Stichwort gefallen: Neben der bereits erwähnten »Mondscheinsonate« Beethovens (1770 – 1827) ist Mozarts (1756 – 1791) »Zauberflöte« die bekannteste und umfassendste Gestaltung des Mondthemas in der Musik.

Der Gegensatz Mond–Sonne endet mit dem Sieg des Tages, denn Sarastro verkörpert das Gute. Die Finsternis wird vom Licht überwältigt. Und doch bleiben von der Majestät der Nacht und der Milde des Mondes als Erben die Tochter und der von der Königin ausgesandte Retter, so dass sozusagen in zweiter Generation eine Versöhnung der beiden Mächte »Schönheit und Weisheit« gelingt.

Sarastro (Bass), der Herr des Sonnentempels, hat die »bezaubernd schöne« Tochter Pamina (Sopran) der Königin der Nacht (Koloratursopran) geraubt. Held Tamino (Tenor) soll sie befreien und vor dem lüsternen Mohren Monostatos (Tenor) bewahren.

Ins Komische gewendet taucht das Mondthema in Paul Linckes (1866 – 1946) Operette »Frau Luna« auf: Der Mechaniker Steppke (Tenorbuffo), verlobt mit einer höchst irdischen Marie (Soubrette), fabuliert von einem Flug zum Mond, konstruiert an einer entsprechenden Maschine und fliegt damit im Traum tatsächlich auf den Erdtrabanten. Dort empfängt ihn Frau Luna (Sopran) und findet über die Maßen Gefallen an dem properen Erdenbewohner. Doch da kommt gerade Prinz Sternschnuppe (Bariton), der selbst ein Auge auf Luna geworfen hat, in seinem fliegenden Auto vorüber und holt schnell Marie von der Erde, die dem schon schwach werdenden Steppke ungesäumt den Kopf wieder zurecht setzt. Die Himmlischen bleiben unter sich und die schnäbelnden Irdischen desgleichen. Mond und Liebe – ein ewiges Thema.

Caspar David Friedrich, »Mondnacht am Strand mit Fischern«, um 1817

Auch vom romantischen Maler Caspar David Friedrich (1774 – 1840) war im Eingangskapitel schon die Rede.

Er hatte eine besondere Vorliebe für die Verwandlungskraft des Mondlichts. Immer wieder zeigt er Gestalten, die versunken sind in den Anblick des Nachthimmels und der durch die sanfte Beleuchtung verzauberten Landschaft. Gespenstisch ragen dabei meist Felsen oder Baumgerippe ins Bild und ziehen die dargestellten Menschen wie den Betrachter in den Bann der Stille, die über diesen Bildern liegt.

Eines der bekanntesten ist der »Mondaufgang am Meer« (Staatl. Ermitage, St. Petersburg), auf dem zwei Frauen und ein Mann von grauem Strand aus aufs Meer schauen, auf dem vor der Kulisse des aufgehenden Mondes zwei Schiffe mit hohen Masten lautlos heransegeln. Auf den ersten Blick geht etwas Melancholisches von der Szene aus. Vom dunklen Vordergrund aber werden die Augen weg zum Mond und zu den aufleuchtenden Wolken gezogen. Bald wird der Mond das ganze Meer bis zum Horizont hell werden lassen. Noch ist er nur halb zu sehen, doch erkennt man, dass er als Vollmond aus den Wolken treten wird, deren Bogen einen Kelch zu formen scheinen. Die drei Menschen sind nur von hinten zu sehen, ihre Gesichter nur halb. Sie werden aber schon vom Widerschein des Mondlichts erhellt, auf dessen volle Entfaltung die drei Personen warten wie auf die Erfüllung einer Hoffnung. Und der Betrachter freut sich mit ihnen darauf. Die fast bedrückende Einsamkeit der drei vor der endlosen Meeresfläche wird dann überwunden sein. Mit dem Mond ist der Mensch nicht allein.

Caspar David Friedrich, »Mondaufgang am Meer«, 1821

Lichtschein über dem Strom

Die Gedichte »Der Mond ist aufgegangen« von Matthias Claudius (1740 – 1815) und »Guter Mond, du gehst so stille« von Theodor Enslin (1787 – 1851), das Märchen vom »Kleinen Häwelmann«, den Theodor Storm (1817 – 1888) mit Hilfe des Mondes durch die nächtliche Welt kutschieren lässt, das Schlaflied »Wer hat die schönsten Schäfchen« von Hoffmann von Fallersleben (1798 – 1874) und die Erzählung von Gerdt von Bassewitz (1878 – 1923) über »Peterchens Mondfahrt« zwecks Heimholung eines Maikäferbeines vom Mond – all diese Lieder und Geschichten kennt fast jeder. Sie nutzen die Wirkung des Mondlichts auf Stimmung und Wahrnehmung poetisch und schaffen durch den nächtlichen Begleiter eine märchenhafte Atmosphäre, die die Fantasie anregt.

Unübersehbar ist daneben die Fülle weniger bekannter lyrischer und erzählerischer Texte, in denen der Mond eine Rolle spielt. In Theodor Fontanes (1819 – 1898) Roman »Irrungen Wirrungen« geht es um die aussichtslose Liebe zwischen der Näherin Lene Nimptsch und dem Baron Botho von Rienäcker. Dass diese Beziehung irgendwann einmal zu Ende sein wird, kommt Lene bei einem Wochenendausflug mit ihm schmerzlich zu Bewusstsein und sie zieht sich früh aufs Zimmer zurück, während er noch mit dem Wirt plaudert. Trübe Gedanken quälen Lene. Den Mond betrachtend öffnet sie das Fenster und gibt sich ihren Gedanken hin.

»Das Wasser flutete, der Wald und die Wiese lagen im abendlichen Dämmer und der Mond, der eben wieder seinen ersten Sichelstreifen zeigte, warf einen Lichtschein über den Strom und ließ das Zittern seiner kleinen Wellen erkennen. ›Wie schön‹, sagte Lene hochaufatmend. ›Und ich bin doch glücklich‹, setzte sie hinzu.«

Mit dem Mond, bezeichnenderweise mit seinem Neulicht, das von Alters her als Zeichen der Hoffnung gedeutet wurde, kehrt das Glücksgefühl zurück. Der moderne Mensch aber läuft Gefahr, den Mond als Tröster zu verlieren, weil er den Kontakt zur Natur nicht mehr sucht oder auch gar nicht mehr finden kann in der »Unwirtlichkeit unserer Städte«, wie ein berühmter Buchtitel des Psychologen Alexander Mitscherlich (1908 – 1982) heißt.

Der Komiker Heinz Erhardt (1909 – 1979) lässt den Mond in einem Gedicht klagen:

Neulich hielt mich eine ältere Dame
für Lichtreklame.

Kein Liebesgeflüster, so jammert er, höre er mehr, an ihn gerichtete Gedichte ebenso Fehlanzeige, und er stöhnt

Ich frage mich,
was ich hier oben eigentlich soll!
Man nimmt, auch als Vollmond,
mich nicht mehr für voll.

Klagen darüber aber, und das bezweckten wohl auch die komischen Seufzer von Heinz Erhardt, müssten eher die Menschen. Sie kranken ja an der Selbstvertreibung aus dem natürlichen Leben, an der Mondlosigkeit.

Kapitel IV

Die Mondphasen – ewig wiederkehrende Erscheinungen, die verlässlich und genau nicht nur naturwissenschaftliche Auswirkungen zeigen, sondern auch das Leben und Tun der Menschen beeinflussen: Die berechenbare Wiederkehr von Ebbe und Flut ist wohl die bekannteste Ausprägung. Bauernregeln hingegen zeigen, dass mit dem Stand des Mondes wesentlich mehr verbunden war und ist. Der Mond als Symbol für Fruchtbarkeit ist nur ein denkwürdiger Moment. In übertragenem Sinne sind die Mondphasen durchaus auch wichtig für den Energiehaushalt, für Spannungen und Entspannungen und damit für die allgemeinen Verhaltensweisen. Damit verbunden kann der Mond ein zuverlässiger und treuer Partner bei der Antwort auf die Frage nach dem richtigen Zeitpunkt sein.

Die Herrin der Rhythmen

Wandel der Energien und Stimmungen

Wie kompliziert die diversen Kalendermodelle nach Mond und Sonne funktionieren, wurde bereits ebenso skizziert wie die kalendarische Entmachtung des Mondes aus praktischen Erwägungen (Ende von Kapitel II). Ganz aber ließ er sich nicht verdrängen und hat uns wandernde Feste beschert: Ostern und in seinem Gefolge Himmelfahrt und Pfingsten. Das Osterfest ist nämlich, wie der Name sagt, weit älter als sein christlicher Inhalt. Die Germanen feierten wie fast alle Völker im Frühling die wieder aufsteigende Sonne, das Erwachen der Vegetation, das wieder schneller pulsierende Leben. Das war verbunden mit erotischen Tänzen, Fruchtbarkeitsriten und Anrufungen der Frühlingsgöttin Ostara. Darauf geht der Begriff Ostern zurück, in dem aber auch das germanische Wort für Osten steht, der Richtung des Sonnen- wie des Mondaufgangs, der Auferstehung der Himmelslichter.

Keim des Lebens

Und für Fruchtbarkeit, Weiblichkeit, Liebe war der Mond als Göttin zuständig. Erschien er nach Frühlingsbeginn erstmals voll, begannen die Feiern mit rituellem Wasserschöpfen in der Morgendämmerung und in Fließrichtung des Baches. Die Heilkräfte des Wassers wirkten nach Meinung der weisen Frauen nur richtig, wenn der Mond seinen Segen dazu gab. Ihn brauchte man für die Fruchtbarkeit der Felder und die der Frauen. Allerlei weitere Bräuche sollten das unterstützen. Reste davon kennen wir als Osterei – Ei als Keim des Lebens –, in der Opferung des Osterlamms, in der Legende vom bekanntlich besonders nachwuchsfreudigen (Oster-)Hasen usw. Der erste Frühlingsvollmond spielte eine herausragende Rolle in den frühgeschichtlichen Kulten. Und deswegen begann das Jahr auch in fast allen Kulturen im März, wenn die Sonne ins Sternbild Widder rückte. Die Rückverlegung des Jahresbeginns auf den 1. Januar wurde von vielen Menschen als unnatürlich empfunden und führte in manchen Gegenden zu blutigen Unruhen.

Postkarte »Fröhliche Weihnachten«, Farblithographie, 1902

Auch in den weniger stark von Jahreszeiten betroffenen Regionen wie dem Vorderen Orient galt der Jahresstart im März. Dort wurden nach Frühlingsbeginn bereits erste Ernten eingebracht. Daran und an den beginnenden Weidezug aus der Nomadenzeit erinnert etwa das jüdische Passah-Fest, das stets am ersten Sabbat nach dem ersten Frühlingsvollmond gefeiert wird. Da Christi Leiden, Tod und Auferstehung mit diesem Fest eng verbunden waren, übernahmen die Christen den Termin für ihr Osterfest, das endgültig auf dem Konzil von Nicäa im Jahr 325 festgelegt wurde. Allerdings wurde natürlich der Auferstehungstag, also der Ostersonntag und nicht der vorangehende Sabbat, höchster Feiertag. Mit der Kopplung an ein altüberkommenes Frühlingsfest kam man zudem den heidnischen Bräuchen entgegen, wie denn die Mission immer versuchte durch Umarmung alter Glaubensinhalte den Menschen die Bekehrung zu erleichtern. Viele Heiligenfeste belegen das und auch Weihnachten, Christi Geburt, ist nicht zufällig in die Zeit der Wintersonnenwende gelegt worden.

Frühlingsbeginn ist am 21. März, wenn die Sonne den Frühlingspunkt, also den Schnittpunkt von Ekliptik und Himmelsäquator erreicht. Ostersonntag kann also frühestens auf den 22. März fallen, wenn am 21. Vollmond war. Hat der Mond seine Zunahme zum Vollmond schon einen Tag früher vollendet, also am 20., dann verschiebt sich der Ostersonntag bis spätestens 25. April (ein synodischer Monat plus maximal sechs Tage).

Die Schwankungen sehen für die nächsten Jahre so aus: 1998 Ostern am 12.4.,
1999 am 4.4.,
2000 am 23.4.,
2001 am 15.4.,
2002 am 31.3.,
2003 am 20.4.,
2004 am 11.4.,
2005 am 27.3.

Damit beeinflusst der Mond Arbeits- wie Freizeit, Schule (Osterferien) wie Süßwarenindustrie, Fernsehen (besinnliche Filme in der Karwoche) wie Hühnerfarmen.

Wasserberge ziehen um die Erde

Ist dies noch in gewissem Sinn nur ein rein rechnerischer Einfluss, so greift der Mond in den Wasserhaushalt der Erde schon recht massiv und höchstselbst ein: Er steuert Ebbe und Flut und damit wesentliche biologische und klimatische Faktoren. Gäbe es den Mond nicht, gäbe es dennoch Gezeiten, denn auch die Sonne wirkt an ihnen mit, freilich in vergleichsweise geringem Maße. Ohne

Mond verminderte sich der Tidenhub drastisch und wäre vielerorts kaum noch zu bemerken. Die Gravitation des kleinen, aber eben sehr nahen Mondes erzielt die dreifache Wirkung. Sie zieht die Weltmeere an und lässt so einen Wasserberg um die Welt ziehen, die sich ja unter ihm dreht. Dann aber, so natürlich sofort der Einwand, träte doch nur einmal am Tag Flut ein. Es gibt aber je zweimal Hoch- und Niedrigwasser am Tag!

Der Takt der Fluten

Das System Erde-Mond hat seinen Schwerpunkt noch innerhalb der 81 mal massereicheren Erde, aber eben nicht im Erdmittelpunkt, sondern näher zur Oberfläche hin. Um diesen Punkt schwenkt das Duo, so dass auf der mondabgewandten Seite eine erhebliche Fliehkraft entsteht, das Gegenstück zur Anziehungskraft auf der mondzugewandten Seite. Die Fliehkraft drückt auf der gegenüberliegenden Seite der Erde einen entsprechenden Wasserberg nach außen, der ebenso um die Erdkugel wandert. Deshalb schwappt die Flut zweimal täglich an den Küsten empor, von denen im gleichen Takt das Wasser wieder weggezogen wird. Der Mond wandert während einer Erddrehung ebenfalls ein Stück weiter, so dass der Takt nicht genau 12 Stunden für zwei Fluten oder Ebben beträgt, sondern etwa eine halbe Stunde mehr. Einem Hochwasser um 12 Uhr mittags folgt am nächsten Tag Hochwasser etwa um 12.50 Uhr, weil die Erde sich inzwischen ja mehr als einmal um sich selbst gedreht hat.

Ganz regelmäßig ist auch dieser Rhythmus nicht, denn Erdnähe oder Erdferne des Mondes sowie die Stellung der Sonne im Trio mit der Erde spielen ebenfalls eine Rolle. Tidenkalendern liegen daher ziemlich komplizierte Berechnungen zu Grunde und die zu erwartende Tidenhöhe ist sogar nur tendenziell vorauszusagen, weil da auch noch der Wind ein Wörtchen mitspricht. Allgemein lässt sich sagen: Stehen Sonne und Mond mit der Erde in einer Linie, also bei Voll- und Neumond, verstärkt die Sonne den Tidenhub und wir haben Springfluten. Steht die Sonne im rechten Winkel zum Mond, also bei zu- wie bei abnehmendem Halbmond, vermindert sie die Gravitationswirkung des Mondes und wir haben Nippfluten, d. h. besonders gering ausgeprägte.

Das An- und Abschwellen der Gewässer im Rhythmus des Mondlaufs lässt sich an den gewaltigen Wassermassen der Ozeane natürlich am besten beobachten. Es tritt aber auch in kleineren Meeren wie der Ostsee auf und ist mit feinsten Messinstrumenten selbst an Seen zu beobachten. Ist diese Mondwirkung in Teichen oder gar in der Kaffeetasse auch nicht mehr nachweisbar, so besteht sie dennoch. Nur ist die betroffene Masse zu klein für unsere Beobachtungsmittel. Eine so überall und immer anwesende Kraft übt ihre Wirkung auch auf kleinste Systeme aus und mithin auch auf die zu einem hohen Prozentsatz aus Flüssigkeit bestehenden Pflanzen-, Tier- oder Men-

Die Beziehung zwischen Wasser und Mond ist ein beliebtes Motiv auch in der Malerei.
Ando Hiroshige (1797–1858) »Flusslandschaft mit aufgehendem Mond«

schenkörper. Das lässt sich allerdings nur mittelbar feststellen, indem man deren Verhalten möglichst langfristig während des Mondlaufs registriert.

Und wohl kaum ein irdisches Phänomen ist über so viele Jahrtausende so genau beobachtet worden. Natürlich sind dabei Wunschdenken, falsche Schlüsse, Täuschungen und andere Irrtümer in den Erfahrungsschatz aufgenommen worden. Gravierende Fehleinschätzungen aber hätten sich selbst falsifiziert und wären ausgeschieden worden. Selbst die moderne Wissenschaft hat anerkennen müssen, dass unsere Vorfahren sehr gute und unbestechliche Beobachter waren. Nicht nur das Vorurteil des angeblich so finsteren Mittelalters ist falsch, auch zur Überhebung über unsere prähistorischen Ahnen besteht keinerlei Anlass. Versuchen Sie einmal, ohne technische oder gedruckte Hilfsmittel den Frühlingsbeginn im Jahr 2011 auf die Minute genau zu berechnen. Ganz schön knifflig, wenn nicht unlösbar, werden Sie feststellen. Für die babylonischen Astronomen vor 5000 Jahren eine der leichtesten Übungen.

Wirkung auf den Wasserhaushalt

Ebenfalls wissenschaftlich gesichert ist die Mondabhängigkeit des weiblichen Zyklus, die schon seit Menschengedenken bekannt ist. Dass logischerweise auch Empfängnis, Gedeihen des ungeborenen Lebens und natürlich auch des auf die Welt gekommenen Menschen Mondeinflüssen unterliegen, wird niemand ernsthaft bestreiten. Hinzu kommt die enorme psychische Wirkung des Mondstandes, wie sie viele Dichtungen besingen (siehe Einführung und Kapitel III). Unsere Stimmungen wurden von den alten Griechen auf die unterschiedlichen Zustände der Körperflüssigkeiten zurückgeführt. Und wie wir gesehen haben: Der Mond wirkt auf den Wasserhaushalt der Welt (Makrokosmos) wie den der Lebewesen (Mikrokosmos). Nicht nur der schöne Anblick der Welt im Vollmondlicht, also nicht nur Ästhetisches spielt bei der psychischen Wirkung eine Rolle, sondern auch körperliche Rhythmen. Wie sonst könnte der unsichtbare Neumond so völlig anders wirken als der volle oder abnehmende Mond (s. u.)? Und wie ließen sich sonst Phänomene wie Schlafwandeln oder Mondsüchtigkeit erklären?

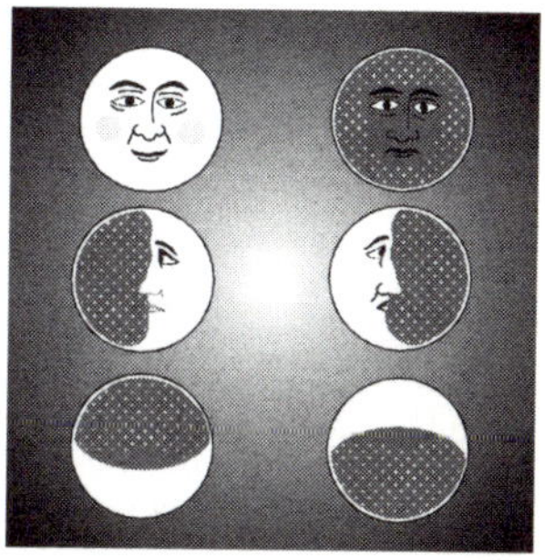

Wir unterscheiden sieben Mondzustände, vier Phasen, die nacheinander eintreten, und drei Zustände, die mit jeder der Phasen vergesellschaftet sein können. Es gibt also eine Vielzahl von Mischungsverhältnissen, die hier nicht alle aufgelistet und charakterisiert werden können. Es dürfte aber aus den Grundwirkungen unschwer abzulesen sein, welche Kombinationen in welche Richtung tendieren. Die Zeichen für die vier Phasen Neumond, zunehmender Mond, Vollmond, abnehmender Mond sind hier abgebildet, ebenso wie der aufsteigende und absteigende Mond sowie die Tierkreiszeichen, in denen der Mond stehen kann. Im Folgenden werden ihnen allen die Wirkungen

zugeordnet, die über die Zeiten hinweg beobachtet worden sind und sich als die Wesentlichen herauskristallisiert haben. Die jeweils dazugestellten Bauernregeln spiegeln die geschilderten Wirkungen.

Der Neumond

Die Wendephase vom abnehmenden zum zunehmenden Mond lässt sich mit dem Ende des Ausatmens und dem Beginn des neuen Atemzugs vergleichen. Frische Energien werden gesammelt und alle Kräfte, die man dem dann herrschenden Tierkreiszeichen zuschreibt, entfalten doppelte Wirkung. Sonne und Mond stehen bei Neumond ja in einer Linie, also auch im selben Tierkreiszeichen. Das gilt gesundheitlich, hat Bedeutung für die Ernährung, wirkt sich in Haus und Garten aus, beeinflusst die Lebenseinstellung. Der Neumond stellt die Zeichen auf neuen Schwung und Optimismus, er eignet sich daher für Neuanfänge in jedem Sinn: Anpacken eines neuen Projekts, Aufbruch zu einer Reise, Versäumtes nachholen, Tapetenwechsel, klärende Aussprache über einen schwelenden Konflikt oder ganz banal: Beschneiden der Garten- und Zimmerpflanzen – sie danken es Ihnen mit prächtigem Gedeihen.

Es ist aber auch eine Phase des Innehaltens, der Sammlung und Konzentration. Jetzt gelingen ehrliche Antworten auf kritische Fragen an sich selbst: Bin ich auf dem richtigen Weg? Werde ich meinen

Mitmenschen gerecht? Müsste ich nicht da oder dort mehr tun, das oder jenes mäßigen? Deswegen haben in der Neumondzeit auch gute Vorsätze eher eine Chance als sonst. Sie werden beispielsweise merken, dass Ihnen Fasten leichter fällt – und dass es erfolgreicher ist. Neumond bedeutet nämlich auch Bewältigung von Altlasten, Entschlackung an Geist und Körper, Schlussstrichziehen. Und solche Erfolge dürfen Sie durchaus feiern, die Gefahr von Exzessen ist kaum gegeben. Sie haben ja viel vor und werden das nicht aufs Spiel setzen wollen.

Obwohl der Mond nur wenige Stunden unsichtbar bleibt, verdient der Neumond als eigene Phase wahrgenommen zu werden. Nicht nur wegen der Kombination mit Sonne und Tierkreiszeichen ist er etwas Besonderes. Sein vorübergehendes Verschwinden wurde zu allen Zeiten als Zeit der Entscheidung empfunden. Gewiss, er kehrt immer wieder und bringt mit dem Neulicht neue Hoffnung. Dennoch gemahnt er an unseren begrenzten Zeitvorrat, an die Vergänglichkeit alles Irdischen, ja auch alles Himmlischen und fördert daher die Einkehr, die Beschäftigung mit der Frage nach dem Sinn des Lebens an sich, nach dem des eigenen im Besonderen und nach dem des aktuellen Tuns überhaupt. Der Mond ist in diesen Stunden scheinbar nicht da, als Mahner dafür – wenn sich das steigern lässt – um so anwesender.

»Korn bei Neumond ausgesät, rascher in die Höhe geht.«

Zunehmender Mond

Zwei ganze Wochen lang wächst nun die beleuchtete Hälfte des Mondes, eine Spanne, die ihrerseits in mehrere Phasen zu unterteilen ist. Da ist zunächst das Neulicht, die schmale Sichel, die in unserer Hemisphäre nach rechts gekrümmt ist. Wir sind ihr schon in Fontanes Roman (siehe Kapitel III) begegnet und begegnen ihr immer gern. Ist man zu mehreren unterwegs und entdeckt jemand den zauberhaften Bogen kurz nach Sonnenuntergang, macht er sofort alle anderen darauf aufmerksam und jeder schaut gebannt auf das unvergleichliche Licht am Himmel. Die Stimmung hebt sich sofort, Ideen, was man nun unternehmen solle, sprudeln, als habe die Sichel neue Kräfte freigesetzt. Hat sie auch, denn mit dem Neulicht wächst auch die nötige Kreativität und Energie, das umzusetzen, was wir uns in der vorherigen kurzen Phase der Besinnung vorgenommen haben.

Das erste Viertel des zunehmenden Mondes sollten wir für Aufgaben des Erwerbens, des Lernens, des Trainings und der Kontakte nutzen. Die Aufnahmefähigkeit ist jetzt ebenso gesteigert wie das Selbstbewusstsein, das wir für erfolgreiches Anpacken und für das menschliche Miteinander brauchen. Ob es sich um heikle Gespräche mit schwierigen Kollegen handelt oder ob ein unangenehmer Brief zu schreiben ist, ob zähes Ringen um Vertragsbedingungen oder um eine

Gehaltserhöhung bevorsteht – jetzt handeln und sprechen! Sie haben sozusagen kosmischen Rückenwind. Aber auch die erfreulichen Kontakte profitieren davon: Laden Sie ihren Partner oder einen Freund zu einem stilvollen Abendessen ein. Alles glänzt frischer, alles schmeckt besser und auch erotische Wünsche erfüllen sich eher.

»Wachsend Mond, Pflücken lohnt.«

Die Dinge verkomplizieren sich wieder mit dem zunehmenden Halbmond, der rechtwinklig zur Sonne steht und der sogar ein wenig von seiner Wirkung auf die Meere einbüßt. Uns stürzt der zunehmende Halbmond in manches Wechselbad der Gefühle. Die Gestirnsspannung teilt sich uns mit und führt zu vermehrter Konzentration auf die eigenen Bedürfnisse, was die Gefahr der Verletzung anderer steigert. Und wir neigen dazu, manches übers Knie zu brechen. Deshalb Vorsicht bei Entschlüssen: Was vorher spontan gelang, kann jetzt daneben gehen. Die überschüssigen Kräfte sollten Sie daher in geeignete Bahnen lenken, sie zum Beispiel zu sportlichen Aktivitäten oder auch zu vermehrter Arbeit nutzen. Die Phase geht ja rasch vorüber, denn schon mit dem Nahen des Vollmonds machen sich dessen Kräfte bemerkbar: Die fast runde Mondscheibe lässt die Welt akzeptabel erscheinen, verströmt Harmonie und versöhnt mit den Realitäten.

Der Vollmond

Einige Stunden lang leuchtet nun der volle Mond in genauer Gegenüberstellung zur Sonne unsere Welt hell aus. Auch diese kurze Frist verdient die Bewertung als eigene Phase, denn sie ist der Höhepunkt des Mondlaufs. Der stille Begleiter beherrscht nun unumschränkt die Nacht, erfüllt, was er versprochen hat, und öffnet Herz und Geist. Aufgeschlossener nie als bei Vollmond, sagen sogar die Psychologen von ihren Patienten und schätzen diese Zeit als therapeutisch besonders hilfreich. Das gilt natürlich auch für die Selbsttherapie, für den Umgang mit den eigenen Schwächen und mit dem, womit man nicht recht glücklich ist. Optimal gelingt die Selbsterforschung in dieser Zeit, wenn man einen aufmerksamen Gesprächspartner findet, dessen Fähigkeit zum Zuhören und Verstehen ja ebenfalls von der befreienden Wirkung des vollen Mondes gesteigert werden.

»Gewitter in der Vollmondzeit bringet Regen weit und breit.«

Intensivierung hat auch Schattenseiten (siehe auch Bauernregel). So lässt sich Blut in dieser kurzen Zeit schlechter stillen, überbeanspruchte Glieder rebellieren stärker, Konflikte streben einer nicht immer erwünschten Entscheidung zu. Und auch die Häufung der Geburten in dieser Zeit ist nicht immer ein frohes Ereignis und manchmal gar nicht im Sinn der Ärzte oder der Mütter, denn es sind entsprechend viele Frühgeburten darunter. Die Polizei muss nicht selten den Geburtshelfer spielen, und das in einer Nacht, in der sie ohnehin alle Hände voll zu tun hat. Lichtscheue Unholde begehen ihre Brüche und Gewalttaten paradoxerweise bevorzugt bei hellem Vollmond und auch in den Ehen kracht es mehr als sonst. Die Schlichter sind oft völlig überfordert und die Kneipiers fragen sich, warum der sonst so beruhigende Gerstensaft auf einmal so krakeelige Gäste schafft.

Bekanntestes Phänomen aber ist die Schlafwandelei sensibler Personen. Es wird darüber viel gewitzelt, doch zu spaßen ist damit wahrlich nicht. Die vom Mond hinausgetriebenen Schläfer gefährden sich und andere. Nur ganz behutsam darf man sie in die Realität zurückholen, denn bei abruptem Wecken reagieren sie unberechenbar, stürzen oder werden aggressiv. Und man muss nicht einmal mondsüchtig sein, um die Erfahrung zu machen, dass der Vollmond einen heimsucht mit schweren Träumen, aus denen man schweißgebadet erwacht. Längst Verstorbene treten darin auf und erinnern an Dinge, die man ihnen angetan hat und nun nicht mehr gutmachen kann. Man will fliehen, doch das Mondlicht hält einen wie angenagelt an der Stelle. Ist man dann erwacht und sieht das Zimmer in fahlem Licht, kann man sich nur mit Mühe aus der Traumwelt befreien. Dann aber bewährt der volle Mond wieder seine heilende Kraft: Wir treten ans Fenster, sehen ihn groß und ruhig auf uns hinabblicken oder hinter

Henri Rousseau, »Schlafende Zigeunerin«, 1897

jagenden Wolken unbeeindruckt von den irdischen Stürmen der schlafenden Welt zublinzeln.

Abnehmender Mond

Auch die zweite Halbzeit des Mondumlaufs ist zu lang, als dass sie einheitlich gepolt sein könnte. Sie gliedert sich in den Nachklang des Vollmonds, den abnehmenden Halbmond und das Verlöschen. Noch erfüllt vom sanften Licht der Vollmondnacht sind wir in den Tagen danach mild gestimmt, bereit Widerspruch und fremde Eigenarten zu tolerieren. Auch andere haben ihr Päckchen zu tragen und brauchen vielleicht unsere Hilfe. Die erste Phase des abnehmenden Mondes weckt die Kräfte der Hilfsbereitschaft und des Verstehens; sie eignet sich daher konkurrenzlos zur Klärung von Differenzen. Was sonst unweigerlich Streit oder Schlimmeres auslöst, kann nun ruhig abgewickelt werden. Eine Ruhe, die sich auch dem Geist mitteilt und ihn aufnahmefähig macht für Kunstgenuss und Kontemplatives. Nehmen Sie ein bisher als »zu schwer« eingestuftes Buch vor, besuchen Sie wieder einmal ein Museum, lassen Sie sich in einem Konzert in die Klangwelten der Klassiker entführen.

Sie können diesen Ausflug in »höhere« Sphären brauchen, denn die Realität holt sie spätestens mit abnehmendem Halbmond wieder ein. Wie sein zunehmender »Kollege« (natürlich derselbe Mond, doch als andere Persönlichkeit) sendet er Irritationen, abgemildert freilich durch unsere nun herrschende Bereitschaft zur Hinnahme auch weniger erfreulicher Erlebnisse. Nur mit uns selbst sind wir eher ungeduldig, meinen, mehr leisten zu müssen, und überfordern uns gelegentlich. Das Risiko lässt sich vermindern, indem man sich selbst Aufgaben stellt, die einen ganz fordern, so dass für Selbstvorwürfe keine Zeit bleibt. Es sollten allerdings Arbeiten sein, bei denen es nicht so schlimm ist, wenn nicht alles glückt: Hausputz, Routinetätigkeiten, Gartenentrümpelung und Jäten, Kartoffeln setzen (siehe Bauernregel) zur Förderung der unterirdischen Frucht, Ablage von Post und sonstigen Papieren usw. Ein ganz wichtiger Punkt darf nicht unerwähnt bleiben: Belastendes belastet nun weniger. Etwa nötige chirurgische Eingriffe sollten, wenn möglich, in diese Phase gelegt werden.

»Nimmt der Mond ab, senk Kartoffeln hinab.«

Dann strebt der Mond wieder der Sonne zu und auch die vorher manchmal gegentaktigen Rhythmen harmonieren wieder. Die weichende Spannung macht ein wenig müde an Körper und Geist, eine gewisse Beschaulichkeit ergreift uns. Dem dürfen Sie, ja sollten Sie nachgeben, denn jeder Stau braucht die Auflösung, jedes Pflanzen das Reifen, jede Fahrt die Rast. Das letzte Viertel des Mondlaufs ist Bilanzzeit, in der wir zurückschauen und zugleich prüfen, ob alles erledigt ist. Reparaturarbeiten gelingen daher in dieser Phase besonders gut, weil der Blick geschärft ist für kritische

Stellen. Letzte Mängel, Flecken, Staub, Trübungen (auf dem Tafelsilber wie im Seelenhaushalt) lassen sich nun gut beheben. Kosmetik wirkt Wunder. Aufräumen ist ja zugleich Vorbereitung auf einen neuen Zyklus mit neuen Anforderungen, denen man sich stellen und für die man bereit sein muss.

Der Mond im Tierkreiszeichen

Die Zeit, die die Erde zum Umlauf um die Sonne braucht, nennen wir Erdenjahr. Die Zeit, die der Mond zum Umrunden der Erde braucht, wäre demnach ein Mondjahr, obwohl wir das irdisch sehen und von Monat sprechen. Denn in der Tat ist der Mondumlauf eine Art Miniaturjahr. Beginnend mit dem Neumond, an dem unser Begleiter im selben Sternbild steht wie die Sonne, wechselt er nun etwa alle zweieinhalb Tage in das nächste Tierkreiszeichen, so dass er nach einem Umlauf alle zwölf durchschritten hat. Anders als die Erde hat er sich dabei freilich nicht 365 mal um sich selbst gedreht, denn dann wäre er längst von der Fliehkraft auseinander gerissen worden. Da zieht er lieber unter gemächlicher Eigenrotation über den Sternhimmel und »färbt« dessen Einfluss auf uns und unseren Lebensweg.

Schon beim Neumond war die Rede davon, dass er alles verstärkt, was an diesem Tag im astrologischen Buch geschrieben steht, weil Sonne und Mond auf dasselbe Tierkreiszeichen zeigen.

Das geht so weiter: Die nebenstehende Tabelle »Tierkreiszeichen und Körperregionen« sagt Ihnen beispielsweise, welche gesundheitlichen Implikationen der Stand des Mondes jeweils hat: Nehmen wir als Beispiel den Widder, das Startzeichen des Jahres. Es ist dem Kopf zugeordnet, beeinflusst also auch Hirn und Augen, Gesicht und Haar. Steht der Mond in diesem Zeichen, schlägt kosmetische Pflege besser an, ist man mit dem Ergebnis des Frisierens zufriedener (aber nicht Haareschneiden, denn das stellt ja einen »Eingriff« dar!). Das steigert sich, wenn dabei zunehmender Mond herrscht, was von Oktober bis April der Fall ist.

Das heißt nun nicht, dass Haarpflege im Sommer (April bis Oktober), wenn der Widder im abnehmenden Mond steht, nicht ratsam ist. Im Gegenteil: Es muss halt ein wenig mehr Mühe aufgewandt werden, denn Widdertage gibt auch dann und auch die Stiertage sind geeignet. Aussagen über die Wirkung der Mond-Stern-Konstellation haben immer nur tendenzielle Bedeutung. Erst im Zusammenwirken mit Witterungsfaktoren, seelischer Verfassung, beruflicher Situation, momentanem Aufenthaltsort und vielen anderen Einflüssen entsteht das tatsächliche Ergebnis. Steht alles einem Erfolg entgegen, dann wird auch der Mondstand kaum helfen, allenfalls mildernd kann er dann wirken und so eine völlige Pleite vermeiden helfen. Grundsätzlich gilt: Der zunehmende Mond för-

Tierkreiszeichen und Körperregionen	
Widder	Kopf Gesicht Gehirn
Stier	Hals Nacken Schlund
Zwillinge	Brust Schultern Arme
Krebs	Magen Rippen Zwerchfell
Löwe	Herz Rücken Wirbelsäule
Jungfrau	Unterleib Nieren Milz
Waage	Becken Blase Lenden
Skorpion	Geschlechts- und Verdauungsorgane
Schütze	Hüften Oberschenkel Ischias
Steinbock	Knie Haut Gelenke
Wassermann	Schienbein Knöchel Unterschenkel
Fische	Füße Zehen Fußsohlen

dert aufbauende Prozesse und verstärkt belastende Wirkungen, der abnehmende wirkt sich günstig auf Entschlackung, Entspannung und Reifung aus.

Auf- und absteigender Mond

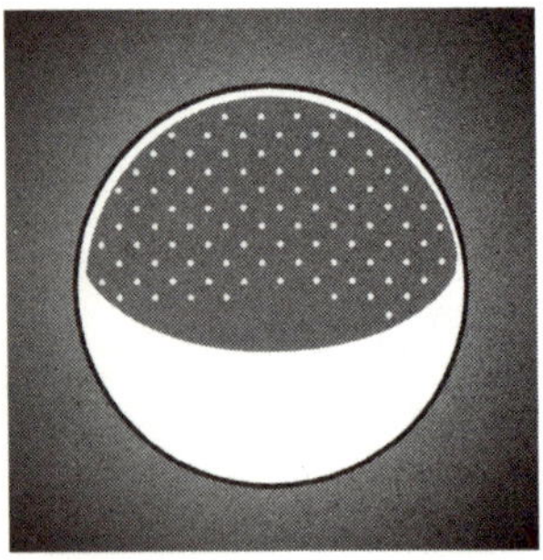

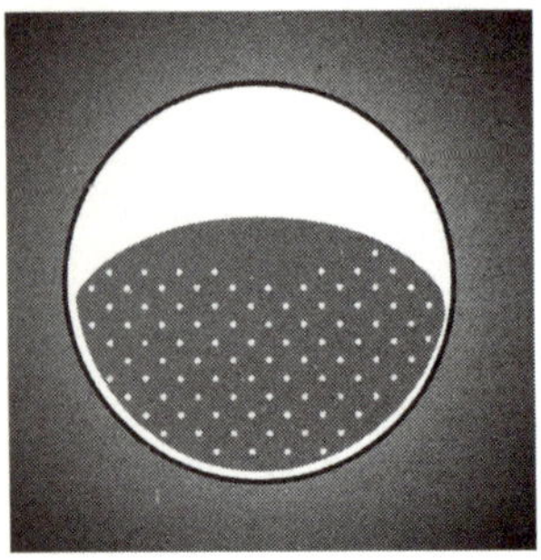

Was Mondknoten sind, ist im Kapitel Mond-Astronomie erklärt. Sie haben mit den Mondphasen nichts zu tun, sondern sagen nur etwas über die Bewegung relativ zur Ekliptik. Wandert der Mond zu einem solchen Knoten hinauf und über ihn hinaus, haben wir aufsteigenden Mond, bei Gegenbewegung absteigenden – in manchen Landstrichen wird auch vom »unter sich« oder »über sich gehenden« Mond gesprochen. Wann das eine oder andere der Fall ist, wird im Mondkalender (Anhang) nicht eigens vermerkt, weil es dafür ein Schema gibt: Aufsteigender Mond herrscht, wenn der Trabant in den Winter- und Frühlingssternbildern Schütze, Steinbock, Wassermann, Fische, Widder, Stier steht, absteigender bei den sechs Sommer- und Herbststernbildern Zwillinge, Krebs, Löwe, Jungfrau, Waage, Skorpion. Schütze und Zwillinge sind nicht ganz eindeutig zuzuordnen, weil sie zum Teil noch in die jeweils andere Richtung reichen. Es sind Wendezeiten, die je nach Vorhaben positiv oder negativ »geladen« sind.

In einem Monat spiegelt auch hier der Mond den jährlichen scheinbaren Sonnenlauf durch den Tierkreis, bringt »jahreszeitliche« Wirkungen mit sich und kann einen Sommertag durchaus »winterlich« prägen. Damit sind nicht etwa Frosteinbrüche im Juli gemeint, sondern eine Tendenz zum Ausruhen, zum Innehalten, zur Stille, wie sie die winterlichen Sternbilder prägen. Vor allem gesundheitlich und gärtnerisch machen sich diese Mini-Jahreszeiten bemerkbar. Aufsteigende Tendenz des (zunehmenden) Mondes etwa sollte man im Herbst zum Obstpflücken nutzen, man bekommt besonders saftige Früchte (siehe auch Bauernregel zum zunehmenden Mond). Absteigende Tendenz fördert zum Beispiel die Erfolge einer Fastenkur. Inwieweit dieser Mondtrend für die Prägung bei der Geburt von Bedeutung ist, wird eigens erwähnt bei der Betrachtung des Geburtsmonds in den einzelnen Sternzeichen (siehe das folgende Kapitel V).

Wann was wie?

Wann stehen die Mondzeichen günstig für welche Tätigkeiten?

Auf den folgenden Seite finden Sie eine Tabelle, unter welchem Tierkreiszeichen bestimmte Tätigkeiten am besten gelingen. Es ist eine knappe Auswahl, die aber beispielhaft zeigt, was bei ähnlichen Tätigkeiten zu beachten ist. Begründungen im Einzelnen sind nicht erforderlich, denn hier sind über Generationen gesammelte Erfahrungen aufgelistet, die sich in der Praxis selbst rechtfertigen. Machen Sie einfach die Probe, indem Sie das eine Mal dem Tipp folgen, ein anderes Mal ihm bewusst zuwider handeln – Sie werden überzeugt sein!

Garten, Pflanzen

Tätigkeit	Mond im	Mondphase	Bemerkungen
Beschneiden von Pflanzen	Steinbock, Stier	Neumond	auch: Jungfrau
Blätter sammeln	Krebs, Skorpion	zunehmend abnehmend	junge Blätter Ausnahme: Brennnessel
Blattschädlinge bekämpfen	Krebs	abnehmend	auch: Zwillinge, Schütze
Blumen pflanzen	Jungfrau	zunehmend	
Blumen säen	Waage, Wassermann	2. Viertel	auch, aber weniger gut: Zwillinge
Blüten sammeln	Waage, Zwillinge	zunehmend	kurz vor Vollmond
Bodenschädlinge bekämpfen	Steinbock, Jungfrau	abnehmend	
Düngen	je nach Pflanze	abnehmend	Blumen: Krebs, Skorpion Obst: Widder, Schütze; nie Löwe
Einlagern von Obst	Widder (Stier, Zwillinge)	1. Viertel	auch: Steinbock, Wassermann
Früchte ernten	Widder, Löwe, Schütze	1. Viertel	
Heilkräuter sammeln	je nach Körperteil	zunehmend	s. Tabelle S. 75
Jäten	Steinbock	abnehmend	nur bis Juli, danach sonstige Zeichen Beet bei Löwe vorbereiten
Kartoffeln setzen	Jungfrau, Stier	abnehmend	kurz nach Vollmond

Tätigkeit	Mond im	Mondphase	Bemerkungen
Kompostieren	Jungfrau (Steinbock)	1. Viertel	
Mohrrüben säen	Stier, Steinbock	letztes Viertel	bis Neumond; ebenso: Rettich, Sellerie
Obst pflücken	aufsteigende Zeichen	1. Viertel	Ausnahme: Fische
Rasen säen	Jungfrau, Löwe	zunehmend	
Rasen mähen	Krebs, Skorpion, Fische	zunehmend	
Schnecken bekämpfen	Skorpion	zunehmend	zerkleinerte Eierschalen verstreuen
Spinat, Kohl säen	Krebs (Fische)	abnehmend	wie alles Blattgemüse
Umtopfen	Jungfrau (Zwillinge)	zunehmend	
Tomaten säen	Widder, Löwe	zunehmend	absteigende Tendenz
Wurzeln ausgraben	Steinbock bis Stier	Vollmond	bis zunehmend, Frühjahr
Zimmerpflanzen gießen nicht gießen	Krebs, Skorpion, Fische Zwillinge, Waage	voll/zunehmend	Regen- oder abgestandenes Wasser; Schädlingsgefahr
Zwiebeln säen	Stier, Steinbock	letztes Viertel	bis Neumond

Haushalt

Tätigkeit	Mond im	Mondphase	Bemerkungen
Betten lüften	Wassermann, Widder	abnehmend	direktes Sonnenlicht meiden
Einfrieren	Schütze, Widder (Löwe)	zunehmend	bewahrt Saftigkeit und Frische

Tätigkeit	Mond im	Mondphase	Bemerkungen
Einmachen Früchte	Widder (Skorpion)	1. Viertel	bewahrt die Fruchtigkeit
Einmachen Gemüse	Stier, Steinbock	letztes Viertel	
Fenster putzen	Widder, Schütze	abnehmend	weniger Reinigungsmittel (Spiritus)
Heizen, erstes	Löwe, Schütze	abnehmend	Wärme dringt in letzte Winkel
Kleidung saisonal einlagern	Waage, Wassermann	abnehmend	kein Mottenpulver
Lüften	Wassermann (Zwillinge)	abnehmend	
Renovieren	Widder, Waage	abnehmend	optimale Trocknung der Farben
Reparaturen Fenster / Türen	Steinbock, Wassermann	letztes Viertel	Holz arbeitet weniger
Teppich verlegen	absteigendc Zeichen	abnehmend	verhindert Faltenbildung
Wäsche waschen	Fische (Krebs, Skorpion)	3. Viertel	weniger Schaum, mehr Waschkraft

Gesundheit

Tätigkeit	Mond im	Mondphase	Bemerkungen
Akne behandeln	Widder / Stier	abnehmend	beugt Narbenbildung vor
Augengymnastik	Widder	zunehmend	1 x monatlich ausreichend
Blase stabilisieren	Waage	abnehmend	abends Taubnesselblütentee
Blutdruck senken	Löwe, Schütze	abnehmend	Obsttage; Alkohol und Nikotin meiden

Tätigkeit	Mond im	Mondphase	Bemerkungen
Fasten	alle Zeichen	Neumond	viel trinken
Fußzonenreflex-massage	Wassermann, Fische	zunehmend	aktiviert Wider-standskraft
Gesichtsmasken	Widder/Stier	abnehmend	
Gicht vorbeugen	Löwe	letztes Viertel	Brennnesseltee zur Blutreini-gung
Haare schneiden	Löwe	letztes Viertel	optimaler Sitz der Frisur
Kräuter-behandlung	Skorpion	Vollmond	Entfaltung der vollen Wirksam-keit
Massage (entspannend)	nach Körperre-gion	abnehmend	dient zugleich der Entgiftung
Massage (regenerierend)	nach Körperre-gion	zunehmend	Heilöle einset-zen
Potenz fördern	Skorpion	2. Viertel	Kaltduschen Lendenregion
Rheuma behandeln	aufsteigende Zeichen	abnehmend	gründliche Entgiftung
Rückenpro-bleme lindern	Steinbock	alle Phasen	chiropraktische Maßnahmen
Sodbrennen vor-beugen	Stier, Wasser-mann	abnehmend	Kamillentee, Heilerde
Verstopfung bekämpfen	Jungfrau	3. Viertel	Brottrunk, Gym-nastik, Wasser-kur
Wadenkrämp-fen vorbeugen	(Schütze) Stein-bock	3. Viertel	Massagen, Kräu-terumschläge
Zahnfleisch-massage	Widder/Stier	abnehmend	kaum Blutungs-gefahr
Zahnstein entfernen	Steinbock	abnehmend	beugt Neubil-dung vor

Kapitel V

Was der Mond uns ganz aktuell zu sagen hat, wie er uns prägt und wie er uns leitet, ist abhängig davon, in welchem Sternbild der Mond zur Stunde der Geburt stand. Auf der Basis des Mondkalenders im nächsten Kapitel lassen sich auf diese Weise viele Einflüsse, viele Verhaltensweisen und viele Stimmungen, die bisher vielleicht unerklärlich waren, besser verstehen. Die Prägung des Geburtsmondes geht quer durch alle Lebensbereiche: Beruf, Freizeit, Liebe, Partnerschaft, Gesundheit und viele andere mehr. Von daher ist es nur logisch, wenn jedes Mondhoroskop mit einem Bereich abschließt, der nur zu offensichtlich ist: dem Essen. Lassen Sie sich also in diesem Kapitel auch verführen zum Kochen nach dem Mond.

Prägung und Gunst der Stunde

Geburtsmond und Mond aktuell

In welchem Tierkreiszeichen hielt sich der Mond zum Zeitpunkt meiner Geburt oder der eines nahe stehenden Menschen auf? Wo steht er heute und wo zu einem bestimmten Termin? Welche Einflüsse sind darauf zurückzuführen oder mit welchen ist zu rechnen? Antwort auf diese Kernfragen des Hauptkapitels gibt der Kalender in Kapitel VI und der zugehörige nachfolgende Text zu jedem der Tierkreiszeichen. Der Kalender 1921 bis 2004 nennt nämlich nicht nur den jeweiligen Geburtsmond, sondern ist so angelegt, dass sich ohne Schwierigkeiten ermitteln lässt, ob zum fraglichen Zeitpunkt zu- oder abnehmender, Voll- oder Neumond herrschte oder herrschen wird. Die Vollmonddaten sind grau unterlegt, so dass die weiteren Phasen unschwer zu finden und zu werten sind. Im vorigen Kapitel wurden die Charakteristika der einzelnen Mondphasen dargestellt, sie sind bei der Einschätzung jeder Konstellation zu berücksichtigen. Falls nicht mehr präsent, reicht kurzes Zurückblättern und Sie haben die entsprechenden Informationen.

Damit erhalten Sie nicht nur ein Mondhoroskop, sondern auch Hinweise dafür, wann was am besten angepackt, erledigt, ins Werk gesetzt werden sollte. Das ergibt sich aus der »Färbung« durch die

Mondphasen, aber auch aus der Grundstimmung, die Sie mit der Geburt durch die Mondstellung mit auf den Lebensweg bekommen haben.

Beruf und Privatleben

Liebe, Ehe, Partnerschaft

Gesundheit

Natur

Ernährung

Das Mond-Menü

Im Vordergrund steht daher natürlich der Lebenstenor und seine Auswirkung ganz allgemein, auf den beruflichen Werdegang und die privaten Vorlieben (Hobbys, Reisen, Freizeitgestaltung usw.), auf den Bereich Liebe, Ehe, Freundschaft, auf die gesundheitliche Veranlagung, auf das Verhältnis zur Natur, auf kreative Begabungen. Den letzten Punkt aller Porträts der Tierkreiszeichen bildet das richtige Ernährungsprofil für Sie mit einem Menübeispiel, eigens auf Ihren Typ zugeschnitten. Es eignet sich immer, ist aber so ausgesucht, dass sich Geschmack und Bekömmlichkeit besonders gut in der Phase des zunehmenden Monds im 1. Viertel entfalten. Schauen Sie daher nach, wann die Sichel des Neulichts in Ihr Zeichen tritt, dann lohnen sich die Mühen der Zubereitung doppelt, denn dann steht meist auch noch die Sonne in Ihrem Zeichen oder ihm doch noch sehr nahe, und dies ist fürwahr eine optimale Kombination.

So wenig alle Tage Sonntag sein kann, so sind die Anlässe für erlesene Genüsse sorgfältig auszusuchen. Das Warten auf den passenden Termin und auf den richtigen Zeitpunkt – das weiß jedes Kind, das der Bescherung entgegenfiebert – steigert die Vorfreude und intensiviert das Erleben.

Kalender-Gebrauchsanweisung

Und so finden Sie ihren Geburtsmond, sagen wir den 5. Mai 1956: Seite mit dem Jahrgang 1956 aufschlagen, Monat Mai in der Querleiste aufsuchen, bis zum 5. hinuntergehen und das Tierkreiszeichen entziffern (s. a. nebenstehende Tabelle). Die gerade herrschende Mondphase ermitteln Sie durch den Abstand vom letzten oder vom nächsten Vollmond, in diesem Fall: letzter Vollmond 25. April, also 4. Viertel abnehmender Mond, genau: zwischen Halb- und Neumond (10. 5.). Ob absteigender oder aufsteigender Mond die Szene beherrscht, entnehmen Sie der Liste im vorletzten Absatz des IV. Kapitels. Da Sie in unserem Beispiel ein Fische-Mond sind, lässt sich die Tendenz recht eindeutig festlegen: Es handelt sich ja nicht um ein Wendezeichen. Was das für Sie bedeutet, erfahren Sie im Porträt Ihres Tierkreiszeichens.

Widder	♈
Stier	♉
Zwilling	♊
Krebs	♋
Löwe	♌
Jungfrau	♍
Waage	♎
Skorpion	♏
Schütze	♐
Steinbock	♑
Wassermann	♒
Fische	♓

Der Mond hält sich beim Wandeln durch die Tierkreiszeichen natürlich nicht an ganze Tage. Insofern gibt die Tabelle an, welches Sternzeichen am betreffenden Tag vorherrschend war. Aber keine Sorge: Die Natur ist kein Pedant, sie »arbeitet« nicht mit der Stoppuhr und kennt nur fließende Übergänge. Die alten Kräfte wirken weiter und schwinden erst allmählich, während die neuen einsetzen und wachsen. Ordnen Sie sich in das am fraglichen Tag länger herrschende Zeichen ein und Sie werden richtig liegen. Dies gilt ebenso für die Zeitangaben für die Wahl des richtigen Termins und zum Nutzen der Gunst der Stunde.

Verstärkende und dämpfende Tendenzen

Noch ein Wort zu Ihrem Sonnenzeichen: Es spielt bei der Prägung eines Menschen eine ähnliche Rolle wie das Zeichen, in dem der Mond bei der Geburt steht. Beide nehmen ja dieselben Energien auf. Hier passt der Vergleich mit Ebbe und Flut: Wie die Gezeiten vom Mond gesteuert werden, so dominieren seine Einflüsse auch bei der Erdenankunft des Menschen. Die Sonne setzt zusätzliche Akzente, wie sie durch Querstellung zum Mond die Flut dämpft oder sie in gemeinsamem Wirken zur Springflut auftürmen kann. Steht also Ihr Sonnenzeichen in einer Linie mit dem des Mondes, also im gleichen Zeichen (Neumond) oder in Opposition dazu (Vollmond), dann haben Sie Grund, die dargestellten Charakterzüge und Neigungen noch ein Stück ernster zu nehmen, als es sich ohnedies empfiehlt. Wenn sich Sonnen- und Mondstellung dem rechten Winkel zueinander nähern, flacht die Mondwirkung leicht ab. Wie der Winkel bei Ihnen aussieht, zeigt Ihnen das nebenstehende Diagramm.

Mond im Widder

Gern haben Sie das Sagen oder ziehen im Hintergrund die Fäden, wozu Sie Entschlussfreudigkeit, Fantasie und Energie ebenso befähigen wie Mut, ja Kühnheit. Dahinter steckt ein Lebensgefühl, wie es Abenteurer auszeichnet, aber auch Führungskräfte und Arbeitstiere. Das kann dann schon einmal ruinös werden, weil Sie zu hohe Anforderungen an sich stellen und von Schonung und Ruhe wenig wissen wollen. Warnzeichen des Körpers und des Geistes nehmen Sie daher nicht selten zu spät wahr, hören nicht auf andere und sind damit nicht immer ein besonders bequemer Zeitgenosse. Ihre Dynamik aber ist mitreißend und Ihre Begeisterungsfähigkeit steckt an – die Gegenstücke dazu sind Ungeduld und Sprunghaftigkeit. Sie sollten daher bewusst die nicht sehr ausgeprägte Ausdauer trainieren und sich Toleranz auferlegen, um damit den weniger erfreulichen Tendenzen entgegenzuwirken.

Solches Training klappt nur im ständigen Kontakt mit anderen. Daher trifft es sich gut, dass Sie einen Hang zur Geselligkeit mitbekommen haben. Sie brauchen Feste wie gemeinsame Ausflüge, Diskussionen wie Engagement für eine Gruppe. Daher ziehen Sie stets den direkten Kontakt vor, gehen lieber selbst zu einem Sportereignis oder einer Versammlung als sich davon berichten zu lassen, treffen sich lieber zu einem Kaffee als bloß zu telefonieren. Das belastet natürlich den

Zeitetat und Sie müssen zusehen, dass Sie auch hier Grenzen beachten. Im direkten Gegenüber lässt man sich nämlich zudem leichter für eine Sache einspannen, der man bei nur brieflicher Bitte eher widerstanden hätte. Die Neigung zu vollem Engagement kann hier nach hinten losgehen.

Selbst an sich begrüßenswerte Eigenschaften können beim Widder-Mond zum Nachteil umschlagen und verlangen daher besonnenen Einsatz.

Entschlossenheit verführt leicht zu Bedenkenlosigkeit in der Wahl der Mittel und damit zur Rücksichtslosigkeit anderen gegenüber. Durchsetzungskraft äußert sich manchmal in Grobheiten, die ebenfalls verletzen und daher für Ihr Vorhaben eher hinderlich sein dürften. Weiß man schneller als andere, was man will, dann schleicht sich leicht Verachtung für die Bedächtigeren ein – auch nicht gerade klimafördernd. Takt wird Ihnen nicht geschenkt, den müssen Sie sich erarbeiten und ein Gespür dafür zu entwickeln suchen, wo die Schwelle zur Ruppigkeit überschritten ist. Härte in der Sache, die Ihnen durchaus gegeben und die zu begrüßen ist, darf nicht in Härte den Mitmenschen gegenüber oder gar in Gefühllosigkeit umschlagen.

Der Widder gehört zu den Zeichen mit aufsteigender Mondtendenz. Das dürfen Sie wörtlich nehmen, denn Ihre Belastbarkeit programmiert Sie auf Erfolg. Er fällt Ihnen selbstverständlich nicht in den Schoß, und es wird immer wieder Menschen geben, die Ihnen aus Neid, Eigensucht oder weil ihnen schlicht Ihre Nase nicht passt, Steine in den Weg legen. Als geborener Wegräumer werden Sie damit aber leichter fertig als manch zart besaiteter Kollege. Zudem unterstützt Sie die angeborene Offenheit, die Ihnen Mitstreiter und Helfer gewinnt, ohne die in keiner Karriere etwas läuft. Optimismus ist dabei der Zündfunke für Ihr Gemisch aus Dynamik, Einfallsreichtum und Leistungsbereitschaft. Ein Leitsatz passt auf Sie: Hindernisse sind zum Überwinden da.

Damit ist schon gesagt, dass Sie sich zu untergeordneten und stark fremdgesteuerten Tätigkeiten wenig eignen. Sie würden zu oft anecken und selbst bei gelungener Anpassung unzufrieden bleiben. Auch Arbeiten, die Geduld, hohe Sorgfalt und Mitfühlen verlangen, werden Widder-Monde nicht unbedingt glücklich machen. Berufe in der Kranken- und Altenpflege, erzieherische Aufgaben und selbst die Politik sind wohl nur ausnahmsweise etwas für Sie. Wenden Sie sich – ob Mann, ob Frau – lieber Feldern zu, auf denen Risikofreude, Bereitschaft zur Übernahme von Verantwortung und selbstständiges Handeln gefragt sind: Reporter, Manager, Offizier, Reiseleiter. Um es bildhaft auszudrücken: Sie wären – bei entsprechender Ausbildung, versteht sich – die Idealbesetzung für die Leitung einer Polarexpedition.

Einige prominente Widder-Monde:
Marlon Brando
Justus Frantz
Jürgen Klinsmann
Ingrid Bergman
Bill Gates
Katarina Witt
Konrad Adenauer

Die Chance – sie ist ja bewusst exotisch gewählt – hat beruflich natürlich nur einer unter Millionen. Und auch in der Freizeit dürfte kaum jemand über die

Mittel zu so ausgefallenen Zielen verfügen. Es geht aber auch ein paar Hutnummern kleiner, Ihr persönlicher Nordpol liegt vielleicht im örtlichen Turnverein, den Sie ganz nach vorn bringen könnten, oder bei der Feuerwehr, wo sich Ihre schnelle Auffassungsgabe und zupackende Art segensreich auswirken würden. Die Beispiele sollen nur zeigen, dass Sie auch in der Freizeit Kontakte zu vielen Menschen und Abwechslung (auch im Urlaub) brauchen und nicht der Typ des einsamen Kreuzworträtslers sind. Oder doch ein bisschen? Der Widder-Mond hat ein Faible für Preisausschreiben, was mit seiner Freude an Pokalen und Auszeichnungen korrespondiert. Und er will mitreden können über das neueste Fernsehereignis, den aktuellen Bestseller, eine sensationelle Erfindung. Langweilig wird es ihm nie.

Freiheit brauchen Sie auch in der Partnerschaft, denn der Widder-Mond hat nur ein Gesicht. Wie draußen im beruflichen Leben lassen Sie sich nur ungern in der Zweisamkeit oder in der Familie einengen. Das kann leicht Missverständnisse auslösen, denn zur Ihrem manchmal nicht sonderlich kleinlich definierten Freiheitsbegriff gehört die Lizenz zu vielen kleinen und zuweilen auch zu ein paar ernsteren Flirts. Da braucht es schon einen sehr toleranten Partner, wenn die Beziehung keinen Schaden nehmen soll. Oder besser, liebevolle Rücksicht Ihrerseits. Gewiss, zu den Stärken des Widder-Monds gehört sie nicht,

Liebe aber kann helfen, auch Grundhaltungen zu überwinden. Sonst tauschen Sie einen verlässlichen Rückhalt gegen flüchtige Vergnügungen aus.

Das gilt auch für die Kehrseite der Widder-Mond-Mentalität: So sehr Sie Freiheiten beanspruchen, so wenig sehen Sie diese als selbstverständlich beim Partner an. Anfälle von Eifersucht finden sich in diesem Frühlingssternbild häufig, kennt der oder die Betroffene doch die eigene Entflammbarkeit und schließt von sich auf den Partner. Das ist ungerecht, aber allzu menschlich. Gebändigt werden sollte dieses Gefühl dennoch. Ein probates Mittel besteht darin, immer mal Beziehungs- oder Eheurlaub zu nehmen und zu gewähren. Der Abstand lässt die Zuneigung wieder wachsen, und der Mensch braucht ja auch den regelmäßigen Kontakt mit dem eigenen Geschlecht am Stammtisch oder im Verein, beim Kaffeeklatsch oder auch in der Nachbarschaftshilfe.

Damit ist die Sphäre der Freundschaften angesprochen, die der Widder-Mond leicht schließt. Er geht offen auf die anderen zu und nimmt auch deren Beteuerungen für bare Münze. Damit können Sie sich ganz erheblich verrechnen und das hat dann katastrophale Folgen. Ertappen Sie einen Freund oder eine Freundin bei unehrlichem Spiel, reagieren Sie besonders empört und neigen zum Zerschlagen auch solchen Porzellans, das durchaus noch sinnvoll zu nutzen wäre. Ähnlich impulsiv wie Sie sich jemandem zuwenden, verabschieden Sie sich radikal. Einen Moment innehalten – nicht leicht für Sie, gewiss – ist hier der bessere Rat. Und bedenken Sie: Ganz einfach sind Sie mit ihrer direkten Art auch nicht immer. Die Freunde brauchen oft Geduld mit Ihnen.

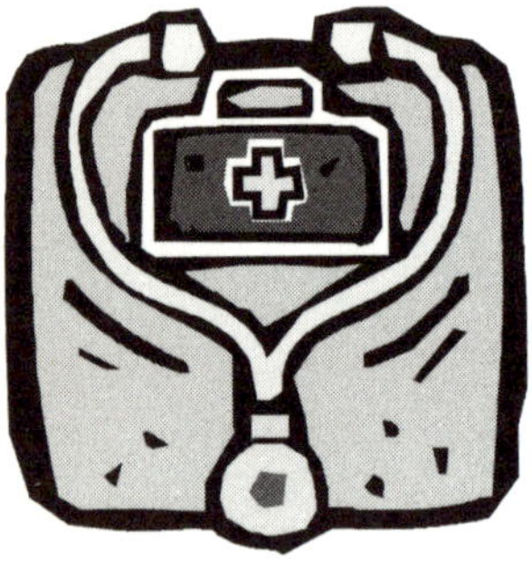

Der Widder-Mond ist hart im Nehmen, manchmal zu hart, so dass er erst Hilfe annimmt, wenn schon Feuer unterm Dach ist. Das gilt vor allem für Zahnprobleme, die sich eben nicht immer »von selber« geben. Solche Härte soll zudem oft nur die Angst vor dem Zahnarzt vertuschen. Verschleppte Schäden erfordern viel schwerere Eingriffe (legen Sie diese bitte in die Zeit des abnehmenden Mondes) und sie könnten außerdem ausgerechnet nötig werden, wenn Sie mal wieder eine der typischen Widder-Erkältungen erwischt hat. Dann sind Sie völlig außer Gefecht, vor allem wenn die Stirnhöhlen oder die Ohren in Mitleidenschaft gezogen werden. Daher: Immer auf warme, natürliche (Wolle, Filz, kein Kunststoff!) Kopfbedeckung achten, Zug und Feuchtigkeit meiden.

Gut, dass Ihre Vorliebe für den Aufenthalt im Freien etwas für Abhärtung sorgt. Doch auch das hat Schattenseiten: Sie arbeiten gern, aber nicht immer vorsichtig genug: Widder-Monde sind in der Statistik der Haus- und Gartenunfälle überrepräsentiert. Vorsicht beim Hantieren mit spitzen oder scharfen Gegenständen!

Dass Sie ein Out-door-Typ sind, wurde schon erwähnt. Daher werden Ihnen etwa beim Joggen viele Widder-Monde begegnen. Manchmal aber bleiben diese Kollegen dann plötzlich aus, weil sie übertrieben haben. Das gilt auch fürs Bergsteigen, für Radtouren, Segeltörns, Arbeiten am Haus und im Garten: Bitte alles in Maßen!

Ihr Garten ist einer Ihrer Lieblingsplätze, und Sie haben eine gute Hand für ihn. Widder-Mond-Gärten blühen prächtig, ihre Bäume und Sträucher tragen reiche Frucht, wenn die Tendenzen der Mondphasen (s. Kapitel IV) beim Säen und Ernten, Pflanzen und Beschneiden, Jäten und Düngen (abnehmender Mond verbessert die Wirkung) beachtet werden. Hier aber ist nicht nur Ihr eigenes Mond-Zeichen wichtig, sondern auch die momentane Stellung des Mondes im Tierkreis. Welchen Einfluss sie auf etwaige gärtnerische Pläne haben kann, entnehmen Sie der Tabelle am Ende von Kapitel IV. Ist dort die entsprechende Tätigkeit nicht erwähnt, gilt Analoges: Steht dort z. B. nichts über das Setzen von Lauch, schauen Sie bei anderen Blattgemüsen nach (Salat, Spinat). Hier erhalten Sie auch Hinweise, wann Sie die besonders zu empfehlenden Heilkräuter sammeln.

»Widder-Kräuter« sind u. a.: Anis (schleim- und krampflösend), Lavendel (gegen Nervenschwäche, Schlaflosigkeit), Minze (bei Nebenhöhlenbeschwerden), Nelke (Antiseptikum bei Zahnentzündungen), Pastinake (bei Schlafstörungen), Petersilie (bei Ohrenschmerzen), Vanille (gegen alle Erkältungskrankheiten).

Wer dauernd unter Dampf steht, braucht natürlich entsprechend Betriebsstoff. Für Sie ist daher eine Vollwert-Ernährung mit ausreichend Ballaststoffen und Minerali-

en besonders wichtig: Möglichst wenig Industriemehl, Vollkornprodukte, Süßen mit Birnendicksaft oder braunem Rohrzucker, Obst und Gemüse reichlich, Müsli mit viel Vitamin B, eiweißreiche Milchprodukte, Fleisch mäßig, aber regelmäßig (Vegetarier holen sich das Eiweiß durch Eier und, falls nicht so streng, durch Fischgerichte). Und: Viel trinken! Sehr aktive Menschen vergessen über der Arbeit oft ausreichende Flüssigkeitszufuhr. Stellen Sie sich Merkzeichen dafür auf oder lassen Sie sich daran erinnern.

Und nun Ihr persönliches Widder-Mond-Menü, nicht zu üppig und mit genau abgestimmter Speisenfolge:

Frühlingssalat

Gemüsetaler

Obstgratin

Frühlingssalat

Für 4 Portionen:

200 g Spinat
250 g Möhren
1 kleiner Kohlrabi
50 g Radieschensprossen
2 El Orangensaft
2 El Obstessig
1/2 Tl Sardellenpaste
Salz
Pfeffer aus der Mühle
4 El Öl
1 Bund Schnittlauch
1/2 Schalotte
1 hartgekochtes Ei
1 El Kapern

1. Den Spinat putzen, waschen und trockenschleudern.
2. Die Möhren und den Kohlrabi schälen und grob raspeln.
3. Die Radieschensprossen abspülen und gut abtropfen lassen.
4. Vier Teller mit den Spinatblättern auslegen. Die Möhren- und Kohlrabiraspeln mit den Radieschensprossen mischen und auf den Spinatblättern verteilen.
5. Den Orangensaft mit dem Obstessig und der Sardellenpaste verrühren. Mit Salz und Pfeffer würzen. Das Öl nach

und nach unterrühren.

6. Den Schnittlauch waschen, trockenschütteln und in feine Röllchen schneiden. Etwas Schnittlauch zum Garnieren zurückbehalten. Die Schalotte pellen und fein hacken. Das Ei pellen und in feine Würfel schneiden. Die Kapern zerdrücken. Alles unter die Salatsauce rühren.

7. Die Sauce über den Salat portionsweise verteilen und den Salat mit Schnittlauch garniert servieren.

Zubereitungszeit:
ca. 20 Minuten
Pro Portion:
ca. 1145 kJ/272 kcal
5 g E, 22 g F, 8 g K

Gemüsetaler

Für 4 Personen:

300 g Möhren
300 g Kohlrabi
Salz
Pfeffer aus der Mühle
1 Bund Schnittlauch
2 Eier
1 El Speisestärke
3 El Distelöl
4 El Kräuter-Crème fraîche

1. Die Möhren und die Kohlrabi schälen. beides grob raspeln und mit Salz und Pfeffer würzen.

2. Den Schnittlauch waschen, trockenschütteln uind in feine Röllchen schneiden.

3. Die Eir mit der Speisestärke unter die Gemüseraspel rühren. Das Öl in einer Pfanne erhitzen und aus der Gemüsemasse portionsweise kleine Küchlein beidseitig knusprig backen

4. Die Gemüsetaler auf Tellern mit jeweils etwas Kräuter-Crème fraîche anrichten.

Zubereitungszeit:
ca. 35 Minuten
Pro Portion:
ca. 1185 kJ/282 kcal
6 g E, 22 g F, 11 g K

Obstgratin

Für 4 Personen:

4 Pfirsiche
1 El Pfirsichlikör
2 Eier
90 g Zucker
1 El Zitronensaft
250 g Magerquark
Butter zum Ausfetten
1 El gehackte Pistazien

1. Die Pfirsiche kurz in kochendes Wasser legen, herausnehmen, abschrecken, häuten und das Fruchtfleisch in Spalten vom Stein schneiden. Mit Pfirsichlikör beträufeln und bereitstellen.

2. Die Eier trennen. Das Eigelb mit der Hälfte des Zuckers schaumig schlagen.

3. Den Quark unter die Eicreme rühren. Das Eiweiß mit dem restlichen Zucker und dem Zitronensaft zu einem steifen Schnee schlagen und unter die Quarkcreme heben.

4. Vier Gratin-Förmchen ausfetten und die Quarkcreme hineinfüllen. Die Pfirsichspalten kreisförmig auf der Creme verteilen.

5. Im vorgeheizten Backofen bei 250 °C (Gas Stufe 6 / Umluft 225 °C) auf der 2. Einschubleiste von unten ca. 15 Minuten überbacken.

6. Die Obstgratins mit gehackten Pistazien bestreuen und sofort servieren.

Zubereitungszeit:
ca. 35 Min.
Pro Portion:
ca. 1076 kJ/256 kcal
13 g E, 4 g F, 36 g K

Mond im Stier

Wenn viel Feind, viel Ehr hieße, dann wäre es mit Ihrer Ehre nicht weit her. Feinde nämlich sind Mangelware in Ihrem Umfeld, es sei denn, Sie übertreiben einige der typischen Stier-Mond-Eigenschaften extrem: Ihre Bodenhaftung allerdings kann gar nicht ausgeprägt genug sein, während Ihre Ausdauer und Ihr Stehvermögen schon einmal bis zur Sturheit gehen mögen.

Der Gefahr aber, andere zu langweilen, entgehen Sie durch die ebenso gut entwickelte Neigung zur Kunst, Ihr Talent zur Freundschaft und Ihrem Bedürfnis nach Harmonie, das Ihnen Stimmungsschwankungen zuverlässig meldet. Sie können dann gegensteuern, denn bei aller Vorprägung haben Sie auch sich selbst gegenüber genug Ausdauer zur Korrektur von unerwünschten Zügen, als da sein können: zu starkes Denken in materiellen Kategorien, Familienhammelei, übertriebener Hang zum Wohlleben. Die positive Seite dieses Sinns für Genüsse ist Ihr Humor, der Sie selten im Stich lässt und sich auch in selbstironischen Äußerungen zeigt. Albernheit gehört natürlich auch dazu, und Stier-Monde sind bei Dick-und-Doof-Filmen ebenso im Kino anzutreffen wie bei hintersinnigeren Komödien eines Chaplin oder Woody Allen. Ganz von selbst schalten Sie nach solchen Phasen des Amüsements Pausen ein, in denen Sie ohne Hast nachdenken und planen können.

Das brauchen Sie auch als solider Rechner, der gut und gern mit Geld umgeht. Selbst unter Menschen mit geringem Einkommen fallen die Stier-Monde als relativ wohlhabend auf. Dahinter steckt nicht Geiz, sondern die sorgsame Sicherung der wirtschaftlichen Existenz für sich und ihre Familie.

Einige prominente Stier-Monde:
Papst Johannes Paul II.
Joan Collins
Hannelore Elsner
Prinz Charles
Rita Süssmuth
Lothar Matthäus

Klar, dass Luftschlösser, Träume und Spekulation – salopp gesagt – nicht Ihr Ding sind. Sie bleiben auf dem Teppich der Möglichkeiten. Schritte vom Weg der Rechtschaffenheit und der Friedfertigkeit kommen Ihnen nicht in den Sinn, auch wenn Sie mancher schnelle Gewinn reizen mag und Sie zuweilen darüber klagen, dass andere mit fiesen Tricks oder Schlimmerem mehr Erfolg haben. Trösten Sie sich mit den vielen, die dabei abgestürzt sind, und wählen Sie die Rolle, die Ihnen am besten steht: Die dessen, der zuletzt lacht. Dann wird Ihnen niemand den vorgezeichneten Erfolg neiden, denn Sie gewinnen Ihre Mitmenschen durch Gastfreundschaft, Güte und Verlässlichkeit.

Eindeutige Berufspräferenzen sind beim Stier-Mond schwer auszumachen. Er ist eigentlich überall zu Hause. Leichter lassen sich die wenigen Tätigkeiten angeben, für die er sich weniger eignet: Ob Mann oder Frau – Sie mögen keine Ortswechsel. Der vielfliegende Topmanager wäre daher für Sie ebenso wenig etwas wie der Reiseleiter oder Zirkusclown. Sie halten es mit dem Sprichwort und bleiben hübsch im Lande, genauer: am Ort und nähren sich redlich. Karriere können Sie auch machen, wenn Sie die reisenden Tätigkeiten delegieren und Kraft für Ihre hohe Leistungsbereitschaft aus Familie und Natur schöpfen. Und ehe Sie sich auf riskante geschäftliche Manöver einlassen, geben Sie sich mit sicheren Gewinnen zufrieden und arbeiten im Zweifelsfall mehr. Auch die in vielen Betrieben verbreitete Neuerungssucht findet in Ihnen keinen Anhänger. Wenn Sie darüber zu bestimmen haben – und Stier-Monde finden sich häufig in Führungspositionen –, dann hält sich der Wandel in Grenzen.

Viel herumreden ist Ihre Sache sowieso nicht. Sie packen lieber entschlossen zu und ziehen eine Aufgabe ruhig, aber stetig durch. Die Freundlichkeit leidet darunter nur, wenn Mitarbeiter Sie auszunutzen versuchen. Dann freilich scheuen Sie auch nicht vor hartem Durchgreifen zurück, denn alles Intrigantentum und Mobbing ist Ihnen ein Gräuel. Es behindert den vollen Einsatz für die Firma, den Sie von sich und den Kollegen selbstverständlich erwarten.

Gute Stier-Mond-Berufe sind z. B.: Künstler, Jurist, Mediziner, Lehrer, Designer, Gastronom, Hotelier, Bäcker, Handwerker. Besonders zu nennen aber sind: Landwirt und Gärtner, denn Ihnen liegt die Arbeit im Freien und Sie können sich kaum Schöneres denken als das Gestalten im Einklang mit der Natur.

Das macht sich auch in Ihrer Freizeit und Urlaubsplanung bemerkbar. Sie zieht es aufs Land, und an freien Tagen sind Ausflüge mit der Familie in die freie Natur höchstes Glück. Wasser ist dabei ein besonderer Anziehungspunkt, sei es ein stiller Bachlauf, ein Gebirgssee oder das weite Meer – aber ja keiner von den als »Teutonengrill« berüchtigten Stränden im sonnigen Süden! Sie haben es lieber heimisch, lieber ruhig, lieber familiär – und lieber preiswert. Obwohl Sie ein ausgesprochener Musikkenner und -liebhaber sind, trennen Sie ganz bewusst Natur- und Kunst-Erleben. Jedes hat seine Zeit und jedes soll voll genossen werden.

Ein sechster Sinn für Verlässlichkeit steuert Sie sicher durch alle Untiefen und um alle Klippen der Partnersuche herum. Natürlich passiert es auch dem Stier-Mond, dass er geblendet wird durch attraktives Äußeres, formvollendete Manieren und virtuose Verführungskunst. Gerade hier sind daher Ihre Stier-Mond-Tugenden gefragt: Nichts überstürzen, nüchtern urteilen, die Motive des Partners erforschen. Das braucht Zeit, doch Geduld ist ja eine Ihrer Stärken, so dass auch engere Beziehungen erst einmal auf Probe eingehen.

So treu Sie in der Grundausstattung sind, so leicht schlägt Ihnen der Stier-Mond-Hang zum Genießen ein Schnippchen. Sie flirten munter weiter, nicht oder doch zu spät bemerkend, wie sehr Ihr Partner darunter leidet und die Beziehung in Gefahr gerät. Umgekehrt ist es nicht gleich eine Katastrophe, wenn Ihr Werben nicht umgehend »ankommt«. Sie überzeugen durch Ausdauer, Offenheit, Nähe. Ihr Gefühl für die Einheit von Liebe und Sex bewahrt Sie vor schalen Abenteuern und davor, dass Ihnen durch äußeren Glanz der Kopf verdreht wird. Instinktiv meiden Sie aggressive und aufschneiderische Menschen, die Ihnen die Geborgenheit nie geben würden, um die es dem Stier-Mond letztlich immer geht.

Das gilt auch für Ihre Freundschaften, in die Sie sich gern einbetten. Dazu müssen Sie den Freunden vertrauen können und auch bei ihnen etwas von den Stier-Mond-Eigenschaften finden, zu denen vor allem Loyalität und unbedingte Ehrlichkeit gehören. Nur dann nämlich stellt sich die gute Laune ein, die Sie in Familie, Betrieb und Freundeskreis brauchen und suchen. Konflikten gehen Sie zwar nicht aus dem Weg, doch können Reibereien bei gehäuftem Auftreten eine bis dahin durchaus gedeihliche Freundschaft untergraben.

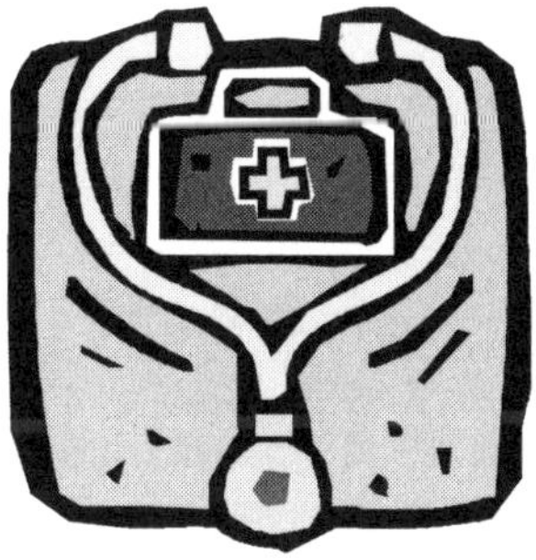

Ihre Abneigung gegen die Reiserei sollten Sie positiv sehen. Gerade Sie als Stier-Mond vertragen Klimawechsel nämlich nicht besonders gut und reagieren auf rasche Änderungen der Lebensgewohnheiten mit gesundheitlichen Problemen. Ihre Schwachstelle dabei ist der Rachenraum; Erkältungen und grippale Infekte fliegen Sie förmlich an, vor allem dann, wenn Sie sich wieder einmal ein zu großes Arbeitspensum aufgehalst haben. Überlastung schwächt die ohnehin schwache Immunabwehr in den oberen Luftwegen. Regelmäßig Malven- oder Pfefferminztee und tägliche Munddesinfektion durch milde Sprays können dem ein wenig vorbeugen. Ohne Vorsicht aber geht es nicht: Zug meiden, sich nie schweißnass auch noch so linden Lüften aussetzen, Rollkragenpullover bei rauer Witterung.

Damit ist nichts gegen ein wenig Abhärtung gesagt, im Gegenteil: Sie brauchen Bewegung an frischer Luft und sollten öfter einmal das Auto mit dem Fahrrad vertauschen. Das stärkt nicht nur die Beinmuskeln, sondern die gesamte Konstitution und nimmt Ihnen eine bei Stier-Monden häufige übertriebene Angst vor Krankheiten. Diese Hypochondrie zieht Krankheiten förmlich an, die dann wieder die Angst steigern und so weiter, in einem Teufelskreis. Dazu trägt auch Ihre Freude an deftiger Kost bei, die Gewichtsprobleme mit sich bringen kann und die Harnsäurewerte steigert.

Auch gegen Ihre Krankheit ist mehr als ein Kraut gewachsen. Wer so gern wie Sie auf dem Land Urlaub macht, der wird ganz von selbst den ständigen Kontakt mit der Natur suchen. Dadurch erhalten Sie die oben erwähnte Abhärtung und Sie leben in einer harmonischen Stimmung, was für Ihr Wohlergehen eminent wichtig ist. Vermutlich haben Sie längst selbst erkannt, dass Bootfahren, Zelten,

Wandern oder Pilzesammeln Ihnen eine Befriedigung verschaffen, die Kulturerlebnisse – so wichtig sie sind – nicht zu vermitteln vermögen. Lässt sich das alles nur selten oder gar nur im Urlaub tun, dann holen Sie sich die Natur. Bei Ihrem finanziellen Geschick müsste sich auch in der Stadt ein Garten rechnen.

Ein Garten bietet Ihnen alle Möglichkeiten aktiver Gestalt; Sie lernen Natur von der Pike auf. Beim Pflanzen und Säen, Jäten und Pflegen kehrt tiefe Ruhe bei Ihnen ein, denn hier lässt sich nichts übers Knie brechen. Hier heißt es auf die günstigen Stunden warten und Geduld üben. Die Ergebnisse sind dann wahre Erlebnisse, die Freude an ihnen ist ein Jungbrunnen und ein Kraftquell.

Typische Stier-Mond-Kräuter: Anis (schleim- und krampflösend), Basilikum (gegen Schleimhautreizungen), Brunnenkresse (vitaminreich, jodhaltig, vorbeugend gegen Kropf), Fenchel (gegen Husten), Kerbel (vitaminreich, entschlackend), Löffelkraut (Tee gegen Gicht), Salbei (roh kauen bei Zahnfleischentzündung, Tee bei Erkältung).

Den meisten Stier-Monden ist gesegneter Appetit mitgegeben, was nicht weiter bedenklich wäre. Leider aber richtet sich Ihr Appetit mit Vorliebe auf Herzhaftes, Hausmannskost und, ja auch Süßigkeiten. Askese ist zwar nicht angesagt, aber: Sie sollten Ihr Gewicht kontrollieren und in gewissen individuell durchaus schwankenden Grenzen halten. Ein kleiner Trick: Einmal in der Woche einen Tag Nulldiät, nur kalorienfreie Getränke (auch kein Grapefruit- oder Orangensaft!). Ist das zu hart: Wenigstens einen Obsttag einhalten. Ihr Gewicht bleibt im Zielkorridor, wenn Sie auf die Faustregel achten: Wenig Fett, ausreichend Eiweiß und reichlich Ballaststoffe, wie sie vor allem Obst und Gemüse liefern.

Und hier Ihr persönliches Stier-Mond-Menü, bewusst leicht gestaltet, da Sie erfahrungsgemäß gern etwas »nachbessern«:

Grünkern-Kartoffel-Suppe

Gedämpftes Schweinefilet mit Fenchel

Pfannkuchen mit gemischten Beeren

Grünkern-Kartoffel-Suppe

Für 4 Personen:

100 g Grünkernkörner
Salz
600 g Kartoffeln
1 Zwiebel
1 El Distelöl
3/4 l Instant-Gemüsebrühe
1/4 l Buttermilch
Pfeffer aus der Mühle
mittelscharfer Senf
50 g Senfsprossen

1. Die Grünkernkörner in einem Topf mit reichlich kaltem Wasser zum Kochen bringen, salzen und 20 Minuten leicht köcheln lassen. Vom Herd nehmen und ausquellen lassen.
2. Die Kartoffeln schälen und die Zwiebel pellen, beides in Würfel schneiden.
3. Das Öl erhitzen und die Zwiebelwürfel darin glasig dünsten. Die Kartoffeln dazugeben und kurz mitdünsten. Das Ganze mit der Brühe ablöschen und ca. 15 Minuten leicht köcheln lassen.
4. Die Suppe mit dem Schneidstab des Handrührers pürieren, die Buttermilch und die abgetropften Grünkernkörner unterrühren. Nochmals erhitzen und mit Salz und Pfeffer abschmecken.
5. Die Senfsprossen waschen und gut abtropfen lassen.
6. Die Suppe mit Senfsprossen bestreut servieren.

Zubereitungszeit: ca. 1 Stunde
Pro Portion: ca. 1297 kJ/309 kcal
9 g E, 7 g F, 45 g K

Gedämpftes Schweinefilet mit Fenchel

Für 4 Personen:

600 g Schweinefilet
Salz
Pfeffer aus der Mühle
1 Bund Pimpinelle
1 El Distelöl
1/8 l Instant-Gemüsebrühe
500 g möglichst kleine Fenchelknollen
250 g Möhren mit Grün
2 El Crème fraîche
Kräuter zum Garnieren

1. Das Schweinefilet vorbereiten und trockentupfen. Das Filet mit Salz und Pfeffer leicht würzen.
2. Die Pimpinelle waschen, trockenschütteln und die Blättchen abzupfen.
3. Das Öl in einer Pfanne erhitzen und das Filet darin rundherum kräftig anbraten. Herausnehmen.
4. Die Brühe in einem Topf mit Siebeinsatz zum Kochen bringen. Das Schweinefilet rundherum mit Pimpinelle belegen und in den Siebeinsatz legen. Dann im geschlossenen Topf ca. 5 Minuten dämpfen. Herausnehmen, in Alufolie wickeln und warm stellen.
5. Den Fenchel putzen, waschen und in Viertel schneiden. Die Möhren schälen, etwas Grün daran lassen. Die Brühe wieder zum Kochen bringen, das Gemüse in den Siebeinsatz geben und im geschlossenen Topf ca. 10 Minuten dämpfen. Anschließend herausnehmen und warm stellen.
6. Den Fond durchsieben, aufkochen lassen und mit der Crème fraîche verfeinern. Die Sauce mit Salz und Pfeffer abschmecken.
7. Das Schweinefilet mit dem Gemüse und der Sauce anrichten und mit Kräutern garniert servieren. Als Beilage eignen sich Bouillonkartoffeln.

Zubereitungszeit:
ca. 40 Minuten
Pro Portion:
ca. 1518 kJ/361 kcal
34 g E, 11 g F, 7 g K

Pfannkuchen mit gemischten Beeren

Für 4 Portionen:

4 Eier
250 g Vollkornmehl
1 Prise Salz
2 El Honig
400 ml Milch
500 g gemischte Beeren
4 El Öl zum Braten
Puderzucker zum Bestreuen
Zitronenmelisse zum Garnieren

1. Die Eier trennen. Das Eigelb mit dem Mehl, 1 Prise Salz, dem Honig und der Milch zu einem Pfannkuchenteig verrühren.

2. Die Beeren putzen, wenn nötig waschen und gut abtropfen lassen.

3. Das Eiweiß zu steifem Schnee schlagen und unter den Teig heben.

4. Etwas Öl in einer Pfanne erhitzen. Teig für einen Pfannkuchen in die Pfanne geben und 1/4 der Beeren darüberstreuen.

5. Den Pfannkuchen zugedeckt stocken lassen, die Unterseite hellbraun ausbacken. Den Pfannkuchen vorsichtig wenden, ebenfalls hellbraun ausbacken und aus der Pfanne nehmen. Aus dem restlichen Teig drei weitere Pfannkuchen backen.

6. Die Pfannkuchen mit Puderzucker bestreut und mit Zitronenmelisse garniert servieren.

Zubereitungszeit:
ca. 45 Minuten
Pro Portion:
ca. 2345 kJ/558 kcal
19 g E, 21 g F, 64 g K

Mond in den Zwillingen

Wissbegierig bis hin zur Neugier, vielseitig und dabei mitunter die Sprunghaftigkeit streifend, gesellig, gesprächig und doch oft wie von einem Geheimnis umgeben: das ist der Zwilling-Mond. Bei dieser Bandbreite dominiert einmal der eine, dann der andere Wesenszug, so dass es mit Ihnen niemals langweilig wird.

Ihre schnelle Auffassungsgabe erleichtert Ihnen die Anpassung an jeden Gesprächspartner und jede Situation, Sie suchen förmlich die Abwechslung. Damit häufen Sie eine Menge Kenntnisse an, müssen aber aufpassen, dass Sie nicht schließlich von allem etwas verstehen, aber nichts gründlich. Da Ihnen Ihr Mondstand diese Klippe jedoch klar und deutlich zeigt, können und sollten Sie beizeiten Gegenmittel einsetzen, Ihre Ausdauer schulen und versuchen, sich Ihr Fachgebiet oder ein Hobby umfassend anzueignen. Das fällt Ihnen schwer – ein Beweis dafür, wie wichtig es für Sie ist.

Hilfreich dabei sind kompetente Menschen, und da Ihnen ein gewinnender Charme gegeben ist, dürfte es Ihnen nicht schwer fallen, solche in Ihren Kreis zu ziehen. Lassen Sie diesen aber nicht wieder allzu groß werden, Sie verzetteln sich sonst auch menschlich. Konzentrieren Sie sich mit Ihrer Vorliebe für Diskussionen und Problemanalysen auf Menschen, von denen Sie lernen können. Und konzentrieren Sie sich thematisch, damit der Oberflächlichkeit vorgebeugt wird, die in Ihrem Hang zur Betriebsamkeit angelegt ist.

Natürlich sollen Sie sich dabei nicht vergewaltigen, sondern nur immer mal die Zügel anziehen. Haben Sie damit eine Etappe des Lernens und Lösens von Aufgaben geschafft, dürfen Sie sich ruhig wieder eine Weile Abwechslungen und raffinierte Genüsse gönnen, die Sie so lieben.

Einige prominente Zwilling-Monde:
Mutter Teresa
Helmut Kohl
Brigitte Bardot
Alfred Biolek
Ephraim Kishon
Claudia Schiffer

Der Charme des Zwilling-Mondes speist sich nicht zuletzt aus angeborener Höflichkeit. Sie ist gepaart mit einer heiteren Grundstimmung, die Ihnen ebenso die Herzen öffnet, so dass Sie leicht in die Rolle des Beichtvaters (pardon: Beichtmütter gibt es noch nicht) geraten. Hier bewährt sich Ihr Taktgefühl, mit dem Sie einer allzu intensiven Eingemeindung entgehen, ohne Ihr Gegenüber zu verletzen. Stets nämlich möchten Sie Herr/in der Situation bleiben; Ihre Freiheit ist Ihnen eminent wichtig. So unabhängig Sie sich Ihre Meinung bilden, so wenig möchten Sie im Alltag herumkommandiert oder in beengende Verhältnisse verstrickt werden. Der Zwilling-Mond ist nicht gern allein, aber ebenso wenig liegt ihm die Rolle des Befehlsempfängers. Er entfaltet sich nur an der frischen Luft der eigenen Ideen, die reichlich sprudeln, wenn man ihn nicht durch Vorgaben gängelt.

Auf die beliebte Tanten- und Onkelfrage: »Was möchtest du denn einmal werden?«, sagt schon das Zwilling-Mond-Kind jedes Mal etwas anderes. Wenn andere längst die beruflichen Weichen gestellt haben, bleibt der junge Zwilling-Mond noch unschlüssig. Ihm und damit Ihnen sei fachkundige Beratung dringend empfohlen. Hier können nur ganz allgemeine Hinweise gegeben werden: Bloß keine monotonen Tätigkeiten wählen, nur Berufe in die engere Wahl ziehen, die Ihnen einen breiten Entscheidungsspielraum lassen, auf Möglichkeiten des Weiterkommens achten, den Kontakt mit Menschen auch beruflich suchen. Nonne, Stubengelehrter, Fischer oder Leuchtturmwärter wären also kaum das Richtige, eher schon Reiseleiter, Politiker, Schauspieler oder Vertreter. Das aber hängt ganz von Ihren persönlichen Talenten ab.

Das Problem und das Schöne daran ist aber, dass meistens mehrere Talente miteinander konkurrieren. Vor einer endgültigen Entscheidung lohnt daher das Hineinschnuppern in die diversen Möglichkeiten. Trotz der schwierigen Lage auf dem Arbeitsmarkt sind Praktikantenstellen zu bekommen – die spätere Übernahme in eine Festanstellung ist eine andere Sache. Doch auch da brauchen Sie sich nicht allzu große Sorgen zu machen. Ihre Intelligenz und Ihr schnelles Auffassungsvermögen verschaffen Ihnen Vorteile. Und wenn Sie den richtigen Weg gewählt haben, werden Sie sich auch in der Karriere und damit finanziell positiv auswirken. Sind Sie dann oben angekommen, denken Sie daran: Als Zwilling-Mond müssen Sie sich zum Zuhören zwingen, sonst werden Sie ein schlechter Vorgesetzter, der ungerecht und ungeduldig die Motivation der Mitarbeiter untergraben kann.

Wäre ja auch seltsam, wenn bei so viel Licht kein Schatten wäre. Er wird weniger finster ausfallen, wenn Sie in der Freizeit für den nötigen Ausgleich sorgen, möglichst jedes Jahr mindestens einmal auf Reisen gehen und Ihren Humor pflegen. Im Betrieb kommt der meist zu kurz: So gerne Sie Witze erzählen – nicht alle verstehen den Hintersinn, ja Nonsens, für den Sie eine Schwäche haben. Und die Ruhe, die man für den Genuss von Literatur braucht, haben Sie meist auch nur in den Ferien. Für diese bietet sich ein Bildungsurlaub mit wechselnden Zielen an, aber auch eine Kreuzfahrt mit Landgängen an den unterschiedlichsten Küsten und mit einem hohem Maß an Geselligkeit an Bord. Fernreisen werden Ihnen am meisten geben, denn der Zwilling-Mond ist buchstäblich weltläufig.

Es wachsen so viele schöne Blumen, zu deutsch: Das Angebot ist reichhaltig. Da wird man wohl ein wenig probieren dürfen. Das geht ja angeblich immer über Studieren. Aber nicht auf Dauer, lieber Zwilling-Mond, und etwas Dauerhaftes wollen letztlich auch Sie. Deswegen werden – und sollten! – Sie in der Liebe nicht ganz ohne Studieren auskommen.

Am Duft der Blüte allein erkennen Sie keine Pflanze ganz, da bedarf es des genaueren Hinschauens, das für Sie so wichtig ist, weil Sie beim Partner auch geistige Resonanz suchen. Erotik allein als Bindemittel genügt Ihnen schon gar nicht. Was aber auch nicht geht: Sich die Ansprache hier und den Sex dort besorgen. Das werden die verschiedenen Partner kaum lange mitmachen. Ohne klare Entscheidung wird es nicht abgehen.

Und zu der sollten Sie dann auch stehen, sonst ist Eifersucht programmiert, die gerade Ihnen gar nicht fremd ist. Sie wissen ja besonders gut, wie gern man nascht, und unterstellen das allzu schnell auch dem Partner. Manches Zwilling-Mond-Drama hat sich daran entzündet. Salopp formuliert: Die »Lange Leine« darf keine Einbahnstraße sein. Auf die Freiheit, die Sie ohne Zweifel brauchen, hat auch Ihr Partner Anspruch, sonst gerät die Beziehung schnell in eine Schieflage. Bei der Frage: »Heiraten oder nicht«, ist Ihre Neigung zu schnellen, manchmal sogar überstürzten Entschlüssen daher wenig gefragt. Hier heißt es reiflich überlegen, denn ein wenig von Ihrer Zwilling-Mondhaftigkeit werden Sie schon opfern müssen, wenn das Projekt Ehe erfolgreich sein soll.

Der Rat von Freunden hilft da wenig, schon eher die Tatsache, dass Sie aufgehoben sind in einem großen Freundeskreis. Er gibt Ihnen den Rückhalt, den Sie nur scheinbar nicht brauchen. Gerade der spöttisch-ironische Zwilling-Mond ist angewiesen auf Menschen, die darauf eingehen und begreifen, dass die leichtlebige Fassade ein warmes Herz verbirgt und dass Ihre gelegentliche Unpünktlichkeit nicht bösem Willen entspringt, sondern den vielfältigen Interessen, die Ihren Zeitetat durcheinander bringen. Das heißt: Ihre Freunde müssen allerhand Geduld mit Ihnen haben, denn auch Ihre Launen sind nicht immer stabil. Kletten gegenüber werden Sie jedenfalls rasch ungnädig, und umständliche Leute machen Sie nervös. Sie fühlen sich nur wohl unter schlagfertigen Leuten, die auf gleicher Welle funken.

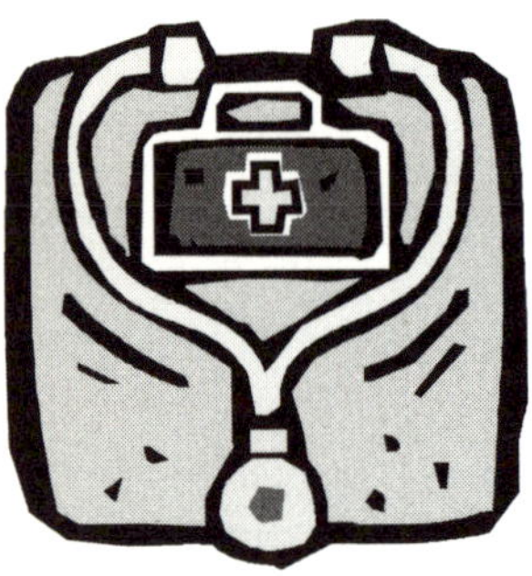

Mit Ihrem Interesse an allem und jedem muten Sie sich oft zu viel zu. Achten Sie auf regelmäßige Pausen, für die Sie gar nicht so talentlos sind, wie Sie manchmal vorgeben. Beine und Seele baumeln lassen in der sommerlichen Natur liegt Ihnen durchaus, und das sollten Sie nutzen, damit sich Ihr hohes berufliches und privates Engagement nicht irgendwann rächt. Unterstützen lässt sich das etwa durch autogenes Training, das gerade Ihnen helfen kann, die gesundheitliche Balance zu halten.

Zwei Schwachstellen vor allem reagieren bei Ihnen gern auf Überlastung oder Unvorsichtigkeit: Einmal die Atemwege, die schnell eine Infektion aufschnappen, wenn die Immunabwehr durch Stress geschwächt ist. Dann der gesamte Stützapparat, insbesondere Schultern, Arme und Wirbelsäule. Kontrollieren Sie daher genau Ihre Haltung vor allem im Sitzen, sonst riskieren Sie Rückenprobleme und Dauerschäden. Den insbesondere in der kalten Jahreszeit drohenden Erkältungen lässt sich durch angemessene Kleidung, Abhärtung durch Sport und kaltes Duschen, peinliche Sauberkeit und Beachtung des Schlafbedarfs begegnen. Haltungsgefahren beugt Gymnastik vor. Hier sollten Sie sich allerdings fachlich beraten lassen.

Gern sind Sie draußen und gern bummeln Sie durch die Stadt mit ihrem reichen Angebot an Waren und Veranstaltungen. Dazu müssen Sie ein Gegengewicht schaffen durch möglichst weite Spaziergänge in sauberer Luft, damit sich Ihre empfindlichen Bronchien vom Stadtstaub und von den Abgasen reinigen können. Noch besser sind Radtouren in autofreien Gegenden, weil dann wegen der höheren Belastung die Be- und Entlüftung noch intensiver ist. Außerdem stärkt Radfahren nachweislich das Immunsystem – nicht umsonst verordnen es Physiotherapeuten Sportlern, deren eigentlicher Job Fußball oder Hockey ist. Auch Kneippkuren seien Ihnen ans Herz gelegt, einmal zur Förderung der Durchblutung, was Ihre Ischiasneigung vermindert, dann wegen des Aufenthalts in der Natur, die Sie dringender brauchen als manch anderer.

Konkurrenzlos günstig wirkt sich daher Gartenarbeit auf Ihre gesundheitliche

Verfassung aus. Und sie fördert das seelische Gleichgewicht, das vom Stress ja auch nicht unberührt bleibt. Der moderne Mensch hat sich so weit von der Natur entfernt, dass er ihre Rhythmen, die ja auch die seinen sind als Teil der Natur, zu verlernen droht.

Die Zwillings-Mond-Kräuter: Borretsch (nervenstärkend), Dill (sehr reich an Vitamin C, daher erkältungsvorbeugend), Gartenkresse (mineralienhaltig), Ingwer (gegen Rheuma), Knoblauch (durchblutungsfördernd), Majoran (magenstabilisierend), Minze (gegen Infektionen), Petersilie (rheumatische Beschwerden lindernd), Rosmarin (als Tee oder Badezusatz gegen Erschöpfungszustände), Sellerie (enthält Mineralien, äthcrischc Öle, Eisen), Waldmeister (beruhigend).

Ein Garten kann Sie erfolgreich umerziehen, so dass Sie zu einer lange nicht mehr gekannten Harmonie zurückfinden, auch dadurch, dass Sie sich an Ihren Glückspflanzen Liguster, Wicken oder Jasmin erfreuen. Eine erste kleine Garten-Lektion bietet Ihnen die Tabelle am Ende von Kapitel IV. Diese Tipps sind ohne Weiteres übertragbar und haben besondere Bedeutung für das Sammeln der Kräuter, die eigens gegen die Gesundheitsprobleme des Zwilling-Monds gewachsen sind.

Genießer genießen manchmal zu viel oder zu viele Genüsse durcheinander. Magen und Verdauung vermerken das dann oft übel. Pausen im manchmal wirren Speiseplan sind dem Zwilling-Mond daher anzuraten. Unsere gute alte Hausmannskost, über die mancher Zwilling-Mond – aus Unkenntnis – die Nase rümpft, ist nämlich besser als ihr Ruf. Sie ist ja nicht zufällig zu Hausmannsehren gekommen, sondern aufgrund generationenlanger Erfahrungen. Schauen Sie sich einmal Rezepte für bayerische oder westfälische Gerichte an – sie enthalten alles, was der Körper in unseren Breiten braucht. Hauptsache: Die Mischung stimmt. Und langweilig ist die heimische Küche schon gar nicht, denn sie hat eine so enorme regionale Bandbreite, dass selbst ein Zwilling-Mond die ihm so wichtige Abwechslung nicht vermissen muss.

Ihr persönliches Zwilling-Mond-Menü mag das belegen:

Marinierte Schwarzwurzeln

Deftige Rahmkartoffeln mit Ei

Brombeersorbet

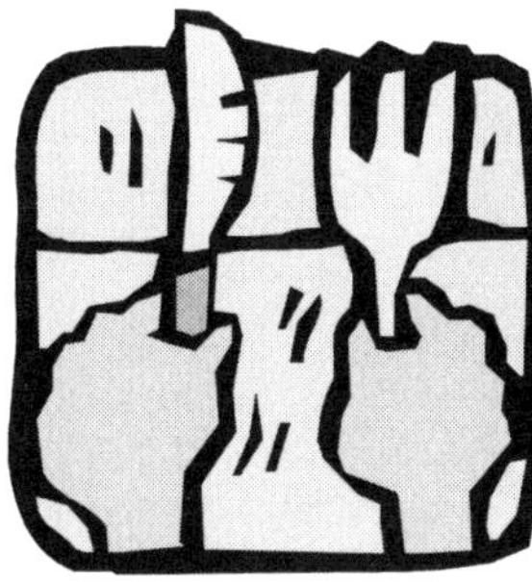

Marinierte Schwarzwurzeln

Für 4 Personen:

500 g Schwarzwurzeln
Salz
etwas Essig
150 g Kirschtomaten
1 Bd. Frühlingszwiebeln
2 Bd. Schnittlauch
4 El Sherry-Essig
6 El Kürbiskernöl
3 Tl Kapern
Pfeffer aus der Mühle
Zucker

1. Die Schwarzwurzeln gründlich waschen, schälen, nochmals waschen, dritteln und anschließend in kochendem Salzwasser mit einigen Spritzern Essig ca. 15 Minuten garen.
2. Die Kirschtomaten waschen, abtrocknen und halbieren. Frühlingszwiebeln putzen, waschen und in Ringe schneiden. Den Schnittlauch waschen, trockenschütteln und in Röllchen schneiden.
3. Sherry-Essig und Kürbiskernöl mit einem Schneebesen verquirlen. Die Tomaten, die Frühlingszwiebeln, die Hälfte des Schnittlauchs und die Kapern unterrühren. Das Ganze mit Salz, Pfeffer und Zucker abschmecken.
4. Die Schwarzwurzeln abgießen und fächerförmig auf Tellern anrichten und mit dem restlichen Schnittlauch bestreut servieren.

Zubereitungszeit:
ca. 25 Minuten
Pro Portion:
ca. 1491 kJ/355 kcal
3 g E, 26 g F, 22 g K

Deftige Rahmkartoffeln mit Ei

Für 4 Personen:

800 g Kartoffeln
2 rote Paprikaschoten
2 gelbe Paprikaschoten
600 g Austernpilze
1 Bd. Frühlingszwiebeln
2 Knoblauchzehen
4 El Öl
Salz
Pfeffer aus der Mühle
1 Bd. Basilikum
4 Eier
500 ml Milch
frisch geriebene Muskatnuss
1 El Butter
150 g Crème double
Schnittlauch zum Bestreuen

1. Die Kartoffeln schälen, waschen und in Scheiben schneiden. Die Paprikaschoten putzen, halbieren, das Kerngehäuse entfernen und die Schoten in Streifen schneiden.

2. Die Pilze putzen, waschen und in Scheiben schneiden. Die Knoblauchzehen pellen und durchpressen.

3. Das Öl in einer Pfanne erhitzen und die Kartoffeln darin andünsten. Das Gemüse und den Knoblauch dazugeben. Mit Salz und Pfeffer würzen und ca. 8 Minuten garen.

4. Das Basilikum waschen, trocken schütteln, in feine Streifen schneiden und ca. 2 Minuten vor Ende der Garzeit zum Gemüse geben.

5. Die Eier aufschlagen und mit der Milch verrühren. Mit Salz, Muskat und Pfeffer würzen. Die Butter in einer Pfanne erhitzen und die Eimasse darin stocken lassen.

6. Crème double unter das Gemüse rühren und das Ganze auf Tellern anrichten und mit Schnittlauch und dem Ei servieren.

Zubereitungszeit:
ca. 1 Stunde
Pro Portion:
ca. 2956 kJ/704 kcal
22 g E, 15 g F, 20 g K

Brombeersorbet

Für 4 Personen:

200 g frische oder TK-Brombeeren
2 El Zitronensaft
3 El Honig
250 ml trockener Sekt
1 El Crème de Cassis
Minze zum Garnieren

Zubereitungszeit (ohne Gefrierzeit): ca. 20 Minuten
Pro Portion: ca. 541 kJ/129 kcal
0 g E, 0 g F, 15 g K

1. Die Brombeeren waschen, abtropfen lassen bzw. auftauen und pürieren.
2. Das Püree durch ein Sieb streichen und mit dem Zitronensaft, dem Honig, dem Sekt und dem Crème de Cassis verrühren. Für ca. 4 Stunden ins Gefrierfach stellen und fest werden lassen.
3. Das Sorbet alle 10 Minuten mit einem Schneebesen durchrühren.
4. Das Sorbet in gekühlten Gläsern anrichten, mit Minze garnieren und sofort servieren.

Mond im Krebs

Man meint, Sie in- und auswendig zu kennen, und steht doch immer wieder vor Überraschungen. Sie entziehen sich jeder Berechnung, weil Sie Schemata nur da dulden, wo sie die Arbeit erleichtern, also funktional sind. Psychisch reagieren Sie hingegen je nach Stimmungslage, und die wechselt nicht selten rascher, als es andere mitbekommen. Ihre Umgebung hat es daher nicht immer leicht mit Ihnen, nimmt das aber gern in Kauf. Denn Sie sind dabei humorvoll, unterhaltsam, treu und jemand, der Probleme und Kummer rascher bewältigt und bewältigen hilft als andere Menschen. Dazu befähigt Sie eine gewisse Kindlichkeit, die Sie sich bis ins Alter bewahren und die Ihre Spontaneität ausmacht. Wo andere sich das Hirn zermartern, wissen Sie oft intuitiv, was nun zu tun oder wie einer Herausforderung zu begegnen ist. Und Sie können sich so herrlich freuen, dass auch den anderen das Herz aufgeht.

Unglücklich macht den Krebs-Mond nur Streit, vor allem familiärer, denn er ist ein ausgesprochener Familienmensch, der im Lebenskampf auf diese Basis angewiesen ist. Manchmal lächeln die Kollegen und Bekannten schon, wenn Sie wieder einmal verkünden, dass Sie noch Geschenke besorgen müssen, wenn ständig Angehörige im Büro anrufen oder wenn Sie die Bildergalerie Ihrer Lieben auf dem Schreibtisch sehen. Lassen Sie sich davon nicht irritieren, dahinter steckt meist bloß Neid und frustrierte Einsamkeit. Für Sie sind Familie und Elternbindung, Geschwisterliebe und Fürsorge für die eigenen Kinder Quellen der Kraft, die Ihnen hilft auch die außerfamiliären Aufgaben zu bewältigen. Es ist eine warme Kraft, die sich anderen mitteilt und Ihnen ihre Sympathie sichert.

Logisch die Folge: Sie sind sehr häuslich, machen es sich daheim gern gemütlich, indem Sie gemeinsam alte Fotos anschauen, mal wieder ein Jugendbuch vornehmen oder Ihre Briefmarkensammlung liebevoll ordnen. Es müssen nicht immer Briefmarken sein, aber sammeln müssen Sie. Fast alle Krebs-Monde haben irgendwo Schätze angehäuft, ob Bierdeckel oder Uhren, Streichholzschachteln oder Bilder, Autogramme oder Versteinerungen. Es gibt Ihnen kreativen Schwung, sich um die Pflege und Vermehrung dieser »Reichtümer« zu kümmern. Und auch hier gilt: Lassen Sie Spott über Ihre »Marotte« einfach von sich abprallen. Leute, die sich besonders klug dünken, bezeichnen Sammelei gern als »Kompensation für zu frühe Reinlichkeitserziehung«. Ja und? Wohl neidisch auf die Freuden des Sammelns?

Einige prominente Krebs-Monde:
Emma Thompson
Linda de Mol
Günter Grass
Boris Becker
Boris Jelzin
Liza Minelli

Ihr Familiensinn gibt Ihnen schon einen guten Fingerzeig für die Berufswahl: Falsch ist es sicher nie, wenn der Krebs-Mond sich beruflich nach Vorbildern in der Familie orientiert. Was Großeltern, Eltern oder Onkel und Tanten mit Erfolg ergriffen haben, wird auch Sie befriedi-

gen. Damit ist die Krebs-Mond-Palette natürlich bei weitem nicht erschöpft, denn Ihre sprichwörtliche Zuverlässigkeit macht Sie zum gern gesehenen Kollegen in vielen Berufen, auch und gerade in solchen, in denen es auf Genauigkeit und fundierte Grundkenntnisse, weniger dagegen auf hochfliegende Ideen ankommt. Gut also z. B.: Sekretärin, Mediziner, Krankenschwester, Archivar, Ingenieur. Weniger gut: Designer, Animateur, Städteplaner, Artistin. Nicht programmieren lässt sich freilich das Betriebsklima, das Sie an Ihrem Arbeitsplatz vorfinden. Sie brauchen ein sehr kollegiales, ja freundschaftliches Verhältnis, und wenn das nicht gegeben ist und sich auch nicht durch Ihren guten Einfluss herstellen lässt, dann ziehen Sie besser die Konsequenzen.

Haben Sie mit Zähigkeit und soliden Leistungen die Karriereleiter bis oben erklommen, dann sind Sie selbst als Vorgesetzter für das Klima zuständig. Dem droht trotz ihrer bedingungslosen Loyalität dem Unternehmen und den Mitarbeitern gegenüber eine Gefahr von Ihnen: Sie neigen zur Sparwut, knausern mit Betriebsmitteln und beobachten argwöhnisch, ob sich irgendwer privat bedient. Wenn Sie dieses Misstrauen unkontrolliert wachsen lassen, kann es zur fixen Idee werden und die schönen Erfolge Ihrer Tüchtigkeit zunichte machen. Ihr Weg sollte der umgekehrte sein: Impfen Sie Ihren Leuten ein, dass sie nur gemeinsam Gutes schaffen können und dass Gewinne allen zugute kommen. Dann schaffen Sie ein Klima gegenseitigen Vertrauens, das von allein dem Missbrauch vorbeugt.

Fleißige Menschen verdienen nicht nur Erholung, sie brauchen sie dringend. Als Krebs-Mond tanken Sie am liebsten am Wochenende Natur, paddeln und segeln gern oder faulenzen schlicht im eigenen Garten. Im Urlaub brauchen Sie ein ruhiges Quartier und erholen sich glänzend, wenn ihnen jemand die Organisation abnimmt. Sie beladen sich sowieso immer mit zu vielem, daran wird auch Ihr Partner wenig ändern können, er kann aber darauf achten, dass Sie im ganzen Wust nicht ausgerechnet das Wichtigste vergessen. Als Wasserfreund sind Schiffsreisen für Sie ideal; sie verbinden Häusliches an Bord mit Fremdem draußen, das Ihnen aber nicht zu sehr auf den Pelz rückt, denn das haben Sie gar nicht gern. Fernreisen hingegen sind für Sie nicht problemlos, weil exotische Kost nicht Ihr Ding ist und Ihnen auf den Magen schlagen kann (s. u.).

Insgeheim, selbst wenn Sie sich das gar nicht eingestehen, taxieren Sie Menschen des anderen Geschlechts, die Ihnen gefallen, auf ihre Familientauglichkeit. Hingezogen fühlen Sie jedenfalls nur zu solchen, bei denen Sie einen gewissen Ernst noch im Flirt verspüren. Und Sie verfügen über – man möchte sagen – beinahe telepathische Fähigkeiten, den Gegenüber merken zu lassen, dass Ihre Prüfung positiv ausgegangen ist. Die nächsten

Schritte aber sind dann nicht mehr so einfach. Eine ganze Weile bleiben Sie nämlich noch skeptisch, suchen aus der Distanz nach verborgenen Fehlern und lassen sich erst nach und nach zu ermutigenden Signalen herbei. Das wird manchem möglichen Partner zu zäh, und es entgeht Ihnen daher womöglich eine große Chance.

Dem Krebs-Mond ist daher zu empfehlen, das Visier ein wenig zu öffnen, sonst weiß der oder die andere ja nicht, wann Sie es wie ernst meinen. Haben Sie sich dann gebunden, wartet ein harmonisches Familienleben auf Sie. Dazu müssen Sie aber eine leider oft sehr kräftig ausgeprägte Neigung zur Eifersucht beherrschen lernen. Der Partner gehört Ihnen nicht, und er verdient Vertrauen. Wer einem Krebs-Mond Treue verspricht, weiß, dass er sich hundertprozentig auf ihn verlassen kann. Er wird seinerseits das Fundament dieser Liebe sicherlich nicht durch Techtelmechtel untergraben. Da können Sie ganz beruhigt sein.

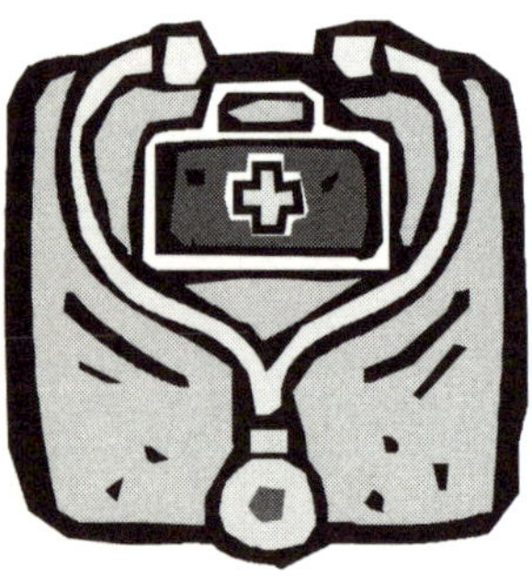

Ihr Feuermelder ist der Magen. Haben Sie sich zu viel zugemutet, wächst Ihnen eine Aufgabe über den Kopf, stehen Sie dauernd unter Stress oder haben Sie sich schlicht beim Essen und Trinken übernommen: Sie werden es in der Magengrube spüren, Übelkeit stellt sich ein, Gastritis (Magenschleimhautentzündung) kann die Folge sein, in schweren Fällen bilden sich Magengeschwüre, und wenn Sie immer noch nicht auf die Signale hören, kann es zu erheblichen Komplikationen bis hin zum Magendurchbruch kommen. Hier soll aber nicht der Teufel an die Wand gemalt, sondern nur ein Warnhinweis unterstrichen werden, den Sie sicher schon kennen. Den gilt es auch bei der Ernährung (s. u.) zu beachten.

Wie bei allen Schwachstellen hilft auch gegen Magenprobleme sinnvolle Vorbeugung. Ein abgehärteter Organismus verträgt mehr als ein Körper mit angeschlagener Konstitution. Sie bewegen sich doch so gern im Freien – machen Sie daraus ein Programm. Fahren Sie regelmäßig Rad, gehen Sie schwimmen oder erwandern Sie planmäßig die nähere Umgebung. Dabei versteht es sich eigentlich von selbst, dass Sie möglichst Reinluftgebiete aufsuchen, damit die Lunge saubere Luft kriegt und der ganze Körper durchlüftet wird. Ein guter Tipp: Allein ist man oft zu träge zu solchem Fitnessprogramm. Suchen Sie sich Gleichgesinnte, vielleicht andere Krebs-Monde. Das spornt an und macht auch mehr Freude.

Besagtes Programm kommt auch Ihrer großen Naturbegeisterung entgegen. Harmonie suchende Menschen finden Entspannung und Glück in Feld und Wald, kommen im feuchten Hauch eines Sees oder Flusses zur Ruhe und zu sich selbst, tanken am Strand und in den Bergen neue Energien für die beruflichen und familiären Aufgaben. Blühende Heide oder bunter Herbstwald, sich türmen-

de Wolkengebirge und flimmerndes Licht über einer Wasserfläche geben Ihnen mehr als die prächtigsten Revuen oder glanzvolle Theaterinszenierungen. Reißt Ihr Kontakt zur Natur ab, werden Sie über kurz oder lang gesundheitliche Probleme bekommen und durch wachsende Nervosität Ihr ohnedies leicht erhöhtes Unfallrisiko verstärken.

Am besten davor schützt Sie Natur, die Ihnen selbst gehört: Ein eigener Garten ist die beste Medizin für alle Krebs-Mond-Leiden, weil er die beste Vorbeugung ist. Das ist in einem doppelten Sinn zu verstehen: Einmal halten Sie sich dort in frischer Luft auf – an sich schon ein Gewinn. Dann aber können Sie Ihren Hege- und Pflegetrieb voll ausleben und sich damit die Befriedigung verschaffen, die Sie als unter dem Krebs-Mond Geborene/r mehr brauchen als andere. Wenn Sie die Tipps in der Tabelle am Ende von Kapitel IV möglichst genau beherzigen, werden Sie zudem jede Menge Erfolgserlebnisse als Gärtner genießen können.

Geeignete Kräuter für den Krebs-Mond: Beifuß (fördert die Fettverdauung), Bohnenkraut (magenfreundlich), Eberraute (ähnlich wie Beifuß, im Geschmack aber feiner), Ingwer (stoffwechselfördernd), Kalmus (bei Magenproblemen und Verdauungs-beschwerden), Kreuzkümmel (magenstärkend), Lorbeer (appetitanregend), Porree (enthält ätherische Öle mit günstiger Wirkung auf die Verdauung), Salbei (bei Problemen mit der Magenschleimhaut).

Der häusliche Krebs-Mond liebt häuslich-heimatliche Kost. Da die Rezepte dafür meist eine lange Tradition haben, sind sie mengenmäßig und vom Nährwert her oft noch auf die Schwerarbeiter früherer Epochen berechnet. Natürlich bemüht sich heute jeder um Entschärfung von Kalorienbomben, doch vergisst man darüber oft, dass auch einige Zutaten nur für den gut verdaulich sind, der große körperliche Leistungen erbringen muss.

Schauen Sie auf die Mixtur Ihrer Hausmannskost. Achten Sie auf genügend Ballaststoffe, ziehen Sie im Zweifel das Vollkornbrot dem Weißbrot vor, erhöhen Sie den Gemüseanteil zu Lasten der Eiweißversorgung durch Fleisch. Außerdem: Nicht alles braten – Gekochtes oder Gedünstetes schmeckt oft feiner und belastet weniger.

Probieren Sie es gleich aus bei Ihrem persönlichen Krebs-Mond-Menü, das extra leicht komponiert ist:

Apfel-Sellerie-Salat

Tafelspitz mit Bouillon-Kartoffeln

Grapefruit-Mousse

Apfel-Sellerie-Salat

Für 4 Personen:

350 g Knollensellerie
1 Apfel
2 El Zitronensaft
2 El Rosinen
2 El gehackte Haselnüsse
150 g Joghurt
2 El Mayonnaise
2 El Essig
Salz
Pfeffer aus der Mühle
1 Bund Schnittlauch

1. Den Sellerie putzen, schälen, waschen und grob raspeln.
2. Den Apfel schälen, vierteln und das Kerngehäuse entfernen. Den Apfel ebenfalls grob raspeln, mit dem Sellerie und dem Zitronensaft vermischen.
3. Die Rosinen und die Haselnüsse dazugeben.
4. Den Joghurt mit der Mayonnaise glattrühren und mit dem Essig und Salz und Pfeffer abschmecken.
5. Den Salat mit der Sauce mischen und ca. 1 Sunde ziehen lassen.
6. Den Schnittlauch waschen, trockenschütteln und in Röllchen schneiden.
7. Den Salat auf Tellern anrichten und mit Schnittlauch bestreut servieren.

Zubereitungszeit (ohne Zeit zum Durchziehen):
ca. 20 Minuten
Pro Portion:
ca. 865 kJ/206kcal
4 g E, 12 g F, 15 g K

Tafelspitz mit Bouillon-Kartoffeln

Für 4 Personen:

500 g Tafelspitz
1 Zwiebel
1 Bd. Suppengrün
1 Lorbeerblatt
1 Tl Pfefferkörner
Salz
300 g Kartoffeln
100 g Staudensellerie
2 Möhren
1 Stange Porree
1 El geriebener Meerrettich
150 g Joghurt
1 El Zitronensaft
Pfeffer aus der Mühle

1. Das Fleisch waschen und zusammen mit der gepellten Zwiebel, dem geputzten Suppengrün, dem Lorbeerblatt und den Pfefferkörnern in einen Topf geben. Das Ganze mit kaltem Wasser bedecken, Salz zugeben und aufkochen lassen. Zugedeckt ca. 1 Stunde köcheln lassen. Die Brühe während des Garens mehrmals mit einem Schaumlöffel abschöpfen.

2. Die Kartoffeln schälen, waschen und in grobe Würfel schneiden. Den Staudensellerie putzen, waschen und in Scheiben schneiden. Die Möhren schälen und in Würfel schneiden. Den Porree putzen, waschen und in Ringe schneiden.

3. Tafelspitz aus der Brühe nehmen und warm stellen. Die Brühe durchsieben.

4. Die Kartoffeln mit dem Gemüse in der Brühe ca. 15 Minuten leicht köcheln lassen und anschließend herausnehmen.

5. Den Meerrettich mit dem Joghurt verrühren und mit Zitronensaft, Salz und Pfeffer abschmecken.

6. Den Tafelspitz in Scheiben schneiden und zusammen mit den Bouillonkartoffeln und der Meerrettichsauce anrichten.

Zubereitungszeit:
ca. 1 1/2 Stunden
Pro Portion:
ca. 1379 kJ/328 kcal
32 g E, 10 g F, 19 g K

Grapefruit-Mousse

Für 4 Personen:

2 rosa Grapefruits
1 Limone, unbehandelt
4 Blatt weiße Gelatine
125 g Magerquark
2 El Honig
200 g Schlagsahne
3 Eiweiß
Minze zum Garnieren

1. 1 Grapefruit mit einem scharfen Messer so schälen, dass die weiße Haut ganz entfernt wird. Die einzelnen Filets zwischen den Trennhäuten herauslösen und bereitstellen.

2. Die Limone heiß abwaschen und die Schale mit einem Schälmesser in feine Streifen schneiden. Die Limone und die restliche Grapefruit auspressen.

3. Die Gelatine in kaltem Wasser einweichen.

4. Den Quark mit dem Honig und dem Grapefruit- und Limonensaft verrühren. Die Sahne steif schlagen und unter den Quark rühren.

5. Die Gelatine in einer halben Tasse Wasser einweichen, ausdrücken und in 4 Esslöffel lauwarmem Wasser auflösen. Unter die Grapefruit-Creme rühren und im Kühlschrank ca. 10 Minuten gelieren lassen.

6. Das Eiweiß steif schlagen, die Creme aus dem Kühlschrank nehmen und den Eischnee unterheben. Die Mousse in vier mit kaltem Wasser ausgespülte Förmchen füllen und ca. 2 1/2 Stunden kalt stellen.

7. Die Grapefruit-Mousse aus den Förmchen auf Dessertteller stürzen und mit den Grapefruit-Filets anrichten. Mit Limonenschale und Minze garniert servieren.

Zubereitungszeit (ohne Gelier- und Kühlzeit):
ca. 35 Minuten
Pro Portion:
ca. 1149 kJ/273 kcal
9 g E, 17 g F, 16 g K

Mond im Löwen

Vor Ihnen sollte man manche Menschen warnen, nämlich alle die, die sich auf den ersten Blick verlieben. Als Löwe-Mond strahlen Sie so viel Lebensfreude aus, können Sie so gewinnend lächeln und offen lachen, dass Ihnen die Herzen zufliegen. Ihr Charme und Ihre Ausgeglichenheit erlauben Ihnen auch Ausflüge in Gebiete, die für andere riskant wären: Löwe-Monde spielen mit verblüffendem Erfolg, wissen aber genau, wann sie aufzuhören haben. Und als Löwe-Mond wetten Sie für Ihr Leben gern, allerdings nur wenn Sie sich Ihrer Sache einigermaßen sicher sind, denn Verlierenkönnen gehört nicht zu Ihren Stärken. Im Gegenteil: Niederlagen und Kritik stecken Sie nur schwer weg, denn Sie brauchen ein Klima der Anerkennung, ja des Lobes, damit Ihre Stärken zur Geltung kommen.

Zu diesen gehört Ihre Vorliebe für eine gepflegte Häuslichkeit, worunter, wenn irgend möglich, gehobener Komfort zu verstehen ist. Luxus schmeichelt Ihnen, weil Sie ihn sich ja aufgrund Ihrer Erfolge leisten und aller Welt zeigen können. Das heißt nicht, dass Sie Durststrecken nicht ertragen. Sie wissen ja, dass Sie die Probleme schon meistern können, und vertrauen auf Ihre Löwe-Mond-Kraft. Sie besteht vor allem in der Fähigkeit, Mitstreiter an sich zu binden und für Ihre Zwecke einzusetzen. Gemeinsam finden Sie dann schnell wieder Anschluss an den Erfolgszug, in dem Sie sich am wohlsten fühlen. Erfolg erlaubt Ihnen auch die Pflege einer anderen Vorliebe: Sie gehen gern elegant gekleidet auf Feste, Empfänge und in Kulturveranstaltungen. Denn Sie wissen: Man sieht Sie gern, und diese Anerkennung ist Balsam für die Löwe-Mond-Seele.

Haben Sie's gemerkt? Der Schritt zur Selbstgefälligkeit oder gar zur Arroganz ist für Sie nicht groß. Seien Sie froh, dass Ihre Mondkonstellation das so deutlich erkennen lässt. So können Sie wachsam beobachten, ob Ihre Freude am gepflegten Auftreten in Eitelkeit umzuschlagen droht. Sie sollten immer wissen, wo die Bremse ist, damit Sie nicht andere mit zu großer Pose verärgern oder durch unpassendes Radschlagen abstoßen. Eigentlich haben Sie ein sicheres Gespür dafür mitbekommen, wo die Grenze zu Wichtigtuerei und Angeberei überschritten ist. Pflegen Sie es, dann wird Sie der nötige Takt nicht verlassen.

Einige prominente Löwe-Monde:
Harald Juhnke
Prinz Philip
Peter Ustinow
Barbra Streisand
Willy Brandt
Michail Gorbatschow

Als stiller Zuarbeiter sind Sie eine Fehlbesetzung. Sie drängt es an die vorderste Front und ins Rampenlicht. Suchen Sie Ihren Beruf daher danach aus, welche Aufstiegschancen er bietet, denn Sie sind auf Erfolg gepolt und scheuen auch keinen Stress, wenn es um die Karriere geht. Sitzen Sie aber im Beförderungsstau, überlegen Sie, ob Sie nicht selbstständig mehr erreichen und Ihre organisatorischen Talente noch besser nutzen können. Vor dem Risiko fürchten Sie sich nicht, und die Befriedigung, auf eigene

Rechnung und unter eigenem Namen zu wirtschaften und eine Firma voranzubringen, bedeutet dem Löwe-Mond mehr als eine lobende Erwähnung im Firmenblatt.

Natürlich ist das nicht in allen Berufen möglich, die Ihnen liegen. Ihre Bereitschaft, Verantwortung zu übernehmen, empfiehlt Sie ebenso zum Politiker wie zum Mitarbeiter im Außendienst. Sie geben einen guten Dirigenten ab, sind als Schulleiter beliebt, bewähren sich im Management und stehen als Regisseurin Ihre Frau. Und hier ist die Brücke zur künstlerischen Ader des Löwe-Monds: In dieser Mondstellung finden sich ungewöhnlich viele Schauspieler, Choreografen, Bildhauer, Werbeleute u. a. Sie alle profitieren vom großen Talent zur (Selbst-)Darstellung und von dem kreativen Schwung, den sie mitbekommen haben. Deswegen haben Sie auch als Kaufmann Erfolg: Mit Ihrer lebhaften Fantasie überflügeln Sie die Konkurrenz.

Freizeit und Urlaub stellen für Sie nur einen Bühnenwechsel dar. Sie wollen nicht ab-, sondern nur zuweilen umschalten. Einsame Inseln, lauschige Waldesstille, wie sie viele gestresste Menschen zum Ausspannen brauchen, langweilen Sie bloß. Ihnen sind vielmehr Gruppenreisen, Cluburlaub und Wochenenden in mondänen Bädern zu empfehlen. Reicht dafür das Betriebskapital nicht, bleiben Sie lieber daheim, als irgendwo in zweitklassigem Rahmen die zweite Geige zu spielen.

Der Spieler in Ihnen lässt sich auch auf einem Gebiet nicht ganz unterdrücken, auf dem das Risiko schwerer abzuschätzen ist als anderswo: In Herzensdingen lassen Sie manchmal den nötigen Ernst vermissen, merken nicht, wann Sie beim Anderen Illusionen wecken und stehen dann womöglich erschrocken vor den Trümmern einer Beziehung. Umgekehrt erliegen Sie leicht geschickten, manchmal auch dick aufgetragenen Komplimenten, weil Sie sich darin sonnen und die Frage als lästig verdrängen, wie ehrlich es der Partner meint. Sie nehmen Schmeichelei gern wörtlich und merken nicht, wie man Sie um den Finger wickelt.

Sind Sie dann doch glücklich in den Hafen der Ehe eingelaufen, werden Sie sich an der Seite eines attraktiven, eleganten Menschen finden. Das Äußere nämlich ist Ihnen wichtiger, als Sie es vielleicht selbst zugeben. Die Schau aber stehlen darf der Partner Ihnen natürlich nicht, weswegen Löwe-Monde schon in der Kennenlernphase darauf achten, dass ihre Dominanz nicht gefährdet wird. Dreht sich eine Gesellschaft gelegentlich mehr um Ihren Partner als um Sie, dann neigen Sie zu Ausbrüchen von Eifersucht, die viel Porzellan zerschlagen können. Erkannt aber ist die Gefahr schon fast gebannt, weil Sie die nötige Disziplin mitbringen und sich zügeln können.

Die brauchen Sie auch Freunden gegenüber, denen Sie allzu schnell kritische

Worte übel nehmen. Damit verlieren Sie möglicherweise genau den Menschen, der Sie wenigstens ab und an auf den Teppich holt. Sie müssen immer wissen, wann Sie spielen und wann es Ihnen ernst ist. Sonst verlieren Ihre Freunde die Orientierung, werden irre an Ihnen und suchen schlimmstenfalls das Weite. Gerade der Löwe-Mond braucht also ein stabiles mitmenschliches Fundament.

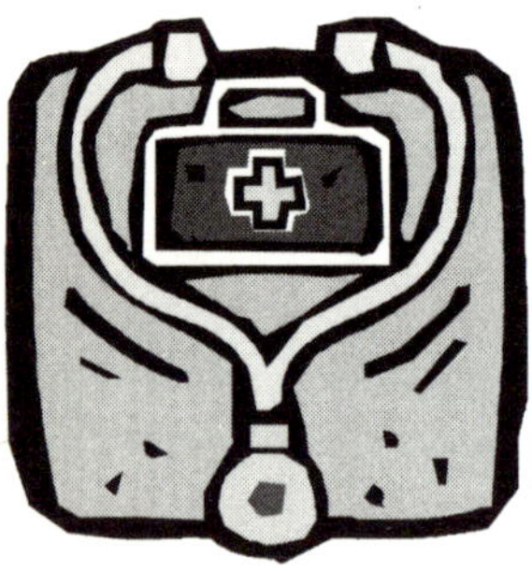

Sonnige Naturen wie Sie lassen sich nicht gleich von jedem Wehwehchen ins Bockshorn jagen. Wo andere besorgt in die nächste Arztpraxis eilen, stürzen Sie sich lieber in den nächsten Auftritt und verdrängen, dass da irgend etwas nicht ganz richtig läuft. Selbst wenn es schlimmer wird, schweigen Sie oft aus Angst, Ihr Image zu beschädigen. Damit beschädigen Sie womöglich aber Wichtigeres oder gar das Wichtigste: Ihr Herz. Wie Sie in der Liebe darauf hören, sollten Sie's auch in gesundheitlichen Fragen tun, denn es meldet Ihnen zuverlässig, wenn Sie sich überfordern oder zu wenig Schlaf bekommen oder zu viel gefeiert haben oder von Sorgen gequält werden. Dann stottert Ihr Lebensmotor, reagiert mit Rhythmustörungen, Ziehen in der Brust, Kreislaufproblemen.

Die andere Schwachstelle: Die Wirbelsäule. Belasten Sie Ihr Kreuz bei der Arbeit oder beim Sport zu einseitig oder achten Sie nicht auf richtige Haltung, dann sagen Ihnen scheinbar grundlose Schweißausbrüche oder Blutdruckschwankungen Bescheid, noch ehe der Rücken selbst Schmerzen aussendet. Die Zusammenhänge lernen Sie verstehen, wenn Sie regelmäßig zu Routineuntersuchungen gehen und erkennen, welche Antworten Ihr Körper auf Stress, Sorgen, Unglück und Enttäuschungen gibt.

Die freie Natur eignet sich als Bühne für den Löwe-Mond nur bedingt. Gleichwohl braucht er sie zur Entspannung und Erholung, ohne die es auch bei ihm nicht geht. Als Löwe-Mond müssen Sie ja nicht unbedingt allein auf einem Baumstumpf im Wald hocken oder einsam die Mondnacht am See verseufzen. Natur ist auch Geselligkeit. Raus aus den engen vier Wänden müssen auch Sie, denn Kultur ist ohne Natur nicht genießbar, und Sie sind es auf lange Sicht auch nicht, wenn Sie nur durch Häuserschluchten von einem Auftritt zum anderen eilen. Und da Sie so gerne feiern, wie wäre es mit einer Gartenparty?

Das ist das Stichwort: Ein wenig müssen Sie sich als Löwe-Mond zu Ihrem Glück zwingen. Und da Sie die Natur nicht unbedingt von sich aus suchen, machen Sie sie sich zur Pflicht. Ein Garten kann ja auch eine Bühne sein, denn da lässt sich demonstrieren, dass in Ihnen ein fantasievoller Gärtner steckt. Prächtige Blumen (Heckenrosen beispielsweise sind typische Löwe-Mond-Blumen) und Früchte belohnen Ihren Fleiß, wenn Sie sich nach der Tabelle am Ende von Kapitel IV richten. Und Sie müssen auch auf

Einige der typischen Löwe-Mond-Kräuter gedeihen auch bei uns:
Borretsch (herzstärkend, nervenberuhigend), Brennnessel (als Tee zur Blutreinigung), Knoblauch (blutdrucksenkend, fördert die Durchblutung der Herzkranzgefäße), Lavendel (bei Nervenschwäche), Rosmarin (Naturheilmittel u. a. gegen niedrigen Blutdruck), Sauerampfer und Zwiebel (beide blutreinigend).

Geselligkeit nicht verzichten, weil Gartenarbeit erst gemeinsam richtig Spaß macht.

Gesellige Menschen essen und trinken gern. Manche, und darunter viele Löwe-Monde, kriegen dafür die Quittung in Form von überflüssigen Pfunden. Pummeligkeit und Eleganz der Erscheinung aber schließen sich aus, weswegen gerade der Löwe-Mond für vernünftige Ernährungstipps dankbar ist. Keiner muss sich dabei kasteien, ein paar Regeln einhalten reicht, damit die Pfunde wieder schwinden: Essen Sie langsam, dann essen Sie automatisch weniger, weil die Satt-Meldung des Magens vorliegt, wenn Sie zur nächsten Portion greifen wollen. Bewusstes Kauen hilft, das Esstempo zu bremsen und dient der Verdauung. In Ruhe essen, nicht zwischen Tür und Angel und schon gar nicht auf die Schnelle im Stehen. Wenn Sie »zuschlagen« wollen, dann bei Gemüse und Obst, Salaten und Rohkost (ohne Mayonnaise!).

Ist eine Diät unvermeidlich, beginnen Sie bei Neumond damit – und natürlich erst, nachdem Sie Ihr persönliches Löwe-Mond-Menü gekostet haben:

Fenchelsalat

Kalbsfilet mit Kräutercreme

Marinierte Feigen

Fenchelsalat

Für 4 Portionen:

2 Fenchelknollen
1 Zwiebel
2 Bananen
2 El Zitronensaft
1 Apfel
200 g Magerjoghurt
2 El Essig
Salz
Pfeffer aus der Mühle
Zucker
Currypulver
1/2 Bund Kerbel
2 El gehackte Haselnüsse

1. Die Fenchelknollen putzen, waschen, längs halbieren und in dünne Scheiben schneiden.
2. Die Zwiebel pellen und in Würfel schneiden. Die Bananen schälen, in Würfel schneiden und sofort mit 1 El Zitronensaft beträufeln. Den Apfel waschen, trockenreiben, halbieren, das Kerngehäuse entfernen und den Apfel ebenfalls in Würfel schneiden. Sofort mit dem restlichen Zitronensaft beträufeln.
3. Den Joghurt mit dem Essig glattrühren und mit Salz, Pfeffer, Zucker und Currypulver würzen.
4. Die Kerbelblättchen abzupfen und fein hacken. Unter die Salatsauce rühren.
5. Fenchelscheiben, Zwiebel-, Bananen- und Apfelwürfel mischen und die Salatsauce unterziehen. Den Salat mit gehackten Nüssen bestreut servieren.

Zubereitungszeit:
ca. 20 Minuten
Pro Portion:
ca. 854 kJ/203 kcal
4 g E, 9 g F, 20 g K

Kalbsfilet mit Kräutercreme

Für 4 Portionen:

500 g Kalbsfilet
Salz
Pfeffer aus der Mühle
2 El Butterschmalz
1/8 l trockener Weißwein
je 1 1/2 Bund Petersilie und Schnittlauch
1/8 l Kalbsfond (Fertigprodukt)
100 g Crème fraîche
1 El Senf
Kräuter zum Garnieren

1. Das Kalbsfilet trockentupfen und mit Salz und Pfeffer würzen.
2. Das Butterschmalz in einer Pfanne stark erhitzen und das Filet darin rundherum hellbraun anbraten. Dann das Ganze mit dem Weißwein ablöschen und zugedeckt noch ca. 10 Minuten bei milder Hitze garen lassen.
3. In der Zwischenzeit die Kräuter waschen, trockenschütteln und fein hacken.
4. Das Fleisch aus der Pfanne nehmen und zum Warmhalten in Alufolie wickeln. Den Kalbsfond in die Pfanne geben und die Sauce ungefähr auf die Hälf-

te einkochen lassen.

5. Die Crème fraîche und den Senf unterrühren, mit Salz und Pfeffer würzen. Dann die Kräuter dazugeben.

6. Das Filet in Scheiben schneiden und den aufgefangenen Fleischsaft in die Sauce rühren. Die Filetscheiben mit der Sauce anrichten und mit Kräutern garniert servieren. Dazu passen Vollkornnudeln und gedünsteter Brokkoli.

Zubereitungszeit:
ca. 30 Minuten
Pro Portion:
ca. 1510 kJ/395 kcal
30 g E, 19 g F, 4 g K

Marinierte Feigen

Für 4 Portionen:

250 g schwarze Johannisbeeren
1/4 l Rotwein
1 Tl Speisestärke
1–2 El Honig
6 frische Feigen
Minze zum Garnieren

1. Am Vortag die Johannisbeeren waschen und mit einer Gabel von den Rispen streifen. Mit dem Schneidstab des Handrührers fein pürieren. Das Püree durch ein Sieb streichen, den Rotwein unterrühren und aufkochen lassen.

2. Die Speisestärke mit etwas kaltem Wasser anrühren und die Sauce damit andicken. Mit dem Honig abschmecken und nochmals kurz aufkochen lassen.

3. Die Feigen schälen und in ca. 1 cm dicke Scheiben schneiden. In der Sauce über Nacht marinieren.

4. Die Feigen mit der Sauce anrichten und mit Minze garniert servieren.

Zubereitungszeit (ohne Marinierzeit):
ca. 20 Minuten
Pro Portion:
ca. 620 kJ/148 kcal
2 g E, 0 g F, 28 g K

Mond in der Jungfrau

An Ihrem Schreibtisch erkennt man die Mond-Konstellation, die bei Ihrer Geburt herrschte: alles aufgeräumt, Unerledigtes auf Termin gelegt, Stapel mit aktuell Abzuarbeitendem, Körbe für die diversen Ausgänge, Uhr stets im Blick – der Jungfrau-Mond hat's gern funktional und vernünftig, bereitet sich auf alle Eventualitäten vor und hat für alles seine Schubladen. Das Machbare rangiert bei ihm ganz klar vor dem Wünschbaren, und auch bei anderen schätzt er Berechenbarkeit und Verlässlichkeit. Das gibt ihm manchmal etwas Oberlehrerhaftes, wenn er sich nicht bemüht, seine anderen Stärken zu kultivieren: verbindliches Auftreten, große persönliche Ausstrahlung, zupackende Intelligenz, Konzentration auf das Wesentliche, Lernfähigkeit, praktischer Sinn, Generosität, Freundlichkeit.

Letztere darf aber niemand auf eine allzu harte Probe stellen. Innerlich nämlich sind Sie gar nicht so gesellig, wie Sie sich als Verantwortungsträger oft geben müssen. Sie können sehr nervös werden, wenn jemand um den heißen Brei herumredet oder nicht zum Thema spricht. Zeit zu vergeuden, ist Ihnen zutiefst zuwider. Sie brauchen sie ja nicht nur für die vielfältigen Aufgaben, die man gerade Ihnen gerne aufhalst, sondern auch zur Konzentration und zur Besinnung auf sich selbst. Als Jungfrau-Mond sind Ihnen Pausen wichtig, in denen Sie das Geleistete analysieren, sich über Pläne klar

Einige prominente Jungfrau-Monde:
John F. Kennedy
Ulrich Wickert
Madonna
Helmut Schmidt
Maria Schell
Dagmar Berghoff

werden und Ihren großen Lesehunger stillen können. Unter Büchern fühlen Sie sich wohl, nicht nur weil sie Ihnen die Sicherheit geben, sich jederzeit über die verschiedenen Wissensgebiete informieren zu können, sondern auch weil Sie gute und anspruchsvolle Literatur schätzen.

Karriere ist bei solchen Voraussetzungen programmiert. Und hier lauert eine Gefahr: Weniger disziplinierten Menschen gegenüber neigen Sie manchmal zu ungerechter Kritik und Ungeduld, die Ihnen als Arroganz ausgelegt wird. Das kann Ihren Zielen nicht dienlich sein, denn selbst der Jungfrau-Mond kommt ohne Helfer und hoch motivierte Mitarbeiter nicht aus. Erinnern Sie sich an Ihre eigenen kleinen Anfänge, ehe Sie vorschnell (ver-)urteilen. So zäh, wie Sie an schwierigen Aufgaben arbeiten, so viel Geduld sollten Sie auch Schwächeren gegenüber walten lassen. Sie bekommen sie in Form von Einsatz, Loyalität, ja Anhänglichkeit zurück.

Karriere muss nicht bedeuten, dass Ihr Sinn immer nach der obersten Sprosse der Aufstiegsleiter steht. Sie leisten auch Vortreffliches in mittleren Positionen, als Organisator und Planer. Ihr Talent zu methodischem Vorgehen prädestiniert Sie für Aufgaben des Managements und für ärztliche Berufe. Aber auch unter Buchhaltern, Sekretärinnen, Kaufleuten, Optikern, Feinmechanikern und Anwälten finden sich gehäuft Jungfrau-Monde. Bei

Ihnen ist man als Kunde, Patient oder Ratsuchender immer gut aufgehoben, weil man sich darauf verlassen kann, dass das Bestmögliche für einen getan wird. Auch findet man ein gutes Klima vor, weil Sie als Jungfrau-Mond miese Stimmung, mangelnde Auslastung und ungerechte Vorgesetzte auf Dauer nicht ertragen, sondern lieber die Stelle oder gar den Beruf wechseln.

Natürlich finden sich auch ganz oben Jungfrau-Monde. Gehören Sie dazu und haben es also mit einer großen Zahl von Untergebenen zu tun, so müssen Sie immer weiter an sich arbeiten. Ihre Kritiklust kann gerade das beschädigen, das Ihnen selbst so wichtig ist: das Klima. Ihre Präzision und Ihr Arbeitstempo dürfen Sie nicht zum Maß für alle machen, denn mancher entwickelt sich nur zum wertvollen Helfer, wenn man ihm Spielraum und Atem lässt. Dass Sie einen gewissen Fleiß fordern, ist billig, aber die Peitsche des Antreibers gehört in den Schrank. Setzen Sie lieber den Charme ein, über den Sie doch auch – wenigstens in guten Stunden – verfügen. Damit erreichen Sie mehr, für sich, für das Unternehmen und für die Motivation der Mitarbeiter.

Der Freizeit-Jungfrau-Mond ist ein getreuer Spiegel des beruflichen: Er teilt sich den Tag und das Geld genau ein, plant selbst Wochendausflüge minutiös und sorgt für Eventualitäten vor. Spontane Aufbrüche oder Abenteuerurlaube sind nichts für Sie. Ihre Abenteuer erleben Sie beim Kennenlernen fremder Kulturen, bei der Betrachtung von Kunst, im Aufsuchen der Spuren vergangener Reiche. Darüber vergessen Sie manchmal, dass Urlaub auch Erholung sein soll: Wenn Sie Ihren Strandkorb mit Lektüre, Notizblock und bequemen Kissen ausgerüstet haben, werden Sie feststellen, dass auch ein Jungfrau-Mond Talent zum Ausspannen hat.

Wenn irgendwo, so hat in Herzensangelegenheiten Ihre Devise volle Berechtigung: Nichts überstürzen! Sie brauchen Zeit herauszufinden, ob Ihre Gefühle tragen und ob Sie die Signale des eventuellen Partners richtig deuten. Ein vernünftiger Mensch – und nur ein solcher kommt für Sie in Frage – wird Ihnen die nötige Zeit auch lassen, ja seinerseits Wert legen auf genaue Kenntnis Ihrer Persönlichkeit. Wenn die Zeit für offene Bekenntnisse gekommen ist, müssen Sie sich aber als nüchterner Mensch einen kleinen Ruck dazu geben. Dem Jungfrau-Mond gehen Liebesschwüre nicht so einfach von der Zunge, und er sollte sich auch hüten, hier mit Dichtern mithalten zu wollen. Lyrik glaubt ihm sowieso keiner. Verlässlichkeit und Klarheit sind Werbung genug, da reichen kleine Aufmerksamkeiten und aufrichtige Zuwendung.

Hat es dann gefunkt und haben sogar die Hochzeitsglocken geläutet, werden Ihre Schwiegereltern fast noch mehr für Sie schwärmen als Ihr Partner. Sie sind die eheliche Idealbesetzung in den Augen der um ihr Kind besorgten Eltern: Aufgeschlossen für Neues, aber doch so konservativ, dass Höflichkeit Ihnen zur zweiten Natur geworden ist; bescheiden, aber doch so ehrgeizig, dass Ihre Familie nie wird darben müssen. Mag manchmal auch Ihr Partner sich mehr Leidenschaft wünschen, so wird er sich die schon deswegen nicht woanders holen, weil die Sicherheit bei Ihnen und der Charme der Vernunft allemal nebulösen Träumen und großen Worten vorzuziehen ist.

Besagter Charme ist es auch, der Ihnen Freunde gewinnt. Sie schätzen an Ihnen aber ebenso, dass Sie eine gewisse Distanz wahren und niemandem zu dicht auf die Pelle rücken. Besuche, aber bitte nur gelegentlich und nach Absprache; Überraschungen, allenfalls ganz dosiert; Umarmungen, nein danke; intime Fragen, rote Karte. Überhaupt liegt Ihnen Überschwang nicht, was nicht heißt, dass Sie in Diskussionen nicht leidenschaftlich für Ihre Position eintreten, doch da geht es um die Sache. Im menschlichen Bereich ist Zurückhaltung angesagt.

Gründlich wie mit allem beschäftigen Sie sich auch mit Ihrem Körper, lauschen auf etwaige Störungen, registrieren hellhörig alles Ungewöhnliche und nehmen im Zweifel lieber eine Tablette zu viel als eine zu wenig. Das kann zur Marotte werden und damit Ihre Gesundheit gefährden, statt ihr zu nützen. Sorgen nämlich strapazieren Ihre ohnehin nicht allzu

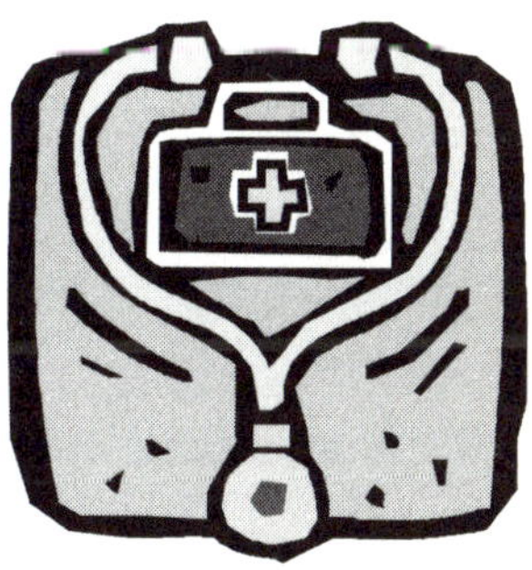

dicken Nervenstränge, und das könnte Ihnen auf den Magen schlagen. Nerven und Verdauungstrakt sind Ihre Problembereiche, die zu allem Überfluss vernetzt sind. Plagen Sie Verstopfung oder Völlegefühl, werden Sie unruhig und nervös, was sich durch Übelkeit oder gar Unterleibsschmerzen bemerkbar machen kann. Deswegen: Machen Sie sich nicht wegen jeder Kleinigkeit verrückt. Vorsicht mag die Mutter der Porzellankiste sein, Übervorsicht produziert Scherben.

An und für sich haben Sie eine recht robuste Konstitution. Sollte sich dabei doch einmal herausstellen, dass nicht alles in Ordnung ist, profitieren Sie vom Gesetz: Früh erkannt, Gefahr gebannt. Außerdem sind Sie ein ausgesprochen vernünftiger Patient, befolgen ärztliche Anweisungen genau und nehmen brav auch bittere Medizin. Gefahr lauert nur, wenn Sie Ihren Optimismus verlieren und den Kopf hängen lassen. Dagegen müssen Sie sich wappnen und darauf achten, dass Sie nicht an denen herumnörgeln, die Sie pflegen.

Sonne, frische Luft und Bewegung im Freien kommen beim Jungfrau-Mond leicht zu kurz. Über Ihrer Arbeit vergessen Sie gern diesen Ausgleich, ohne den niemand auskommt. Da Ihnen pures Herumfaulenzen gar nicht liegt, stellen Sie am besten ein Programm auf: Dienstags mit dem Rad statt per Auto ins Büro, vor dem Duschen morgens Yoga-Übungen, nach dem Abendbrot eine Jogging-

Einheit, einmal im Monat ein Wander-Wochenende, in den Wintermonaten regelmäßiges Saunen usw. Dann können Sie sich Vitaminpräparate und andere Pillen sparen, die den heilsamen Einfluss der Natur doch nicht ersetzen können.

Ihn verspüren Sie am intensivsten beim aktiven Umgang mit der Natur, beim Pflanzen, Säen, Pflegen und Ernten. Ein Stück Land am Haus oder in einer Schreber-Kolonie bringt Sie dem natürlichen Leben wieder nahe, denn es gedeiht nur, wenn Sie die Rhythmen beachten, die auch unsere Natur steuern. In der Tabelle im Anschluss an Kapitel IV finden Sie Beispiele dafür. Sie lassen sich auf alles gärtnerische Tun, auf alle Verrichtungen im Haushalt und bei der eigenen Körperpflege übertragen. Dass ihr Befolgen zumindest anfangs ein bisschen Mühe macht, kann einen Jungfrau-Mond nicht schrecken. Im Gegenteil: Es ist eine Herausforderung, der er sich gerne stellt. Prächtige Blumen und Früchte sind der Lohn.

Typische Jungfrau-Kräuter
Angelika (nervenstärkend, verdauungsfördernd), Beifuß und Bohnenkraut (fördern die Fettverdauung), Borretsch (Balsam für die Nerven), Eberraute (regt die Darmtätigkeit an), Kümmel (verdauungsfördernd), Meerrettich (antibakterielle Wirkung), Safran (nervenstärkend, krampflösend), Sellerie (gesunder Salzersatz bei entsprechenden Diäten), Senf (ideale Beigabe zu allen Fetten, keimtötend), Wermut (reguliert u. a. Lebertätigkeit), Zimt (in der Pharmazie ein Mittel zur Verdauungsförderung).

Aktive Menschen brauchen Aktiv-Ernährung: Viel rohes Obst, Blattsalate (ideal als Vorspeise) und Gemüse, reichlich Getreide, Milchprodukte und nur kaltgepresste Fette. Ausreichend Spurenelemente und Mineralien liefern Ihnen Datteln, Müsli, Weizenkeime und Nüsse. Ballaststoffe, die für die Darmtätigkeit so wichtig sind, liefern vor allem Kartoffeln; sie sollten mehrmals in der Woche auf dem Speiseplan des Jungfrau-Mondes

stehen. Fleisch sollte nur eine wohldosierte Beilage und niemals die Hauptmenge der Mahlzeit darstellen; besonders Geflügelfleisch als wertvoller Eiweißlieferant und Fisch als Aktivator des Immunsystems sind zu empfehlen. Alkoholische Getränke können – in Maßen! – gerade Ihnen als Jungfrau-Mond nervlich nützen; in angespannten Situationen wirken sie Wunder und sind Beruhigungs- oder gar Schlafmitteln in jedem Fall vorzuziehen.

Und hier Ihr persönliches Jungfrau-Mond-Menü:

Herzhafter Rohkostsalat

Gegrillte Kabeljaufilets

Apfel-Ricotta-Creme

Herzhafter Rohkostsalat

Für 4 Personen:

200 g Möhren
1 Kohlrabi
100 g Champignons
100 g Radieschen
1 Kästchen Kresse
200 g Roquefort
125 g saure Sahne
100 g Mayonnaise
1 El Essig
1 El Zitronensaft
Salz
Pfeffer aus der Mühle
100 TK-Erbsen, aufgetaut

1. Die Möhren putzen, waschen und in Stifte schneiden.
2. Den Kohlrabi schälen und in Stifte schneiden. Die Champignons und die Radieschen putzen und in Scheiben schneiden.
3. Die Kresse vom Beet schneiden, abspülen und trockentupfen.
4. Den Käse mit einer Gabel zerdrücken und mit der Sahne, Mayonnaise, dem Essig und Zitronensaft mit dem Schneidstab des Handrührgeräts pürieren. Mit Salz

und Pfeffer kräftig abschmecken.
5. Die vorbereitete Rohkost und die Erbsen auf Tellern anrichten, den Dip dazu servieren.

Zubereitungszeit:
ca. 15 Minuten
Pro Portion:
ca. 1920 kJ/457 kcal
16 g E, 32 g F, 15 g K

Gegrillte Kabeljaufilets

Für 4 Portionen:

600 g Kabeljaufilet mit Haut
2 El Zitronensaft
Salz
Pfeffer aus der Mühle
2 El Olivenöl
je 1 rote, gelbe und grüne Paprikaschote
Öl zum Bestreichen
Kräuter zum Garnieren

1. Die Kabeljaufilets unter fließendem Wasser waschen und trockentupfen.
2. Für die Marinade den Zitronensaft mit Salz und Pfeffer würzen, das Öl unterrühren. Die Fischfilets mit 1 El Marinade bestreichen und zugedeckt ca. 30 Minuten ziehen lassen.
3. Die Paprikaschoten putzen, halbieren, die weißen Innenhäute entfernen und die Schoten mit der Hautseite nach oben auf ein Backblech legen. Im vorgeheizten Backofen bei 250 °C so lange backen, bis die Haut dunkelbraun geworden ist. Die Paprikaschoten mit einem feuchten Küchentuch bedeckt abkühlen lassen. Nun läßt sich die Haut ganz leicht mit einem Messer abziehen.
4. Die Paprikaschoten in feine Streifen schneiden. Mit der restlichen Marinade mischen.
5. Die Kabeljaufilets abtropfen lassen. Den Grillrost mit Öl bestreichen und die Filets mit der Hautseite nach unten auf den Rost legen. Ca. 10 Minuten grillen.
6. Die Fischfilets zusammen mit dem Paprikasalat anrichten und mit Kräutern garniert servieren.

Zubereitungszeit (ohne Marinier- und Abkühlzeit):
ca. 45 Minuten
Pro Portion:
ca. 1226 kJ/292 kcal
29 g E, 11 g F, 10 g K

Apfel-Ricotta-Creme

Für 4 Personen:

1 kg säuerliche Äpfel
Saft von 1/2 Zitrone
250 g Zucker
6 El Calvados
200 g Ricotta
Zitronenmelisse zum Garnieren

1. Die Äpfel schälen, vierteln, entkernen und Spalten schneiden. 8 Apfelspalten mit etwas Zitronensaft beträufeln und zum Garnieren zurückbehalten. Die restlichen Äpfel mit dem Zucker und dem restlichen Zitronensaft in 100 ml Wasser in ca. 10 Minuten weich kochen.

2. Die Äpfel mit dem Schneebesen gründlich durchschlagen.

3. Den Topf vom Herd ziehen. Den Calvados und den Ricotta unterrühren und abkühlen lassen.

4. Die Apfel-Käse-Creme in Dessertschälchen anrichten, mit Apfelspalten und Zitronenmelisse garniert servieren.

Zubereitungszeit: ca. 30 Minuten
Pro Portion: ca. 2104kJ/501kcal
6 g E, 7 g F, 90 g K

Mond in der Waage

Dass Sie so beliebt sind, kommt nicht von ungefähr. Sie brauchen Harmonie und bemühen sich daher, nett und freundlich aufzutreten. Das sichert Ihnen die Sympathie Ihrer Mitmenschen. Sie zu bewahren geht aber nicht ohne eine gewisse Mühe und Selbstdisziplin: Bei Ihnen nämlich schlägt Positives besonders leicht ins Gegenteil um, nur ständige Wachsamkeit verhindert, dass aus Liebe Hass, aus Freude tiefe Traurigkeit wird. Sie neigen dazu, die Realität vorsichtshalber durch die rosarote Brille zu sehen und Konflikten auszuweichen, statt sie zu lösen. Das kann zu Realitätsverlust führen und zu einer problematischen Entscheidungsschwäche.

Ihre Geselligkeit äußert sich oft auch in Betriebsamkeit, die dann leicht zu Überforderung führen kann. Sie sind nicht gern allein, aber von zu vielen Menschen fühlen Sie sich dann doch bedrängt und werden unsicher. Dann könnten genau die Waage-Mond-Eigenschaften durchschlagen, die Sie gern unter Kontrolle halten: Hilflosigkeit und Resignation. Damit werden Sie leicht abhängig von anderen Menschen, und das müssen nicht immer die wertvollsten sein. Schlechte Einflüsse addieren sich und sind nur schwer zu korrigieren. Das bedrückt einen Menschen wie Sie besonders, weil dies nicht nur die Harmonie stört, sondern auch Ihrem Sinn für Schönheit und Gerechtigkeit zuwiderläuft.

Guter Geschmack erschließt Ihnen auch die Kulturwelt. Sie bilden sich ein sicheres Urteil über literarische Leistungen wie über Kunstwerke und Sie genießen Festlichkeiten, elegante Räumlichkeiten und gepflegte Unterhaltungen intensiver als andere. Deswegen ist Ihnen ein gewisser Luxus durchaus zu gönnen, wenn dabei nicht das Gespür für das finanziell Mögliche verloren geht. Hier sollten Sie Mahnern nicht ungeduldig oder gar ärgerlich begegnen, sondern sich fragen, ob Sie noch alles im Griff haben. Das gilt auch für Ihre Reiselust, die Sie wundervolle Landschaften erleben lässt, die aber auch so manches Loch ins Portmonee reißen kann.

Ihnen liegen künstlerische Tätigkeiten im weitesten Sinne; Sie leisten ebenso Gutes als Floristin wie als Schauspieler, als charmanter Unterhalter wie als Werbegrafikerin, als Gärtner wie als Designerin. In diesen Berufen und natürlich noch in vielen weiteren, in denen Ihre Fähigkeiten gefragt sind, kommt Ihnen auch Ihre schnelle Auffassungsgabe zustatten und die Fähigkeit, Talente anderer zu erkennen. Da Sie nur Berufe wählen oder gewählt haben, in denen Sie viel mit Menschen zu tun haben, fördert Ihr Charme Ihren Erfolg. Und er bringt Ihnen etwas ein, das Ihnen wichtiger ist als Geld: Lob und Anerkennung, die für Sie unabdingbar zu einem gedeihlichen Arbeitsklima gehören. Sie danken das Kollegen und Chefs mit Leistungen, die Sie auch für leitende Positionen empfehlen können.

Dann kann man Ihre Mitarbeiter nur beglückwünschen, denn sie bekommen einen besonnenen, angenehmen und vor allem gerechten Chef. Einsame Entscheidungen lieben Sie nicht, sondern beteiligen gern die Kollegen daran, diskutieren alle Vorschläge und geben den Menschen ein Gefühl der Wichtigkeit. Unwirsch allerdings werden Sie, wenn jemand seinen Arbeitsplatz nicht pflegt oder gar selbst ungepflegt zur Arbeit erscheint. Das beleidigt den Schönheitssinn des Waage-Monds.

Einige prominente Waage-Monde:
Richard Chamberlain
Ann-Sophie Mutter
Henry A. Kissinger
Agatha Christie
Romy Schneider
Henry Maske

Musik steht bei Ihnen hoch im Kurs – besonders in festlichem Rahmen: Sie lieben Opern- und Konzertbesuche, können aber auch daheim modernen wie klassischen Werken lauschen oder ein gemeinsames Essen von heiteren Melodien untermalen lassen. Für Ihren Urlaub sollten Sie daher immer etwas planen, das Sie nicht zu sehr von kulturellen Genüssen abschneidet. Wenn Sie es sich leisten können, wäre beispielsweise eine Kreuzfahrt ideal.

Eine Partnerschaft muss sich im Alltag bewähren. Sie werden Ihren Traumpartner daher kaum im Urlaubsparadies finden, sondern eher am Arbeitsplatz, in der heimischen Umgebung, im Verein oder beim Einkaufen. Dass Sie sich zu allererst vom Äußeren anziehen lassen, ist beim Waage-Mond ganz natürlich und kein Grund für Gewissensbisse. Allerdings dürfen Sie dabei nicht stehen bleiben, sondern müssen prüfen, ob die hübsche Maske auch Herz, Verstand und einen netten Kern verbirgt. Der ist für Sie beinahe wichtiger als alles andere, weil Sie eine Grundheiterkeit suchen, die sich mit schwierigen und überkritischen Menschen kaum wird herstellen lassen.

Zum Dank und als Beitrag zum ehelichen Frieden erziehen Sie sich zu mehr Gelassenheit bei Meinungsverschiedenheiten. Das nämlich ist Ihre schwache Seite: Sie wirbeln unnötig viel Staub auf, wenn die angestrebte Harmonie mal Pause hat. Schon Kleinigkeiten regen Sie auf, weswegen ein Luftholen stets geraten ist und Ihr Wahlspruch lauten sollte: »Nicht aufregen!«

Der Waage-Mond braucht Menschen, die ihm zuhören, denn er vervollständigt seine Gedanken gern beim Reden und diskutiert ausdauernd. Dahinter steckt eine gewisse Entscheidungsscheu, und Menschen, die Sie zu raschen Entscheidungen drängen, schätzen Sie nicht. Zu den Tugenden Ihrer Freunde sollte daher Geduld gehören; sie ist das Fundament des Taktes, den Sie im Umgang erwarten. Schulterklopfende Verhältnisse sind Ihnen ein Gräuel.

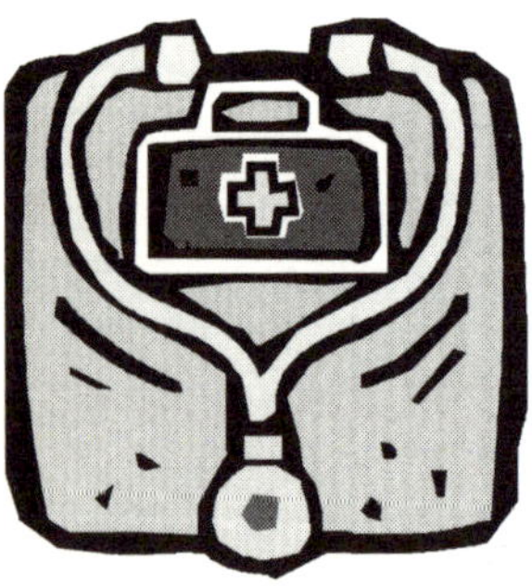

Im Einklang mit allen und allem leben möchte der Waage-Mond. Auch Sie haben sicher schon manche Kritik vom Arzt oder von Freunden zu hören bekommen, weil Sie sich so lange gegen das Eingeständnis wehren, krank zu sein. Das ist vor allem wegen der Anfälligkeit Ihrer

Nieren nicht ungefährlich und sollte daher auf Ihrem Programm des zu Bekämpfenden stehen. Ein Pluspunkt freilich ist, dass Sie ein sehr pflegeleichter Patient sind, wenn Sie diese Rolle erst einmal akzeptiert haben.

Sie haben einen untrüglichen Indikator dafür, ob bei Ihnen gesundheitlich alles in Ordnung ist: Ihre Haut meldet jede Störung zuverlässig. Das können falsche Ernährung, Verdauungsbeschwerden, Stress, Konflikte mit dem Partner u. a. sein – stets werden Sie Hautrötungen, Unreinheiten, wunde Stellen bemerken, noch ehe Sie das eigentliche Problem entdeckt haben. Regelmäßige Routinebesuche in der Praxis Ihres Arztes werden Sie bald auf die richtige Spur bringen, so dass Sie vorbeugen können, was bekanntlich besser ist als jede Medizin. Für den Waage-Mond besonders empfehlenswert sind dafür Yogaübungen, autogenes Training und viel Schlaf.

Fast gratis ist ein weiteres Mittel, auf das Sie als Waage-Mond leider viel zu selten verfallen: Aufenthalt in freier Natur, Abhärtung an frischer Luft, Kreislauftraining durch Strandlauf oder Jogging im Wald. Suchen Sie reizvolle Gegenden auf und schließen Sie sich dabei fröhlichen Gruppen an. Dann haben Sie beides: Naturgenuss und die Ihnen so wichtige Geselligkeit. Picknicktouren mit dem Rad sind besonders geeignet zur körperlichen Ertüchtigung und als Abwechslung im Alltagstrott.

Die klassischen Waage-Kräuter: Dill (reich an Vitamin C), Estragon (harntreibend), Kalmus (gegen Verdauungsstörungen), Kerbel (entschlackend), Koriander (regt die Verdauung an), Lavendel (Blüten bei rheumatischen Beschwerden als Badezusatz), Minze (fördert die Gallentätigkeit, bakterizid), Portulak (abführend), Schalotte (blutreinigend), Sellerie (günstiger Einfluss auf Nieren- und Blasenleiden), Teufelsdreck (gegen Koliken und Blähungen).

Bei der Gartenarbeit atmet man doppelt tief. Dieses unvergleichliche Mittel zum Ausgleich von beruflichen Belastungen und zur Entfaltung Ihrer künstlerischen Kreativität ist dem Waage-Mond dringend zu empfehlen. Es ist jeder Heilgymnastik überlegen wegen der Erfüllung, die Blühen und Gedeihen des von Ihnen Gepflanzten und Gepflegten mit sich bringen. Der Erfolg, in dem Sie sich gern sonnen, die Pracht der Blumen und Früchte – alles schmeichelt Ihnen und lassen Sie den Einklang mit der Natur tief empfinden. Die Tabelle im Anschluss an Kapitel IV gibt Ihnen zahlreiche und wertvolle Tipps für den richtigen Zeitpunkt der verschiedenen gärtnerischen Aufgaben.

Wer es wie Sie gern ein wenig stilvoll bis luxuriös hat, der kann schon mal Gewichtsprobleme bekommen. Ihr Appetit auf Süßes etwa macht sich in manchem Polster bemerkbar. Daher sollten Sie die Kunst der richtigen Zubereitung beherrschen lernen, die Ihnen den Genuss alles dessen, was Ihnen Spaß macht, ermöglicht, ohne dass Sie »hungern« müssen: Natürlich ist auch ein bisschen Sorgfalt bei der Auswahl der Lebensmittel erwünscht, doch wie sie zu Tafelfreuden ohne Reue werden, ist fast noch wichtiger: Möglichst wenig Fetteinsatz beim Garen der Speisen ist eine Grundregel. Sie werden sehen, dass Sie Fett gar nicht vermissen und viel gesündere Mahlzeiten bekommen, bei denen Vitamine und Eigengeschmack erhalten bleiben.

Ihr persönliches Waage-Mond-Menü:

Warmer Reissalat

Hackfleisch-Bällchen mit Joghurtsauce

Trauben-Sahne-Quark-Terrine

Warmer Reissalat

Für 4 Portionen:

300 g Hähnchenbrustfilet
2 El Sojasauce
1 Tl Currypulver
1/2 Paket bunte Reismischung (120 g)
Salz
2 El Weißweinessig
4 El Erdnussöl
Pfeffer aus der Mühle
1 rote Paprikaschote
1 Stange Porree (ca. 200 g)
50 g ungesalzene Erdnüsse

1. Die Hähnchenbrustfilets waschen, trockentupfen und in Streifen schneiden. Das Hähnchenfleisch mit dem Currypulver würzen und ca. 5 Min. in der Sojasauce marinieren. Abtropfen lassen.
2. Den Reis in ausreichend kochendem Salzwasser bissfest garen. Abgießen, abschrecken und gut abtropfen lassen.
3. Den Essig mit Salz und Pfeffer würzen und mit 2 El Öl verrühren. Die Marinade mit dem warmen Reis vermengen.
4. Die Paprikaschote putzen, waschen, halbieren, entkernen und die weißen Innenhäute entfernen. Die Schotenhälften in dünne Streifen schneiden. Unter den Reis mischen.
5. Die Porreestange putzen, waschen und in dünne Ringe schneiden. 2 El Öl erhitzen und das Hähnchenfleisch portionsweise unter Rühren schnell hellbraun braten. Herausnehmen und warm stellen. Im verbliebenen Fett die Porreeringe kurz anbraten.
6. Das Hähnchenfleisch und den Porree unter den Paprikareis heben und den Salat auf Tellern anrichten. Mit gehackten Erdnüssen bestreut servieren.

Zubereitungszeit:
ca. 40 Minuten
Pro Portion:
ca. 2004 kJ/477 kcal
24 g E, 26 g F, 26 g K

Hackfleischbällchen mit Joghurtsauce

Für 4 Portionen:

500 g Rinderhackfleisch
1 Zwiebel
1 Knoblauchzehe
1/2 altbackenes Brötchen
200 ml Apfelsaft
1 Bund Minze
Salz
Pfeffer aus der Mühle
2 El gehackte Mandeln
2 El Öl
500 g Joghurt
1 Tl Zucker

1. Das Hackfleisch in eine Schüssel legen. Die Zwiebel pellen und in feine Würfel schneiden, die Knoblauchzehe pellen und durchpressen. Beides zu dem Hackfleisch geben.

2. Das Brötchen in dem Apfelsaft einweichen, ausdrücken und ebenfalls zu dem Hackfleisch geben.

3. Die Minze waschen, trockenschütteln und fein hacken. Die Hälfte zu dem Hackfleisch geben und alles gut verkneten. Mit Salz und Pfeffer würzen.

4. Die Mandeln in einer Pfanne ohne Fett rösten. Abkühlen lassen.

5. Das Hackfleisch zu Bällchen formen. Das Öl in einer Pfanne stark erhitzen und die Hackfleischbällchen darin rundherum ca. 10 Minuten braten.

6. Die Mandeln unter den Joghurt rühren, mit Zucker und Pfeffer abschmecken.

7. Die Hackfleischbällchen mit der Joghurtsauce anrichten und mit der restlichen Minze bestreut servieren. Dazu passen grüne Bandnudeln.

Zubereitungszeit:
ca. 20 Minuten
Pro Portion:
ca. 2040 kJ/486 kcal
26 g E, 32 g F, 16 g K

Trauben-Sahne-Quark-Terrine

Für 4 Portionen:

500 g grüne Weintrauben
1 El Sherry
4 El Puderzucker
6 Blatt weiße Gelatine
250 g Sahnequark
1 unbehandelte Zitrone

1. Die Weintrauben waschen, halbieren und entkernen. Sherry und Puderzucker in einem Topf verrühren. Die Weintrauben dazugeben und alles mit 150 ml Wasser zum Kochen bringen. Bei reduzierter Hitze ca. 5 Minuten köcheln lassen.
2. Die Gelatine in kaltem Wasser einweichen. Die Weintrauben in ein Sieb abgießen und den Sud auffangen. Die Weintrauben mit dem Passierstab des Handrührers pürieren und durch ein feines Sieb passieren. Den Sahnequark unterrühren.
3. Die Gelatine ausdrücken und unter den noch heißen Sud rühren. Diesen unter die Trauben-Quark-Masse rühren. Eine kleine, rechteckige Form kalt ausspülen und das Ganze einfüllen. Im Kühlschrank in ca. 2 Stunden fest werden lassen.
4. Die Zitrone waschen und in dünne Scheiben schneiden. Die Terrine mit einem spitzen Messer vom Rand lösen. Die Form kurz in heißes Wasser tauchen, abtrocknen und die Terrine auf eine Platte stürzen.
5. Das Dessert in Scheiben schneiden, auf Tellern anrichten und mit den Zitronenscheiben garniert servieren.

Zubereitungszeit (ohne Kühlzeit):
ca. 25 Minuten
Pro Portion:
ca. 1107 kJ/263 kcal
6 g E, 6 g F, 38 g K

Mond im Skorpion

Ein starkes Ego birgt die Gefahr des Egoismus. Das sei gleich als Ausrufezeichen an den Anfang gestellt, denn Sie müssen wissen, wo Gefahren lauern. Gegen eine gesunde Selbstliebe ist nichts einzuwenden, wenn daraus nicht Härte anderen gegenüber wird. Kontrollieren Sie aufmerksam, ob Sie mit Ihrer Dominanz nicht andere verletzen oder ob womöglich bereits Herrschsucht daraus geworden ist. Sie erkennen das daran, dass Sie den Menschen um Sie herum kaum noch Freiheiten einräumen, sie völlig vereinnahmen wollen. Hinter starkem Willen zur Macht steht ja nicht selten Angst vor der Ohnmacht und Furcht vor dem Alleinsein. Da Sie das wissen, werden Sie sich bemühen, Loslassen zu lernen, denn sonst begeben Sie sich in Abhängigkeiten, die dem Skorpion-Mond schwer zu schaffen machen können.

Einige prominente Skorpion-Monde:
Claudia Cardinale
Heinz Sielmann
Nelson Mandela
Franz Beckenbauer
Caroline von Monaco
Hans-Dietrich Genscher

Hilfe bekommen Sie von einer anderen typischen Eigenschaft: Sie gehen allen Fragen konsequent auf den Grund, bemühen sich intensiver um Erklärungen als die meisten Menschen. Verborgen bleibt Ihnen so leicht nichts. Die gute Menschenkenntnis, die Sie damit gewinnen, sollten Sie in Selbsterkenntnis ummünzen, dann beherrschen Sie anlagebedingte Schwächen sicher. Sie brauchen aber Zeit dazu, weswegen Ihnen Geselligkeitspausen anzuraten sind. Im Trubel, den Sie durchaus schätzen, können Sie Ihre beachtlichen analytischen Fähigkeiten nicht entfalten, gewinnen Sie keine Klarheit. Auch Ihr Hang, sich gründlich mit psychologischen Fragen zu beschäftigen, braucht Ruhephasen und Zeit für Lektüre. Das Psychologisieren sollten Sie aber nicht übertreiben, weil es zu fatalistischer Haltung verführt. An sich arbeiten! heißt die Botschaft.

Eine weitere Kehrseite des Wunsches nach einer führenden Rolle ist die Aggression. Die baut sich in Ihnen auf, wenn sich Menschen, an denen Ihnen liegt, entziehen wollen. Gelingt es Ihnen nicht, sie bei der Stange zu halten, kann das zu Hassausbrüchen oder zu Aggressionen gegen sich selbst führen. Sie entwickeln unsinnige Gefühle der Schuld und des Versagens und geraten in eine Isolation, die dem Skorpion-Mond gar nicht bekommt. Sich zu Aktivitäten zu zwingen ist dann die bessere Lösung. Beweisen Sie sich Ihre Tüchtigkeit durch Beteiligung an schwierigen Aufgaben im beruflichen Umfeld wie daheim.

Skorpion-Monde sind oft Spätentwickler. Also: Lassen Sie sich Zeit mit der beruflichen Festlegung. Lieber noch ein paar Jahre mehr Schule als überstürzter Eintritt ins Arbeitsleben. Die bessere Vorbildung ist für Sie besonders wichtig, weil es Sie nach einflussreichen Posten drängt, weil Sie Karriere machen wollen. Auch kommen Ihnen Ihre Kenntnisse zustatten, weil Sie gern Verantwortung übernehmen, sie aber nur verantwortlich zu handhaben verstehen, wenn das Funda-

ment stabil ist. Kein Chef aber fällt vom Himmel, und so bleibt auch dem Skorpion-Mond gewöhnlich nur die übliche Laufbahn. Die erschwert er sich leider selbst oft, indem er Kritik wenig taktvoll anbringt, sich aufspielt oder gar über Leichen zu gehen versucht. Hier müssen Sie sich im Zaum halten, denn nur Kollegialität kann Ihnen die Anerkennung verschaffen, um die es Ihnen geht und die Voraussetzung für jeden Aufstieg ist.

Neben ärztlichen Berufen eignen sich für Sie Lehrtätigkeiten, Positionen im Polizeidienst, kaufmännische Berufe, nautische Tätigkeiten, Kontrollaufgaben, aber auch leitende Stellungen in Finanzabteilungen oder beim Finanzamt. In Gelddingen sind Sie zuverlässig und findig, egal ob Schmalhans Küchenmeister ist oder Überfluss herrscht. Sie haben die Budgets im Griff, ohne deswegen geizig zu sein. Nutzen Sie aber nicht Ihre Schlüsselstellung aus! Diktatorisches oder verletzendes Verhalten macht Sie vielleicht gefürchtet, aber bestimmt nicht beliebt. Das kann sich in Situationen rächen, in denen Sie gar nicht damit rechnen. Rufen Sie sich lieber ab und an selbst zur Ordnung und verordnen sich Liebenswürdigkeit, die Ihnen ja auch in reichem Maße gegeben ist.

Sie lesen gern. Sollten Sie noch nicht darauf gekommen sein: Versuchen Sie es mal mit Gruselgeschichten, Abenteuerromanen, Krimis, Gespenstererzählungen. Alles Geheimnisvolle reizt den Skorpion-

Mond, weswegen Sie Urlaubsfahrten als Entdeckungsreisen anlegen sollten. Es muss ja nicht gleich etwas Riskantes wie Höhlenforschung oder Schatzsuche auf dem Meeresgrund sein. Schon die Besichtigung von Spukschlössern oder von sagenumwobenen Burgen, der Besuch von Ausgrabungsstätten oder Nachtwanderungen inspirieren Sie. Der Nervenkitzel entspricht einer Risikobereitschaft, wie man sie bei anderen Mondkonstellationen selten findet. Die Erholung kommt schon nicht zu kurz, denn zwischen zwei Abenteuer passen immer ein paar faule Stunden.

Glücklicherweise ziehen sich Gegensätze an, denn dass Sie sich in jemanden mit Ihren Eigenschaften und Charakterzügen verlieben, wäre nun wahrlich nicht zu wünschen. Zwei Kapitäne erreichen jedes Ziel, bloß nicht das angestrebte. Zu Ihnen gehört ein anpassungsfähiger Gefährte, was ja nicht gleich duckmäuserisch heißen muss. Es muss aber einer sein, den Ihre Dominanz anzieht und der sie als das begreift, was sie im tiefsten Grunde ist: Suche nach Geborgenheit. Die werden Sie aber nur finden, wenn Sie unter Tonangeben nicht Diktatur, sondern Behüten und Fürsorgen verstehen. Das darf nicht in Klammern ausarten, denn dann sind Eifersuchtsdramen programmiert.

Ihr Partner kann Ihnen die Situation durch rückhaltlose Offenheit erleichtern, die Sie ihm ja auch entgegenbringen.

Vertrauen wird durch Heimlichtuerei untergraben, die Verlassensängste weckt, wie Sie den Skorpion-Mond besonders plagen. Kindern gegenüber müssen Sie Ihre Strenge zurücknehmen, die aus den hohen Anforderungen entspringt, die Sie an sich selbst stellen. Ein Kind kann dadurch leicht überfordert werden und mit Leistungsblockade reagieren. Mit Lob und Ermunterung erreichen Sie mehr.

So ungeduldig Sie sein können, so viel Geduld erwarten Sie von Ihren Freunden. Aber: Sogar Engelsgeduld kann man überstrapazieren, und Sie sollten aufpassen, wenn Sie Signale der Frustration auffangen. Dann sind Sie in Ihren Launen vielleicht zu weit gegangen und sollten sich auch einmal zu einer Entschuldigung durchringen. Da Sie auf eine gewisse Distanz wert legen und Ihre Freunde auch, denn das verbindet Sie, kommen solche Konflikte aber eher selten vor. Es dominieren gemeinsame Unternehmungen wie Konzert- oder Theaterbesuche, Ausflüge mit interessanten Zielen, Feiern im familiären Rahmen. Bei diesen Gelegenheiten kommt auch Ihr Charme zur Geltung und alte Freundschaften festigen sich.

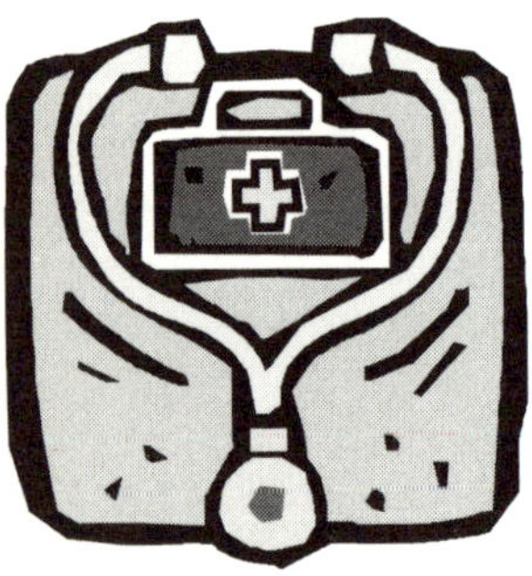

Macht erobern und Macht bewahren kosten vollen Einsatz, und den bringen Sie beruflich wie im Privatleben. Dafür müssen Sie gesundheitlich bezahlen, wenn Sie nicht sorgfältig vorbeugen und sich zu Pausen zwingen. Ihre Schwachstellen sind Blase, Darm, Geschlechtsorgane.

Auch der Blutdruck bedarf regelmäßiger Kontrolle. Zwar überwindet der Skorpion-Mond mit seinem starken Willen Krankheiten rasch, neigt aber auch zu Leichtsinn, wenn es ihm wieder besser geht. Das rächt sich, denn gerade bei Ihnen kommt es vermehrt zu Rückfällen.

Das kann Sie zu einem schwierigen Patienten machen, den niemand gern pflegt. Sie sind ohnedies ziemlich misstrauisch Ärzten und Medikamenten gegenüber. Wenn Sie dann zufällig über einige angelesene Kenntnisse verfügen, widersprechen Sie gern Ratschlägen und wollen sich am liebsten selbst kurieren. Das ist ein Zug bei Ihnen, den Sie schon aus Eigeninteresse bekämpfen sollten. Am besten fahren Sie, wenn Sie sich vom behandelnden Arzt genau beschreiben lassen, was mit Ihnen los ist und was man mit Ihnen vorhat. Bei freundlichem Interesse und klarer Bereitschaft zu lernen wird Ihnen kein Mediziner die gewünschten Informationen vorenthalten. Bei Ihrer sprichwörtlichen Neugier können Sie so allmählich zum Experten in eigener Sache werden.

Am besten freilich ist es für jeden, gar nicht erst zum Patient zu werden. Ganz wird sich das nicht vermeiden lassen, aber die Anfälligkeit für Krankheiten lässt sich vermindern. Auch Sie als langlebiger Skorpion-Mond brauchen Abhärtung zur Sicherung der Lebensqualität. Sie brauchen frische Luft und den Pulsschlag der Natur. Zimmerpflanzen reichen da nicht:

Sie müssen hinaus und werden das von selbst wollen, wenn Sie die wohltuenden Wirkungen von Wald und Feld, See und Gebirge am eigenen Körper erfahren. Apropos fahren: Die schönen Gegenden können Sie vielleicht nur per Auto erreichen, in diesen Gegenden aber sollten Sie Ihren Füßen und Ihren Beinen etwas zu tun geben. Erwandern oder erradeln Sie die Natur, das nützt Ihnen und schadet ihr nicht.

Kräuter für den Skorpion-Mond: Basilikum (bei Schleimhautreizungen), Brunnenkresse (vitaminreich, jodhaltig), Estragon (harntreibend), Kapern (nierenfreundlich), Löffelkraut (zur Senkung des Harnsäurespiegels), Paprika (reich an Vitamin P, das den Kreislauf stärkt), Pimpinelle (appetitanregend), Sauerampfer (blutreinigend), Sellerie (steigert den sexuellen Appetit – wenn man daran glaubt), Tamarinde (mild abführend), Tripmadam (harntreibend).

Für ständiges Fahren fehlt vielen die Zeit. Halten Sie daher immer auch ein Stück Natur in Ihrer Nähe bereit. Von Zimmerpflanzen war schon die Rede, nützlicher aber sind die im Garten, weil von frischer Luft umweht und vielfältiger. Hier heißt es richtig anpacken und nicht bloß gießen, hier muss schon mal umgegraben, gerodet und gejätet werden, dass der Herzschlag auf Touren kommt und die Lungen richtig durchlüften. Die Tipps in der Tabelle im Anschluss an Kapitel IV sichern Ihren gärtnerischen Erfolg.

»Sage mir, was du isst, und ich sage dir, wie es mit deiner Gesundheit bestellt ist«. Ganz so einfach ist das zwar nicht, aber mehr als ein Körnchen Wahrheit ist dran. Schon beim Einkauf Ihrer Nahrungsmittel sollten Sie daher ein paar Regeln beachten: Obst und Gemüse muss frisch sein, sollte keine welken Blätter oder verfärbten Stellen haben. Abgepackten Salat lassen Sie besser im Regal, dic lichtempfindlichen Vitamine können schon stark gelitten haben. Bei Backwaren achten Sie möglichst auf Vollkornprodukte, sie enthalten viel mehr Mineralien und wertvolle Nährstoffe als Weißbrot. Bei Quark- oder Joghurtspeisen sollten Sie die Zusammensetzung lesen, manchmal ist einfach zu viel Zucker drin oder es finden sich Spuren von Stoffen, die Ihnen erfahrungsgemäß nicht bekommen. Bei Ihrem Schlachter erhalten Sie mit Sicherheit besseres Fleisch als in den Tiefkühltruhen der Supermärkte.

Haben Sie alles frisch und sauber beieinander, steht dem persönlichen Skorpion-Mond-Menü nichts mehr im Wege:

Spinatmousse

Putenschnitzel auf Orangen-Sauce

Joghurteis

Spinatmousse

Für 4 Personen:

150 g Spinat
2 Knoblauchzehen
2 El Butter
Salz
Pfeffer aus der Mühle
frisch ger. Muskatnuss
4 hart gekochte Eier
125 ml süße Sahne
2 Blatt aufgelöste Gelatine
Feldsalatblätter zum Anrichten
100 g Forellen-Kaviar

1. Den Spinat waschen und verlesen. Die Knoblauchzehen schälen und durchpressen.
2. Die Butter in einem Topf erhitzen und Spinat mit dem Knoblauch darin andünsten, bis der Spinat zusammenfällt. Mit Salz und Pfeffer würzen.
3. Eier pellen und klein hacken. Eier und Spinat mit dem Schneidstab des Handrührgerätes pürieren.
4. Die Sahne mit etwas Salz, Pfeffer und Muskat würzen und steif schlagen. Die Sahne mit der Gelatine unter die Eiermasse ziehen. Im Kühlschrank fest werden lassen.

Zubereitungszeit:
ca. 2 Stunden
Pro Portion:
ca. 1247 kJ/297 kcal,
6 g E, 22 g F, 3 g K

5. Den Feldsalat waschen und trocknen. Die Salatblätter auf Teller verteilen. Aus der Eiermasse Nocken ausstechen und auf dem Feldsalat anrichten, den Kaviar darüber geben und servieren.

Putenschnitzel auf Orangensauce

Für 4 Portionen:

4 Putenschnitzel
Salz
Pfeffer aus der Mühle
Currypulver
200 g Staudensellerie
200 g Fenchel
1/8 l Instant-Gemüsebrühe
2 El Öl
2 Orangen
100 ml Orangensaft
1 Tl Speisestärke
Kräuter zum Garnieren

1. Die Putenschnitzel waschen, trockentupfen und mit Salz, Pfeffer und Currypulver würzen.
2. Den Staudensellerie putzen, waschen und in Scheiben schneiden. Den Fenchel putzen, waschen und achteln. Die Fenchelstücke in der Gemüsebrühe zugedeckt 5 Minuten dünsten. Dann den Staudensellerie dazugeben und 5–10 Minuten mitdünsten.
3. Das Öl in einer Pfanne erhitzen und die Putenschnitzel darin von jeder Seite ca. 4 Minuten braten. Herausnehmen und warm stellen.
4. Die Orangen mit einem scharfen Messer schälen, so dass die weiße Haut entfernt wird. Die Filets aus den Trennhäuten herauslösen.
5. Die Orangenfilets in dem verbliebenen Bratfett kurz andünsten. Mit dem Orangensaft ablöschen. Die Sauce etwas einkochen lassen.
6. Die Speisestärke mit etwas kaltem Wasser anrühren und die Sauce damit binden. Mit Salz, Pfeffer und Currypulver abschmecken.
7. Die Putenschnitzel mit der Sauce und dem Gemüse anrichten. Mit Kräutern garnieren und servieren. Dazu passt Wildreis.

Zubereitungszeit:
ca. 45 Minuten
Pro Portion:
ca. 1503 kJ/357 kcal
29 g E, 16 g F, 15 g K

Joghurteis

Für 4 Portionen:

1 Bund Minze
125 ml Weißwein
100 g Zucker
2 El Limonensaft
300 g Joghurt
Schokoladenraspeln zum Bestreuen

1. Die Minze waschen, trockenschütteln und die Blätter von den Stielen zupfen. Die Minzeblätter in dem Weißwein ca. 2 Stunden ziehen lassen. Einige Minzeblätter zum Garnieren zurückbehalten.
2. Den Wein durch ein feines Sieb in einen Topf gießen, mit dem Zucker und dem Limonensaft verrühren und aufkochen lassen. Den Topf vom Herd nehmen und den Wein erkalten lassen.
3. Den Joghurt mit dem Wein glattrühren, ins Gefriergerät stellen und in ca. 2 Stunden fest werden lassen.
4. Von dem Joghurteis mit 2 Esslöffeln Nocken abstechen, auf Tellern anrichten und mit Schokoladenraspeln bestreut servieren.

Zubereitungszeit (ohne Kühlzeit):
ca. 20 Minuten
Pro Portion:
ca. 1048 kJ/249 kcal
2 g E, 8 g F, 33 g K

Mond im Schützen

Viele gute Anlagen haben Sie mitbekommen. Sie entfalten sich aber nur, wenn Sie sie pflegen: Da sind einmal Ihr Optimismus, Ihre Grundfröhlichkeit und Ihre Lebhaftigkeit, die Sie zu einem beliebten Zeitgenossen machen. Dazu sind Sie aufgeschlossen für Neues und von hohen Idealen geprägt. Im durchaus berechtigten Gefühl, etwas Besonderes zu sein, neigen Sie allerdings auch zum Predigen und können ungeduldig werden, wenn man Ihren schwungvoll vorgetragenen Ideen nicht folgt. In Alltäglichkeiten tolerant bis zur Nachlässigkeit, sind Sie in Grundüberzeugungen schwer zu erschüttern und wollen mit Menschen, die ein anderes Weltbild haben, nicht viel zu tun haben. Noch schlimmer aber nerven Sie Leute, die langweilig sind. Ein Mensch mit Ihrem Abwechslungsbedarf braucht interessante Ansprache.

Deswegen sind Sie der geborene Feiertyp, gehen gern aus und diskutieren nächtelang über Gott und die Welt. Findet sich keine spannende Gesellschaft, dann tut es auch ein entsprechendes Buch oder ein Theaterbesuch. Über so viel Zerstreuung schleicht sich freilich zuweilen Unzuverlässigkeit ein, weil Sie einfach zu viel um die Ohren und im Kopf haben. Deswegen ist Ihnen die Konzentration auf konkrete Ziele anzuraten, es müssen ja nicht gleich Lebensaufgaben sein. Das Ziel im Visier, können Sie nämlich einen regelrechten Feuereifer entwickeln und andere mitreißen. Dabei kommt Ihnen eine ungewöhnliche Intelligenz und Fantasie zugute, die originelle Lösungen findet, wo andere längst die Flinte ins Korn geworfen hätten. Als Schütze-Mond geben Sie sich sowieso nicht mit Allerweltsleistungen zufrieden. Sie wollen Spuren hinterlassen und auch gegen ein Denkmal hätten Sie nichts einzuwenden.

Dahinter steckt aber nicht Großmannssucht, sondern Kampfgeist für die als richtig erkannte Sache. Was Sie für wahr und gut halten, um das bemühen Sie sich zäh. Es kann übel ausgehen, wenn Sie sich der falschen Sache verschreiben. Gott sei Dank aber schützen Sie davor recht zuverlässig Ihr wacher Verstand und Ihre natürliche Güte. Bei Rückschlägen fängt Sie Ihr Humor auf, und mit etwas Mühe werden Sie auch Toleranz in wichtigen Dingen entwickeln können. Gerechtigkeitssinn und eine humane Lebenseinstellung siegen letztlich über Hass und Streit. Frohsinn verscheucht trübe Gedanken.

Einige prominente Schütze-Monde:
Roman Herzog
Ute Lemper
Christo
Uta Ranke-Heinemann
Jacques Chirac
Catarina Valente

Ihre Geselligkeit zeigt Ihnen den beruflichen Weg: Bloß keine Tätigkeit allein im stillen Kämmerlein; ohne Kontakt zu Menschen, ob Kollegen oder Kunden, wird der Schütze-Mond unglücklich und bringt nicht die Leistung, die ihm sonst spielend leicht fällt. Lässt sich die Teamarbeit oder der berufliche Umgang mit vielen Menschen auch noch in freier Natur erbringen, macht Sie das doppelt

glücklich. Auch die Reiserei, über die andere stöhnen, ist Ihnen ein wahrer Jungbrunnen, weil sie Abwechslung bietet. Typische Schütze-Mond-Berufe sind: Lehrerin, Forstwirt, Hostess, Vertreter, Meinungsforscher, Gastronom, Pilot, Politiker, Stewardess, Moderator, Reiseleiter.

Obwohl Sie es aufgrund Ihrer guten geistigen Gaben mit dem Fortkommen leichter haben als andere, müssen auch Sie klein anfangen. Dabei kommen Ihnen Ihre Ehrlichkeit und die große Lernbereitschaft zugute; allerdings schlägt Ehrlichkeit leicht in Taktlosigkeit um, wenn Sie nämlich allzu unverblümt Ihre Meinung über einen lieben Kollegen oder gar den Chef äußern.

In Freizeit und Urlaub brauchen Sie sich kaum umzustellen: Geselligkeit, Abwechslung und Reisen stehen auch hier ganz oben auf dem Programm. Der begnadete Sonnenbader sind Sie freilich nicht, der Strand ist eher Ihr Kontaktanbahnungsmarkt. Sie haben schnell eine fröhliche Truppe beisammen, wenn Sie sich nicht gleich eine mitgebracht haben. Ihre Augen und Ohren brauchen stets neuen Stoff, Ihr Wissensdurst ist groß. An Wochenenden bedienen Sie ihn am besten auch einmal mit Überraschungen und fahren einfach ins Blaue.

An Gelegenheiten, die bekanntlich nicht nur Diebe, sondern auch Liebe machen, mangelt es Ihnen nicht. Sie lernen viele mögliche Partner kennen und müssen sich daher nicht überstürzt binden. Allerdings sollte Sie Ihre hohe Selbsteinschätzung nicht zum Gedanken verleiten, Sie seien am mächtigsten allein. Selbst wenn das stimmen würde, glücklich wären Sie allein sicher nicht. Gesellige Menschen wie die Schütze-Monde brauchen auch im Intimleben Gesellschaft.

Beruht das Gespür auf Gegenseitigkeit, steht dem Auftritt beim Standesamt oder vor dem Altar – viele Schütze-Monde sind sehr religiös – nichts mehr im Wege. Der aber durchs gemeinsame Leben wird nur dann von Dauer sein, wenn Sie ein wenig an sich als Schütze-Mond feilen. Natürlich zieht es Sie hinaus, begierig nehmen Sie jede Gelegenheit zur Abwechslung wahr. Und selbst wenn das gar nicht erotisch gemeint ist, so kann es doch die Zweisamkeit belasten. Ein bisschen Häuslichkeit müssen auch Sie aufbringen.

Ihre Freunde schätzen zwar Ihren unübertrefflichen Ideenreichtum beim Aufspüren von Anlässen zu Feiern und Vergnügungen. Manchmal aber säße man auch gern ruhig mit Ihnen beisammen, denn Sie sind ein guter Gesprächspartner, der mit seinem Fundus an wohlüberlegten Überzeugungen manches Problem lösen helfen kann. Im Trubel vernachlässigen Sie diese gute Fähigkeit zu sehr. An manchem Problem, das dringend besprochen werden sollte, sind Sie ab und an ja auch mitschuld. Ihre Offenheit kann verletzen, ohne dass Sie das merken. Der

Freund oder die Freundin frisst das womöglich in sich hinein und die Freundschaft gerät in Gefahr, obwohl ein ehrliches Gespräch den Konfliktstoff leicht wieder aus der Welt schaffen könnte.

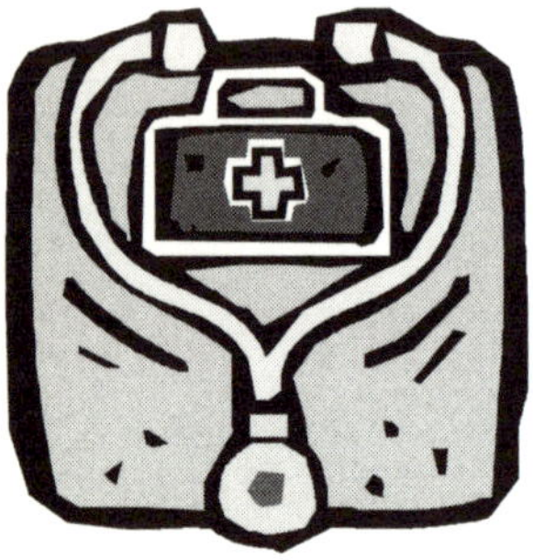

Für die großen Aufgaben, die Sie sich immer wieder stellen, müssen Sie fit sein. Rächt sich der Körper z. B. durch nervöse Störungen der Verdauung oder durch Verspannungen, sind Sie besonders unglücklich. Krankheit passt Ihnen gar nicht ins berufliche und vergnügliche Konzept. Da fast immer falsches Verhalten Ihrerseits – Überforderung, falsche Ernährung, zu wenig Erholung u. a. – hinter gesundheitlichen Problemen steckt, sollten Sie sich selbst zur Ordnung rufen, statt anonyme Mächte anzuklagen oder gar Mitmenschen zu quälen.

Und: Folgen Sie unbedingt dem Behandlungsplan. Krankheiten der Schütze-Monde werden gern chronisch. Das betrifft z. B. rheumatische Erkrankungen, zu denen Sie neigen. Auch Ihre Leber ist übelnehmerisch. Beiden Gefahren begegnen Sie am besten durch Vorbeugen, indem Sie sich der Witterung angemessen kleiden, die Mühen der Abhärtung durch Gymnastik und Schwimmen nicht scheuen und bei Essen und Trinken eine gewisse Mäßigkeit pflegen. Genehmigen Sie sich nicht zu viel aus Übermut. Bringen Sie Ihren Kreislauf mindestens einmal am Tag auf Touren. Er braucht das als Gegengewicht zum ewigen Sitzen in den Büros oder auf langen Autofahrten.

Diese Sitzerei spielt sich zudem meistens in schlechter Luft ab. Sie müssen regelmäßig hinaus, aber nicht ins Häusermeer der Stadt, sondern ins Grüne und Frische. Das verlangt ein gesunder Lufthunger des Schütze-Mondes, dem Sie nachgeben sollten. Vermutlich wird Ihnen Wandern zu langsam gehen, weswegen das Radeln empfohlen sei. Es beansprucht den ganzen Körper, bringt Sie rascher voran und durchlüftet den Organismus nachhaltig. Auf Geselligkeit brauchen Sie dabei nicht zu verzichten.

Konkurrenzloser Frischluftlieferant aber ist ein Garten, in dem Sie sich entspannen, aber auch abarbeiten können. Haben Sie einen Garten am Haus, um so besser. Sonst finden Sie sicher in der weiteren Umgebung Laubenkolonien, wo noch Parzellen zu haben sind. Diese kleinen Gemeinschaften bieten Ihnen neben dem Aufenthalt in der freien Natur auch vielerlei Möglichkeiten zur Entfaltung Ihres Organisationstalents. Im Wettstreit um die saftigsten Früchte und prächtigsten Blumen sollten Sie die Tipps der Tabelle am Ende von Kapitel IV beherzigen.

Kräuter, die dem Schütze-Mond besonders zu empfehlen sind: Borretsch (nervenstärkend), Estragon (bewährtes Hausmittel gegen Gelenkrheumatismus), Kerbel (entschlackend), Löwenzahn (bei Leberproblemen), Nelke (Nelkenöl desinfiziert), Petersilie (gegen Rheuma wie Leberleiden), Schnittlauch (blutdrucksenkend), Senf (keimtötend), Thymian (krampflösend), Wegwarte (bei Gallen- und Leberleiden), Zitronenmelisse (beruhigend, verdauungsfördernd).

Sie dürfen ruhig vielseitig essen, aber nicht wahllos alles in sich hineinstopfen. Ihr vorzüglich entwickelter Geschmack hat's gern würzig, was aber nicht salzig heißen muss; mit Kräutern erzielen Sie viel spannendere Effekte. Milchprodukte liefern Ihnen genauso Eiweiß wie Fleisch ohne dessen Nachteile; sie enthalten nämlich obendrein Kalzium und Vitamin B. Der Schütze-Mond trinkt viel, deswegen sollten Sie genau darauf achten, dass es nicht zu viele zuckerhaltige oder alkoholische Getränke sind. Mineralwasser, Früchte- und/oder Kräutertees können Sie dagegen in beliebiger Menge bedenkenlos zu sich nehmen. Und ein letzter Tipp, der jedem ans Herz gelegt sei: Nie hungrig einkaufen gehen, damit der Korb nicht überquillt! Wir essen dann womöglich nur aus schlechtem Gewissen – und auf jeden Fall zu viel.

Das persönliche Schütze-Mond-Menü aber können Sie ruhig genießen, es ist leicht und bekömmlich:

Morchel-Pasteten

Hausgemachte Mangoldspätzle

Frischkäse-Soufflé

Morchel-Pasteten

Für 4 Personen:

250 g Morcheln
1 Zwiebel
100 g geräucherter Speck
4 Blätterteigpasteten (Fertigprodukt)
1 El Öl
Salz
Pfeffer aus der Mühle
80 g süße Sahne
2 Eigelb
Kräuter und Salatblätter zum Garnieren
1 Zitrone, in Scheiben geschnitten

1. Die Morcheln putzen, gründlich waschen und in Stücke schneiden. Die Zwiebel schälen und fein hacken. Anschließend den geräucherten Speck in kleine Würfel schneiden.
2. Die Pasteten im Backofen bei 100 °C erwärmen. Das Öl in einer Pfanne erhitzen und den Speck darin auslassen. Die Zwiebeln dazugeben und andünsten.
3. Die Morcheln dazugeben und ca. 5 Minuten garen. Mit Salz und Pfeffer würzen.
4. Die Sahne mit dem Eigelb verquirlen

und unter die Pilze rühren.

5. Die Masse in die Pasteten füllen, mit Kräutern garnieren und die Deckel darauf setzen.

6. Die gefüllten Pasteten mit den Salatblättern und Zitronenscheiben auf Tellern anrichten.

Zubereitungszeit:
20 Minuten
Pro Portion:
ca. 2310 kJ/550 kcal
11 g E, 41 g F, 26 g K

Hausgemachte Mangoldspätzle

Für 4 Personen:

450 g Mangold
380 g Mehl
8 Eier
1 El Öl
2 El Butter
100 g süße Sahne
1 zerdrückte Knoblauchzehe
frisch geriebene Muskatnuss
Pfeffer aus der Mühle
250 g Mozarella, geraspelt
1/2 Bd. Petersilie

1. Mangold putzen, waschen, in Streifen schneiden, in leicht gesalzenem Wasser ca. 5 Minuten garen.

2. 150 g Mangold mit dem Schneidstab des Handrührgerätes pürieren. Das Püree mit Mehl, 1 Tl Wasser, Salz, Eiern und Öl mit dem Knethaken des Handrührgerätes kneten, bis der Teig Blasen wirft.

3. 2–3 l Salzwasser in einem Topf zum Kochen bringen und nacheinander jeweils 2–3 El Teig auf ein angefeuchtetes Holzbrett geben. Mit einem Messer feine, schmale Streifen abschaben und ins siedende Wasser gleiten lassen. Wenn die Spätzle an der Oberfläche schwimmen, sofort mit einer Schaumkelle herausnehmen, mit kaltem Wasser abspülen und abtropfen lassen.

4. Butter in einem Topf erhitzen, Spätzle und den restlichen Mangold darin erhitzen. Sahne und Knoblauch unterrühren. Kräftig mit den Gewürzen abschmecken. Den Käse über die Spätzle streuen und zugedeckt kurz schmelzen lassen.

5. Petersilie waschen, trockentupfen, Blättchen abzupfen. Vor dem Servieren die Mangoldspätzle mit Petersilie bestreuen.

Zubereitungszeit:
ca. 45 Minuten
Pro Portion:
ca. 3754 kJ/894 kcal
40 g E, 46 g F, 66 g K

Frischkäse-Soufflé

Für 4 Personen:

3 Eier
80 g Puderzucker
200 g Frischkäse
4 El gemahlene Mandeln
Butter zum Ausfetten
gemahlene Mandeln zum Ausstreuen der Förmchen
1 El Zitronensaft

1. Die Eier trennen. Das Eigelb mit der Hälfte des Puderzuckers schaumig schlagen.

2. Den Frischkäse mit den gemahlenen Mandeln unter die Eicreme rühren.

3. Vier Soufflé-Förmchen mit Butter ausfetten und mit gemahlenen Mandeln ausstreuen.

4. Das Eiweiß mit dem restlichen Puderzucker und dem Zitronensaft zu steifem Schnee schlagen.

5. Den Eischnee vorsichtig unter die Quarkcreme heben. Die Creme in die Förmchen füllen.

6. Die Soufflé-Förmchen in eine feuerfeste Schüssel von ca. 20 cm Ø setzen. Die Schüssel so weit mit Wasser füllen, bis die Förmchen zur Hälfte im Wasser stehen.

7. Das Frischkäse-Soufflé im vorgeheizten Backofen bei 200–225° C (Gas Stufe 3–4 / Umluft 180–200° C) auf der 2. Einschubleiste ca. 15–20 Minuten garen.

Zubereitungszeit: ca. 40 Minuten
Pro Portion: ca. 1275 kJ/303 kcal
13 g E, 16 g F, 22 g K

Mond im Steinbock

Fast könnte man Sie wie Goethes Klärchen im Drama »Egmont« als »himmelhochjauchzend, zu Tode betrübt« bezeichnen. Doch ganz so dramatisch ist es wohl nicht. Richtig ist so viel, dass bei Ihnen Stimmungen schnell umschlagen können und dass neben dem ruhig-sicheren der zaghaft-ängstliche Steinbock-Mond steht, neben dem optimistisch-geselligen der ernst-zurückhaltende. Das macht die Künstlernatur in Ihnen, die von allem, was ihr begegnet, bewegt wird und ganz persönlich darauf reagiert. Das kann bis zu depressiver Verstimmung reichen, weswegen gerade Sie ein verständnisvolles menschliches Umfeld brauchen, das Ihre hellen Seiten zur Geltung bringt. Es wird auch dafür sorgen, dass Sie bei Glückserlebnissen nicht gleich die Bodenhaftung verlieren.

So locker Sie sich zuweilen zu geben verstehen, so hart haben Sie sich die äußerliche Gelassenheit, ja manchmal Hemdsärmeligkeit erarbeiten müssen. Hinter dem gekonnten Auftritt verbirgt sich zuweilen erhebliches Lampenfieber, obwohl dazu gar kein Grund gegeben ist. Sie sind ja gründlich vorbereitet und wissen, dass auch die anderen mit Wasser kochen, doch das Wissen hilft nicht: Eine Grundnervosität bleibt. Sie spornt natürlich zugleich zu guten Leistungen an, die Unsicherheiten vergessen machen sollen – ob die anderen sie nun bemerkt haben oder nicht. Deswegen bemühen

Sie sich auch um möglichst stilvolle Gestaltung Ihrer Wohnung und verbannen allen Kitsch und Schnickschnack. Und deswegen genießen Sie gute Kunst und Musik sehr intensiv, weil sie Ihre Bemühung um seelische Balance unterstützen und Ihnen Gelegenheit geben abzuschalten.

Das brauchen Sie, damit Sie bei den vielen Rollen, die Sie nach außen spielen, Sie selbst bleiben. Als Steinbock-Mond treten Sie nämlich gern die Flucht nach vorn an: Grübelei gar nicht erst aufkommen lassen, sondern der Welt etwas vorspielen. Das gefällt den Leuten, lenkt Sie ab und bringt Ihnen die Anerkennung, die Sie zur immer neuen Versicherung Ihres Eigenwertes suchen. Respekt ist gut, Bewunderung besser. Deswegen heißt Öffentlichkeit für Sie auch nicht Politik, sondern eher Geselligkeit, Spiel, ja sogar Theater. Sie gehen manchmal auch deswegen aus sich heraus, damit Sie nicht in sich gehen müssen. Freuen Sie sich, dass Ihre musischen Neigungen Sie dennoch immer wieder zur Besinnung bringen.

Trotz Ihrer Bereitschaft, auf andere zuzugehen, suchen Sie nicht unbedingt Berufe, in denen Sie ständig neue Kontakte knüpfen müssen. Sie brauchen eine gewisse Konstanz, unterbrechen Arbeiten nicht gern und wollen Gutes leisten. Reiserei und Stress hindern Sie daran, größerc Aufgaben zu übernehmen, die Ihre Gründlichkeit fordern und mit deren Bewältigung Sie beruflich vorankommen. Als Steinbock-Mond ist Ihnen das sehr wichtig, da Karriere sichtbare Anerkennung ist. Direkte Propaganda in eigener Sache nämlich liegt Ihnen ebenso wenig wie die Verbrüderung mit Kollegen zwecks Bildung einer Hausmacht. Intrigen lehnen Sie ab, setzen auf Ihre Ehrlichkeit, Beständigkeit und Unbestechlichkeit. Mit diesen Tugenden kommen Sie auch ohne großes Getöse zum Ziel und erreichen Positionen, in denen sich Ihr Talent zum Organisieren und Führen entfalten kann.

Verantwortung scheuen Sie nicht, auch wenn Sie eher vorsichtig agieren als andere. Solides Wirtschaften bringt Ihnen mehr Erfolg als riskante Spekulationen. Da Sie zwar zurückhaltend sind und das auch beim Loben, gewinnen Sie ihre Mitarbeiter doch für sich durch Verlässlichkeit und Gerechtigkeit. Bei Ihnen wissen die Leute, dass anerkennende Worte echt sind und bemühen sich darum. Das schafft ein Klima der Leistungsbereitschaft, die das Geheimnis Ihres Erfolgs ist. Der wiederum lockert auch den manchmal besorgten und ängstlichen Steinbock-Mond, und auf den dann fälligen Feiern können Sie zu großer Form auflaufen.

Einige prominente Steinbock-Monde:
Liselotte Pulver
Yehudi Menuhin
Yves Saint-Laurent
Vicky Leandros
Friedensreich Hundertwasser
Manfred Krug

Freizeit und Urlaub sollten Sie intensiv auskosten. Sie regenerieren sich als Steinbock-Mond besonders auf Bergtouren. Da haben Sie wenig Puste, mit etwaigen Mitwanderern zu plaudern, müssen sich auf den Weg konzentrieren und können keinerlei trüben Gedanken nachhängen. Weit ist der Blick vom Gipfel und klein das eben noch große Problem im Angesicht der gigantischen Naturkulisse. Für Geselligkeit, Gespräche bei einem Glas Wein oder stillem Musikgenuss ist dann abends Zeit.

Liebe auf den ersten Blick – daran glauben Sie nicht so recht. Um so stärker der Schock, wenn sie Ihnen doch einmal begegnet. Aktivieren Sie dann besonders ihre skeptischen Steinbock-Mond-Qualitäten, prüfen Sie und auferlegen Sie sich die Distanz, die Sie auch sonst wahren. Wahrscheinlicher ist das allmähliche Näherkommen, wie es Ihrem Temperament entspricht. Ein bisschen sollten Sie ihm in Herzensangelegenheit freilich die Sporen geben, weil sonst der Wunschpartner die Geduld verlieren könnte.

Das wäre sehr schade, denn Sie brauchen Familie und allzu viele Anläufe dazu werden Sie nicht machen. Lassen Sie Ihr Herz also sprechen, wenn es danach verlangt, und lassen Sie Gefühle zu, die Sie sonst so sorgfältig kontrollieren. Steinbock-Mond-Ehen sind grundsätzlich stabil; Turbulenzen werden durch Vernunft beigelegt.

Das macht Sie auch zum begehrten Freund. Sie erkennen schnell den Kern eines Problems und helfen Freunden dann gern bei der Lösung. Sich selber lassen Sie hingegen nicht so gern helfen, ja Sie würden Freunden gegenüber kaum einmal eingestehen, dass Sie ein Problem haben könnten. Sie erwarten, dass der Freund oder die Freundin von selbst merkt, was los ist, und Sie bei Schwierigkeiten unterstützt. Dabei brauchen Freunde allerhand Takt, denn der Steinbock-Mond ist empfindlich, wenn man ihm zu sehr auf die Pelle rückt.

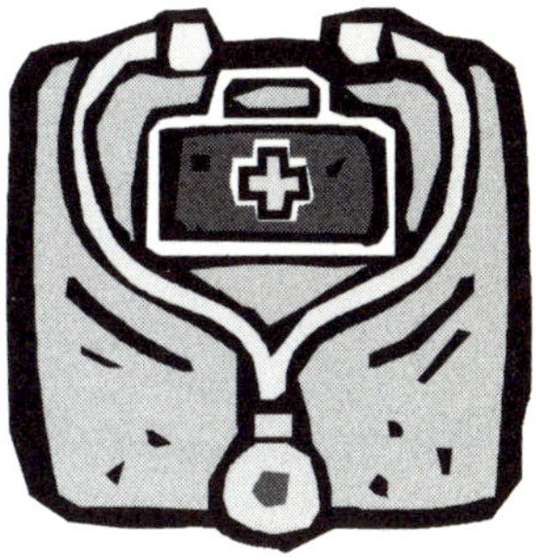

Eingeweihte werden sich beim Urlaubstipp gewundert haben: Bergwandern, obwohl doch gerade der Steinbock-Mond oft Probleme mit den Knien bekommt? Eben deswegen, die Probleme sind nämlich zumeist auf sitzende Tätigkeiten zurückzuführen, und nichts stabilisiert Schwachstellen des Körpers so gut wie ihre gezielte Übung. Schwerer ist das schon mit einem anderen Problembereich: Als Steinbock-Mond müssen Sie für Ihren Ehrgeiz bezahlen, wenn Sie ihn nicht ein wenig zu zügeln verstehen. Ihr Magen reagiert ungnädig auf Stress, was auf Dauer zur einer Gastritis führen kann. Da Sie zudem noch gern viel und rasch essen, schaukeln sich die Magenbeschwerden womöglich auf.

Sorgen Sie daher dafür, dass Sie sich den Ärger von der Seele reden können. Gespräche sind ohnedies bei Ihrer Neigung zur Zurückhaltung ganz wichtig; sie beugen auch anderen seelisch bedingten Gesundheitsstörungen vor: Allergische und nichtallergische Hautreaktionen, Schuppenbildung, Akne und Fleckigkeit. Mit peinlicher Hygiene lässt sich da einiges bessern, doch sollten Sie etwaige seelische Ursachen erforschen und möglichst ausschalten. Die Haut ist nicht nur das größte Organ des menschlichen Körpers, sondern auch seine Alarmanlage. Sie spricht beim Steinbock-Mond besonders heftig auf Sorgen, Ängste, Trauer oder Verdrängungen an.

Seelisch belastend wirkt in unserer Zivilisation auch die Entfremdung von der Natur. Sich in die Waldeseinsamkeit zurückzuziehen, wäre sicher das falsche Rezept, da Sie Menschen brauchen. Es reicht ja, wenn Sie jede Gelegenheit beim Schopf ergreifen und Natur tanken. Wochenenden an der See, Ausflüge aufs Land, Radtouren – solche Unternehmungen sollten Ihre Freizeit prägen. Es gibt keine beruhigendere Farbe als Grün und keinen besseren Stimmungsaufheller.

Steinbock-Mond-Kräuter: Beifuß (Fettstoffwechsel), Brennnessel (entgiftend, blutreinigend), Dill (reich an Vitamin C), Estragon (bei Gelenkproblemen), Kapern (nierenfreundlich), Johanniskraut (bei Launenhaftigkeit), Kamille (bei fettender und nervöser Haut), Knoblauch (gefäßreinigend), Löffelkraut (bei hohen Harnsäurewerten), Pastinake (gegen Schlafstörungen), Soja (reich an Pflanzeneiweiß, vorbeugend gegen Herzinfarkt), Wacholder (schweißtreibend, bei rheumatischen Erkrankungen), Zwiebel (blutreinigend, Vitamin B).

Ausfahrten, Wanderungen und Ausflüge kosten Zeit, von der Sie glauben, dass Sie sie nicht immer haben. Für eine Stunde Arbeit im Garten aber dürfte immer Zeit sein. Haben Sie keinen Garten am Haus, suchen Sie sich eine Parzelle in einer Laubenkolonie. Nichts erfrischt Geist und Körper so sehr wie Aktivität an frischer Luft. Und nützlich ist sie obendrein – besonders wenn Sie sich nach den Tipps in der Tabelle am Ende von Kapitel IV richten. Dann können Sie sogar ein paar der auch bei uns gedeihenden Kräuter ernten, die die Natur extra für den Steinbock-Mond und seine Gesundheit hat wachsen lassen.

Bewusst essen – ein Rat, der für Sie besonders wichtig ist. Und noch ein Tipp: Nach dem Essen ist vor dem Essen, will sagen, legen Sie die Mengen für die nächste Mahlzeit gesättigt fest, dann werden Sie sich von allein zügeln. Was Ihnen satt ausreichend erschien, ist es auch hungrig.

Ihrer Figur wird diese Methode sowieso gut tun, wie auch das persönliche Steinbock-Mond-Menü, dass bewusst leicht und bekömmlich zusammengestellt ist:

Chicoréesalat mit Mandarinen-Honig-Dressing

Rindergeschnetzeltes mit Gemüse

Hirsecrêpes

Chicoréesalat mit Mandarinen-Honig-Dressing

Für 4 Personen:

4 Chicoréestauden (ca. 500 g)
2 rosa Grapefruits
1 Dose Mandarinenfilets (175 g EW)
2 El Honig
2 El Paprikamark (im Reformhaus erhältlich)
1 Tl Senf
1 El Sojasauce
Tabasco
Worcestersauce

1. Die Chicoréestauden putzen, waschen, die Strünke keilförmig herausschneiden und die Stauden in ca. 2 cm breite Streifen schneiden.
2. Die Grapefruits mit einem scharfen Messer so schälen, dass die weiße Haut ganz entfernt wird. Die Filets zwischen den Trennhäuten vorsichtig herauslösen.
3. Die Grapefruitfilets in einer Schüssel mit dem Chicorée mischen.
4. Die Dosenmandarinen in ein Sieb geben und gut abtropfen lassen. Den Saft auffangen. Die Mandarinen unter den Salat heben

.**5.** Senf und Paprikamark mit 70 ml Mandarinensaft verrühren. Die Sauce mit Salz, Tabasco und Worcestersauce abschmecken.

6. Den Salat mit der Sauce mischen und servieren.

Zubereitungszeit:
ca. 20 Minuten
Pro Portion:
ca. 614. kJ/146 kcal
2 g E, 1 g F, 27 g K

Rindergeschnetzeltes mit Gemüse

Für 4 Personen:

350 g mageres Rindfleisch aus der Oberschale
2 El Sojasauce
2 Knoblauchzehen
1 Prise Salz
200 g Brokkoli
2 mittelgroße Möhren
200 g Pfifferlinge
15 g frischer Ingwer
150 g Adzukibohnensprossen
3 El Olivenöl
Pfeffer aus der Mühle

1. Das Fleisch in feine Streifen schneiden und in einer Schüssel in der Sojasauce marinieren.

2. Die Knoblauchzehen pellen, kleinhacken und mit Salz auf einem Brettchen zerdrücken. Den Brokkoli putzen, waschen und in kleine Röschen teilen.

3. Die Möhren waschen, schälen, erst in Scheiben, dann in feine Stifte schneiden.

4. Die Pfifferlinge putzen und, wenn nötig, unter fließendem Wasser waschen.

5. Den Ingwer schälen und grob raspeln.

6. 1 El Öl in einer Pfanne erhitzen und den Knoblauch kurz andünsten. Brokkoli, Möhren und Pfifferlinge dazugeben und unter ständigem Rühren in 5–10 Minuten bissfest garen.

7. Das Gemüse aus der Pfanne nehmen und warm stellen.

8. 2 El Öl in der Pfanne erhitzen, das Fleisch trockentupfen und in dem Öl portionsweise braun anbraten.

9. Den Ingwer dazugeben, mit Salz und Pfeffer würzen und das Fleisch ca. 10–15 Minuten zugedeckt bei milder Hitze schmoren lassen. Das Gemüse zu dem Fleisch geben, noch einmal kurz erhitzen und sofort servieren. Dazu passt Basmatireis.

Zubereitungszeit:
ca. 45 Minuten
Pro Portion:
ca. 1231 kJ/293 kcal
26 g E, 14 g F, 8 g K

Hirsecrêpes

Für 4 Personen:

300 ml Milch
60 g Hirseflocken
30 g Vollkornmehl
1 El Honig
1 Prise Salz
3 Eier
4 Bananen
2 El Zitronensaft
1 El Grand Marnier
3 El Öl zum Braten
Zitronenmelisse zum Garnieren

Zubereitungszeit (ohne Ruhezeit): ca. 25 Minuten
Pro Portion: ca. 1550 kJ/369 kcal
11 g E, 12 g Fett, 42 g K

1. Aus Milch, Hirseflocken, Vollkornmehl, Honig, Salz und den Eiern einen Crêpe-Teig rühren. Den Teig zugedeckt ca. 30 Minuten ruhen lassen.
2. Inzwischen die Bananen schälen, in Scheiben schneiden und mit dem Zitronensaft und dem Grand Marnier mischen.
3. Aus dem Teig in heißem Öl portionsweise 4 dünne Crêpes beidseitig backen.
4. Die Crêpes zur Hälfte mit 1/4 der Bananenscheiben belegen, zusammenklappen und mit Zitronenmelisse garniert sofort servieren.

Mond im Wassermann

Obwohl ausgesprochener Individualist, sind Sie doch allseits gern gesehen. Das macht die Originalität, die Sie auszeichnet, weil Sie sich bemühen, anders zu sein als der Durchschnitt. Langeweile kommt in Ihrer Nähe jedenfalls nicht so leicht auf, und das sichert Ihnen die Freundschaft auch von Menschen, die Ihre ausgefallenen Ideen manchmal verunsichern. Bei aller Eigentümlichkeit können Sie nämlich auch nett und verbindlich sein und verfügen über ein beachtliches taktisches Geschick. Sie legen Wert auf eine stilvolle Einrichtung und eine sehr persönliche Note in Ihrer Kleidung. Als Wassermann-Mond wird man Sie auf Flohmärkten finden, wo Sie nach ausgefallen Stücken suchen, man trifft Sie in Kunstausstellungen und – falls Sie über das nötige Kleingeld verfügen – auch auf Auktionen. Sie kennen stets Geheimtipps in der Gastronomie, haben ein gutes Gespür für Trends in der Musik und wissen auch Bescheid über technische Neuerungen.

Das Besondere, das Sie umgibt, lässt Sie gern auch besonders handeln. Wo alles in Selbstsucht schwelgt und die Ellenbogen bedenkenlos einsetzt, da wollen Sie helfen. Die an den Rand gedrängten und rumgeschubsten Menschen stehen Ihnen näher als die robusten Gewinnertypen. Soziales Engagement ist für Sie kein Fremdwort, ja es erhält manchmal einen Stellenwert, der schon zu Lasten Ihrer

Angehörigen und Freunde gehen kann. Hemmend wirkt sich nur aus, dass Sie sich eher ungern in Organisationen einbinden lassen; als Einzelkämpfer lässt sich aber meist wenig erreichen.

Das ist die ernste Seite des Wassermann-Mondes, er hat aber auch eine heiter-humorvolle, die sehr ansteckend sein kann. In der richtigen Gesellschaft können Sie rasch auftauen und mit ulkigen Geschichten, zündenden Spielideen oder überraschenden Vorführungen die Unterhaltung beleben. Ein bisschen Vorsicht ist allerdings angebracht, weil Ihre Scherze auch schon mal zu Lasten von Menschen gehen, die das nicht gut aushalten. Dann kann die Stimmung kippen, was weder in Ihrem noch im Sinne der Gesellschaft sein dürfte.

Einige prominente Wassermann-Monde:
Marilyn Monroe
Prinzessin Diana
David Copperfield
Arthur Miller
Woody Allen
König Juan Carlos
Stefanie von Monaco

Individualisten wie Sie brauchen auch beruflich Spielraum. Untergeordnete, fremdbestimmte Tätigkeiten liegen Ihnen nicht, lassen sich aber zeitweise nicht vermeiden. Schauen Sie bei der Berufswahl darauf, dass Sie nach der Ausbildungszeit Positionen anstreben können, die Ihrem Freiheitsbedarf entsprechen. Da kommen insbesondere Heilberufe in Frage; ungewöhnlich viele Wassermann-Monde findet man unter Ärzten, Psychologen, Krankenschwestern, Altenpflegern, Sozialarbeitern. Auch als Lehrer oder Kindergärtnerin werden Sie Gutes leisten, weil Ihr fantasievoller Unterricht die Kinder anspricht und weil Sie weit gehend selbst entscheiden, was Sie wie

und wann anbieten. Hingegen werden Sie in Verwaltungsjobs kaum ihre berufliche Erfüllung finden.

Wo immer das Schicksal Sie schließlich hinstellt, werden Sie mit guten Ideen und Verbesserungsvorschlägen auffallen und bei einiger Zielstrebigkeit nach oben kommen. Das wird dem Betriebsklima gut bekommen, denn Sie streichen nicht den Chef heraus, sondern arbeiten lieber kollegial, wobei Sie freilich mit Ihrer Neuerungssucht manchmal für viel Wirbel sorgen. Bedenken Sie, dass nicht alle so flexibel sind wie Sie.

Haben Sie einen sehr ortsfesten Beruf, brauchen Sie in der Freizeit und im Urlaub unbedingt Reisen. Schon der Wechsel der Szenerie wirkt erholsam auf Sie. Wenn Sie dann noch ansprechende Unterhaltung am Reiseziel finden, werden Sie rundum erneuert heimkehren. Unterhaltung liefern Ihnen neue Gesichter, kulturelle Angebote, vielfältige Küche, originelle Lektüre, sportliche Betätigung – am besten von allem etwas, aber nicht zu viel. Sie vergessen nämlich leicht, dass Sie auch körperlich ausspannen müssen, damit die physischen Akkus wieder aufgeladen werden.

Salopp formuliert, gilt für Sie: Partner kriegen ist nicht schwer, Partnerschaft leben schon viel mehr. Natürlich ziehen Sie Menschen des anderen Geschlechts an mit Ihrem Witz und Ihrer Originalität. Zum einen aber gilt es dann zu prüfen, ob der oder die Richtige »ins Netz gegangen« ist. Können Sie das getrost bejahen, dann geht es zum anderen künftig nicht mehr nur um Sie allein, sondern um Sie zu zweit. Und da haben die Wassermann-Monde so ihre Macken. Sie müssen nämlich Abstriche von ihrem Ich-Programm machen, was schwer fällt und womöglich auf Kosten der guten Laune geht, die Sie mit Ihrem Partner zusammengeführt hat. Dann macht sich vielleicht Enttäuschung breit, einer gibt dem anderen die Schuld daran, und aus einer Zwei werden wieder zwei Einsen. Sie müssen lernen, von Ihrer Individualität abzugeben, den Partner höher zu stellen als den verzweigten Freundeskreis, auf Zerstreuung zu verzichten, wenn der geliebte Mensch Sie braucht.

Damit haben Sie das Fundament gefunden, das auch der Wassermann-Mond braucht, wenn sich seine Freundschaften positiv entwickeln sollen. Im Gefühl eines sicheren Rückhalts können Sie sich anderen Beziehungen viel ruhiger widmen, als wenn Sie weiter ständig auf der Suche wären. An dieser Ruhe reift auch Ihr Charme, der Bekanntschaften zu Freundschaften machen kann und Sie mit Menschen in Kontakt bringt, die früher vielleicht auf Distanz geblieben wären. Haftete Ihrem Temperament zunächst immer etwas Hektisches an, wird es jetzt zum Motor von Gemeinsamkeit. Gern schließen sich Ihre Freunde Theater- oder Kinobesuchen an, begleiten Sie und Ihre Familie auf Wochenendtripps oder beteiligen sich an der x-ten Renovierung Ihrer vier Wände.

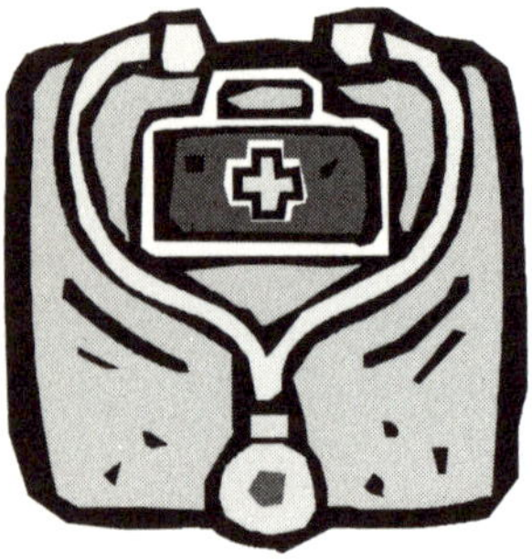

Es sei hier besonders darauf hingewiesen: Erst in höheren Jahren wird es sich rächen, wenn Sie nicht genug Rücksicht auf Ihr Gefäßsystem genommen haben. Schlagen Sie daher in jungen Jahren nicht Warnungen in den Wind, zu schweres Tragen, zu langes Stehen und Übergewicht zu meiden. Der Wassermann-Mond bildet leicht Krampfadern, die Thrombosen begünstigen. Achten Sie auch sorgfältig auf geeignete Unterkleidung, sitzen Sie nicht auf kaltem Boden und bagatellisieren Sie Verstopfungen nicht. Sonst handeln Sie sich Hämorriden ein, die ja ebenfalls Krampfadern sind, nur an besonders unangenehmer Stelle.

Natürlich ist auch Ihnen Abhärtung etwa durch Schwimmen und Gymnastik zu empfehlen. Anders als andere müssen Sie dabei aber besonders auf die richtige Dosierung achten. Im Übermaß schlägt der vorbeugende Effekt in einen krankmachenden um. Extremsportarten sind auf jeden Fall nicht das Richtige für den durchschnittlichen Wassermann-Mond.

Mäßigkeit sollten Sie sich auch sonst zur Regel machen. Das gilt auch für die Belastung Ihres Kreislaufs; extreme Temperaturen mag er gar nicht, weswegen Sie bei Kälte beizeiten Winterkleidung aus dem Schrank nehmen und im Sommer ausgedehnte Sonnenbäder meiden sollten.

Vorsicht bei sportlicher Betätigung heißt nicht Stubenhocken. Im Gegenteil: Gerade der gesellige Wassermann-Mond braucht zum Ausgleich frische Luft wie kaum ein anderer. Und auch Bewegung in der freien Natur müssen Sie sich verschaffen, wobei Sie durch geeignete Mischung der Bewegungsart Rücksicht auf Ihre Neigung zu den oben genannten Problemen nehmen können. Also spazieren gehen und nicht Kilometer fressen, radwandern und nicht radrasen, Bootsausflüge und keine Regatten.

Von ganz alleine zügeln werden Sie etwaigen Übereifer bei der körperlichen Betätigung in Ihrem Garten. Schon nach kurzer Zeit werden Sie allerdings merken, welch segensreiche Wirkungen von der gezielten Arbeit im Freien und mit der Natur ausgehen und welche Freude die Vielfalt an Blüten und Früchten gerade Ihnen bereitet. Optimale Ergebnisse erzielen Sie, wenn Sie die Tipps in der Tabelle am Ende von Kapitel IV umsetzen. Dann gedeihen auch bei Ihnen die heimischen unter den Kräutern, die dem Wassermann-Mond besonders ans Herz gelegt seien.

Die Wassermann-Mond-Kräutersammlung:
Anis (krampflösend), Baldrian (bei Schlafstörung und Gereiztheit), Brennnessel (blutreinigend), Kamille (gegen Venenleiden), Knoblauch (fördert die Durchblutung der Herzkranzgefäße), Liebstöckel (verdauungsfördernd), Majoran (krampflindernd), Meerrettich (keimtötend), Porree (darmfreundlich), Rosmarin (als Badezusatz oder Tropfen bei Erschöpfung), Safran (Anti-Krampf-Mittel), Senf (bakterizid), Weiße Taubnessel (blutreinigend).

Was einem »bekommt« ist nicht nur individuell verschieden, sondern wechselt auch. Natürlich spielt der Mondstand dabei eine Rolle, aber Lebensalter, Jahreszeit, ja Stunde ebenfalls. In all diese scheinbaren Sonderbarkeiten kommt Licht, wenn Sie sich angewöhnen, ein Ernährungstagebuch mit genauen Rezeptangaben zu führen. Sie werden auf Speisen stoßen, die Ihnen nie bekommen, aber auch auf solche, die nur bei bestimmter Konstellation Probleme machen. Haben Sie erst einmal den Zusammenhang zwischen Bekömmlichkeit bestimmter Nahrungsmittel und dem Mondstand heraus, können Sie entsprechend umstellen. Damit sind nicht alle Geheimnisse gelüftet, doch der entscheidende Schritt ist getan.

Das persönliche Wassermann-Mond-Menü bekommt Ihnen mit Sicherheit:

Wildkräutersalat mit Croutons

Seelachs mit Gemüsekruste

Schneeklößchen auf Fruchtsauce

Wildkräutersalat mit Croutons

Für 4 Personen:

150 g Löwenzahn
50 g Sauerampfer
50 g Brunnenkresse
1 El Olivenöl
4 Scheiben Weißbrot
1 Knoblauchzehe
3 El Apfelessig
Salz
Pfeffer aus der Mühle
4 El Olivenöl
1 Bd. Kräuter der Provence
75 g Parmesan oder Greyerzer

1. Die Wildkräuter verlesen, waschen und trockenschleudern. Die Blättchen der Brunnenkresse von den Stielen zupfen. Den Sauerampfer in mundgerechte Stücke zupfen.
2. Das Öl in einer Pfanne erhitzen und die Brotscheiben darin hellbraun rösten. Die Knoblauchzehe pellen, halbieren, die Brotscheiben damit einreiben und in Würfel schneiden.
3. Den Essig mit Salz und Pfeffer würzen. Das Öl nach und nach unterrühren. Die Kräuter der Provence waschen, trockenschütteln und fein hacken. Unter die Salatsauce rühren.

4. Die Wildkräuter mischen und die Salatsauce unterziehen. Den Salat auf Tellern anrichten. Den Käse fein hobeln und über dem Salat verteilen. Den Salat mit den Croutons bestreut servieren.

Zubereitungszeit:
ca. 20 Minuten
Pro Portion:
ca. 1586 kJ/378 kcal
8 g E, 30 g F, 12 g K

Seelachs mit Gemüsekruste

Für 4 Portionen:

400 g Kartoffeln
Salz
1 Zucchini (ca. 200 g)
2 Fleischtomaten
4 Seelachsfilets à 125 g
weißer Pfeffer aus der Mühle
1 El Zitronensaft
Butter für die Form
1/8 l Fischfond
(Fertigprodukt)
1 Bd. Dill
100 g geriebener Gouda

1. Die Kartoffeln unter fließendem Wasser gut abbürsten und in wenig Salzwasser in ca. 20 Minuten gar kochen.
2. Die Zucchini putzen und waschen, die Tomaten waschen und die Stielansätze keilförmig herausschneiden, Zucchini und Tomaten in Scheiben schneiden.
3. Die Seelachsfilets waschen, trockentupfen, mit Salz und Pfeffer würzen und mit Zitronensaft beträufeln.
4. Die Kartoffeln abgießen, abschrecken und etwas abkühlen lassen. Dann pellen und in Scheiben schneiden.
5. Eine Auflaufform (2 l Inhalt) mit Butter ausfetten und die Fischfilets hineinlegen. Je eine Schicht Kartoffeln, Zucchini und Tomaten auf die Fischfilets legen. Den Fischfond dazugießen.
6. Den Dill fein hacken, mit dem Käse mischen und über den Fischauflauf streuen. Im vorgeheizten Backofen bei 180 °C auf der 2. Einschubleiste von unten ca. 15 Minuten backen.

Zubereitungszeit:
ca. 50 Minuten
Pro Portion:
ca. 1375 kJ/327 kcal
3 g E, 8 g F, 20 g K

Schneeklößchen auf Fruchtsauce

Für 4 Portionen:

4 Feigen
1 Mango
5 Kiwis
3 El Puderzucker
3 Eiweiß
90 g Zucker
1 El Zitronensaft
1 l Milch
1 Vanillestange
Zitronenmelisse zum Garnieren

1. Die Haut der Feigen abziehen. Die Feigen vierteln und in Spalten schneiden. Die Mango schälen, das Fruchtfleisch in Spalten vom Stein abscheiden. Die Kiwis schälen, vierteln und in Spalten schneiden. Von jeder Obstsorte jeweils 4 Spalten zum Garnieren zurückbehalten.

2. Die Obstsorten getrennt voneinander mit jeweils 1 El Puderzucker mit dem Schneidstab des Handrührers fein pürieren.

3. Das Eiweiß mit dem Zucker und dem Zitronensaft zu steifem Schnee schlagen.

4. Die Milch mit der Vanillestange zum Kochen bringen, den Topf vom Herd nehmen.

5. Von dem Eischnee mit 2 El Klößchen abstechen und vorsichtig auf die heiße Milch setzen. Die Klößchen zugedeckt in ca. 6 Minuten garziehen lassen.

6. Die Klößchen mit einem Schaumlöffel herausnehmen und mit den Fruchtsaucen anrichten. Mit Zitronenmelisse garniert servieren. Die Vanillemilch kann man für eine Vanillecreme verwenden.

Zubereitungszeit: ca. 20 Minuten
Pro Portion: ca. 1074 kJ/255 kcal
4 g E, 0 g F, 54 g K

Mond in den Fischen

Neinsagen werden Sie lernen müssen, wenn Sie nicht eines Tages mit Gram auf Ihr Leben zurückblicken wollen. Sie haben eine so große Hilfsbereitschaft mitbekommen, dass Sie sich zu verlieren drohen. Gottseidank erhalten wir nur wichtige Impulse durch die kosmische Situation, in die wir hineingeboren werden. Was wir daraus machen, ist entscheidend und für Sie eben das Gegensteuern gegen Ihre an sich höchst wertvolle Gutherzigkeit. Sie sollen die Güte ja nur auch auf sich anwenden. Dann werden Sie von allein Zumutungen ablehnen. Die anderen haben nur etwas von Ihnen, wenn Sie Sie selbst bleiben.

Aber wer sind Sie selbst? Im Grunde ein romantisch veranlagter Mensch mit gewissen Vorbehalten gegenüber den fragwürdigen Segnungen der Moderne. So gerne Sie sich mit Kunst beschäftigen, so wenig können Sie mit hypermodernen Konstruktionen, Installationen oder Inszenierungen etwas anfangen. Selbst wenn man Ihnen deren »Sinn« erklärt, wird Ihnen das zu intellektuell sein und nicht gegen Ihre spontane Abneigung ankommen, wie Sie sich denn überhaupt Ihre Meinung eher intuitiv bilden. Mag mancher Ihre gefühlsmäßige Sicht belächeln, sie liegt öfter richtig, als es die Vernünftler glauben. Analysieren ist dem Fische-Mond nicht fremd, doch er behält dabei stets das Ganze im Blick, das mehr ist als die Summe seiner Teile.

Und Sie wissen, dass zum richtigen Sehen mehr gehört als ein gutes Auge. Für Sie könnte der Satz im Märchen »Der kleine Prinz« von Antoine de Saint-Exupéry geschrieben sein: »Man sieht nur mit dem Herzen gut; das Wesentliche ist für die Augen unsichtbar.« Daher auch Ihr gefühlsmäßiges Mitgehen bei spannenden oder anrührenden Filmen oder Büchern, in die Sie sich ganz versenken können. Lassen Sie sich das nicht vermiesen von Leuten, die Ihre Lieblingslektüre als »Kitsch« verhöhnen. Meist steckt dahinter nur Neid auf Ihre intensive Erlebnisfähigkeit. Sie macht aus Ihnen auch einen dankbaren Menschen, dem es nicht um den Wert von Geschenken geht, sondern um die Geste und die Gesinnung, die dahinter steht.

Ein wenig verträumt mögen Sie sein, aber so viel Wirklichkeitssinn haben Sie selbstverständlich, dass Sie die nötige Geduld aufbringen bei der Suche nach Ihrem »Traumberuf«. Gerade Sie müssen sich Zeit lassen, weil Sie schnell Feuer und Flamme sind für eine Sache, die sich bei näherem Zusehen doch als wenig geeignet entpuppen kann. Das muss nicht immer an der Sache liegen, sondern kann auch mit dem menschlich nicht zusagenden Umfeld zu tun haben. Dann sollten Sie nicht gleich die berufliche Flinte ins Korn werfen, sondern einen zweiten und auch dritten Versuch wagen. Als Fische-Mond brauchen Sie etwas Nestwärme, so dass die Kollegenfrage mindestens so wichtig ist wie die Arbeit.

Künstlerische Tätigkeiten im weitesten Sinn kommen für Sie in Frage, Sie eignen sich zur Schauspielerin und zum Werbetexter, zur Modeschöpferin und zum Schneider. Auch Heilberufe liegen Ihnen, und besonders viele Fische-Monde finden sich im erzieherischen Bereich. Zum letzteren gehören Kindergärtner wie Bewährungshelferin, Berufsschullehrer wie Heimleiterin. Wie gut in diesen Berufen die Aufstiegschancen sind, interessiert Sie erst in dritter Linie. Ein gewisse berufliche Sicherheit streben Sie schon an, doch wie hoch Sie in der Hierarchie klettern können, das überlassen Sie der Zukunft. Oft fühlen sich Fische-Monde in Führungspositionen auch gar nicht wohl, weil es hier manchmal nicht ohne Härte den Mitarbeitern gegenüber abgeht. Und diese Eigenschaft müssten Sie sich erst mühsam antrainieren.

Auch das penible Organisieren ist nicht unbedingt Ihre starke Seite, wie an Ihrer oft improvisierten Freizeitgestaltung zu sehen ist. Spontane Entschlüsse zu Ausflügen ins Blaue, überraschende Besuche, Vergessen der Zeit über einem Liebesroman, Umräumung der Wohnung, Ausprobieren von Rezepten – das sind typische Merkmale Ihrer freien Stunden. Im Urlaub reisen Sie gern in ruhige, aber keinesfalls menschenarme Gegenden, suchen den Kontakt im kleinen Kreis und haben ein unvergleichliches Talent zur Erholung am sanften Strand wie in der gemütlichen Dorfpension. Sightseeing dagegen sollten Sie dosieren.

Einige prominente Fische-Monde:
Richard von Weizsäcker
Audrey Hepburn
Peter Weck
Karl Lagerfeld
Hillary Clinton
Alberto Tomba

Sie lassen sich lieber finden, als dass Sie selbst aktiv werden. Und Liebe auf den ersten Blick kommt unter Fische-Monden häufiger vor als bei anderen Konstellationen. Dennoch sind Fische-Mond-Beziehungen keineswegs weniger haltbar als andere. Manchmal sogar im Gegenteil, und das kann dann einen bedenklichen Grund haben, der Ihnen bei der Partnerwahl klar sein sollte. In der Liebe neigen Sie zu einer Ausschließlichkeit, die Sie ausbeutbar macht. Selbst wenn sich eine Verbindung wenig gedeihlich entwickelt, scheuen Sie den Bruch, wenn der Partner sich an Sie klammert. Sie möchten ihm nicht weh tun und suchen krampfhaft Gründe, die doch für eine Fortsetzung der Beziehung sprechen. Dabei geht Ihnen leicht der klare Blick verloren und Sie merken erst zu spät, dass Sie den falschen Entschluss gefasst haben.

Gerade Ihnen ist daher eine »Ehe auf Probe« anzuraten, aus der Sie eher hinausfinden als aus einer juristisch und eventuell auch religiös besiegelten. »Bis dass der Tod euch scheidet« ist für Sie nämlich mehr als eine Phrase, und Sie sollten ganz sicher sein, ehe Sie auf die entsprechende Frage Ihr Jawort geben. Ihr starkes emotionales Engagement hat aber auch eine positive Seite: Es entspringt einer ganz besonders ausgeprägten Gefühlssicherheit, einem sechsten Sinn sozusagen, wie er bei anderen kaum anzutreffen ist. Deswegen können Sie relativ unbesorgt auf Ihre innere Stimme hören, und wenn sie Ihnen ein »Ja« zuflüstert, dann lügt sie nicht und irrt sich auch nur selten. Sie können dann vertrauensvoll in die Zukunft aufbrechen, sollten aber als Losung mit auf den Weg nehmen: Sie gehen zu zweit, Sie zählen nicht weniger als der Partner!

Intuitiv werden Sie auch meistens die richtigen Freundschaften schließen. Ab und an aber fallen Sie schon einmal auf Menschen herein, die Sie nur ausnutzen wollen und dafür an Ihr Mitgefühl appellieren. Es kann eine Weile dauern, bis Sie das merken, aber wenn: Schnell einen Schlussstrich ziehen! Sie lassen sich sonst womöglich wieder umstimmen und machen sich den letztlich doch unvermeidlichen Abschied nur unnötig schwer. Als jemand, der viel Gefühl investiert, brauchen Sie treue Freunde. Humor und Optimismus sind auch erwünscht, weil Sie manchmal mit Niedergeschlagenheit zu ringen haben. Da Sie intensiv das Leid anderer mitempfinden und sich nicht selten viel zu sehr engagieren, kommen Stimmungsaufheller gerade recht.

Aus dem eben Gesagten geht schon hervor, dass Sie Ihren Seelenhaushalt in Ordnung halten müssen. Sonst reagiert auch Ihr Körper mit Alarmzeichen. Mit Vorliebe manifestieren sich Sorgen, Ärger, Stress, Angst und andere seelische Belastungen an der Haut, die unser Kontaktorgan zur Außenwelt ist. Pickel, Rötungen, Flechten und Schuppen sind oft nicht bloße allergische Reaktionen oder

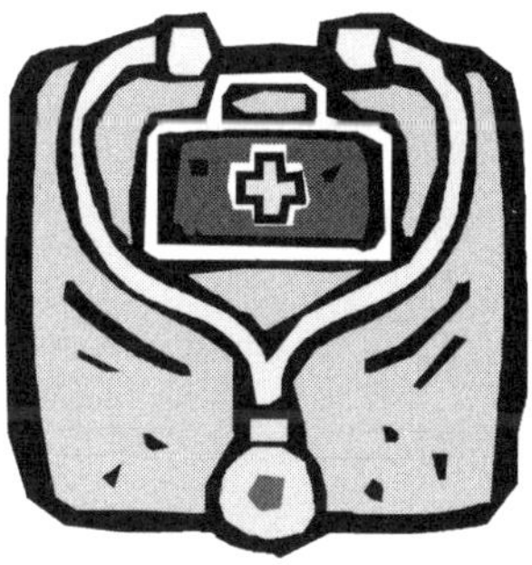

Infektionen, sondern Nachrichten aus dem Innenleben. Neben der medizinischen Klärung sollte daher immer auch die psychosomatische Ursachenforschung stehen.

Anlagebedingt sind bei Fische-Monden Gicht, rheumatische Erkrankungen, Blasenschwäche, Platt- und Spreizfuß häufig. Sorgfältige Schuhwahl, warme Strümpfe, Gesundheitstees, Meiden von feuchten Räumen, Vorsicht bei Hülsenfrüchten, Innereien und Fleisch sind daher anzuraten. Auch körperliche Ertüchtigung beugt den genannten Leiden vor, wobei natürlich zu hohe Belastungen vermieden werden müssen. Schwimmen eignet sich als Sport besonders, Fußgymnastik unter fachlicher Anleitung stärkt die Muskulatur, Kneippkuren führen zu gesunder Abhärtung.

Ihre romantische Seele lockt Sie von ganz allein in die freie Natur. Als Fische-Mond haben Sie frische Luft und den ständigen Kontakt mit der Landschaft nötiger als manch anderer. Ihr inneres Gleichgewicht braucht den Anblick von Grün, das Rauschen der Bäume, die Mondnacht ohne Lichtverschmutzung, den Duft des Meeres, die Melodien der Vogelwelt. Nutzen Sie daher den Großteil Ihrer freien Zeit zur Flucht aus der Zivilisation, die Ihnen dabei mit modernen Verkehrsmitteln hilft. Am Ziel aber angekommen, gehört das Auto auf den Parkplatz und die Natur Ihnen. Steigen Sie doch einfach auf's Fahrrad um!

Ihrem Immunsystem tun Sie etwas besonders Gutes mit Gartenarbeit. Die schönen Ausflüge sind ja nur ab und zu möglich, der Garten hingegen bietet ständig Natur, frische Luft und körperliche Betätigung. Dabei kommt zum Schönen das Nützliche. Große Bergpanoramen oder Sternennächte lassen sich da zwar nicht genießen, hier macht es die Nähe zum natürlichen Detail, zur einzelnen Blüte, zum Baum und Strauch. Nichts erquickt den zivilisationsgeschädigten Menschen mehr als die Einbindung in den Zyklus der natürlichen Rhythmen: Säen, Pflanzen, Pflegen, Ernten nach den Tipps in der Tabelle am Ende von Kapitel IV lassen Ihre Natur wieder in dem Takt schwingen, der ihr gemäß ist.

Für den Fische-Mond besonders geeignete Kräuter: Arnika (bei fettender Haut), Basilikum (beruhigend), Gartenkresse (für Frühjahrskuren), Heidekraut (lindert Blasenleiden), Kamillenblüten (gegen trockene und nervöse Haut), Kapern (nierenfreundlich), Löffelkraut (bei Gicht und rheumatischen Erkrankungen), Rosmarin (fördert die Durchblutung der Haut), Safran (krampflindernd), Salbei (bei unreiner Haut), Sauerampfer (blutreinigend), Thymian (gegen Schlaffheit der Haut), Tripmadam (harntreibend), Zinnkraut (gegen rote Äderchen).

»An apple a day keeps the doctor away« (Ein Apfel pro Tag hält den Arzt fern), sagt ein englisches Sprichwort, das natürlich nicht wörtlich zu nehmen ist. Aber mehr als ein Körnchen Wahrheit ist dran, vor allem dann, wenn Sie statt des symbolischen Apfels umfassender Obst und Gemüse sagen. Eine Kost, die stark auf Früchten der Bäume, der Sträucher und des Feldes basiert, ist nicht nur kalorienärmer als jede andere, sie liefert auch alle wichtigen Mineralien und Vitamine. Heute können wir das heimische Obst ja durch Südfrüchte ergänzen und damit auch Vitamin B etwa durch Bananen betonen oder der Frühjahrsmüdigkeit mit konzentriertem Vitamin C in Orangen oder Zitronen zu Leibe rücken.

Roh ist Obst, gedünstet sind Gemüse am wertvollsten, doch auch andere, schonende Zubereitungsarten kommen in Frage, wie sie bei unserem persönlichen Fische-Mond-Menü Verwendung finden:

Russischer Eintopf

Gefüllte Hähnchenbrustfilets

Quarkauflauf mit Früchten

Russischer Eintopf

Für 4 Portionen:

1 rote Zwiebel
1 El Butter
400 g Kartoffeln
1 l Instant-Fleischbrühe
750 g rote Bete
1 Stange Porree
3 Möhren
Salz
Pfeffer aus der Mühle
gemahlener Kümmel
1 Bund Petersilie
100 g saure Sahne

1. Die Zwiebel pellen und in Ringe schneiden. Die Butter erhitzen und die Zwiebelringe darin andünsten.
2. Die Kartoffeln schälen und in Würfel schneiden. Zu den Zwiebelringen geben, kurz mitdünsten und mit 1/3 der Brühe ablöschen, ca. 5 Minuten köcheln lassen.
3. Die rote Bete schälen und in Würfel schneiden. Zu den Kartoffeln geben, mit der restlichen Brühe auffüllen und 15 Minuten bei mittlerer Hitze kochen.
4. Den Porree putzen, waschen und in Ringe schneiden. Die Möhren schälen und fein würfeln. Beides in den Eintopf geben und noch ca. 10 Minuten mitgaren lassen.
5. Mit Salz, Pfeffer und Kümmel würzen. Die Petersilie waschen, trockenschütteln, fein hacken und zu dem Eintopf geben.
6. Auf jede Portion einen Klecks saure Sahne geben.

Zubereitungszeit:
ca. 45 Minuten
Pro Portion:
ca. 1008kJ/240 kcal
7 g E, 6 g F, 34 g K

Gefüllte Hähnchenbrustfilets

Für 4 Portionen:

2 Bund Frühlingszwiebeln
1 rote Chilischote
1 El Butter
2 El Mango-Chutney
120 Wildreismischung
Salz
4 Hähnchenbrustfilets
2 El Öl
1 El Currypulver
1/4 l Instant-Gemüsebrühe
2 Tl Speisestärke
300 g Dickmilch
Kräuter zum Garnieren

1. Die Frühlingszwiebeln putzen, waschen und in Röllchen schneiden. Die Chilischote waschen, putzen, entkernen und fein hacken. Die Butter in einer Pfanne erhitzen und beides darin ca. 5 Minuten dünsten. Dann 1 El Chutney unterrühren.
2. Den Reis in ausreichend Salzwasser ca. 25 Minuten kochen.
3. In der Zwischenzeit die Hähnchenbrustfilets waschen, trockentupfen und häuten. Mit einem scharfen Messer eine Tasche in die Hähnchenbrustfilets schneiden. Die Zwiebelmischung in die Hähnchenbrustfilets füllen. Die Öffnung mit Holzstäbchen zustecken oder die Filets mit Küchengarn umwickeln.
4. Die Filets mit Salz und etwas Currypulver würzen. Das Öl in einer Pfanne erhitzen und die Hähnchenbrustfilets von jeder Seite ca. 5 Minuten braten. Dann herausnehmen und warm stellen.
5. Das restliche Currypulver in dem verbliebenen Bratfett andünsten. 1 El Mango-Chutney dazugeben, ebenfalls kurz andünsten und mit der Brühe ablöschen. Aufkochen lassen.
6. Die Speisestarke mit der Dickmilch verrühren und die Sauce damit andicken. Mit Salz abschmecken.
7. Den Reis in ein Sieb gießen, abschrecken, abtropfen und in einem Topf ausdämpfen lassen. Die Hähnchenbrustfilets zusammen mit der Reismischung und der Sauce anrichten. Mit Kräutern garniert servieren.

Zubereitungszeit:
ca. 55 Minuten
Pro Portion:
ca. 2019 kJ/484 kcal
40 g E, 16 g F, 32 g K

Quarkauflauf mit Früchten

Für 4 Portionen:

4 Eier
30 g Zucker
2 El Mohn
1 El kernige Haferflocken
90 g Magerquark
1 Prise Salz
Butter und Zucker für die Form
2 rosa Grapefruits
4 Feigen
Minze zum Garnieren

1. Die Eier trennen und das Eigelb mit der Hälfte des Zuckers schaumig schlagen.

2. Den Mohn zusammen mit den Haferflocken, dem Quark und 1 Prise Salz dazugeben und unterrühren.

3. Das Eiweiß zu steifem Schnee schlagen und vorsichtig unterheben.

4. 4 feuerfeste Förmchen mit Butter ausfetten, mit Zucker ausstreuen.

5. Die Quarkmasse in die Förmchen füllen und in die mit siedendem Wasser gefüllte Fettpfanne des Backofens setzen.

6. Den Auflauf im vorgeheizten Backofen bei 200 °C (Gas Stufe 3/Umluft 180 °C) auf der unteren Einschubleiste 10–15 Minuten garen.

7. Die Grapefruits mit einem scharfen Messer schälen, dabei die weiße Haut ganz entfernen und das Fruchtfleisch filetieren.

8. Den Boden der Feigen abschneiden, den Stielansatz mit einem kleinen Messer entfernen. Die Schale der Feigen mit einem Messer in Streifen von der Frucht abziehen. Bei weichen Feigen die Frucht erst vierteln und dann die Haut von der spitzen Seite her abziehen. Dann die Früchte in Scheiben schneiden.

9. Die Grapefruit und die Feigenscheiben abwechselnd dachziegelartig auf Desserttellern anrichten.

10. Den Quarkauflauf mit einem Messer vom Rand der Förmchen lösen und jeweils auf die angerichteten Obstscheiben stürzen. Mit Minze garnieren.

Zubereitungszeit:
ca. 30 Minuten
Pro Portion:
ca. 1027 kJ/244 kcal
12 g E, 8 g F, 24 g K

Kapitel VI

Mit Hilfe dieses Kalenders können Sie schnell und einfach feststellen, in welchem Tierkreiszeichen der Mond zum Zeitpunkt Ihrer Geburt stand. Auf dieser Basis lassen sich viele Einflüsse, viele Verhaltensweisen und viele Stimmungen, die bisher vielleicht unerklärlich waren, besser verstehen.

Suchen Sie Ihr Geburtsjahr, den entsprechenden Monat und den Geburtstag, um herauszufinden, welchem Mond-Tierkreiszeichen Sie entsprechen.

Vollmondtage sind grau hinterlegt.

1921

Januar

S	1	♎
S	2	♎
M	3	♏
D	4	♏
M	5	♏
D	6	♐
F	7	♐
S	8	♑
S	9	♑
M	10	♑
D	11	♒
M	12	♒
D	13	♓
F	14	♓
S	15	♓
S	16	♈
M	17	♈
D	18	♉
M	19	♉
D	20	♊
F	21	♊
S	22	♋
S	**23**	**♋**
M	24	♌
D	25	♌
M	26	♍
D	27	♍
F	28	♎
S	29	♎
S	30	♎
M	31	♏

Februar

D	1	♏
M	2	♐
D	3	♐
F	4	♑
S	5	♑
S	6	♑
M	7	♒
D	8	♒
M	9	♒
D	10	♓
F	11	♓
S	12	♈
S	13	♈
M	14	♉
D	15	♉
M	16	♉
D	17	♊
F	18	♊
S	19	♋
S	20	♋
M	**21**	**♌**
D	22	♌
M	23	♍
D	24	♍
F	25	♎
S	26	♎
S	27	♏
M	28	♏

März

D	1	♐
M	2	♐
D	3	♐
F	4	♑
S	5	♑
S	6	♒
M	7	♒
D	8	♒
M	9	♓
D	10	♓
F	11	♈
S	12	♈
S	13	♈
M	14	♉
D	15	♉
M	16	♊
D	17	♊
F	18	♋
S	19	♋
S	20	♌
M	21	♌
D	22	♍
M	**23**	**♍**
D	24	♎
F	25	♎
S	26	♏
S	27	♏
M	28	♏
D	29	♐
M	30	♐
D	31	♑

April

F	1	♑
S	2	♑
S	3	♒
M	4	♒
D	5	♓
M	6	♓
D	7	♓
F	8	♈
S	9	♈
S	10	♉
M	11	♉
D	12	♊
M	13	♊
D	14	♋
F	15	♋
S	16	♌
S	17	♌
M	18	♍
D	19	♍
M	20	♍
D	**21**	**♎**
F	22	♎
S	23	♏
S	24	♏
M	25	♐
D	26	♐
M	27	♑
D	28	♑
F	29	♑
S	30	♒

Mai

S	1	♒
M	2	♓
D	3	♓
M	4	♓
D	5	♈
F	6	♈
S	7	♉
S	8	♉
M	9	♊
D	10	♊
M	11	♊
D	12	♋
F	13	♋
S	14	♌
S	15	♌
M	16	♍
D	17	♍
M	18	♎
D	19	♎
F	20	♏
S	**21**	**♏**
S	22	♐
M	23	♐
D	24	♐
M	25	♑
D	26	♑
F	27	♒
S	28	♒
S	29	♒
M	30	♓
D	31	♓

Juni

M	1	♈
D	2	♈
F	3	♈
S	4	♉
S	5	♉
M	6	♊
D	7	♊
M	8	♋
D	9	♋
F	10	♌
S	11	♌
S	12	♍
M	13	♍
D	14	♎
M	15	♎
D	16	♏
F	17	♏
S	18	♏
S	**19**	**♐**
M	20	♐
D	21	♑
M	22	♑
D	23	♑
F	24	♒
S	25	♒
S	26	♓
M	27	♓
D	28	♓
M	29	♈
D	30	♈

Juli

F	1	♉
S	2	♉
S	3	♊
M	4	♊
D	5	♋
M	6	♋
D	7	♌
F	8	♌
S	9	♍
S	10	♍
M	11	♎
D	12	♎
M	13	♎
D	14	♏
F	15	♏
S	16	♐
S	17	♐
M	18	♑
D	**19**	**♑**
M	20	♑
D	21	♒
F	22	♒
S	23	♓
S	24	♓
M	25	♓
D	26	♈
M	27	♈
D	28	♉
F	29	♉
S	30	♉
S	31	♊

August

M	1	♊
D	2	♋
M	3	♋
D	4	♌
F	5	♌
S	6	♍
S	7	♍
M	8	♎
D	9	♎
M	10	♏
D	11	♏
F	12	♐
S	13	♐
S	14	♐
M	15	♑
D	16	♑
M	17	♒
D	**18**	**♒**
F	19	♒
S	20	♓
S	21	♓
M	22	♈
D	23	♈
M	24	♈
D	25	♉
F	26	♉
S	27	♊
S	28	♊
M	29	♋
D	30	♋
M	31	♌

September

D	1	♌
F	2	♍
S	3	♍
S	4	♎
M	5	♎
D	6	♏
M	7	♏
D	8	♐
F	9	♐
S	10	♐
S	11	♑
M	12	♑
D	13	♒
M	14	♒
D	15	♒
F	**16**	**♓**
S	17	♓
S	18	♈
M	19	♈
D	20	♈
M	21	♉
D	22	♉
F	23	♊
S	24	♊
S	25	♋
M	26	♋
D	27	♌
M	28	♌
D	29	♌
F	30	♍

Oktober

S	1	♍
S	2	♎
M	3	♎
D	4	♏
M	5	♏
D	6	♐
F	7	♐
S	8	♑
S	9	♑
M	10	♑
D	11	♒
M	12	♒
D	13	♓
F	14	♓
S	15	♓
S	**16**	**♈**
M	17	♈
D	18	♉
M	19	♉
D	20	♊
F	21	♊
S	22	♊
S	23	♋
M	24	♋
D	25	♌
M	26	♌
D	27	♍
F	28	♍
S	29	♎
S	30	♎
M	31	♏

November

D	1	♏
M	2	♐
D	3	♐
F	4	♐
S	5	♑
S	6	♑
M	7	♒
D	8	♒
M	9	♓
D	10	♓
F	11	♓
S	12	♈
S	13	♈
M	14	♉
D	**15**	**♉**
M	16	♉
D	17	♊
F	18	♊
S	19	♋
S	20	♋
M	21	♌
D	22	♌
M	23	♍
D	24	♍
F	25	♎
S	26	♎
S	27	♏
M	28	♏
D	29	♏
M	30	♐

Dezember

D	1	♐
F	2	♑
S	3	♑
S	4	♒
M	5	♒
D	6	♒
M	7	♓
D	8	♓
F	9	♈
S	10	♈
S	11	♈
M	12	♉
D	13	♉
M	**14**	**♊**
D	15	♊
F	16	♋
S	17	♋
S	18	♌
M	19	♌
D	20	♍
M	21	♍
D	22	♎
F	23	♎
S	24	♎
S	25	♏
M	26	♏
D	27	♐
M	28	♐
D	29	♑
F	30	♑
S	31	♑

1922

Januar

S	1	♒
M	2	♒
D	3	♓
M	4	♓
D	5	♓
F	6	♈
S	7	♈
S	8	♉
M	9	♉
D	10	♊
M	11	♊
D	12	♊
F	13	♋
S	14	♋
S	15	♌
M	16	♌
D	17	♍
M	18	♍
D	19	♎
F	20	♎
S	21	♏
S	22	♏
M	23	♐
D	24	♐
M	25	♑
D	26	♑
F	27	♑
S	28	♒
S	29	♒
M	30	♓
D	31	♓

Februar

M	1	♓
D	2	♈
F	3	♈
S	4	♉
S	5	♉
M	6	♉
D	7	♊
M	8	♊
D	9	♋
F	10	♋
S	11	♌
S	12	♌
M	13	♍
D	14	♍
M	15	♎
D	16	♎
F	17	♏
S	18	♏
S	19	♐
M	20	♐
D	21	♐
M	22	♑
D	23	♑
F	24	♒
S	25	♒
S	26	♒
M	27	♓
D	28	♓

März

M	1	♈
D	2	♈
F	3	♈
S	4	♉
S	5	♉
M	6	♊
D	7	♊
M	8	♋
D	9	♋
F	10	♋
S	11	♌
S	12	♌
M	13	♍
D	14	♍
M	15	♎
D	16	♎
F	17	♏
S	18	♏
S	19	♐
M	20	♐
D	21	♑
M	22	♑
D	23	♒
F	24	♒
S	25	♒
S	26	♓
M	27	♓
D	28	♓
M	29	♈
D	30	♈
F	31	♉

April

S	1	♉
S	2	♊
M	3	♊
D	4	♊
M	5	♋
D	6	♋
F	7	♌
S	8	♌
S	9	♍
M	10	♍
D	11	♎
M	12	♎
D	13	♏
F	14	♏
S	15	♐
S	16	♐
M	17	♑
D	18	♑
M	19	♑
D	20	♒
F	21	♒
S	22	♓
S	23	♓
M	24	♓
D	25	♈
M	26	♈
D	27	♉
F	28	♉
S	29	♉
S	30	♊

Mai

M	1	♊
D	2	♋
M	3	♋
D	4	♌
F	5	♌
S	6	♍
S	7	♍
M	8	♎
D	9	♎
M	10	♏
D	11	♏
F	12	♏
S	13	♐
S	14	♐
M	15	♑
D	16	♑
M	17	♒
D	18	♒
F	19	♒
S	20	♓
S	21	♓
M	22	♈
D	23	♈
M	24	♈
D	25	♉
F	26	♉
S	27	♊
S	28	♊
M	29	♋
D	30	♋
M	31	♌

Juni

D	1	♌
F	2	♌
S	3	♍
S	4	♍
M	5	♎
D	6	♎
M	7	♏
D	8	♏
F	9	♐
S	10	♐
S	11	♑
M	12	♑
D	13	♒
M	14	♒
D	15	♒
F	16	♓
S	17	♓
S	18	♈
M	19	♈
D	20	♈
M	21	♉
D	22	♉
F	23	♊
S	24	♊
S	25	♊
M	26	♋
D	27	♋
M	28	♌
D	29	♌
F	30	♍

Juli

S	1	♍
S	2	♎
M	3	♎
D	4	♏
M	5	♏
D	6	♐
F	7	♐
S	8	♑
S	9	♑
M	10	♑
D	11	♒
M	12	♒
D	13	♓
F	14	♓
S	15	♓
S	16	♈
M	17	♈
D	18	♉
M	19	♉
D	20	♉
F	21	♊
S	22	♊
S	23	♋
M	24	♋
D	25	♌
M	26	♌
D	27	♍
F	28	♍
S	29	♎
S	30	♎
M	31	♏

August

D	1	♏
M	2	♐
D	3	♐
F	4	♐
S	5	♑
S	6	♑
M	7	♒
D	8	♒
M	9	♒
D	10	♓
F	11	♓
S	12	♈
S	13	♈
M	14	♈
D	15	♉
M	16	♉
D	17	♊
F	18	♊
S	19	♋
S	20	♋
M	21	♌
D	22	♌
M	23	♌
D	24	♍
F	25	♍
S	26	♎
S	27	♎
M	28	♏
D	29	♏
M	30	♐
D	31	♐

September

F	1	♑
S	2	♑
S	3	♒
M	4	♒
D	5	♒
M	6	♓
D	7	♓
F	8	♈
S	9	♈
S	10	♈
M	11	♉
D	12	♉
M	13	♊
D	14	♊
F	15	♊
S	16	♋
S	17	♋
M	18	♌
D	19	♌
M	20	♍
D	21	♍
F	22	♎
S	23	♎
S	24	♏
M	25	♏
D	26	♐
M	27	♐
D	28	♑
F	29	♑
S	30	♑

Oktober

S	1	♒
M	2	♒
D	3	♓
M	4	♓
D	5	♓
F	6	♈
S	7	♈
S	8	♉
M	9	♉
D	10	♉
M	11	♊
D	12	♊
F	13	♋
S	14	♋
S	15	♌
M	16	♌
D	17	♍
M	18	♍
D	19	♎
F	20	♎
S	21	♏
S	22	♏
M	23	♐
D	24	♐
M	25	♐
D	26	♑
F	27	♑
S	28	♒
S	29	♒
M	30	♓
D	31	♓

November

M	1	♓
D	2	♈
F	3	♈
S	4	♉
S	5	♉
M	6	♉
D	7	♊
M	8	♊
D	9	♋
F	10	♋
S	11	♌
S	12	♌
M	13	♌
D	14	♍
M	15	♍
D	16	♎
F	17	♎
S	18	♏
S	19	♏
M	20	♐
D	21	♐
M	22	♑
D	23	♑
F	24	♒
S	25	♒
S	26	♒
M	27	♓
D	28	♓
M	29	♈
D	30	♈

Dezember

F	1	♈
S	2	♉
S	3	♉
M	4	♊
D	5	♊
M	6	♋
D	7	♋
F	8	♋
S	9	♌
S	10	♌
M	11	♍
D	12	♍
M	13	♎
D	14	♎
F	15	♏
S	16	♏
S	17	♐
M	18	♐
D	19	♑
M	20	♑
D	21	♑
F	22	♒
S	23	♒
S	24	♓
M	25	♓
D	26	♈
M	27	♈
D	28	♈
F	29	♉
S	30	♉
S	31	♊

1923

Januar

M	1	♊
D	**2**	**♊**
M	3	♋
D	4	♋
F	5	♌
S	6	♌
S	7	♍
M	8	♍
D	9	♎
M	10	♎
D	11	♏
F	12	♏
S	13	♏
S	14	♐
M	15	♐
D	16	♑
M	17	♑
D	18	♒
F	19	♒
S	20	♓
S	21	♓
M	22	♓
D	23	♈
M	24	♈
D	25	♉
F	26	♉
S	27	♉
S	28	♊
M	29	♊
D	30	♋
M	31	♋

Februar

D	**1**	**♌**
F	2	♌
S	3	♍
S	4	♍
M	5	♍
D	6	♎
M	7	♎
D	8	♏
F	9	♏
S	10	♐
S	11	♐
M	12	♑
D	13	♑
M	14	♒
D	15	♒
F	16	♒
S	17	♓
S	18	♓
M	19	♈
D	20	♈
M	21	♈
D	22	♉
F	23	♉
S	24	♊
S	25	♊
M	26	♊
D	27	♋
M	28	♋

März

D	1	♌
F	**2**	**♌**
S	3	♍
S	4	♍
M	5	♎
D	6	♎
M	7	♏
D	8	♏
F	9	♐
S	10	♐
S	11	♑
M	12	♑
D	13	♑
M	14	♒
D	15	♒
F	16	♓
S	17	♓
S	18	♈
M	19	♈
D	20	♈
M	21	♉
D	22	♉
F	23	♊
S	24	♊
S	25	♊
M	26	♋
D	27	♋
M	28	♌
D	29	♌
F	30	♍
S	31	♍

April

S	**1**	**♎**
M	2	♎
D	3	♏
M	4	♏
D	5	♐
F	6	♐
S	7	♑
S	8	♑
M	9	♑
D	10	♒
M	11	♒
D	12	♓
F	13	♓
S	14	♓
S	15	♈
M	16	♈
D	17	♉
M	18	♉
D	19	♉
F	20	♊
S	21	♊
S	22	♋
M	23	♋
D	24	♋
M	25	♌
D	26	♌
F	27	♍
S	28	♍
S	29	♎
M	**30**	**♎**

Mai

D	1	♏
M	2	♏
D	3	♐
F	4	♐
S	5	♑
S	6	♑
M	7	♒
D	8	♒
M	9	♓
D	10	♓
F	11	♓
S	12	♈
S	13	♈
M	14	♉
D	15	♉
M	16	♉
D	17	♊
F	18	♊
S	19	♋
S	20	♋
M	21	♋
D	22	♌
M	23	♌
D	24	♍
F	25	♍
S	26	♎
S	27	♎
M	28	♏
D	**29**	**♏**
M	30	♐
D	31	♐

Juni

F	1	♑
S	2	♑
S	3	♒
M	4	♒
D	5	♒
M	6	♓
D	7	♓
F	8	♈
S	9	♈
S	10	♈
M	11	♉
D	12	♉
M	13	♊
D	14	♊
F	15	♊
S	16	♋
S	17	♋
M	18	♌
D	19	♌
M	20	♍
D	21	♍
F	22	♎
S	23	♎
S	24	♎
M	25	♏
D	26	♏
M	27	♐
D	**28**	**♐**
F	29	♑
S	30	♑

Juli

S	1	♒
M	2	♒
D	3	♓
M	4	♓
D	5	♓
F	6	♈
S	7	♈
S	8	♉
M	9	♉
D	10	♉
M	11	♊
D	12	♊
F	13	♋
S	14	♋
S	15	♌
M	16	♌
D	17	♌
M	18	♍
D	19	♍
F	20	♎
S	21	♎
S	22	♏
M	23	♏
D	24	♐
M	25	♐
D	26	♑
F	**27**	**♑**
S	28	♒
S	29	♒
M	30	♒
D	31	♓

August

M	1	♓
D	2	♈
F	3	♈
S	4	♉
S	5	♉
M	6	♉
D	7	♊
M	8	♊
D	9	♋
F	10	♋
S	11	♋
S	12	♌
M	13	♌
D	14	♍
M	15	♍
D	16	♎
F	17	♎
S	18	♏
S	19	♏
M	20	♐
D	21	♐
M	22	♑
D	23	♑
F	24	♑
S	**25**	**♒**
S	26	♒
M	27	♓
D	28	♓
M	29	♈
D	30	♈
F	31	♈

September

S	1	♉
S	2	♉
M	3	♊
D	4	♊
M	5	♊
D	6	♋
F	7	♋
S	8	♌
S	9	♌
M	10	♍
D	11	♍
M	12	♎
D	13	♎
F	14	♏
S	15	♏
S	16	♐
M	17	♐
D	18	♐
M	19	♑
D	20	♑
F	21	♒
S	22	♒
S	23	♓
M	**24**	**♓**
D	25	♓
M	26	♈
D	27	♈
F	28	♉
S	29	♉
S	30	♉

Oktober

M	1	♊
D	2	♊
M	3	♋
D	4	♋
F	5	♌
S	6	♌
S	7	♌
M	8	♍
D	9	♍
M	10	♎
D	11	♎
F	12	♏
S	13	♏
S	14	♐
M	15	♐
D	16	♑
M	17	♑
D	18	♒
F	19	♒
S	20	♓
S	21	♓
M	22	♓
D	23	♈
M	**24**	**♈**
D	25	♉
F	26	♉
S	27	♉
S	28	♊
M	29	♊
D	30	♋
M	31	♋

November

D	1	♋
F	2	♌
S	3	♌
S	4	♍
M	5	♍
D	6	♎
M	7	♎
D	8	♏
F	9	♏
S	10	♐
S	11	♐
M	12	♈
D	13	♑
M	14	♒
D	15	♒
F	16	♒
S	17	♓
S	18	♓
M	19	♈
D	20	♈
M	21	♈
D	22	♉
F	**23**	**♉**
S	24	♊
S	25	♊
M	26	♊
D	27	♋
M	28	♋
D	29	♌
F	30	♌

Dezember

S	1	♍
S	2	♍
M	3	♍
D	4	♎
M	5	♎
D	6	♏
F	7	♏
S	8	♐
S	9	♐
M	10	♑
D	11	♑
M	12	♒
D	13	♒
F	14	♓
S	15	♓
S	16	♈
M	17	♈
D	18	♈
M	19	♉
D	20	♉
F	21	♊
S	**22**	**♊**
S	23	♊
M	24	♋
D	25	♋
M	26	♌
D	27	♌
F	28	♌
S	29	♍
S	30	♍
M	31	♎

1924

Januar

D	1	♎
M	2	♏
D	3	♏
F	4	♐
S	5	♐
S	6	♑
M	7	♑
D	8	♒
M	9	♒
D	10	♓
F	11	♓
S	12	♓
S	13	♈
M	14	♈
D	15	♉
M	16	♉
D	17	♉
F	18	♊
S	19	♊
S	20	♋
M	**21**	**♋**
D	22	♋
M	23	♌
D	24	♌
F	25	♍
S	26	♍
S	27	♎
M	28	♎
D	29	♏
M	30	♏
D	31	♐

Februar

F	1	♐
S	2	♑
S	3	♑
M	4	♑
D	5	♒
M	6	♒
D	7	♓
F	8	♓
S	9	♈
S	10	♈
M	11	♉
D	12	♉
M	13	♉
D	14	♊
F	15	♊
S	16	♋
S	17	♋
M	18	♋
D	19	♌
M	**20**	**♌**
D	21	♍
F	22	♍
S	23	♎
S	24	♎
M	25	♏
D	26	♏
M	27	♏
D	28	♐
F	29	♐

März

S	1	♑
S	2	♑
M	3	♒
D	4	♒
M	5	♓
D	6	♓
F	7	♈
S	8	♈
S	9	♈
M	10	♉
D	11	♉
M	12	♊
D	13	♊
F	14	♊
S	15	♋
S	16	♋
M	17	♌
D	18	♌
M	19	♌
D	**20**	**♍**
F	21	♍
S	22	♎
S	23	♎
M	24	♏
D	25	♏
M	26	♐
D	27	♐
F	28	♑
S	29	♑
S	30	♒
M	31	♒

April

D	1	♓
M	2	♓
D	3	♓
F	4	♈
S	5	♈
S	6	♉
M	7	♉
D	8	♉
M	9	♊
D	10	♊
F	11	♋
S	12	♋
S	13	♋
M	14	♌
D	15	♌
M	16	♍
D	17	♍
F	18	♎
S	**19**	**♎**
S	20	♏
M	21	♏
D	22	♐
M	23	♐
D	24	♑
F	25	♑
S	26	♒
S	27	♒
M	28	♒
D	29	♓
M	30	♓

Mai

D	1	♈
F	2	♈
S	3	♉
S	4	♉
M	5	♉
D	6	♊
M	7	♊
D	8	♋
F	9	♋
S	10	♋
S	11	♌
M	12	♌
D	13	♍
M	14	♍
D	15	♍
F	16	♎
S	17	♎
S	**18**	**♏**
M	19	♏
D	20	♐
M	21	♐
D	22	♑
F	23	♑
S	24	♒
S	25	♒
M	26	♓
D	27	♓
M	28	♈
D	29	♈
F	30	♈
S	31	♉

Juni

S	1	♉
M	2	♊
D	3	♊
M	4	♊
D	5	♋
F	6	♋
S	7	♌
S	8	♌
M	9	♌
D	10	♍
M	11	♍
D	12	♎
F	13	♎
S	14	♏
S	15	♏
M	**16**	**♐**
D	17	♐
M	18	♑
D	19	♑
F	20	♒
S	21	♒
S	22	♓
M	23	♓
D	24	♈
M	25	♈
D	26	♈
F	27	♉
S	28	♉
S	29	♊
M	30	♊

Juli

D	1	♊
M	2	♋
D	3	♋
F	4	♌
S	5	♌
S	6	♌
M	7	♍
D	8	♍
M	9	♎
D	10	♎
F	11	♏
S	12	♏
S	13	♐
M	14	♐
D	**15**	**♑**
M	16	♑
D	17	♑
F	18	♒
S	19	♒
S	20	♓
M	21	♓
D	22	♈
M	23	♈
D	24	♉
F	25	♉
S	26	♉
S	27	♊
M	28	♊
D	29	♋
M	30	♋
D	31	♋

August

F	1	♌
S	2	♌
S	3	♍
M	4	♍
D	5	♎
M	6	♎
D	7	♎
F	8	♏
S	9	♏
S	10	♐
M	11	♐
D	12	♑
M	13	♑
D	**14**	**♒**
F	15	♒
S	16	♓
S	17	♓
M	18	♈
D	19	♈
M	20	♈
D	21	♉
F	22	♉
S	23	♊
S	24	♊
M	25	♊
D	26	♋
M	27	♋
D	28	♌
F	29	♌
S	30	♍
S	31	♍

September

M	1	♍
D	2	♎
M	3	♎
D	4	♏
F	5	♏
S	6	♐
S	7	♐
M	8	♑
D	9	♑
M	10	♒
D	11	♒
F	**12**	**♓**
S	13	♓
S	14	♓
M	15	♈
D	16	♈
M	17	♉
D	18	♉
F	19	♊
S	20	♊
S	21	♊
M	22	♋
D	23	♋
M	24	♌
D	25	♌
F	26	♌
S	27	♍
S	28	♍
M	29	♎
D	30	♎

Oktober

M	1	♏
D	2	♏
F	3	♐
S	4	♐
S	5	♑
M	6	♑
D	7	♒
M	8	♒
D	9	♒
F	10	♓
S	11	♓
S	**12**	**♈**
M	13	♈
D	14	♉
M	15	♉
D	16	♉
F	17	♊
S	18	♊
S	19	♋
M	20	♋
D	21	♋
M	22	♌
D	23	♌
F	24	♍
S	25	♍
S	26	♎
M	27	♎
D	28	♎
M	29	♏
D	30	♏
F	31	♐

November

S	1	♐
S	2	♑
M	3	♑
D	4	♒
M	5	♒
D	6	♓
F	7	♓
S	8	♈
S	9	♈
M	10	♈
D	**11**	**♉**
M	12	♉
D	13	♊
F	14	♊
S	15	♋
S	16	♋
M	17	♋
D	18	♌
M	19	♌
D	20	♌
F	21	♍
S	22	♍
S	23	♎
M	24	♎
D	25	♏
M	26	♏
D	27	♐
F	28	♐
S	29	♑
S	30	♑

Dezember

M	1	♒
D	2	♒
M	3	♓
D	4	♓
F	5	♈
S	6	♈
S	7	♈
M	8	♉
D	9	♉
M	**10**	**♊**
D	11	♊
F	12	♊
S	13	♋
S	14	♋
M	15	♌
D	16	♌
M	17	♌
D	18	♍
F	19	♍
S	20	♎
S	21	♎
M	22	♏
D	23	♏
M	24	♐
D	25	♐
F	26	♑
S	27	♑
S	28	♒
M	29	♒
D	30	♓
M	31	♓

1925

Januar

D	1	♓
F	2	♈
S	3	♈
S	4	♉
M	5	♉
D	6	♊
M	7	♊
D	8	♊
F	9	♋
S	**10**	**♋**
S	11	♋
M	12	♌
D	13	♌
M	14	♍
D	15	♍
F	16	♎
S	17	♎
S	18	♎
M	19	♏
D	20	♏
M	21	♐
D	22	♐
F	23	♑
S	24	♑
S	25	♒
M	26	♒
D	27	♓
M	28	♓
D	29	♈
F	30	♈
S	31	♉

Februar

S	1	♉
M	2	♉
D	3	♊
M	4	♊
D	5	♋
F	6	♋
S	7	♋
S	**8**	**♌**
M	9	♌
D	10	♍
M	11	♍
D	12	♍
F	13	♎
S	14	♎
S	15	♏
M	16	♏
D	17	♐
M	18	♐
D	19	♑
F	20	♑
S	21	♒
S	22	♒
M	23	♓
D	24	♓
M	25	♓
D	26	♈
F	27	♈
S	28	♉

März

S	1	♉
M	2	♊
D	3	♊
M	4	♊
D	5	♋
F	6	♋
S	7	♌
S	8	♌
M	9	♌
D	**10**	**♍**
M	11	♍
D	12	♎
F	13	♎
S	14	♏
S	15	♏
M	16	♐
D	17	♐
M	18	♐
D	19	♑
F	20	♑
S	21	♒
S	22	♒
M	23	♓
D	24	♓
M	25	♈
D	26	♈
F	27	♉
S	28	♉
S	29	♊
M	30	♊
D	31	♊

April

M	1	♋
D	2	♋
F	3	♌
S	4	♌
S	5	♌
M	6	♍
D	7	♍
M	8	♎
D	**9**	**♎**
F	10	♎
S	11	♏
S	12	♏
M	13	♐
D	14	♐
M	15	♑
D	16	♑
F	17	♒
S	18	♒
S	19	♓
M	20	♓
D	21	♈
M	22	♈
D	23	♉
F	24	♉
S	25	♉
S	26	♊
M	27	♊
D	28	♋
M	29	♋
D	30	♋

Mai

F	1	♌
S	2	♌
S	3	♍
M	4	♍
D	5	♍
M	6	♎
D	7	♎
F	**8**	**♏**
S	9	♏
S	10	♐
M	11	♐
D	12	♑
M	13	♑
D	14	♒
F	15	♒
S	16	♓
S	17	♓
M	18	♈
D	19	♈
M	20	♈
D	21	♉
F	22	♉
S	23	♊
S	24	♊
M	25	♊
D	26	♋
M	27	♋
D	28	♋
F	29	♌
S	30	♌
S	31	♍

Juni

M	1	♍
D	2	♎
M	3	♎
D	4	♏
F	5	♏
S	**6**	**♐**
S	7	♐
M	8	♑
D	9	♑
M	10	♒
D	11	♒
F	12	♒
S	13	♓
S	14	♓
M	15	♈
D	16	♈
M	17	♉
D	18	♉
F	19	♊
S	20	♊
S	21	♊
M	22	♋
D	23	♋
M	24	♌
D	25	♌
F	26	♌
S	27	♍
S	28	♍
M	29	♎
D	30	♎

Juli

M	1	♎
D	2	♏
F	3	♏
S	4	♐
S	5	♐
M	**6**	**♑**
D	7	♑
M	8	♒
D	9	♒
F	10	♓
S	11	♓
S	12	♈
M	13	♈
D	14	♉
M	15	♉
D	16	♉
F	17	♊
S	18	♊
S	19	♋
M	20	♋
D	21	♋
M	22	♌
D	23	♌
F	24	♍
S	25	♍
S	26	♍
M	27	♎
D	28	♎
M	29	♏
D	30	♏
F	31	♐

August

S	1	♐
S	2	♑
M	3	♑
D	**4**	**♒**
M	5	♒
D	6	♓
F	7	♓
S	8	♈
S	9	♈
M	10	♈
D	11	♉
M	12	♉
D	13	♊
F	14	♊
S	15	♋
S	16	♋
M	17	♋
D	18	♌
M	19	♌
D	20	♍
F	21	♍
S	22	♍
S	23	♎
M	24	♎
D	25	♏
M	26	♏
D	27	♏
F	28	♐
S	29	♐
S	30	♑
M	31	♑

September

D	1	♒
M	**2**	**♒**
D	3	♓
F	4	♓
S	5	♈
S	6	♈
M	7	♉
D	8	♉
M	9	♊
D	10	♊
F	11	♊
S	12	♋
S	13	♋
M	14	♌
D	15	♌
M	16	♌
D	17	♍
F	18	♍
S	19	♎
S	20	♎
M	21	♎
D	22	♏
M	23	♏
D	24	♐
F	25	♐
S	26	♑
S	27	♑
M	28	♒
D	29	♒
M	30	♓

Oktober

D	1	♓
F	**2**	**♈**
S	3	♈
S	4	♉
M	5	♉
D	6	♉
M	7	♊
D	8	♊
F	9	♋
S	10	♋
S	11	♋
M	12	♌
D	13	♌
M	14	♍
D	15	♍
F	16	♎
S	17	♎
S	18	♎
M	19	♏
D	20	♏
M	21	♐
D	22	♐
F	23	♑
S	24	♑
S	25	♒
M	26	♒
D	27	♓
M	28	♓
D	29	♓
F	30	♈
S	**31**	**♈**

November

S	1	♉
M	2	♉
D	3	♊
M	4	♊
D	5	♋
F	6	♋
S	7	♋
S	8	♌
M	9	♌
D	10	♍
M	11	♍
D	12	♍
F	13	♎
S	14	♎
S	15	♏
M	16	♏
D	17	♐
M	18	♐
D	19	♑
F	20	♑
S	21	♒
S	22	♒
M	23	♒
D	24	♓
M	25	♓
D	26	♈
F	27	♈
S	28	♉
S	29	♉
M	**30**	**♊**

Dezember

D	1	♊
M	2	♊
D	3	♋
F	4	♋
S	5	♌
S	6	♌
M	7	♌
D	8	♍
M	9	♍
D	10	♎
F	11	♎
S	12	♎
S	13	♏
M	14	♏
D	15	♐
M	16	♐
D	17	♑
F	18	♑
S	19	♒
S	20	♒
M	21	♓
D	22	♓
M	23	♈
D	24	♈
F	25	♉
S	26	♉
S	27	♉
M	28	♊
D	29	♊
M	**30**	**♋**
D	31	♋

1926

Januar

F	1	♌
S	2	♌
S	3	♌
M	4	♍
D	5	♍
M	6	♍
D	7	♎
F	8	♎
S	9	♏
S	10	♏
M	11	♐
D	12	♐
M	13	♑
D	14	♑
F	15	♒
S	16	♒
S	17	♓
M	18	♓
D	19	♈
M	20	♈
D	21	♉
F	22	♉
S	23	♉
S	24	♊
M	25	♊
D	26	♋
M	27	♋
D	**28**	**♋**
F	29	♌
S	30	♌
S	31	♍

Februar

M	1	♍
D	2	♍
M	3	♎
D	4	♎
F	5	♏
S	6	♏
S	7	♏
M	8	♐
D	9	♐
M	10	♑
D	11	♑
F	12	♒
S	13	♒
S	14	♓
M	15	♓
D	16	♈
M	17	♈
D	18	♉
F	19	♉
S	20	♊
S	21	♊
M	22	♋
D	23	♋
M	24	♋
D	25	♌
F	26	♌
S	**27**	**♌**
S	28	♍

März

M	1	♍
D	2	♎
M	3	♎
D	4	♏
F	5	♏
S	6	♏
S	7	♐
M	8	♐
D	9	♑
M	10	♑
D	11	♒
F	12	♒
S	13	♓
S	14	♓
M	15	♈
D	16	♈
M	17	♉
D	18	♉
F	19	♊
S	20	♊
S	21	♊
M	22	♋
D	23	♋
M	24	♌
D	25	♌
F	26	♌
S	27	♍
S	28	♍
M	**29**	**♎**
D	30	♎
M	31	♎

April

D	1	♏
F	2	♏
S	3	♐
S	4	♐
M	5	♑
D	6	♑
M	7	♒
D	8	♒
F	9	♒
S	10	♓
S	11	♓
M	12	♈
D	13	♈
M	14	♉
D	15	♉
F	16	♊
S	17	♊
S	18	♋
M	19	♋
D	20	♋
M	21	♌
D	22	♌
F	23	♍
S	24	♍
S	25	♍
M	26	♎
D	27	♎
M	**28**	**♏**
D	29	♏
F	30	♐

Mai

S	1	♐
S	2	♐
M	3	♑
D	4	♑
M	5	♒
D	6	♒
F	7	♓
S	8	♓
S	9	♈
M	10	♈
D	11	♉
M	12	♉
D	13	♊
F	14	♊
S	15	♊
S	16	♋
M	17	♋
D	18	♌
M	19	♌
D	20	♍
F	21	♍
S	22	♍
S	23	♎
M	24	♎
D	25	♏
M	26	♏
D	**27**	**♏**
F	28	♐
S	29	♐
S	30	♑
M	31	♑

Juni

D	1	♒
M	2	♒
D	3	♓
F	4	♓
S	5	♈
S	6	♈
M	7	♉
D	8	♉
M	9	♉
D	10	♊
F	11	♊
S	12	♋
S	13	♋
M	14	♌
D	15	♌
M	16	♌
D	17	♍
F	18	♍
S	19	♎
S	20	♎
M	21	♎
D	22	♏
M	23	♏
D	24	♐
F	**25**	**♐**
S	26	♑
S	27	♑
M	28	♒
D	29	♒
M	30	♓

Juli

D	1	♓
F	2	♈
S	3	♈
S	4	♈
M	5	♉
D	6	♉
M	7	♊
D	8	♊
F	9	♋
S	10	♋
S	11	♋
M	12	♌
D	13	♌
M	14	♍
D	15	♍
F	16	♍
S	17	♎
S	18	♎
M	19	♏
D	20	♏
M	21	♐
D	22	♐
F	23	♐
S	24	♑
S	**25**	**♑**
M	26	♒
D	27	♒
M	28	♓
D	29	♓
F	30	♈
S	31	♈

August

S	1	♉
M	2	♉
D	3	♊
M	4	♊
D	5	♋
F	6	♋
S	7	♋
S	8	♌
M	9	♌
D	10	♍
M	11	♍
D	12	♍
F	13	♎
S	14	♎
S	15	♏
M	16	♏
D	17	♏
M	18	♐
D	19	♐
F	20	♑
S	21	♑
S	22	♒
M	**23**	**♒**
D	24	♓
M	25	♓
D	26	♈
F	27	♈
S	28	♉
S	29	♉
M	30	♊
D	31	♊

September

M	1	♊
D	2	♋
F	3	♋
S	4	♌
S	5	♌
M	6	♌
D	7	♍
M	8	♍
D	9	♎
F	10	♎
S	11	♎
S	12	♏
M	13	♏
D	14	♐
M	15	♐
D	16	♑
F	17	♑
S	18	♑
S	19	♒
M	20	♒
D	**21**	**♓**
M	22	♓
D	23	♈
F	24	♈
S	25	♉
S	26	♉
M	27	♊
D	28	♊
M	29	♋
D	30	♋

Oktober

F	1	♌
S	2	♌
S	3	♌
M	4	♍
D	5	♍
M	6	♎
D	7	♎
F	8	♎
S	9	♏
S	10	♏
M	11	♐
D	12	♐
M	13	♐
D	14	♑
F	15	♑
S	16	♒
S	17	♒
M	18	♓
D	19	♓
M	20	♈
D	**21**	**♈**
F	22	♉
S	23	♉
S	24	♊
M	25	♊
D	26	♋
M	27	♋
D	28	♌
F	29	♌
S	30	♌
S	31	♍

November

M	1	♍
D	2	♍
M	3	♎
D	4	♎
F	5	♏
S	6	♏
S	7	♏
M	8	♐
D	9	♐
M	10	♑
D	11	♑
F	12	♒
S	13	♒
S	14	♓
M	15	♓
D	16	♈
M	17	♈
D	18	♉
F	**19**	**♉**
S	20	♊
S	21	♊
M	22	♊
D	23	♋
M	24	♋
D	25	♌
F	26	♌
S	27	♌
S	28	♍
M	29	♍
D	30	♎

Dezember

M	1	♎
D	2	♎
F	3	♏
S	4	♏
S	5	♐
M	6	♐
D	7	♑
M	8	♑
D	9	♒
F	10	♒
S	11	♓
S	12	♓
M	13	♓
D	14	♈
M	15	♈
D	16	♉
F	17	♉
S	18	♊
S	**19**	**♊**
M	20	♋
D	21	♋
M	22	♌
D	23	♌
F	24	♌
S	25	♍
S	26	♍
M	27	♎
D	28	♎
M	29	♎
D	30	♏
F	31	♏

1927

Januar

S	1	♐
S	2	♐
M	3	♑
D	4	♑
M	5	♑
D	6	♒
F	7	♒
S	8	♓
S	9	♓
M	10	♈
D	11	♈
M	12	♉
D	13	♉
F	14	♊
S	15	♊
S	16	♋
M	**17**	**♋**
D	18	♋
M	19	♌
D	20	♌
F	21	♍
S	22	♍
S	23	♍
M	24	♎
D	25	♎
M	26	♏
D	27	♏
F	28	♏
S	29	♐
S	30	♐
M	31	♑

Februar

D	1	♑
M	2	♒
D	3	♒
F	4	♓
S	5	♓
S	6	♈
M	7	♈
D	8	♉
M	9	♉
D	10	♊
F	11	♊
S	12	♊
S	13	♋
M	14	♋
D	15	♌
M	**16**	**♌**
D	17	♍
F	18	♍
S	19	♍
S	20	♎
M	21	♎
D	22	♎
M	23	♏
D	24	♏
F	25	♐
S	26	♐
S	27	♑
M	28	♑

März

D	1	♑
M	2	♒
D	3	♒
F	4	♓
S	5	♓
S	6	♈
M	7	♈
D	8	♉
M	9	♉
D	10	♊
F	11	♊
S	12	♋
S	13	♋
M	14	♌
D	15	♌
M	16	♍
D	17	♍
F	**18**	**♍**
S	19	♎
S	20	♎
M	21	♏
D	22	♏
M	23	♏
D	24	♐
F	25	♐
S	26	♑
S	27	♑
M	28	♑
D	29	♒
M	30	♒
D	31	♓

April

F	1	♓
S	2	♈
S	3	♈
M	4	♉
D	5	♉
M	6	♊
D	7	♊
F	8	♋
S	9	♋
S	10	♋
M	11	♌
D	12	♌
M	13	♍
D	14	♍
F	15	♎
S	16	♎
S	**17**	**♎**
M	18	♏
D	19	♏
M	20	♐
D	21	♐
F	22	♐
S	23	♑
S	24	♑
M	25	♒
D	26	♒
M	27	♓
D	28	♓
F	29	♈
S	30	♈

Mai

S	1	♉
M	2	♉
D	3	♊
M	4	♊
D	5	♊
F	6	♋
S	7	♋
S	8	♌
M	9	♌
D	10	♍
M	11	♍
D	12	♍
F	13	♎
S	14	♎
S	15	♏
M	**16**	**♏**
D	17	♏
M	18	♐
D	19	♐
F	20	♑
S	21	♑
S	22	♒
M	23	♒
D	24	♒
M	25	♓
D	26	♓
F	27	♈
S	28	♈
S	29	♉
M	30	♉
D	31	♊

Juni

M	1	♊
D	2	♋
F	3	♋
S	4	♌
S	5	♌
M	6	♌
D	7	♍
M	8	♍
D	9	♎
F	10	♎
S	11	♎
S	12	♏
M	13	♏
D	14	♐
M	**15**	**♐**
D	16	♑
F	17	♑
S	18	♑
S	19	♒
M	20	♒
D	21	♓
M	22	♓
D	23	♈
F	24	♈
S	25	♉
S	26	♉
M	27	♊
D	28	♊
M	29	♋
D	30	♋

Juli

F	1	♋
S	2	♌
S	3	♌
M	4	♍
D	5	♍
M	6	♎
D	7	♎
F	8	♏
S	9	♏
S	10	♏
M	11	♐
D	12	♐
M	13	♐
D	**14**	**♑**
F	15	♑
S	16	♒
S	17	♒
M	18	♓
D	19	♓
M	20	♈
D	21	♈
F	22	♉
S	23	♉
S	24	♊
M	25	♊
D	26	♊
M	27	♋
D	28	♋
F	29	♌
S	30	♌
S	31	♍

August

M	1	♍
D	2	♍
M	3	♎
D	4	♎
F	5	♏
S	6	♏
S	7	♏
M	8	♐
D	9	♐
M	10	♑
D	11	♑
F	12	♒
S	**13**	**♒**
S	14	♓
M	15	♓
D	16	♈
M	17	♈
D	18	♈
F	19	♉
S	20	♉
S	21	♊
M	22	♊
D	23	♋
M	24	♋
D	25	♌
F	26	♌
S	27	♌
S	28	♍
M	29	♍
D	30	♎
M	31	♎

September

D	1	♎
F	2	♏
S	3	♏
S	4	♐
M	5	♐
D	6	♐
M	7	♑
D	8	♑
F	9	♒
S	10	♒
S	**11**	**♓**
M	12	♓
D	13	♈
M	14	♈
D	15	♉
F	16	♉
S	17	♊
S	18	♊
M	19	♋
D	20	♋
M	21	♌
D	22	♌
F	23	♌
S	24	♍
S	25	♍
M	26	♎
D	27	♎
M	28	♎
D	29	♏
F	30	♏

Oktober

S	1	♐
S	2	♐
M	3	♐
D	4	♑
M	5	♑
D	6	♒
F	7	♒
S	8	♓
S	9	♓
M	**10**	**♈**
D	11	♈
M	12	♉
D	13	♉
F	14	♊
S	15	♊
S	16	♋
M	17	♋
D	18	♋
M	19	♌
D	20	♌
F	21	♍
S	22	♍
S	23	♍
M	24	♎
D	25	♎
M	26	♏
D	27	♏
F	28	♏
S	29	♐
S	30	♐
M	31	♑

November

D	1	♑
M	2	♒
D	3	♒
F	4	♒
S	5	♓
S	6	♓
M	7	♈
D	8	♈
M	**9**	**♉**
D	10	♉
F	11	♊
S	12	♊
S	13	♋
M	14	♋
D	15	♌
M	16	♌
D	17	♍
F	18	♍
S	19	♍
S	20	♎
M	21	♎
D	22	♏
M	23	♏
D	24	♏
F	25	♐
S	26	♐
S	27	♑
M	28	♑
D	29	♑
M	30	♒

Dezember

D	1	♒
F	2	♓
S	3	♓
S	4	♈
M	5	♈
D	6	♉
M	7	♉
D	**8**	**♊**
F	9	♊
S	10	♋
S	11	♋
M	12	♌
D	13	♌
M	14	♌
D	15	♍
F	16	♍
S	17	♎
S	18	♎
M	19	♎
D	20	♏
M	21	♏
D	22	♐
F	23	♐
S	24	♐
S	25	♑
M	26	♑
D	27	♒
M	28	♒
D	29	♓
F	30	♓
S	31	♈

1928

Januar

S	1	♈
M	2	♈
D	3	♉
M	4	♉
D	5	♊
F	6	♊
S	**7**	**♋**
S	8	♋
M	9	♌
D	10	♌
M	11	♍
D	12	♍
F	13	♎
S	14	♎
S	15	♎
M	16	♏
D	17	♏
M	18	♏
D	19	♐
F	20	♐
S	21	♑
S	22	♑
M	23	♒
D	24	♒
M	25	♓
D	26	♓
F	27	♓
S	28	♈
S	29	♈
M	30	♉
D	31	♉

Februar

M	1	♊
D	2	♊
F	3	♋
S	4	♋
S	**5**	**♌**
M	6	♌
D	7	♍
M	8	♍
D	9	♍
F	10	♎
S	11	♎
S	12	♏
M	13	♏
D	14	♏
M	15	♐
D	16	♐
F	17	♑
S	18	♑
S	19	♑
M	20	♒
D	21	♒
M	22	♓
D	23	♓
F	24	♈
S	25	♈
S	26	♉
M	27	♉
D	28	♊
M	29	♊

März

D	1	♋
F	2	♋
S	3	♌
S	4	♌
M	5	♌
D	**6**	**♍**
M	7	♍
D	8	♎
F	9	♎
S	10	♎
S	11	♏
M	12	♏
D	13	♐
M	14	♐
D	15	♐
F	16	♑
S	17	♑
S	18	♒
M	19	♒
D	20	♓
M	21	♓
D	22	♈
F	23	♈
S	24	♉
S	25	♉
M	26	♊
D	27	♊
M	28	♋
D	29	♋
F	30	♋
S	31	♌

April

S	1	♌
M	2	♍
D	3	♍
M	4	♎
D	**5**	**♎**
F	6	♎
S	7	♏
S	8	♏
M	9	♐
D	10	♐
M	11	♐
D	12	♑
F	13	♑
S	14	♒
S	15	♒
M	16	♒
D	17	♓
M	18	♓
D	19	♈
F	20	♈
S	21	♉
S	22	♉
M	23	♊
D	24	♊
M	25	♋
D	26	♋
F	27	♌
S	28	♌
S	29	♍
M	30	♍

Mai

D	1	♍
M	2	♎
D	3	♎
F	**4**	**♏**
S	5	♏
S	6	♏
M	7	♐
D	8	♐
M	9	♑
D	10	♑
F	11	♑
S	12	♒
S	13	♒
M	14	♓
D	15	♓
M	16	♈
D	17	♈
F	18	♉
S	19	♉
S	20	♊
M	21	♊
D	22	♋
M	23	♋
D	24	♌
F	25	♌
S	26	♌
S	27	♍
M	28	♍
D	29	♎
M	30	♎
D	31	♓

Juni

F	1	♏
S	2	♏
S	**3**	**♐**
M	4	♐
D	5	♐
M	6	♑
D	7	♑
F	8	♒
S	9	♒
S	10	♓
M	11	♓
D	12	♓
M	13	♈
D	14	♈
F	15	♉
S	16	♉
S	17	♊
M	18	♊
D	19	♋
M	20	♋
D	21	♌
F	22	♌
S	23	♍
S	24	♍
M	25	♎
D	26	♎
M	27	♎
D	28	♏
F	29	♏
S	30	♐

Juli

S	1	♐
M	2	♐
D	**3**	**♑**
M	4	♑
D	5	♒
F	6	♒
S	7	♒
S	8	♓
M	9	♓
D	10	♈
M	11	♈
D	12	♉
F	13	♉
S	14	♊
S	15	♊
M	16	♋
D	17	♋
M	18	♌
D	19	♌
F	20	♍
S	21	♍
S	22	♍
M	23	♎
D	24	♎
M	25	♏
D	26	♏
F	27	♏
S	28	♐
S	29	♐
M	30	♑
D	31	♑

August

M	**1**	**♒**
D	2	♒
F	3	♒
S	4	♓
S	5	♓
M	6	♈
D	7	♈
M	8	♉
D	9	♉
F	10	♊
S	11	♊
S	12	♋
M	13	♋
D	14	♌
M	15	♌
D	16	♌
F	17	♍
S	18	♍
S	19	♎
M	20	♎
D	21	♏
M	22	♏
D	23	♏
F	24	♐
S	25	♐
S	26	♑
M	27	♑
D	28	♑
M	29	♒
D	30	♒
F	**31**	**♓**

September

S	1	♓
S	2	♈
M	3	♈
D	4	♉
M	5	♉
D	6	♊
F	7	♊
S	8	♊
S	9	♋
M	10	♋
D	11	♌
M	12	♌
D	13	♍
F	14	♍
S	15	♎
S	16	♎
M	17	♎
D	18	♏
M	19	♏
D	20	♐
F	21	♐
S	22	♐
S	23	♑
M	24	♑
D	25	♒
M	26	♒
D	27	♒
F	28	♓
S	**29**	**♓**
S	30	♈

Oktober

M	1	♈
D	2	♉
M	3	♉
D	4	♊
F	5	♊
S	6	♋
S	7	♋
M	8	♌
D	9	♌
M	10	♍
D	11	♍
F	12	♍
S	13	♎
S	14	♎
M	15	♏
D	16	♏
M	17	♏
D	18	♐
F	19	♐
S	20	♑
S	21	♑
M	22	♑
D	23	♒
M	24	♒
D	25	♓
F	26	♓
S	27	♈
S	**28**	**♈**
M	29	♉
D	30	♉
M	31	♊

November

D	1	♊
F	2	♋
S	3	♋
S	4	♌
M	5	♌
D	6	♍
M	7	♍
D	8	♍
F	9	♎
S	10	♎
S	11	♏
M	12	♏
D	13	♏
M	14	♐
D	15	♐
F	16	♑
S	17	♑
S	18	♑
M	19	♒
D	20	♒
M	21	♓
D	22	♓
F	23	♓
S	24	♈
S	25	♈
M	26	♉
D	**27**	**♉**
M	28	♊
D	29	♊
F	30	♋

Dezember

S	1	♋
S	2	♌
M	3	♌
D	4	♍
M	5	♍
D	6	♎
F	7	♎
S	8	♎
S	9	♏
M	10	♏
D	11	♐
M	12	♐
D	13	♐
F	14	♑
S	15	♑
S	16	♒
M	17	♒
D	18	♒
M	19	♓
D	20	♓
F	21	♈
S	22	♈
S	23	♉
M	24	♉
D	25	♊
M	**26**	**♊**
D	27	♋
F	28	♋
S	29	♌
S	30	♌
M	31	♍

1929

Januar

D	1	♍
M	2	♎
D	3	♎
F	4	♎
S	5	♏
S	6	♏
M	7	♐
D	8	♐
M	9	♐
D	10	♑
F	11	♑
S	12	♒
S	13	♒
M	14	♒
D	15	♓
M	16	♓
D	17	♈
F	18	♈
S	19	♉
S	20	♉
M	21	♊
D	22	♊
M	23	♋
D	24	♋
F	**25**	**♋**
S	26	♌
S	27	♌
M	28	♍
D	29	♍
M	30	♎
D	31	♎

Februar

F	1	♏
S	2	♏
S	3	♏
M	4	♐
D	5	♐
M	6	♑
D	7	♑
F	8	♑
S	9	♒
S	10	♒
M	11	♓
D	12	♓
M	13	♈
D	14	♈
F	15	♈
S	16	♉
S	17	♉
M	18	♊
D	19	♊
M	20	♋
D	21	♋
F	22	♌
S	**23**	**♌**
S	24	♍
M	25	♍
D	26	♎
M	27	♎
D	28	♏

März

F	1	♏
S	2	♏
S	3	♐
M	4	♐
D	5	♑
M	6	♑
D	7	♑
F	8	♒
S	9	♒
S	10	♓
M	11	♓
D	12	♓
M	13	♈
D	14	♈
F	15	♉
S	16	♉
S	17	♊
M	18	♊
D	19	♋
M	20	♋
D	21	♌
F	22	♌
S	23	♍
S	24	♍
M	**25**	**♍**
D	26	♎
M	27	♎
D	28	♏
F	29	♏
S	30	♐
S	31	♐

April

M	1	♐
D	2	♑
M	3	♑
D	4	♒
F	5	♒
S	6	♒
S	7	♓
M	8	♓
D	9	♈
M	10	♈
D	11	♉
F	12	♉
S	13	♊
S	14	♊
M	15	♋
D	16	♋
M	17	♌
D	18	♌
F	19	♌
S	20	♍
S	21	♍
M	22	♎
D	**23**	**♎**
M	24	♏
D	25	♏
F	26	♏
S	27	♐
S	28	♐
M	29	♑
D	30	♑

Mai

M	1	♑
D	2	♒
F	3	♒
S	4	♓
S	5	♓
M	6	♈
D	7	♈
M	8	♈
D	9	♉
F	10	♉
S	11	♊
S	12	♊
M	13	♋
D	14	♋
M	15	♌
D	16	♌
F	17	♍
S	18	♍
S	19	♎
M	20	♎
D	21	♏
M	22	♏
D	**23**	**♏**
F	24	♐
S	25	♐
S	26	♑
M	27	♑
D	28	♑
M	29	♒
D	30	♒
F	31	♓

Juni

S	1	♓
S	2	♓
M	3	♈
D	4	♈
M	5	♉
D	6	♉
F	7	♊
S	8	♊
S	9	♋
M	10	♋
D	11	♌
M	12	♌
D	13	♍
F	14	♍
S	15	♎
S	16	♎
M	17	♎
D	18	♏
M	19	♏
D	20	♐
F	21	♐
S	**22**	**♐**
S	23	♑
M	24	♑
D	25	♒
M	26	♒
D	27	♒
F	28	♓
S	29	♓
S	30	♈

Juli

M	1	♈
D	2	♉
M	3	♉
D	4	♊
F	5	♊
S	6	♋
S	7	♋
M	8	♌
D	9	♌
M	10	♍
D	11	♍
F	12	♍
S	13	♎
S	14	♎
M	15	♏
D	16	♏
M	17	♐
D	18	♐
F	19	♐
S	20	♑
S	**21**	**♑**
M	22	♒
D	23	♒
M	24	♒
D	25	♓
F	26	♓
S	27	♈
S	28	♈
M	29	♈
D	30	♉
M	31	♉

August

D	1	♊
F	2	♊
S	3	♋
S	4	♋
M	5	♌
D	6	♌
M	7	♍
D	8	♍
F	9	♎
S	10	♎
S	11	♏
M	12	♏
D	13	♏
M	14	♐
D	15	♐
F	16	♑
S	17	♑
S	18	♑
M	19	♒
D	**20**	**♒**
M	21	♓
D	22	♓
F	23	♓
S	24	♈
S	25	♈
M	26	♉
D	27	♉
M	28	♊
D	29	♊
F	30	♋
S	31	♋

September

S	1	♌
M	2	♌
D	3	♍
M	4	♍
D	5	♎
F	6	♎
S	7	♎
S	8	♏
M	9	♏
D	10	♐
M	11	♐
D	12	♐
F	13	♑
S	14	♑
S	15	♒
M	16	♒
D	17	♒
M	**18**	**♓**
D	19	♓
F	20	♈
S	21	♈
S	22	♉
M	23	♉
D	24	♊
M	25	♊
D	26	♋
F	27	♋
S	28	♋
S	29	♌
M	30	♌

Oktober

D	1	♍
M	2	♍
D	3	♎
F	4	♎
S	5	♏
S	6	♏
M	7	♐
D	8	♐
M	9	♐
D	10	♑
F	11	♑
S	12	♒
S	13	♒
M	14	♒
D	15	♓
M	16	♓
D	17	♈
F	**18**	**♈**
S	19	♉
S	20	♉
M	21	♉
D	22	♊
M	23	♊
D	24	♋
F	25	♋
S	26	♌
S	27	♌
M	28	♍
D	29	♍
M	30	♎
D	31	♎

November

F	1	♏
S	2	♏
S	3	♏
M	4	♐
D	5	♐
M	6	♑
D	7	♑
F	8	♑
S	9	♒
S	10	♒
M	11	♓
D	12	♓
M	13	♓
D	14	♈
F	15	♈
S	16	♉
S	**17**	**♉**
M	18	♊
D	19	♊
M	20	♋
D	21	♋
F	22	♌
S	23	♌
S	24	♍
M	25	♍
D	26	♎
M	27	♎
D	28	♎
F	29	♏
S	30	♏

Dezember

S	1	♐
M	2	♐
D	3	♐
M	4	♑
D	5	♑
F	6	♒
S	7	♒
S	8	♒
M	9	♓
D	10	♓
M	11	♈
D	12	♈
F	13	♉
S	14	♉
S	15	♊
M	**16**	**♊**
D	17	♋
M	18	♋
D	19	♌
F	20	♌
S	21	♍
S	22	♍
M	23	♍
D	24	♎
M	25	♎
D	26	♏
F	27	♏
S	28	♐
S	29	♐
M	30	♐
D	31	♑

1930

Januar

M	1	♑
D	2	♒
F	3	♒
S	4	♒
S	5	♓
M	6	♓
D	7	♈
M	8	♈
D	9	♈
F	10	♉
S	11	♉
S	12	♊
M	13	♊
D	**14**	**♋**
M	15	♋
D	16	♌
F	17	♌
S	18	♍
S	19	♍
M	20	♎
D	21	♎
M	22	♏
D	23	♏
F	24	♏
S	25	♐
S	26	♐
M	27	♑
D	28	♑
M	29	♑
D	30	♒
F	31	♒

Februar

S	1	♓
S	2	♓
M	3	♓
D	4	♈
M	5	♈
D	6	♉
F	7	♉
S	8	♊
S	9	♊
M	10	♋
D	11	♋
M	12	♌
D	**13**	**♌**
F	14	♍
S	15	♍
S	16	♎
M	17	♎
D	18	♏
M	19	♏
D	20	♏
F	21	♐
S	22	♐
S	23	♑
M	24	♑
D	25	♑
M	26	♒
D	27	♒
F	28	♓

März

S	1	♓
S	2	♓
M	3	♈
D	4	♈
M	5	♉
D	6	♉
F	7	♊
S	8	♊
S	9	♊
M	10	♋
D	11	♋
M	12	♌
D	13	♌
F	**14**	**♍**
S	15	♍
S	16	♎
M	17	♎
D	18	♏
M	19	♏
D	20	♐
F	21	♐
S	22	♐
S	23	♑
M	24	♑
D	25	♒
M	26	♒
D	27	♒
F	28	♓
S	29	♓
S	30	♈
M	31	♈

April

D	1	♉
M	2	♉
D	3	♉
F	4	♊
S	5	♊
S	6	♋
M	7	♋
D	8	♌
M	9	♌
D	10	♍
F	11	♍
S	12	♎
S	**13**	**♎**
M	14	♏
D	15	♏
M	16	♏
D	17	♐
F	18	♐
S	19	♑
S	20	♑
M	21	♒
D	22	♒
M	23	♒
D	24	♓
F	25	♓
S	26	♈
S	27	♈
M	28	♈
D	29	♉
M	30	♉

Mai

D	1	♊
F	2	♊
S	3	♋
S	4	♋
M	5	♌
D	6	♌
M	7	♍
D	8	♍
F	9	♎
S	10	♎
S	11	♎
M	**12**	**♏**
D	13	♏
M	14	♐
D	15	♐
F	16	♑
S	17	♑
S	18	♑
M	19	♒
D	20	♒
M	21	♓
D	22	♓
F	23	♓
S	24	♈
S	25	♈
M	26	♉
D	27	♉
M	28	♊
D	29	♊
F	30	♋
S	31	♋

Juni

S	1	♌
M	2	♌
D	3	♌
M	4	♍
D	5	♍
F	6	♎
S	7	♎
S	8	♏
M	9	♏
D	10	♐
M	**11**	**♐**
D	12	♐
F	13	♑
S	14	♑
S	15	♒
M	16	♒
D	17	♒
M	18	♓
D	19	♓
F	20	♈
S	21	♈
S	22	♈
M	23	♉
D	24	♉
M	25	♊
D	26	♊
F	27	♋
S	28	♋
S	29	♌
M	30	♌

Juli

D	1	♍
M	2	♍
D	3	♎
F	4	♎
S	5	♏
S	6	♏
M	7	♐
D	8	♐
M	9	♐
D	**10**	**♑**
F	11	♑
S	12	♒
S	13	♒
M	14	♒
D	15	♓
M	16	♓
D	17	♈
F	18	♈
S	19	♈
S	20	♉
M	21	♉
D	22	♊
M	23	♊
D	24	♋
F	25	♋
S	26	♌
S	27	♌
M	28	♍
D	29	♍
M	30	♎
D	31	♎

August

F	1	♏
S	2	♏
S	3	♏
M	4	♐
D	5	♐
M	6	♑
D	7	♑
F	8	♑
S	**9**	**♒**
S	10	♒
M	11	♓
D	12	♓
M	13	♓
D	14	♈
F	15	♈
S	16	♉
S	17	♉
M	18	♊
D	19	♊
M	20	♊
D	21	♋
F	22	♋
S	23	♌
S	24	♌
M	25	♍
D	26	♍
M	27	♎
D	28	♎
F	29	♏
S	30	♏
S	31	♐

September

M	1	♐
D	2	♑
M	3	♑
D	4	♑
F	5	♒
S	6	♒
S	7	♓
M	**8**	**♓**
D	9	♓
M	10	♈
D	11	♈
F	12	♉
S	13	♉
S	14	♉
M	15	♊
D	16	♊
M	17	♋
D	18	♋
F	19	♌
S	20	♌
S	21	♍
M	22	♍
D	23	♎
M	24	♎
D	25	♏
F	26	♏
S	27	♐
S	28	♐
M	29	♐
D	30	♑

Oktober

M	1	♑
D	2	♒
F	3	♒
S	4	♒
S	5	♓
M	6	♓
D	**7**	**♈**
M	8	♈
D	9	♈
F	10	♉
S	11	♉
S	12	♊
M	13	♊
D	14	♋
M	15	♋
D	16	♌
F	17	♌
S	18	♍
S	19	♍
M	20	♍
D	21	♎
M	22	♎
D	23	♏
F	24	♏
S	25	♐
S	26	♐
M	27	♑
D	28	♑
M	29	♒
D	30	♒
F	31	♒

November

S	1	♓
S	2	♓
M	3	♓
D	4	♈
M	5	♈
D	**6**	**♉**
F	7	♉
S	8	♊
S	9	♊
M	10	♋
D	11	♋
M	12	♋
D	13	♌
F	14	♌
S	15	♍
S	16	♍
M	17	♎
D	18	♎
M	19	♏
D	20	♏
F	21	♐
S	22	♐
S	23	♑
M	24	♑
D	25	♑
M	26	♒
D	27	♒
F	28	♓
S	29	♓
S	30	♓

Dezember

M	1	♈
D	2	♈
M	3	♉
D	4	♉
F	5	♉
S	**6**	**♊**
S	7	♊
M	8	♋
D	9	♋
M	10	♌
D	11	♌
F	12	♍
S	13	♍
S	14	♎
M	15	♎
D	16	♏
M	17	♏
D	18	♐
F	19	♐
S	20	♐
S	21	♑
M	22	♑
D	23	♒
M	24	♒
D	25	♒
F	26	♓
S	27	♓
S	28	♈
M	29	♈
D	30	♈
M	31	♉

1931

Januar

D	1	♉
F	2	♊
S	3	♊
S	**4**	**♋**
M	5	♋
D	6	♌
M	7	♌
D	8	♍
F	9	♍
S	10	♎
S	11	♎
M	12	♏
D	13	♏
M	14	♏
D	15	♐
F	16	♐
S	17	♑
S	18	♑
M	19	♑
D	20	♒
M	21	♒
D	22	♓
F	23	♓
S	24	♓
S	25	♈
M	26	♈
D	27	♉
M	28	♉
D	29	♊
F	30	♊
S	31	♊

Februar

S	1	♋
M	2	♋
D	**3**	**♌**
M	4	♌
D	5	♍
F	6	♍
S	7	♎
S	8	♎
M	9	♏
D	10	♏
M	11	♐
D	12	♐
F	13	♑
S	14	♑
S	15	♑
M	16	♒
D	17	♒
M	18	♓
D	19	♓
F	20	♓
S	21	♈
S	22	♈
M	23	♉
D	24	♉
M	25	♉
D	26	♊
F	27	♊
S	28	♋

März

S	1	♋
M	2	♌
D	3	♌
M	**4**	**♍**
D	5	♍
F	6	♎
S	7	♎
S	8	♏
M	9	♏
D	10	♐
M	11	♐
D	12	♐
F	13	♑
S	14	♑
S	15	♒
M	16	♒
D	17	♒
M	18	♓
D	19	♓
F	20	♈
S	21	♈
S	22	♈
M	23	♉
D	24	♉
M	25	♊
D	26	♊
F	27	♋
S	28	♋
S	29	♋
M	30	♌
D	31	♌

April

M	1	♍
D	**2**	**♍**
F	3	♎
S	4	♎
S	5	♏
M	6	♏
D	7	♐
M	8	♐
D	9	♑
F	10	♑
S	11	♒
S	12	♒
M	13	♒
D	14	♓
M	15	♓
D	16	♈
F	17	♈
S	18	♈
S	19	♉
M	20	♉
D	21	♊
M	22	♊
D	23	♊
F	24	♋
S	25	♋
S	26	♌
M	27	♌
D	28	♍
M	29	♍
D	30	♎

Mai

F	1	♎
S	**2**	**♏**
S	3	♏
M	4	♐
D	5	♐
M	6	♑
D	7	♑
F	8	♑
S	9	♒
S	10	♒
M	11	♓
D	12	♓
M	13	♓
D	14	♈
F	15	♈
S	16	♉
S	17	♉
M	18	♉
D	19	♊
M	20	♊
D	21	♋
F	22	♋
S	23	♌
S	24	♌
M	25	♍
D	26	♍
M	27	♎
D	28	♎
F	29	♏
S	30	♏
S	**31**	**♐**

Juni

M	1	♐
D	2	♐
M	3	♑
D	4	♑
F	5	♒
S	6	♒
S	7	♓
M	8	♓
D	9	♓
M	10	♈
D	11	♈
F	12	♉
S	13	♉
S	14	♉
M	15	♊
D	16	♊
M	17	♋
D	18	♋
F	19	♌
S	20	♌
S	21	♍
M	22	♍
D	23	♍
M	24	♎
D	25	♎
F	26	♏
S	27	♏
S	28	♐
M	29	♐
D	**30**	**♑**

Juli

M	1	♑
D	2	♒
F	3	♒
S	4	♓
S	5	♓
M	6	♓
D	7	♈
M	8	♈
D	9	♈
F	10	♉
S	11	♉
S	12	♊
M	13	♊
D	14	♋
M	15	♋
D	16	♋
F	17	♌
S	18	♌
S	19	♍
M	20	♍
D	21	♎
M	22	♎
D	23	♏
F	24	♏
S	25	♐
S	26	♐
M	27	♑
D	28	♑
M	**29**	**♑**
D	30	♒
F	31	♒

August

S	1	♓
S	2	♓
M	3	♓
D	4	♈
M	5	♈
D	6	♉
F	7	♉
S	8	♉
S	9	♊
M	10	♊
D	11	♋
M	12	♋
D	13	♌
F	14	♌
S	15	♍
S	16	♍
M	17	♎
D	18	♎
M	19	♏
D	20	♏
F	21	♐
S	22	♐
S	23	♐
M	24	♑
D	25	♑
M	26	♒
D	27	♒
F	**28**	**♓**
S	29	♓
S	30	♓
M	31	♈

September

D	1	♈
M	2	♉
D	3	♉
F	4	♉
S	5	♊
S	6	♊
M	7	♋
D	8	♋
M	9	♌
D	10	♌
F	11	♌
S	12	♍
S	13	♎
M	14	♎
D	15	♏
M	16	♏
D	17	♏
F	18	♐
S	19	♐
S	20	♑
M	21	♑
D	22	♒
M	23	♒
D	24	♒
F	25	♓
S	**26**	**♓**
S	27	♈
M	28	♈
D	29	♈
M	30	♉

Oktober

D	1	♉
F	2	♊
S	3	♊
S	4	♊
M	5	♋
D	6	♋
M	7	♌
D	8	♌
F	9	♍
S	10	♍
S	11	♎
M	12	♎
D	13	♏
M	14	♏
D	15	♐
F	16	♐
S	17	♑
S	18	♑
M	19	♒
D	20	♒
M	21	♒
D	22	♓
F	23	♓
S	24	♈
S	25	♈
M	**26**	**♈**
D	27	♉
M	28	♉
D	29	♊
F	30	♊
S	31	♊

November

S	1	♋
M	2	♋
D	3	♌
M	4	♌
D	5	♍
F	6	♍
S	7	♎
S	8	♎
M	9	♏
D	10	♏
M	11	♐
D	12	♐
F	13	♑
S	14	♑
S	15	♑
M	16	♒
D	17	♒
M	18	♓
D	19	♓
F	20	♓
S	21	♈
S	22	♈
M	23	♉
D	24	♉
M	**25**	**♉**
D	26	♊
F	27	♊
S	28	♋
S	29	♋
M	30	♌

Dezember

D	1	♌
M	2	♌
D	3	♍
F	4	♍
S	5	♎
S	6	♎
M	7	♏
D	8	♏
M	9	♐
D	10	♐
F	11	♑
S	12	♑
S	13	♒
M	14	♒
D	15	♓
M	16	♓
D	17	♓
F	18	♈
S	19	♈
S	20	♈
M	21	♉
D	22	♉
M	23	♊
D	**24**	**♊**
F	25	♋
S	26	♋
S	27	♋
M	28	♌
D	29	♌
M	30	♍
D	31	♍

1932

Januar

F	1	♎
S	2	♎
S	3	♏
M	4	♏
D	5	♐
M	6	♐
D	7	♑
F	8	♑
S	9	♑
S	10	♒
M	11	♒
D	12	♓
M	13	♓
D	14	♈
F	15	♈
S	16	♈
S	17	♉
M	18	♉
D	19	♊
M	20	♊
D	21	♊
F	22	♋
S	**23**	**♋**
S	24	♌
M	25	♌
D	26	♍
M	27	♍
D	28	♎
F	29	♎
S	30	♏
S	31	♏

Februar

M	1	♐
D	2	♐
M	3	♐
D	4	♑
F	5	♑
S	6	♒
S	7	♒
M	8	♓
D	9	♓
M	10	♓
D	11	♈
F	12	♈
S	13	♉
S	14	♉
M	15	♉
D	16	♊
M	17	♊
D	18	♋
F	19	♋
S	20	♌
S	21	♌
M	**22**	**♍**
D	23	♍
M	24	♍
D	25	♎
F	26	♎
S	27	♏
S	28	♏
M	29	♐

März

D	1	♐
M	2	♑
D	3	♑
F	4	♒
S	5	♒
S	6	♒
M	7	♓
D	8	♓
M	9	♈
D	10	♈
F	11	♈
S	12	♉
S	13	♉
M	14	♊
D	15	♊
M	16	♋
D	17	♋
F	18	♋
S	19	♌
S	20	♌
M	21	♍
D	**22**	**♍**
M	23	♎
D	24	♎
F	25	♏
S	26	♏
S	27	♐
M	28	♐
D	29	♑
M	30	♑
D	31	♒

April

F	1	♒
S	2	♒
S	3	♓
M	4	♓
D	5	♈
M	6	♈
D	7	♈
F	8	♉
S	9	♉
S	10	♊
M	11	♊
D	12	♊
M	13	♋
D	14	♋
F	15	♌
S	16	♌
S	17	♍
M	18	♍
D	19	♎
M	**20**	**♎**
D	21	♏
F	22	♏
S	23	♐
S	24	♐
M	25	♑
D	26	♑
M	27	♑
D	28	♒
F	29	♒
S	30	♓

Mai

S	1	♓
M	2	♈
D	3	♈
M	4	♈
D	5	♉
F	6	♉
S	7	♉
S	8	♊
M	9	♊
D	10	♋
M	11	♋
D	12	♌
F	13	♌
S	14	♌
S	15	♍
M	16	♍
D	17	♎
M	18	♎
D	19	♏
F	**20**	**♏**
S	21	♐
S	22	♐
M	23	♑
D	24	♑
M	25	♒
D	26	♒
F	27	♓
S	28	♓
S	29	♓
M	30	♈
D	31	♈

Juni

M	1	♉
D	2	♉
F	3	♉
S	4	♊
S	5	♊
M	6	♋
D	7	♋
M	8	♋
D	9	♌
F	10	♌
S	11	♍
S	12	♍
M	13	♎
D	14	♎
M	15	♏
D	16	♏
F	17	♐
S	**18**	**♐**
S	19	♑
M	20	♑
D	21	♒
M	22	♒
D	23	♒
F	24	♓
S	25	♓
S	26	♈
M	27	♈
D	28	♈
M	29	♉
D	30	♉

Juli

F	1	♊
S	2	♊
S	3	♊
M	4	♋
D	5	♋
M	6	♌
D	7	♌
F	8	♍
S	9	♍
S	10	♎
M	11	♎
D	12	♏
M	13	♏
D	14	♏
F	15	♐
S	16	♐
S	**17**	**♑**
M	18	♑
D	19	♒
M	20	♒
D	21	♓
F	22	♓
S	23	♈
S	24	♈
M	25	♈
D	26	♉
M	27	♉
D	28	♊
F	29	♊
S	30	♊
S	31	♋

August

M	1	♋
D	2	♌
M	3	♌
D	4	♍
F	5	♍
S	6	♍
S	7	♎
M	8	♎
D	9	♏
M	10	♏
D	11	♐
F	12	♐
S	13	♑
S	14	♑
M	15	♒
D	**16**	**♒**
M	17	♓
D	18	♓
F	19	♓
S	20	♈
S	21	♈
M	22	♉
D	23	♉
M	24	♉
D	25	♊
F	26	♊
S	27	♋
S	28	♋
M	29	♋
D	30	♌
M	31	♌

September

D	1	♍
F	2	♍
S	3	♎
S	4	♎
M	5	♏
D	6	♏
M	7	♐
D	8	♐
F	9	♑
S	10	♑
S	11	♒
M	12	♒
D	13	♒
M	**14**	**♓**
D	15	♓
F	16	♈
S	17	♈
S	18	♈
M	19	♉
D	20	♉
M	21	♊
D	22	♊
F	23	♊
S	24	♋
S	25	♋
M	26	♌
D	27	♌
M	28	♍
D	29	♍
F	30	♎

Oktober

S	1	♎
S	2	♏
M	3	♏
D	4	♐
M	5	♐
D	6	♑
F	7	♑
S	8	♑
S	9	♒
M	10	♒
D	11	♓
M	12	♓
D	13	♈
F	**14**	**♈**
S	15	♈
S	16	♉
M	17	♉
D	18	♊
M	19	♊
D	20	♊
F	21	♋
S	22	♋
S	23	♌
M	24	♌
D	25	♌
M	26	♍
D	27	♍
F	28	♎
S	29	♎
S	30	♏
M	31	♏

November

D	1	♐
M	2	♐
D	3	♑
F	4	♑
S	5	♒
S	6	♒
M	7	♓
D	8	♓
M	9	♓
D	10	♈
F	11	♈
S	12	♉
S	**13**	**♉**
M	14	♉
D	15	♊
M	16	♊
D	17	♋
F	18	♋
S	19	♋
S	20	♌
M	21	♌
D	22	♍
M	23	♍
D	24	♎
F	25	♎
S	26	♏
S	27	♏
M	28	♐
D	29	♐
M	30	♑

Dezember

D	1	♑
F	2	♒
S	3	♒
S	4	♓
M	5	♓
D	6	♓
M	7	♈
D	8	♈
F	9	♉
S	10	♉
S	11	♉
M	12	♊
D	**13**	**♊**
M	14	♋
D	15	♋
F	16	♋
S	17	♌
S	18	♌
M	19	♍
D	20	♍
M	21	♎
D	22	♎
F	23	♎
S	24	♏
S	25	♏
M	26	♐
D	27	♐
M	28	♑
D	29	♑
F	30	♒
S	31	♒

1933

Tag	Januar		Februar		März		April		Mai		Juni	
1	S	♓	M	♈	M	♉	S	♊	M	♋	D	♍
2	M	♓	D	♉	D	♉	S	♊	D	♋	F	♍
3	D	♈	F	♉	F	♉	M	♋	M	♌	S	♍
4	M	♈	S	♉	S	♊	D	♋	D	♌	S	♎
5	D	♈	S	♊	S	♊	M	♌	F	♍	M	♎
6	F	♉	M	♊	M	♋	D	♌	S	♍	D	♏
7	S	♉	D	♋	D	♋	F	♌	S	♎	M	♏
8	S	♊	M	♋	M	♋	S	♍	M	♎	**D**	**♐**
9	M	♊	D	♌	D	♌	S	♍	**D**	**♏**	F	♐
10	D	♊	**F**	**♌**	F	♌	**M**	**♎**	M	♏	S	♑
11	**M**	**♋**	S	♌	S	♍	D	♎	D	♐	S	♑
12	D	♋	S	♍	**S**	**♍**	M	♏	F	♐	M	♒
13	F	♌	M	♍	M	♎	D	♏	S	♑	D	♒
14	S	♌	D	♎	D	♎	F	♐	S	♑	M	♓
15	S	♍	M	♎	M	♏	S	♐	M	♒	D	♓
16	M	♍	D	♏	D	♏	S	♑	D	♒	F	♈
17	D	♍	F	♏	F	♐	M	♑	M	♓	S	♈
18	M	♎	S	♐	S	♐	D	♒	D	♓	S	♉
19	D	♎	S	♐	S	♐	M	♒	F	♓	M	♉
20	F	♏	M	♑	M	♑	D	♓	S	♈	D	♉
21	S	♏	D	♑	D	♑	F	♓	S	♈	M	♊
22	S	♐	M	♒	M	♒	S	♓	M	♉	D	♊
23	M	♐	D	♒	D	♒	S	♈	D	♉	F	♊
24	D	♑	F	♒	F	♓	M	♈	M	♉	S	♋
25	M	♑	S	♓	S	♓	D	♉	D	♊	S	♋
26	D	♒	S	♓	S	♈	M	♉	F	♊	M	♌
27	F	♒	M	♈	M	♈	D	♊	S	♋	D	♌
28	S	♓	D	♈	D	♈	F	♊	S	♋	M	♍
29	S	♓			M	♉	S	♊	M	♋	D	♍
30	M	♓			D	♉	S	♋	D	♌	F	♍
31	D	♈			F	♊			M	♌		

Tag	Juli		August		September		Oktober		November		Dezember	
1	S	♎	D	♐	F	♑	S	♓	M	♈	F	♉
2	S	♎	M	♐	S	♒	M	♓	**D**	**♉**	**S**	**♊**
3	M	♏	D	♑	S	♒	**D**	**♈**	F	♉	S	♊
4	D	♏	F	♑	**M**	**♓**	M	♈	S	♉	M	♋
5	M	♐	**S**	**♒**	D	♓	D	♈	S	♊	D	♋
6	D	♐	S	♒	M	♈	F	♉	M	♊	M	♋
7	**F**	**♑**	M	♒	D	♈	S	♉	D	♋	D	♌
8	S	♑	D	♓	F	♉	S	♊	M	♋	F	♌
9	S	♒	M	♓	S	♉	M	♊	D	♋	S	♍
10	M	♒	D	♈	S	♉	D	♊	F	♌	S	♍
11	D	♓	F	♈	M	♊	M	♋	S	♌	M	♍
12	M	♓	S	♉	D	♊	D	♋	S	♍	D	♎
13	D	♈	S	♉	M	♋	F	♌	M	♍	M	♎
14	F	♈	M	♉	D	♋	S	♌	D	♎	D	♏
15	S	♈	D	♊	F	♋	S	♌	M	♎	F	♏
16	S	♉	M	♊	S	♌	M	♍	D	♎	S	♐
17	M	♉	D	♋	S	♌	D	♍	F	♏	S	♐
18	D	♊	F	♋	M	♍	M	♎	S	♏	M	♑
19	M	♊	S	♋	D	♍	D	♎	S	♐	D	♑
20	D	♊	S	♌	M	♍	F	♏	M	♐	M	♒
21	F	♋	M	♌	D	♎	S	♏	D	♑	D	♒
22	S	♋	D	♍	F	♎	S	♐	M	♑	F	♓
23	S	♌	M	♍	S	♏	M	♐	D	♒	S	♓
24	M	♌	D	♎	S	♏	D	♑	F	♒	S	♈
25	D	♌	F	♎	M	♐	M	♑	S	♓	M	♈
26	M	♍	S	♏	D	♐	D	♒	S	♓	D	♈
27	D	♍	S	♏	M	♑	F	♒	M	♈	M	♉
28	F	♎	M	♏	D	♑	S	♒	D	♈	D	♉
29	S	♎	D	♐	F	♒	S	♓	M	♉	F	♊
30	S	♏	M	♐	S	♒	M	♓	D	♉	S	♊
31	M	♏	D	♑			D	♈			**S**	**♊**

1934

Januar

M	1	♋
D	2	♋
M	3	♌
D	4	♌
F	5	♌
S	6	♍
S	7	♍
M	8	♎
D	9	♎
M	10	♏
D	11	♏
F	12	♐
S	13	♐
S	14	♑
M	15	♑
D	16	♒
M	17	♒
D	18	♓
F	19	♓
S	20	♓
S	21	♈
M	22	♈
D	23	♉
M	24	♉
D	25	♊
F	26	♊
S	27	♊
S	28	♋
M	29	♋
D	**30**	**♌**
M	31	♌

Februar

D	1	♌
F	2	♍
S	3	♍
S	4	♎
M	5	♎
D	6	♏
M	7	♏
D	8	♏
F	9	♐
S	10	♐
S	11	♑
M	12	♑
D	13	♒
M	14	♒
D	15	♓
F	16	♓
S	17	♈
S	18	♈
M	19	♉
D	20	♉
M	21	♉
D	22	♊
F	23	♊
S	24	♋
S	25	♋
M	26	♋
D	27	♌
M	28	♌

März

D	**1**	**♍**
F	2	♍
S	3	♍
S	4	♎
M	5	♎
D	6	♏
M	7	♏
D	8	♐
F	9	♐
S	10	♑
S	11	♑
M	12	♒
D	13	♒
M	14	♓
D	15	♓
F	16	♈
S	17	♈
S	18	♈
M	19	♉
D	20	♉
M	21	♊
D	22	♊
F	23	♋
S	24	♋
S	25	♋
M	26	♌
D	27	♌
M	28	♍
D	29	♍
F	30	♍
S	**31**	**♎**

April

S	1	♎
M	2	♏
D	3	♏
M	4	♐
D	5	♐
F	6	♑
S	7	♑
S	8	♑
M	9	♒
D	10	♒
M	11	♓
D	12	♓
F	13	♈
S	14	♈
S	15	♉
M	16	♉
D	17	♊
M	18	♊
D	19	♊
F	20	♋
S	21	♋
S	22	♌
M	23	♌
D	24	♌
M	25	♍
D	26	♍
F	27	♎
S	28	♎
S	**29**	**♏**
M	30	♏

Mai

D	1	♏
M	2	♐
D	3	♐
F	4	♑
S	5	♑
S	6	♒
M	7	♒
D	8	♓
M	9	♓
D	10	♈
F	11	♈
S	12	♉
S	13	♉
M	14	♉
D	15	♊
M	16	♊
D	17	♋
F	18	♋
S	19	♋
S	20	♌
M	21	♌
D	22	♍
M	23	♍
D	24	♍
F	25	♎
S	26	♎
S	27	♏
M	**28**	**♏**
D	29	♐
M	30	♐
D	31	♑

Juni

F	1	♑
S	2	♒
S	3	♒
M	4	♓
D	5	♓
M	6	♈
D	7	♈
F	8	♈
S	9	♉
S	10	♉
M	11	♊
D	12	♊
M	13	♋
D	14	♋
F	15	♋
S	16	♌
S	17	♌
M	18	♍
D	19	♍
M	20	♍
D	21	♎
F	22	♎
S	23	♏
S	24	♏
M	25	♐
D	26	♐
M	**27**	**♑**
D	28	♑
F	29	♒
S	30	♒

Juli

S	1	♓
M	2	♓
D	3	♓
M	4	♈
D	5	♈
F	6	♉
S	7	♉
S	8	♊
M	9	♊
D	10	♊
M	11	♋
D	12	♋
F	13	♌
S	14	♌
S	15	♌
M	16	♍
D	17	♍
M	18	♎
D	19	♎
F	20	♎
S	21	♏
S	22	♏
M	23	♐
D	24	♐
M	25	♑
D	**26**	**♑**
F	27	♒
S	28	♒
S	29	♓
M	30	♓
D	31	♈

August

M	1	♈
D	2	♉
F	3	♉
S	4	♊
S	5	♊
M	6	♊
D	7	♋
M	8	♋
D	9	♌
F	10	♌
S	11	♌
S	12	♍
M	13	♍
D	14	♎
M	15	♎
D	16	♎
F	17	♏
S	18	♏
S	19	♐
M	20	♐
D	21	♑
M	22	♑
D	23	♒
F	**24**	**♒**
S	25	♓
S	26	♓
M	27	♈
D	28	♈
M	29	♉
D	30	♉
F	31	♉

September

S	1	♊
S	2	♊
M	3	♋
D	4	♋
M	5	♋
D	6	♌
F	7	♌
S	8	♍
S	9	♍
M	10	♍
D	11	♎
M	12	♎
D	13	♏
F	14	♏
S	15	♐
S	16	♐
M	17	♐
D	18	♑
M	19	♑
D	20	♒
F	21	♒
S	22	♓
S	**23**	**♓**
M	24	♈
D	25	♈
M	26	♉
D	27	♉
F	28	♊
S	29	♊
S	30	♊

Oktober

M	1	♋
D	2	♋
M	3	♌
D	4	♌
F	5	♌
S	6	♍
S	7	♍
M	8	♎
D	9	♎
M	10	♏
D	11	♏
F	12	♏
S	13	♐
S	14	♐
M	15	♑
D	16	♑
M	17	♒
D	18	♒
F	19	♓
S	20	♓
S	21	♈
M	**22**	**♈**
D	23	♉
M	24	♉
D	25	♊
F	26	♊
S	27	♊
S	28	♋
M	29	♋
D	30	♌
M	31	♌

November

D	1	♌
F	2	♍
S	3	♍
S	4	♎
M	5	♎
D	6	♎
M	7	♏
D	8	♏
F	9	♐
S	10	♐
S	11	♑
M	12	♑
D	13	♒
M	14	♒
D	15	♓
F	16	♓
S	17	♈
S	18	♈
M	19	♈
D	20	♉
M	**21**	**♉**
D	22	♊
F	23	♊
S	24	♋
S	25	♋
M	26	♋
D	27	♌
M	28	♌
D	29	♍
F	30	♍

Dezember

S	1	♍
S	2	♎
M	3	♎
D	4	♏
M	5	♏
D	6	♐
F	7	♐
S	8	♑
S	9	♑
M	10	♒
D	11	♒
M	12	♒
D	13	♓
F	14	♓
S	15	♈
S	16	♈
M	17	♉
D	18	♉
M	19	♊
D	**20**	**♊**
F	21	♊
S	22	♋
S	23	♋
M	24	♌
D	25	♌
M	26	♌
D	27	♍
F	28	♍
S	29	♎
S	30	♎
M	31	♏

1935

Januar

D	1	♏
M	2	♏
D	3	♐
F	4	♐
S	5	♑
S	6	♑
M	7	♒
D	8	♒
M	9	♓
D	10	♓
F	11	♈
S	12	♈
S	13	♉
M	14	♉
D	15	♊
M	16	♊
D	17	♊
F	18	♋
S	**19**	**♋**
S	20	♌
M	21	♌
D	22	♌
M	23	♍
D	24	♍
F	25	♎
S	26	♎
S	27	♎
M	28	♏
D	29	♏
M	30	♐
D	31	♐

Februar

F	1	♑
S	2	♑
S	3	♒
M	4	♒
D	5	♓
M	6	♓
D	7	♈
F	8	♈
S	9	♉
S	10	♉
M	11	♉
D	12	♊
M	13	♊
D	14	♋
F	15	♋
S	16	♋
S	17	♌
M	**18**	**♌**
D	19	♍
M	20	♍
D	21	♍
F	22	♎
S	23	♎
S	24	♏
M	25	♏
D	26	♐
M	27	♐
D	28	♐

März

F	1	♑
S	2	♑
S	3	♒
M	4	♒
D	5	♓
M	6	♓
D	7	♈
F	8	♈
S	9	♉
S	10	♉
M	11	♊
D	12	♊
M	13	♋
D	14	♋
F	15	♋
S	16	♌
S	17	♌
M	18	♍
D	19	♍
M	**20**	**♍**
D	21	♎
F	22	♎
S	23	♏
S	24	♏
M	25	♏
D	26	♐
M	27	♐
D	28	♑
F	29	♑
S	30	♒
S	31	♒

April

M	1	♓
D	2	♓
M	3	♈
D	4	♈
F	5	♉
S	6	♉
S	7	♊
M	8	♊
D	9	♊
M	10	♋
D	11	♋
F	12	♌
S	13	♌
S	14	♌
M	15	♍
D	16	♍
M	17	♎
D	**18**	**♎**
F	19	♎
S	20	♏
S	21	♏
M	22	♐
D	23	♐
M	24	♑
D	25	♑
F	26	♒
S	27	♒
S	28	♓
M	29	♓
D	30	♓

Mai

M	1	♈
D	2	♈
F	3	♉
S	4	♉
S	5	♊
M	6	♊
D	7	♋
M	8	♋
D	9	♌
F	10	♌
S	11	♌
S	12	♍
M	13	♍
D	14	♎
M	15	♎
D	16	♎
F	17	♏
S	**18**	**♏**
S	19	♐
M	20	♐
D	21	♑
M	22	♑
D	23	♑
F	24	♒
S	25	♒
S	26	♓
M	27	♓
D	28	♈
M	29	♈
D	30	♉
F	31	♉

Juni

S	1	♊
S	2	♊
M	3	♋
D	4	♋
M	5	♌
D	6	♌
F	7	♌
S	8	♍
S	9	♍
M	10	♍
D	11	♎
M	12	♎
D	13	♏
F	14	♏
S	15	♏
S	**16**	**♐**
M	17	♐
D	18	♑
M	19	♑
D	20	♒
F	21	♒
S	22	♓
S	23	♓
M	24	♈
D	25	♈
M	26	♉
D	27	♉
F	28	♊
S	29	♊
S	30	♊

Juli

M	1	♋
D	2	♋
M	3	♌
D	4	♌
F	5	♌
S	6	♍
S	7	♍
M	8	♎
D	9	♎
M	10	♎
D	11	♏
F	12	♏
S	13	♐
S	14	♐
M	15	♑
D	**16**	**♑**
M	17	♒
D	18	♒
F	19	♓
S	20	♓
S	21	♈
M	22	♈
D	23	♉
M	24	♉
D	25	♉
F	26	♊
S	27	♊
S	28	♋
M	29	♋
D	30	♌
M	31	♌

August

D	1	♌
F	2	♍
S	3	♍
S	4	♎
M	5	♎
D	6	♎
M	7	♏
D	8	♏
F	9	♐
S	10	♐
S	11	♐
M	12	♑
D	13	♑
M	**14**	**♒**
D	15	♒
F	16	♓
S	17	♓
S	18	♈
M	19	♈
D	20	♉
M	21	♉
D	22	♊
F	23	♊
S	24	♋
S	25	♋
M	26	♋
D	27	♌
M	28	♌
D	29	♍
F	30	♍
S	31	♍

September

S	1	♎
M	2	♎
D	3	♏
M	4	♏
D	5	♏
F	6	♐
S	7	♐
S	8	♑
M	9	♑
D	10	♒
M	11	♒
D	**12**	**♓**
F	13	♓
S	14	♈
S	15	♈
M	16	♉
D	17	♉
M	18	♊
D	19	♊
F	20	♋
S	21	♋
S	22	♋
M	23	♌
D	24	♌
M	25	♍
D	26	♍
F	27	♍
S	28	♎
S	29	♎
M	30	♏

Oktober

D	1	♏
M	2	♏
D	3	♐
F	4	♐
S	5	♑
S	6	♑
M	7	♒
D	8	♒
M	9	♒
D	10	♓
F	11	♓
S	**12**	**♈**
S	13	♈
M	14	♉
D	15	♉
M	16	♊
D	17	♊
F	18	♋
S	19	♋
S	20	♌
M	21	♌
D	22	♌
M	23	♍
D	24	♍
F	25	♎
S	26	♎
S	27	♎
M	28	♏
D	29	♏
M	30	♐
D	31	♐

November

F	1	♑
S	2	♑
S	3	♑
M	4	♒
D	5	♒
M	6	♓
D	7	♓
F	8	♈
S	9	♈
S	**10**	**♉**
M	11	♉
D	12	♊
M	13	♊
D	14	♋
F	15	♋
S	16	♋
S	17	♌
M	18	♌
D	19	♍
M	20	♍
D	21	♍
F	22	♎
S	23	♎
S	24	♏
M	25	♏
D	26	♐
M	27	♐
D	28	♐
F	29	♑
S	30	♑

Dezember

S	1	♒
M	2	♒
D	3	♓
M	4	♓
D	5	♈
F	6	♈
S	7	♉
S	8	♉
M	9	♊
D	**10**	**♊**
M	11	♊
D	12	♋
F	13	♋
S	14	♌
S	15	♌
M	16	♍
D	17	♍
M	18	♍
D	19	♎
F	20	♎
S	21	♏
S	22	♏
M	23	♏
D	24	♐
M	25	♐
D	26	♑
F	27	♑
S	28	♒
S	29	♒
M	30	♓
D	31	♓

1936

Januar

M	1	♈
D	2	♈
F	3	♈
S	4	♉
S	5	♉
M	6	♊
D	7	♊
M	**8**	**♋**
D	9	♋
F	10	♌
S	11	♌
S	12	♌
M	13	♍
D	14	♍
M	15	♎
D	16	♎
F	17	♎
S	18	♏
S	19	♏
M	20	♐
D	21	♐
M	22	♑
D	23	♑
F	24	♑
S	25	♒
S	26	♒
M	27	♓
D	28	♓
M	29	♈
D	30	♈
F	31	♉

Februar

S	1	♉
S	2	♊
M	3	♊
D	4	♋
M	5	♋
D	6	♋
F	**7**	**♌**
S	8	♌
S	9	♍
M	10	♍
D	11	♍
M	12	♎
D	13	♎
F	14	♏
S	15	♏
S	16	♏
M	17	♐
D	18	♐
M	19	♑
D	20	♑
F	21	♒
S	22	♒
S	23	♓
M	24	♓
D	25	♈
M	26	♈
D	27	♉
F	28	♉
S	29	♊

März

S	1	♊
M	2	♋
D	3	♋
M	4	♋
D	5	♌
F	6	♌
S	7	♍
S	**8**	**♍**
M	9	♍
D	10	♎
M	11	♎
D	12	♏
F	13	♏
S	14	♏
S	15	♐
M	16	♐
D	17	♑
M	18	♑
D	19	♒
F	20	♒
S	21	♒
S	22	♓
M	23	♓
D	24	♈
M	25	♈
D	26	♉
F	27	♉
S	28	♊
S	29	♊
M	30	♋
D	31	♋

April

M	1	♌
D	2	♌
F	3	♌
S	4	♍
S	5	♍
M	**6**	**♎**
D	7	♎
M	8	♎
D	9	♏
F	10	♏
S	11	♐
S	12	♐
M	13	♐
D	14	♑
M	15	♑
D	16	♒
F	17	♒
S	18	♓
S	19	♓
M	20	♈
D	21	♈
M	22	♉
D	23	♉
F	24	♊
S	25	♊
S	26	♋
M	27	♋
D	28	♌
M	29	♌
D	30	♌

Mai

F	1	♍
S	2	♍
S	3	♎
M	4	♎
D	5	♎
M	**6**	**♏**
D	7	♏
F	8	♐
S	9	♐
S	10	♐
M	11	♑
D	12	♑
M	13	♒
D	14	♒
F	15	♓
S	16	♓
S	17	♈
M	18	♈
D	19	♉
M	20	♉
D	21	♊
F	22	♊
S	23	♊
S	24	♋
M	25	♋
D	26	♌
M	27	♌
D	28	♍
F	29	♍
S	30	♍
S	31	♎

Juni

M	1	♎
D	2	♏
M	3	♏
D	4	♏
F	**5**	**♐**
S	6	♐
S	7	♑
M	8	♑
D	9	♒
M	10	♒
D	11	♒
F	12	♓
S	13	♓
S	14	♈
M	15	♈
D	16	♉
M	17	♉
D	18	♊
F	19	♊
S	20	♋
S	21	♋
M	22	♌
D	23	♌
M	24	♍
D	25	♍
F	26	♍
S	27	♎
S	28	♎
M	29	♏
D	30	♏

Juli

M	1	♏
D	2	♐
F	3	♐
S	**4**	**♑**
S	5	♑
M	6	♑
D	7	♒
M	8	♒
D	9	♓
F	10	♓
S	11	♈
S	12	♈
M	13	♉
D	14	♉
M	15	♊
D	16	♊
F	17	♋
S	18	♋
S	19	♌
M	20	♌
D	21	♌
M	22	♍
D	23	♍
F	24	♎
S	25	♎
S	26	♎
M	27	♏
D	28	♏
M	29	♐
D	30	♐
F	31	♐

August

S	1	♑
S	2	♑
M	**3**	**♒**
D	4	♒
M	5	♓
D	6	♓
F	7	♈
S	8	♈
S	9	♉
M	10	♉
D	11	♊
M	12	♊
D	13	♊
F	14	♋
S	15	♋
S	16	♌
M	17	♌
D	18	♍
M	19	♍
D	20	♍
F	21	♎
S	22	♎
S	23	♏
M	24	♏
D	25	♏
M	26	♐
D	27	♐
F	28	♑
S	29	♑
S	30	♒
M	31	♒

September

D	**1**	**♓**
M	2	♓
D	3	♈
F	4	♈
S	5	♈
S	6	♉
M	7	♉
D	8	♊
M	9	♊
D	10	♋
F	11	♋
S	12	♌
S	13	♌
M	14	♍
D	15	♍
M	16	♍
D	17	♎
F	18	♎
S	19	♏
S	20	♏
M	21	♏
D	22	♐
M	23	♐
D	24	♑
F	25	♑
S	26	♑
S	27	♒
M	28	♒
D	29	♓
M	**30**	**♓**

Oktober

D	1	♈
F	2	♈
S	3	♉
S	4	♉
M	5	♊
D	6	♊
M	7	♋
D	8	♋
F	9	♌
S	10	♌
S	11	♌
M	12	♍
D	13	♍
M	14	♎
D	15	♎
F	16	♎
S	17	♏
S	18	♏
M	19	♐
D	20	♐
M	21	♐
D	22	♑
F	23	♑
S	24	♒
S	25	♒
M	26	♓
D	27	♓
M	28	♈
D	29	♈
F	**30**	**♉**
S	31	♉

November

S	1	♊
M	2	♊
D	3	♋
M	4	♋
D	5	♋
F	6	♌
S	7	♌
S	8	♍
M	9	♍
D	10	♎
M	11	♎
D	12	♎
F	13	♏
S	14	♏
S	15	♐
M	16	♐
D	17	♐
M	18	♑
D	19	♑
F	20	♒
S	21	♒
S	22	♒
M	23	♓
D	24	♓
M	25	♈
D	26	♈
F	27	♉
S	**28**	**♉**
S	29	♊
M	30	♊

Dezember

D	1	♋
M	2	♋
D	3	♌
F	4	♌
S	5	♍
S	6	♍
M	7	♍
D	8	♎
M	9	♎
D	10	♏
F	11	♏
S	12	♏
S	13	♐
M	14	♐
D	15	♑
M	16	♑
D	17	♑
F	18	♒
S	19	♒
S	20	♓
M	21	♓
D	22	♈
M	23	♈
D	24	♉
F	25	♉
S	26	♊
S	27	♊
M	**28**	**♋**
D	29	♋
M	30	♌
D	31	♌

1937

Januar

F	1	♌
S	2	♍
S	3	♍
M	4	♎
D	5	♎
M	6	♏
D	7	♏
F	8	♏
S	9	♐
S	10	♐
M	11	♑
D	12	♑
M	13	♑
D	14	♒
F	15	♒
S	16	♓
S	17	♓
M	18	♈
D	19	♈
M	20	♉
D	21	♉
F	22	♉
S	23	♊
S	24	♊
M	25	♋
D	**26**	**♋**
M	27	♌
D	28	♌
F	29	♍
S	30	♍
S	31	♎

Februar

M	1	♎
D	2	♎
M	3	♏
D	4	♏
F	5	♐
S	6	♐
S	7	♐
M	8	♑
D	9	♑
M	10	♒
D	11	♒
F	12	♓
S	13	♓
S	14	♓
M	15	♈
D	16	♈
M	17	♉
D	18	♉
F	19	♊
S	20	♊
S	21	♋
M	22	♋
D	23	♌
M	24	♌
D	**25**	**♍**
F	26	♍
S	27	♍
S	28	♎

März

M	1	♎
D	2	♏
M	3	♏
D	4	♏
F	5	♐
S	6	♐
S	7	♑
M	8	♑
D	9	♑
M	10	♒
D	11	♒
F	12	♓
S	13	♓
S	14	♈
M	15	♈
D	16	♉
M	17	♉
D	18	♊
F	19	♊
S	20	♋
S	21	♋
M	22	♌
D	23	♌
M	24	♌
D	25	♍
F	**26**	**♍**
S	27	♎
S	28	♎
M	29	♏
D	30	♏
M	31	♏

April

D	1	♐
F	2	♐
S	3	♐
S	4	♑
M	5	♑
D	6	♒
M	7	♒
D	8	♓
F	9	♓
S	10	♈
S	11	♈
M	12	♉
D	13	♉
M	14	♊
D	15	♊
F	16	♋
S	17	♋
S	18	♋
M	19	♌
D	20	♌
M	21	♍
D	22	♍
F	23	♎
S	24	♎
S	**25**	**♎**
M	26	♏
D	27	♏
M	28	♐
D	29	♐
F	30	♐

Mai

S	1	♑
S	2	♑
M	3	♒
D	4	♒
M	5	♒
D	6	♓
F	7	♓
S	8	♈
S	9	♈
M	10	♉
D	11	♉
M	12	♊
D	13	♊
F	14	♋
S	15	♋
S	16	♌
M	17	♌
D	18	♍
M	19	♍
D	20	♍
F	21	♎
S	22	♎
S	23	♏
M	24	♏
D	**25**	**♏**
M	26	♐
D	27	♐
F	28	♑
S	29	♑
S	30	♑
M	31	♒

Juni

D	1	♒
M	2	♓
D	3	♓
F	4	♈
S	5	♈
S	6	♉
M	7	♉
D	8	♊
M	9	♊
D	10	♋
F	11	♋
S	12	♌
S	13	♌
M	14	♍
D	15	♍
M	16	♍
D	17	♎
F	18	♎
S	19	♏
S	20	♏
M	21	♏
D	22	♐
M	**23**	**♐**
D	24	♑
F	25	♑
S	26	♑
S	27	♒
M	28	♒
D	29	♓
M	30	♓

Juli

D	1	♈
F	2	♈
S	3	♈
S	4	♉
M	5	♉
D	6	♊
M	7	♊
D	8	♋
F	9	♋
S	10	♌
S	11	♌
M	12	♍
D	13	♍
M	14	♎
D	15	♎
F	16	♎
S	17	♏
S	18	♏
M	19	♐
D	20	♐
M	21	♐
D	22	♑
F	**23**	**♑**
S	24	♒
S	25	♒
M	26	♓
D	27	♓
M	28	♓
D	29	♈
F	30	♈
S	31	♉

August

S	1	♉
M	2	♊
D	3	♊
M	4	♋
D	5	♋
F	6	♌
S	7	♌
S	8	♍
M	9	♍
D	10	♎
M	11	♎
D	12	♎
F	13	♏
S	14	♏
S	15	♐
M	16	♐
D	17	♐
M	18	♑
D	19	♑
F	20	♒
S	21	♒
S	**22**	**♒**
M	23	♓
D	24	♓
M	25	♈
D	26	♈
F	27	♉
S	28	♉
S	29	♊
M	30	♊
D	31	♋

September

M	1	♋
D	2	♌
F	3	♌
S	4	♌
S	5	♍
M	6	♍
D	7	♎
M	8	♎
D	9	♏
F	10	♏
S	11	♏
S	12	♐
M	13	♐
D	14	♑
M	15	♑
D	16	♑
F	17	♒
S	18	♒
S	19	♓
M	**20**	**♓**
D	21	♈
M	22	♈
D	23	♉
F	24	♉
S	25	♊
S	26	♊
M	27	♊
D	28	♋
M	29	♋
D	30	♌

Oktober

F	1	♐
S	2	♐
S	3	♐
M	4	♑
D	5	♑
M	6	♒
D	7	♒
F	8	♓
S	9	♓
S	10	♈
M	11	♈
D	12	♉
M	13	♉
D	14	♊
F	15	♊
S	16	♋
S	17	♋
M	18	♋
D	**19**	**♌**
M	20	♌
D	21	♍
F	22	♍
S	23	♍
S	24	♎
M	25	♎
D	26	♏
M	27	♏
D	28	♏
F	29	♐
S	30	♐
S	31	♑

November

M	1	♎
D	2	♎
M	3	♏
D	4	♏
F	5	♐
S	6	♐
S	7	♐
M	8	♑
D	9	♑
M	10	♒
D	11	♒
F	12	♒
S	13	♓
S	14	♓
M	15	♈
D	16	♈
M	17	♉
D	**18**	**♉**
F	19	♊
S	20	♊
S	21	♋
M	22	♋
D	23	♌
M	24	♌
D	25	♍
F	26	♍
S	27	♍
S	28	♎
M	29	♎
D	30	♏

Dezember

M	1	♏
D	2	♏
F	3	♐
S	4	♐
S	5	♑
M	6	♑
D	7	♑
M	8	♒
D	9	♒
F	10	♓
S	11	♓
S	12	♈
M	13	♈
D	14	♈
M	15	♉
D	16	♉
F	**17**	**♊**
S	18	♊
S	19	♋
M	20	♋
D	21	♌
M	22	♌
D	23	♍
F	24	♍
S	25	♎
S	26	♎
M	27	♏
D	28	♏
M	29	♏
D	30	♐
F	31	♐

1938

Tag	Januar	Februar	März	April	Mai	Juni
1	S ♑	D ♒	D ♒	F ♈	S ♉	M ♋
2	S ♑	M ♒	M ♓	S ♈	M ♊	D ♋
3	M ♑	D ♓	D ♓	S ♉	D ♊	F ♌
4	D ♒	F ♓	F ♈	M ♉	M ♋	S ♌
5	M ♒	S ♈	S ♈	D ♊	D ♋	S ♍
6	D ♓	S ♈	S ♉	M ♊	F ♌	M ♍
7	F ♓	M ♉	M ♉	D ♋	S ♌	D ♎
8	S ♓	D ♉	D ♉	F ♋	S ♍	M ♎
9	S ♈	M ♊	M ♊	S ♌	M ♍	D ♏
10	M ♈	D ♊	D ♊	S ♌	D ♍	F ♏
11	D ♉	F ♋	F ♋	M ♍	M ♎	S ♏
12	M ♉	S ♋	S ♋	D ♍	D ♎	**S ♐**
13	D ♊	S ♋	S ♌	M ♎	F ♏	M ♐
14	F ♊	**M ♌**	M ♌	**D ♎**	**S ♏**	D ♑
15	S ♋	D ♌	D ♍	F ♎	S ♐	M ♑
16	**S ♋**	M ♍	**M ♍**	S ♏	M ♐	D ♑
17	M ♌	D ♍	D ♎	S ♏	D ♐	F ♒
18	D ♌	F ♎	F ♎	M ♐	M ♑	S ♒
19	M ♍	S ♎	S ♏	D ♐	D ♑	S ♓
20	D ♍	S ♏	S ♏	M ♐	F ♑	M ♓
21	F ♎	M ♏	M ♏	D ♑	S ♒	D ♓
22	S ♎	D ♐	D ♐	F ♑	S ♒	M ♈
23	S ♎	M ♐	M ♐	S ♒	M ♓	D ♈
24	M ♏	D ♐	D ♑	S ♒	D ♓	F ♉
25	D ♏	F ♑	F ♑	M ♒	M ♈	S ♉
26	M ♐	S ♑	S ♒	D ♓	D ♈	S ♊
27	D ♐	S ♑	S ♒	M ♓	F ♈	M ♊
28	F ♐	M ♒	M ♒	D ♈	S ♉	D ♋
29	S ♑		D ♓	F ♈	S ♉	M ♋
30	S ♑		M ♓	S ♉	M ♊	D ♌
31	M ♒		D ♓		D ♊	

Tag	Juli	August	September	Oktober	November	Dezember
1	F ♌	M ♎	D ♏	S ♑	D ♒	D ♓
2	S ♍	D ♎	F ♐	S ♑	M ♒	F ♓
3	S ♍	M ♏	S ♐	M ♑	D ♓	S ♈
4	M ♎	D ♏	S ♑	D ♒	F ♓	S ♈
5	D ♎	F ♐	M ♑	M ♒	S ♈	M ♉
6	M ♎	S ♐	D ♑	D ♓	S ♈	D ♉
7	D ♏	S ♐	M ♒	F ♓	**M ♉**	**M ♊**
8	F ♏	M ♑	D ♒	S ♓	D ♉	D ♊
9	S ♐	D ♑	**F ♓**	**S ♈**	M ♉	F ♋
10	S ♐	M ♒	S ♓	M ♈	D ♊	S ♋
11	M ♐	**D ♒**	S ♈	D ♉	F ♊	S ♌
12	**D ♑**	F ♒	M ♈	M ♉	S ♋	M ♌
13	M ♑	S ♓	D ♈	D ♊	S ♋	D ♍
14	D ♒	S ♓	M ♉	F ♊	M ♌	M ♍
15	F ♒	M ♈	D ♉	S ♋	D ♌	D ♎
16	S ♒	D ♈	F ♊	S ♋	M ♍	F ♎
17	S ♓	M ♈	S ♊	M ♌	D ♍	S ♎
18	M ♓	D ♉	S ♋	D ♌	F ♎	S ♏
19	D ♈	F ♉	M ♋	M ♌	S ♎	M ♏
20	M ♈	S ♊	D ♌	D ♍	S ♏	D ♐
21	D ♉	S ♊	M ♌	F ♍	M ♏	M ♐
22	F ♉	M ♋	D ♍	S ♎	D ♏	D ♑
23	S ♊	D ♋	F ♍	S ♎	M ♐	F ♑
24	S ♊	M ♌	S ♎	M ♏	D ♐	S ♑
25	M ♋	D ♌	S ♎	D ♏	F ♑	S ♒
26	D ♋	F ♍	M ♎	M ♐	S ♑	M ♒
27	M ♌	S ♍	D ♏	D ♐	S ♑	D ♓
28	D ♌	S ♎	M ♏	F ♐	M ♒	M ♓
29	F ♍	M ♎	D ♐	S ♑	D ♒	D ♓
30	S ♍	D ♏	F ♐	S ♑	M ♓	F ♈
31	S ♍	M ♏		M ♒		S ♈

1939

Januar

S	1	♉
M	2	♉
D	3	♊
M	4	♊
D	**5**	**♋**
F	6	♋
S	7	♌
S	8	♌
M	9	♍
D	10	♍
M	11	♍
D	12	♎
F	13	♎
S	14	♏
S	15	♏
M	16	♐
D	17	♐
M	18	♐
D	19	♑
F	20	♑
S	21	♒
S	22	♒
M	23	♒
D	24	♓
M	25	♓
D	26	♈
F	27	♈
S	28	♈
S	29	♉
M	30	♉
D	31	♊

Februar

M	1	♊
D	2	♋
F	3	♋
S	**4**	**♌**
S	5	♌
M	6	♍
D	7	♍
M	8	♎
D	9	♎
F	10	♏
S	11	♏
S	12	♐
M	13	♐
D	14	♐
M	15	♑
D	16	♑
F	17	♒
S	18	♒
S	19	♒
M	20	♓
D	21	♓
M	22	♈
D	23	♈
F	24	♈
S	25	♉
S	26	♉
M	27	♊
D	28	♊

März

M	1	♋
D	2	♋
F	3	♌
S	4	♌
S	**5**	**♍**
M	6	♍
D	7	♎
M	8	♎
D	9	♏
F	10	♏
S	11	♏
S	12	♐
M	13	♐
D	14	♑
M	15	♑
D	16	♑
F	17	♒
S	18	♒
S	19	♓
M	20	♓
D	21	♓
M	22	♈
D	23	♈
F	24	♉
S	25	♉
S	26	♊
M	27	♊
D	28	♊
M	29	♋
D	30	♋
F	31	♌

April

S	1	♌
S	2	♍
M	3	♍
D	**4**	**♎**
M	5	♎
D	6	♏
F	7	♏
S	8	♐
S	9	♐
M	10	♑
D	11	♑
M	12	♑
D	13	♒
F	14	♒
S	15	♒
S	16	♓
M	17	♓
D	18	♈
M	19	♈
D	20	♉
F	21	♉
S	22	♉
S	23	♊
M	24	♊
D	25	♋
M	26	♋
D	27	♌
F	28	♌
S	29	♍
S	30	♍

Mai

M	1	♎
D	2	♎
M	**3**	**♏**
D	4	♏
F	5	♏
S	6	♐
S	7	♐
M	8	♑
D	9	♑
M	10	♒
D	11	♒
F	12	♒
S	13	♓
S	14	♓
M	15	♈
D	16	♈
M	17	♈
D	18	♉
F	19	♉
S	20	♊
S	21	♊
M	22	♋
D	23	♋
M	24	♌
D	25	♌
F	26	♍
S	27	♍
S	28	♎
M	29	♎
D	30	♎
M	31	♏

Juni

D	1	♏
F	**2**	**♐**
S	3	♐
S	4	♑
M	5	♑
D	6	♑
M	7	♒
D	8	♒
F	9	♓
S	10	♓
S	11	♓
M	12	♈
D	13	♈
M	14	♉
D	15	♉
F	16	♊
S	17	♊
S	18	♋
M	19	♋
D	20	♌
M	21	♌
D	22	♍
F	23	♍
S	24	♍
S	25	♎
M	26	♎
D	27	♏
M	28	♏
D	29	♐
F	30	♐

Juli

S	**1**	**♑**
S	2	♑
M	3	♑
D	4	♒
M	5	♒
D	6	♓
F	7	♓
S	8	♓
S	9	♈
M	10	♈
D	11	♉
M	12	♉
D	13	♉
F	14	♊
S	15	♊
S	16	♋
M	17	♋
D	18	♌
M	19	♌
D	20	♍
F	21	♍
S	22	♎
S	23	♎
M	24	♏
D	25	♏
M	26	♐
D	27	♐
F	28	♐
S	29	♑
S	30	♑
M	**31**	**♒**

August

D	1	♒
M	2	♒
D	3	♓
F	4	♓
S	5	♈
S	6	♈
M	7	♈
D	8	♉
M	9	♉
D	10	♊
F	11	♊
S	12	♋
S	13	♋
M	14	♌
D	15	♌
M	16	♍
D	17	♍
F	18	♎
S	19	♎
S	20	♏
M	21	♏
D	22	♏
M	23	♐
D	24	♐
F	25	♑
S	26	♑
S	27	♒
M	28	♒
D	**29**	**♒**
M	30	♓
D	31	♓

September

F	1	♓
S	2	♈
S	3	♈
M	4	♉
D	5	♉
M	6	♊
D	7	♊
F	8	♊
S	9	♋
S	10	♋
M	11	♌
D	12	♌
M	13	♍
D	14	♍
F	15	♎
S	16	♎
S	17	♏
M	18	♏
D	19	♐
M	20	♐
D	21	♑
F	22	♑
S	23	♑
S	24	♒
M	25	♒
D	26	♓
M	27	♓
D	**28**	**♓**
F	29	♈
S	30	♈

Oktober

S	1	♉
M	2	♉
D	3	♉
M	4	♊
D	5	♊
F	6	♋
S	7	♋
S	8	♌
M	9	♌
D	10	♍
M	11	♍
D	12	♎
F	13	♎
S	14	♏
S	15	♏
M	16	♐
D	17	♐
M	18	♐
D	19	♑
F	20	♑
S	21	♒
S	22	♒
M	23	♒
D	24	♓
M	25	♓
D	26	♈
F	27	♈
S	**28**	**♈**
S	29	♉
M	30	♉
D	31	♊

November

M	1	♊
D	2	♋
F	3	♋
S	4	♌
S	5	♌
M	6	♍
D	7	♍
M	8	♍
D	9	♎
F	10	♎
S	11	♏
S	12	♏
M	13	♐
D	14	♐
M	15	♑
D	16	♑
F	17	♒
S	18	♒
S	19	♒
M	20	♓
D	21	♓
M	22	♈
D	23	♈
F	24	♈
S	25	♉
S	**26**	**♉**
M	27	♊
D	28	♊
M	29	♋
D	30	♋

Dezember

F	1	♋
S	2	♌
S	3	♌
M	4	♍
D	5	♍
M	6	♎
D	7	♎
F	8	♏
S	9	♏
S	10	♐
M	11	♐
D	12	♑
M	13	♑
D	14	♑
F	15	♒
S	16	♒
S	17	♓
M	18	♓
D	19	♓
M	20	♈
D	21	♈
F	22	♉
S	23	♉
S	24	♉
M	25	♊
D	**26**	**♊**
M	27	♋
D	28	♋
F	29	♌
S	30	♌
S	31	♍

1940

Januar		
M	1	♍
D	2	♎
M	3	♎
D	4	♏
F	5	♏
S	6	♐
S	7	♐
M	8	♐
D	9	♑
M	10	♑
D	11	♒
F	12	♒
S	13	♒
S	14	♓
M	15	♓
D	16	♈
M	17	♈
D	18	♈
F	19	♉
S	20	♉
S	21	♊
M	22	♊
D	23	♋
M	**24**	**♋**
D	25	♌
F	26	♌
S	27	♍
S	28	♍
M	29	♎
D	30	♎
M	31	♏

Februar		
D	1	♏
F	2	♏
S	3	♐
S	4	♐
M	5	♑
D	6	♑
M	7	♒
D	8	♒
F	9	♒
S	10	♓
S	11	♓
M	12	♈
D	13	♈
M	14	♈
D	15	♉
F	16	♉
S	17	♊
S	18	♊
M	19	♊
D	20	♋
M	21	♋
D	22	♌
F	**23**	**♌**
S	24	♍
S	25	♍
M	26	♎
D	27	♎
M	28	♏
D	29	♏

März		
F	1	♐
S	2	♐
S	3	♑
M	4	♑
D	5	♑
M	6	♒
D	7	♒
F	8	♓
S	9	♓
S	10	♓
M	11	♈
D	12	♈
M	13	♉
D	14	♉
F	15	♉
S	16	♊
S	17	♊
M	18	♋
D	19	♋
M	20	♌
D	21	♌
F	22	♍
S	**23**	**♍**
S	24	♎
M	25	♎
D	26	♏
M	27	♏
D	28	♐
F	29	♐
S	30	♑
S	31	♑

April		
M	1	♑
D	2	♒
M	3	♒
D	4	♓
F	5	♓
S	6	♓
S	7	♈
M	8	♈
D	9	♉
M	10	♉
D	11	♉
F	12	♊
S	13	♊
S	14	♋
M	15	♋
D	16	♌
M	17	♌
D	18	♌
F	19	♍
S	20	♍
S	21	♎
M	**22**	**♎**
D	23	♏
M	24	♏
D	25	♐
F	26	♐
S	27	♑
S	28	♑
M	29	♒
D	30	♒

Mai		
M	1	♒
D	2	♓
F	3	♓
S	4	♈
S	5	♈
M	6	♈
D	7	♉
M	8	♉
D	9	♊
F	10	♊
S	11	♋
S	12	♋
M	13	♋
D	14	♌
M	15	♌
D	16	♍
F	17	♍
S	18	♎
S	19	♎
M	20	♏
D	**21**	**♏**
M	22	♐
D	23	♐
F	24	♑
S	25	♑
S	26	♑
M	27	♒
D	28	♒
M	29	♓
D	30	♓
F	31	♓

Juni		
S	1	♈
S	2	♈
M	3	♉
D	4	♉
M	5	♊
D	6	♊
F	7	♊
S	8	♋
S	9	♋
M	10	♌
D	11	♌
M	12	♍
D	13	♍
F	14	♎
S	15	♎
S	16	♏
M	17	♏
D	18	♐
M	**19**	**♐**
D	20	♐
F	21	♑
S	22	♑
S	23	♒
M	24	♒
D	25	♓
M	26	♓
D	27	♓
F	28	♈
S	29	♈
S	30	♉

Juli		
M	1	♉
D	2	♉
M	3	♊
D	4	♊
F	5	♋
S	6	♋
S	7	♌
M	8	♌
D	9	♍
M	10	♍
D	11	♎
F	12	♎
S	13	♎
S	14	♏
M	15	♏
D	16	♐
M	17	♐
D	18	♑
F	**19**	**♑**
S	20	♒
S	21	♒
M	22	♒
D	23	♓
M	24	♓
D	25	♈
F	26	♈
S	27	♈
S	28	♉
M	29	♉
D	30	♊
M	31	♊

August		
D	1	♋
F	2	♋
S	3	♋
S	4	♌
M	5	♌
D	6	♍
M	7	♍
D	8	♎
F	9	♎
S	10	♏
S	11	♏
M	12	♐
D	13	♐
M	14	♑
D	15	♑
F	16	♑
S	**17**	**♒**
S	18	♒
M	19	♓
D	20	♓
M	21	♈
D	22	♈
F	23	♈
S	24	♉
S	25	♉
M	26	♉
D	27	♊
M	28	♊
D	29	♋
F	30	♋
S	31	♌

September		
S	1	♌
M	2	♍
D	3	♍
M	4	♎
D	5	♎
F	6	♏
S	7	♏
S	8	♐
M	9	♐
D	10	♑
M	11	♑
D	12	♑
F	13	♒
S	14	♒
S	15	♓
M	**16**	**♓**
D	17	♓
M	18	♈
D	19	♈
F	20	♉
S	21	♉
S	22	♉
M	23	♊
D	24	♊
M	25	♋
D	26	♋
F	27	♌
S	28	♌
S	29	♌
M	30	♍

Oktober		
D	1	♍
M	2	♎
D	3	♎
F	4	♏
S	5	♏
S	6	♐
M	7	♐
D	8	♑
M	9	♑
D	10	♒
F	11	♒
S	12	♓
S	13	♓
M	14	♓
D	15	♈
M	**16**	**♈**
D	17	♈
F	18	♉
S	19	♉
S	20	♊
M	21	♊
D	22	♋
M	23	♋
D	24	♋
F	25	♌
S	26	♌
S	27	♍
M	28	♍
D	29	♎
M	30	♎
D	31	♏

November		
F	1	♏
S	2	♐
S	3	♐
M	4	♑
D	5	♑
M	6	♒
D	7	♒
F	8	♒
S	9	♓
S	10	♓
M	11	♈
D	12	♈
M	13	♈
D	14	♉
F	**15**	**♉**
S	16	♊
S	17	♊
M	18	♊
D	19	♋
M	20	♋
D	21	♌
F	22	♌
S	23	♍
S	24	♍
M	25	♎
D	26	♎
M	27	♏
D	28	♏
F	29	♐
S	30	♐

Dezember		
S	1	♐
M	2	♑
D	3	♑
M	4	♒
D	5	♒
F	6	♓
S	7	♓
S	8	♓
M	9	♈
D	10	♈
M	11	♉
D	12	♉
F	13	♉
S	**14**	**♊**
S	15	♊
M	16	♋
D	17	♋
M	18	♌
D	19	♌
F	20	♍
S	21	♍
S	22	♍
M	23	♎
D	24	♎
M	25	♏
D	26	♏
F	27	♐
S	28	♐
S	29	♑
M	30	♑
D	31	♒

1941

Januar

M	1	♒
D	2	♓
F	3	♓
S	4	♓
S	5	♈
M	6	♈
D	7	♉
M	8	♉
D	9	♉
F	10	♊
S	11	♊
S	12	♋
M	**13**	**♋**
D	14	♋
M	15	♌
D	16	♌
F	17	♍
S	18	♍
S	19	♎
M	20	♎
D	21	♏
M	22	♏
D	23	♐
F	24	♐
S	25	♑
S	26	♑
M	27	♑
D	28	♒
M	29	♒
D	30	♓
F	31	♓

Februar

S	1	♈
S	2	♈
M	3	♈
D	4	♉
M	5	♉
D	6	♊
F	7	♊
S	8	♊
S	9	♋
M	10	♋
D	11	♌
M	**12**	**♌**
D	13	♍
F	14	♍
S	15	♎
S	16	♎
M	17	♏
D	18	♏
M	19	♐
D	20	♐
F	21	♐
S	22	♑
S	23	♑
M	24	♒
D	25	♒
M	26	♓
D	27	♓
F	28	♓

März

S	1	♈
S	2	♈
M	3	♉
D	4	♉
M	5	♉
D	6	♊
F	7	♊
S	8	♋
S	9	♋
M	10	♌
D	11	♌
M	12	♌
D	**13**	**♍**
F	14	♍
S	15	♎
S	16	♎
M	17	♏
D	18	♏
M	19	♐
D	20	♐
F	21	♑
S	22	♑
S	23	♒
M	24	♒
D	25	♓
M	26	♓
D	27	♓
F	28	♈
S	29	♈
S	30	♉
M	31	♉

April

D	1	♉
M	2	♊
D	3	♊
F	4	♋
S	5	♋
S	6	♋
M	7	♌
D	8	♌
M	9	♍
D	10	♍
F	**11**	**♎**
S	12	♎
S	13	♏
M	14	♏
D	15	♐
M	16	♐
D	17	♑
F	18	♑
S	19	♒
S	20	♒
M	21	♒
D	22	♓
M	23	♓
D	24	♈
F	25	♈
S	26	♈
S	27	♉
M	28	♉
D	29	♊
M	30	♊

Mai

D	1	♊
F	2	♋
S	3	♋
S	4	♌
M	5	♌
D	6	♍
M	7	♍
D	8	♎
F	9	♎
S	10	♏
S	**11**	**♏**
M	12	♐
D	13	♐
M	14	♑
D	15	♑
F	16	♑
S	17	♒
S	18	♒
M	19	♓
D	20	♓
M	21	♈
D	22	♈
F	23	♈
S	24	♉
S	25	♉
M	26	♊
D	27	♊
M	28	♊
D	29	♋
F	30	♋
S	31	♌

Juni

S	1	♌
M	2	♌
D	3	♍
M	4	♍
D	5	♎
F	6	♎
S	7	♏
S	8	♏
M	**9**	**♐**
D	10	♐
M	11	♑
D	12	♑
F	13	♒
S	14	♒
S	15	♓
M	16	♓
D	17	♓
M	18	♈
D	19	♈
F	20	♉
S	21	♉
S	22	♉
M	23	♊
D	24	♊
M	25	♋
D	26	♋
F	27	♋
S	28	♌
S	29	♌
M	30	♍

Juli

D	1	♍
M	2	♎
D	3	♎
F	4	♏
S	5	♏
S	6	♐
M	7	♐
D	**8**	**♑**
M	9	♑
D	10	♒
F	11	♒
S	12	♒
S	13	♓
M	14	♓
D	15	♈
M	16	♈
D	17	♉
F	18	♉
S	19	♉
S	20	♊
M	21	♊
D	22	♋
M	23	♋
D	24	♋
F	25	♌
S	26	♌
S	27	♍
M	28	♍
D	29	♎
M	30	♎
D	31	♏

August

F	1	♏
S	2	♏
S	3	♐
M	4	♐
D	5	♑
M	6	♑
D	**7**	**♒**
F	8	♒
S	9	♓
S	10	♓
M	11	♈
D	12	♈
M	13	♈
D	14	♉
F	15	♉
S	16	♊
S	17	♊
M	18	♊
D	19	♋
M	20	♋
D	21	♌
F	22	♌
S	23	♍
S	24	♍
M	25	♍
D	26	♎
M	27	♎
D	28	♏
F	29	♏
S	30	♐
S	31	♐

September

M	1	♑
D	2	♑
M	3	♒
D	4	♒
F	**5**	**♓**
S	6	♓
S	7	♓
M	8	♈
D	9	♈
M	10	♉
D	11	♉
F	12	♉
S	13	♊
S	14	♊
M	15	♋
D	16	♋
M	17	♋
D	18	♌
F	19	♌
S	20	♍
S	21	♍
M	22	♎
D	23	♎
M	24	♏
D	25	♏
F	26	♐
S	27	♐
S	28	♑
M	29	♑
D	30	♒

Oktober

M	1	♒
D	2	♒
F	3	♓
S	4	♓
S	**5**	**♈**
M	6	♈
D	7	♉
M	8	♉
D	9	♉
F	10	♊
S	11	♊
S	12	♋
M	13	♋
D	14	♋
M	15	♌
D	16	♌
F	17	♍
S	18	♍
S	19	♎
M	20	♎
D	21	♏
M	22	♏
D	23	♐
F	24	♐
S	25	♑
S	26	♑
M	27	♑
D	28	♒
M	29	♒
D	30	♓
F	31	♓

November

S	1	♈
S	2	♈
M	3	♈
D	**4**	**♉**
M	5	♉
D	6	♊
F	7	♊
S	8	♊
S	9	♋
M	10	♋
D	11	♌
M	12	♌
D	13	♌
F	14	♍
S	15	♍
S	16	♎
M	17	♎
D	18	♏
M	19	♏
D	20	♐
F	21	♐
S	22	♑
S	23	♑
M	24	♒
D	25	♒
M	26	♓
D	27	♓
F	28	♈
S	29	♈
S	30	♈

Dezember

M	1	♉
D	2	♉
M	**3**	**♊**
D	4	♊
F	5	♊
S	6	♋
S	7	♋
M	8	♌
D	9	♌
M	10	♌
D	11	♍
F	12	♍
S	13	♎
S	14	♎
M	15	♏
D	16	♏
M	17	♐
D	18	♐
F	19	♑
S	20	♑
S	21	♒
M	22	♒
D	23	♓
M	24	♓
D	25	♓
F	26	♈
S	27	♈
S	28	♉
M	29	♉
D	30	♉
M	31	♊

1942

Januar

D	1	♊
F	**2**	**♋**
S	3	♋
S	4	♋
M	5	♌
D	6	♌
M	7	♍
D	8	♍
F	9	♎
S	10	♎
S	11	♎
M	12	♏
D	13	♏
M	14	♐
D	15	♐
F	16	♑
S	17	♑
S	18	♒
M	19	♒
D	20	♓
M	21	♓
D	22	♈
F	23	♈
S	24	♈
S	25	♉
M	26	♉
D	27	♊
M	28	♊
D	29	♊
F	30	♋
S	31	♋

Februar

S	**1**	**♌**
M	2	♌
D	3	♍
M	4	♍
D	5	♍
F	6	♎
S	7	♎
S	8	♏
M	9	♏
D	10	♐
M	11	♐
D	12	♑
F	13	♑
S	14	♒
S	15	♒
M	16	♓
D	17	♓
M	18	♓
D	19	♈
F	20	♈
S	21	♉
S	22	♉
M	23	♊
D	24	♊
M	25	♊
D	26	♋
F	27	♋
S	28	♌

März

S	1	♌
M	2	♌
D	**3**	**♍**
M	4	♍
D	5	♎
F	6	♎
S	7	♏
S	8	♏
M	9	♐
D	10	♐
M	11	♑
D	12	♑
F	13	♒
S	14	♒
S	15	♒
M	16	♓
D	17	♓
M	18	♈
D	19	♈
F	20	♉
S	21	♉
S	22	♉
M	23	♊
D	24	♊
M	25	♋
D	26	♋
F	27	♋
S	28	♌
S	29	♌
M	30	♍
D	31	♍

April

M	**1**	**♎**
D	2	♎
F	3	♏
S	4	♏
S	5	♐
M	6	♐
D	7	♐
M	8	♑
D	9	♑
F	10	♒
S	11	♒
S	12	♓
M	13	♓
D	14	♈
M	15	♈
D	16	♈
F	17	♉
S	18	♉
S	19	♉
M	20	♊
D	21	♊
M	22	♋
D	23	♋
F	24	♌
S	25	♌
S	26	♌
M	27	♍
D	28	♍
M	29	♎
D	**30**	**♎**

Mai

F	1	♏
S	2	♏
S	3	♐
M	4	♐
D	5	♑
M	6	♑
D	7	♒
F	8	♒
S	9	♓
S	10	♓
M	11	♈
D	12	♈
M	13	♈
D	14	♉
F	15	♉
S	16	♊
S	17	♊
M	18	♊
D	19	♋
M	20	♋
D	21	♌
F	22	♌
S	23	♌
S	24	♍
M	25	♍
D	26	♎
M	27	♎
D	28	♏
F	29	♏
S	**30**	**♐**
S	31	♐

Juni

M	1	♑
D	2	♑
M	3	♒
D	4	♒
F	5	♓
S	6	♓
S	7	♓
M	8	♈
D	9	♈
M	10	♉
D	11	♉
F	12	♉
S	13	♊
S	14	♊
M	15	♋
D	16	♋
M	17	♋
D	18	♌
F	19	♌
S	20	♍
S	21	♍
M	22	♎
D	23	♎
M	24	♎
D	25	♏
F	26	♏
S	27	♐
S	**28**	**♐**
M	29	♑
D	30	♑

Juli

M	1	♒
D	2	♒
F	3	♓
S	4	♓
S	5	♈
M	6	♈
D	7	♉
M	8	♉
D	9	♉
F	10	♊
S	11	♊
S	12	♋
M	13	♋
D	14	♋
M	15	♌
D	16	♌
F	17	♍
S	18	♍
S	19	♍
M	20	♎
D	21	♎
M	22	♏
D	23	♏
F	24	♐
S	25	♐
S	26	♑
M	**27**	**♑**
D	28	♒
M	29	♒
D	30	♓
F	31	♓

August

S	1	♈
S	2	♈
M	3	♈
D	4	♉
M	5	♉
D	6	♊
F	7	♊
S	8	♊
S	9	♋
M	10	♋
D	11	♌
M	12	♌
D	13	♌
F	14	♍
S	15	♍
S	16	♎
M	17	♎
D	18	♏
M	19	♏
D	20	♐
F	21	♐
S	22	♑
S	23	♑
M	24	♑
D	25	♒
M	**26**	**♒**
D	27	♓
F	28	♓
S	29	♈
S	30	♈
M	31	♉

September

D	1	♉
M	2	♊
D	3	♊
F	4	♊
S	5	♋
S	6	♋
M	7	♌
D	8	♌
M	9	♌
D	10	♍
F	11	♍
S	12	♎
S	13	♎
M	14	♏
D	15	♏
M	16	♏
D	17	♐
F	18	♐
S	19	♑
S	20	♑
M	21	♒
D	22	♒
M	23	♓
D	**24**	**♓**
F	25	♈
S	26	♈
S	27	♉
M	28	♉
D	29	♉
M	30	♊

Oktober

D	1	♊
F	2	♋
S	3	♋
S	4	♋
M	5	♌
D	6	♌
M	7	♍
D	8	♍
F	9	♍
S	10	♎
S	11	♎
M	12	♏
D	13	♏
M	14	♐
D	15	♐
F	16	♑
S	17	♑
S	18	♒
M	19	♒
D	20	♓
M	21	♓
D	22	♈
F	23	♈
S	**24**	**♈**
S	25	♉
M	26	♉
D	27	♊
M	28	♊
D	29	♊
F	30	♋
S	31	♋

November

S	1	♌
M	2	♌
D	3	♌
M	4	♍
D	5	♍
F	6	♎
S	7	♎
S	8	♏
M	9	♏
D	10	♐
M	11	♐
D	12	♑
F	13	♑
S	14	♒
S	15	♒
M	16	♓
D	17	♓
M	18	♓
D	19	♈
F	20	♈
S	21	♉
S	**22**	**♉**
M	23	♊
D	24	♊
M	25	♊
D	26	♋
F	27	♋
S	28	♌
S	29	♌
M	30	♌

Dezember

D	1	♍
M	2	♍
D	3	♎
F	4	♎
S	5	♎
S	6	♏
M	7	♏
D	8	♐
M	9	♐
D	10	♑
F	11	♑
S	12	♒
S	13	♒
M	14	♓
D	15	♓
M	16	♈
D	17	♈
F	18	♉
S	19	♉
S	20	♉
M	21	♊
D	**22**	**♊**
M	23	♋
D	24	♋
F	25	♋
S	26	♌
S	27	♌
M	28	♍
D	29	♍
M	30	♍
D	31	♎

1943

Januar

F	1	♎
S	2	♏
S	3	♏
M	4	♐
D	5	♐
M	6	♑
D	7	♑
F	8	♒
S	9	♒
S	10	♓
M	11	♓
D	12	♈
M	13	♈
D	14	♉
F	15	♉
S	16	♉
S	17	♊
M	18	♊
D	19	♋
M	20	♋
D	**21**	**♋**
F	22	♌
S	23	♌
S	24	♍
M	25	♍
D	26	♍
M	27	♎
D	28	♎
F	29	♏
S	30	♏
S	31	♐

Februar

M	1	♐
D	2	♐
M	3	♑
D	4	♑
F	5	♒
S	6	♒
S	7	♓
M	8	♓
D	9	♈
M	10	♈
D	11	♉
F	12	♉
S	13	♊
S	14	♊
M	15	♊
D	16	♋
M	17	♋
D	18	♌
F	19	♌
S	**20**	**♌**
S	21	♍
M	22	♍
D	23	♎
M	24	♎
D	25	♏
F	26	♏
S	27	♏
S	28	♐

März

M	1	♐
D	2	♑
M	3	♑
D	4	♒
F	5	♒
S	6	♓
S	7	♓
M	8	♈
D	9	♈
M	10	♉
D	11	♉
F	12	♉
S	13	♊
S	14	♊
M	15	♋
D	16	♋
M	17	♋
D	18	♌
F	19	♌
S	20	♍
S	**21**	**♍**
M	22	♎
D	23	♎
M	24	♎
D	25	♏
F	26	♏
S	27	♐
S	28	♐
M	29	♑
D	30	♑
M	31	♒

April

D	1	♒
F	2	♓
S	3	♓
S	4	♈
M	5	♈
D	6	♈
M	7	♉
D	8	♉
F	9	♊
S	10	♊
S	11	♋
M	12	♋
D	13	♋
M	14	♌
D	15	♌
F	16	♍
S	17	♍
S	18	♍
M	19	♎
D	**20**	**♎**
M	21	♏
D	22	♏
F	23	♐
S	24	♐
S	25	♑
M	26	♑
D	27	♒
M	28	♒
D	29	♒
F	30	♓

Mai

S	1	♓
S	2	♈
M	3	♈
D	4	♉
M	5	♉
D	6	♊
F	7	♊
S	8	♊
S	9	♋
M	10	♋
D	11	♌
M	12	♌
D	13	♌
F	14	♍
S	15	♍
S	16	♎
M	17	♎
D	18	♏
M	**19**	**♏**
D	20	♏
F	21	♐
S	22	♐
S	23	♑
M	24	♑
D	25	♒
M	26	♒
D	27	♓
F	28	♓
S	29	♈
S	30	♈
M	31	♉

Juni

D	1	♉
M	2	♉
D	3	♊
F	4	♊
S	5	♋
S	6	♋
M	7	♋
D	8	♌
M	9	♌
D	10	♍
F	11	♍
S	12	♎
S	13	♎
M	14	♏
D	15	♏
M	16	♐
D	17	♐
F	**18**	**♑**
S	19	♑
S	20	♒
M	21	♒
D	22	♓
M	23	♓
D	24	♓
F	25	♈
S	26	♈
S	27	♉
M	28	♉
D	29	♉
M	30	♊

Juli

D	1	♊
F	2	♋
S	3	♋
S	4	♋
M	5	♌
D	6	♌
M	7	♍
D	8	♍
F	9	♍
S	10	♎
S	11	♎
M	12	♏
D	13	♏
M	14	♐
D	15	♐
F	16	♐
S	**17**	**♑**
S	18	♒
M	19	♒
D	20	♓
M	21	♓
D	22	♓
F	23	♈
S	24	♈
S	25	♉
M	26	♉
D	27	♊
M	28	♊
D	29	♊
F	30	♋
S	31	♋

August

S	1	♌
M	2	♌
D	3	♌
M	4	♍
D	5	♍
F	6	♎
S	7	♎
S	8	♎
M	9	♏
D	10	♏
M	11	♐
D	12	♐
F	13	♑
S	14	♑
S	**15**	**♒**
M	16	♒
D	17	♓
M	18	♓
D	19	♈
F	20	♈
S	21	♉
S	22	♉
M	23	♊
D	24	♊
M	25	♊
D	26	♋
F	27	♋
S	28	♌
S	29	♌
M	30	♌
D	31	♍

September

M	1	♍
D	2	♎
F	3	♎
S	4	♎
S	5	♏
M	6	♏
D	7	♐
M	8	♐
D	9	♑
F	10	♑
S	11	♒
S	12	♒
M	13	♓
D	**14**	**♓**
M	15	♈
D	16	♈
F	17	♉
S	18	♉
S	19	♉
M	20	♊
D	21	♊
M	22	♋
D	23	♋
F	24	♋
S	25	♌
S	26	♌
M	27	♍
D	28	♍
M	29	♍
D	30	♎

Oktober

F	1	♎
S	2	♏
S	3	♏
M	4	♐
D	5	♐
M	6	♑
D	7	♑
F	8	♑
S	9	♒
S	10	♒
M	11	♓
D	12	♓
M	**13**	**♈**
D	14	♈
F	15	♉
S	16	♉
S	17	♊
M	18	♊
D	19	♋
M	20	♋
D	21	♋
F	22	♌
S	23	♌
S	24	♍
M	25	♍
D	26	♍
M	27	♎
D	28	♎
F	29	♏
S	30	♏
S	31	♏

November

M	1	♐
D	2	♐
M	3	♑
D	4	♑
F	5	♒
S	6	♒
S	7	♓
M	8	♓
D	9	♈
M	10	♈
D	11	♉
F	**12**	**♉**
S	13	♊
S	14	♊
M	15	♊
D	16	♋
M	17	♋
D	18	♌
F	19	♌
S	20	♌
S	21	♍
M	22	♍
D	23	♎
M	24	♎
D	25	♎
F	26	♏
S	27	♏
S	28	♐
M	29	♐
D	30	♑

Dezember

M	1	♑
D	2	♒
F	3	♒
S	4	♓
S	5	♓
M	6	♈
D	7	♈
M	8	♈
D	9	♉
F	10	♉
S	**11**	**♊**
S	12	♊
M	13	♋
D	14	♋
M	15	♋
D	16	♌
F	17	♌
S	18	♍
S	19	♍
M	20	♍
D	21	♎
M	22	♎
D	23	♏
F	24	♏
S	25	♐
S	26	♐
M	27	♑
D	28	♑
M	29	♒
D	30	♒
F	31	♓

1944

Januar

S	1	♓
S	2	♓
M	3	♈
D	4	♈
M	5	♉
D	6	♉
F	7	♊
S	8	♊
S	9	♋
M	**10**	**♋**
D	11	♋
M	12	♌
D	13	♌
F	14	♍
S	15	♍
S	16	♍
M	17	♎
D	18	♎
M	19	♏
D	20	♏
F	21	♏
S	22	♐
S	23	♐
M	24	♑
D	25	♑
M	26	♒
D	27	♒
F	28	♓
S	29	♓
S	30	♈
M	31	♈

Februar

D	1	♉
M	2	♉
D	3	♊
F	4	♊
S	5	♊
S	6	♋
M	7	♋
D	8	♌
M	**9**	**♌**
D	10	♌
F	11	♍
S	12	♍
S	13	♎
M	14	♎
D	15	♎
M	16	♏
D	17	♏
F	18	♐
S	19	♐
S	20	♑
M	21	♑
D	22	♒
M	23	♒
D	24	♓
F	25	♓
S	26	♈
S	27	♈
M	28	♉
D	29	♉

März

M	1	♉
D	2	♊
F	3	♊
S	4	♋
S	5	♋
M	6	♌
D	7	♌
M	8	♌
D	9	♍
F	**10**	**♍**
S	11	♎
S	12	♎
M	13	♎
D	14	♏
M	15	♏
D	16	♐
F	17	♐
S	18	♐
S	19	♑
M	20	♑
D	21	♒
M	22	♒
D	23	♓
F	24	♓
S	25	♈
S	26	♈
M	27	♉
D	28	♉
M	29	♊
D	30	♊
F	31	♋

April

S	1	♋
S	2	♋
M	3	♌
D	4	♌
M	5	♍
D	6	♍
F	7	♍
S	**8**	**♎**
S	9	♎
M	10	♏
D	11	♏
M	12	♏
D	13	♐
F	14	♐
S	15	♑
S	16	♑
M	17	♒
D	18	♒
M	19	♓
D	20	♓
F	21	♈
S	22	♈
S	23	♉
M	24	♉
D	25	♊
M	26	♊
D	27	♊
F	28	♋
S	29	♋
S	30	♌

Mai

M	1	♌
D	2	♌
M	3	♍
D	4	♍
F	5	♎
S	6	♎
S	7	♎
M	**8**	**♏**
D	9	♏
M	10	♐
D	11	♐
F	12	♑
S	13	♑
S	14	♒
M	15	♒
D	16	♓
M	17	♓
D	18	♓
F	19	♈
S	20	♈
S	21	♉
M	22	♉
D	23	♊
M	24	♊
D	25	♋
F	26	♋
S	27	♌
S	28	♌
M	29	♌
D	30	♍
M	31	♍

Juni

D	1	♎
F	2	♎
S	3	♎
S	4	♏
M	5	♏
D	**6**	**♐**
M	7	♐
D	8	♑
F	9	♑
S	10	♑
S	11	♒
M	12	♒
D	13	♓
M	14	♓
D	15	♈
F	16	♈
S	17	♉
S	18	♉
M	19	♊
D	20	♊
M	21	♋
D	22	♋
F	23	♋
S	24	♌
S	25	♌
M	26	♍
D	27	♍
M	28	♍
D	29	♎
F	30	♎

Juli

S	1	♏
S	2	♏
M	3	♏
D	4	♐
M	5	♐
D	**6**	**♑**
F	7	♑
S	8	♒
S	9	♒
M	10	♓
D	11	♓
M	12	♈
D	13	♈
F	14	♉
S	15	♉
S	16	♊
M	17	♊
D	18	♊
M	19	♋
D	20	♋
F	21	♌
S	22	♌
S	23	♌
M	24	♍
D	25	♍
M	26	♎
D	27	♎
F	28	♎
S	29	♏
S	30	♏
M	31	♐

August

D	1	♐
M	2	♑
D	3	♑
F	**4**	**♒**
S	5	♒
S	6	♓
M	7	♓
D	8	♈
M	9	♈
D	10	♉
F	11	♉
S	12	♉
S	13	♊
M	14	♊
D	15	♋
M	16	♋
D	17	♌
F	18	♌
S	19	♌
S	20	♍
M	21	♍
D	22	♎
M	23	♎
D	24	♎
F	25	♏
S	26	♏
S	27	♐
M	28	♐
D	29	♐
M	30	♑
D	31	♑

September

F	1	♒
S	**2**	**♒**
S	3	♓
M	4	♓
D	5	♈
M	6	♈
D	7	♉
F	8	♉
S	9	♊
S	10	♊
M	11	♋
D	12	♋
M	13	♋
D	14	♌
F	15	♌
S	16	♍
S	17	♍
M	18	♍
D	19	♎
M	20	♎
D	21	♏
F	22	♏
S	23	♏
S	24	♐
M	25	♐
D	26	♑
M	27	♑
D	28	♒
F	29	♒
S	30	♓

Oktober

S	1	♓
M	**2**	**♈**
D	3	♈
M	4	♉
D	5	♉
F	6	♊
S	7	♊
S	8	♋
M	9	♋
D	10	♋
M	11	♌
D	12	♌
F	13	♍
S	14	♍
S	15	♍
M	16	♎
D	17	♎
M	18	♏
D	19	♏
F	20	♏
S	21	♐
S	22	♐
M	23	♑
D	24	♑
M	25	♒
D	26	♒
F	27	♒
S	28	♓
S	29	♓
M	30	♈
D	**31**	**♈**

November

M	1	♉
D	2	♉
F	3	♊
S	4	♊
S	5	♋
M	6	♋
D	7	♌
M	8	♌
D	9	♌
F	10	♍
S	11	♍
S	12	♎
M	13	♎
D	14	♎
M	15	♏
D	16	♏
F	17	♐
S	18	♐
S	19	♑
M	20	♑
D	21	♑
M	22	♒
D	23	♒
F	24	♓
S	25	♓
S	26	♈
M	27	♈
D	28	♉
M	29	♉
D	**30**	**♊**

Dezember

F	1	♊
S	2	♋
S	3	♋
M	4	♌
D	5	♌
M	6	♌
D	7	♍
F	8	♍
S	9	♎
S	10	♎
M	11	♎
D	12	♏
M	13	♏
D	14	♐
F	15	♐
S	16	♐
S	17	♑
M	18	♑
D	19	♒
M	20	♒
D	21	♓
F	22	♓
S	23	♈
S	24	♈
M	25	♉
D	26	♉
M	27	♊
D	28	♊
F	**29**	**♊**
S	30	♋
S	31	♋

1945

Januar

M	1	♌
D	2	♌
M	3	♍
D	4	♍
F	5	♍
S	6	♎
S	7	♎
M	8	♏
D	9	♏
M	10	♏
D	11	♐
F	12	♐
S	13	♑
S	14	♑
M	15	♒
D	16	♒
M	17	♓
D	18	♓
F	19	♈
S	20	♈
S	21	♉
M	22	♉
D	23	♉
M	24	♊
D	25	♊
F	26	♋
S	27	♋
S	**28**	**♌**
M	29	♌
D	30	♌
M	31	♍

Februar

D	1	♍
F	2	♎
S	3	♎
S	4	♎
M	5	♏
D	6	♏
M	7	♐
D	8	♐
F	9	♑
S	10	♑
S	11	♑
M	12	♒
D	13	♒
M	14	♓
D	15	♓
F	16	♈
S	17	♈
S	18	♉
M	19	♉
D	20	♊
M	21	♊
D	22	♋
F	23	♋
S	24	♌
S	25	♌
M	26	♌
D	**27**	**♍**
M	28	♍

März

D	1	♎
F	2	♎
S	3	♎
S	4	♏
M	5	♏
D	6	♐
M	7	♐
D	8	♐
F	9	♑
S	10	♑
S	11	♒
M	12	♒
D	13	♓
M	14	♓
D	15	♈
F	16	♈
S	17	♉
S	18	♉
M	19	♊
D	20	♊
M	21	♋
D	22	♋
F	23	♋
S	24	♌
S	25	♌
M	26	♍
D	27	♍
M	**28**	**♍**
D	29	♎
F	30	♎
S	31	♏

April

S	1	♏
M	2	♏
D	3	♐
M	4	♐
D	5	♑
F	6	♑
S	7	♒
S	8	♒
M	9	♒
D	10	♓
M	11	♓
D	12	♈
F	13	♈
S	14	♉
S	15	♉
M	16	♊
D	17	♊
M	18	♋
D	19	♋
F	20	♌
S	21	♌
S	22	♍
M	23	♍
D	24	♍
M	25	♎
D	26	♎
F	**27**	**♏**
S	28	♏
S	29	♏
M	30	♐

Mai

D	1	♐
M	2	♑
D	3	♑
F	4	♑
S	5	♒
S	6	♒
M	7	♓
D	8	♓
M	9	♈
D	10	♈
F	11	♉
S	12	♉
S	13	♊
M	14	♊
D	15	♋
M	16	♋
D	17	♌
F	18	♌
S	19	♌
S	20	♍
M	21	♍
D	22	♎
M	23	♎
D	24	♎
F	25	♏
S	26	♏
S	**27**	**♐**
M	28	♐
D	29	♐
M	30	♑
D	31	♑

Juni

F	1	♒
S	2	♒
S	3	♓
M	4	♓
D	5	♈
M	6	♈
D	7	♉
F	8	♉
S	9	♊
S	10	♊
M	11	♊
D	12	♋
M	13	♋
D	14	♌
F	15	♌
S	16	♍
S	17	♍
M	18	♍
D	19	♎
M	20	♎
D	21	♏
F	22	♏
S	23	♏
S	24	♐
M	**25**	**♐**
D	26	♑
M	27	♑
D	28	♒
F	29	♒
S	30	♓

Juli

S	1	♓
M	2	♓
D	3	♈
M	4	♈
D	5	♉
F	6	♉
S	7	♊
S	8	♊
M	9	♋
D	10	♋
M	11	♌
D	12	♌
F	13	♍
S	14	♍
S	15	♍
M	16	♎
D	17	♎
M	18	♏
D	19	♏
F	20	♏
S	21	♐
S	22	♐
M	23	♑
D	24	♑
M	**25**	**♑**
D	26	♒
F	27	♒
S	28	♓
S	29	♓
M	30	♈
D	31	♈

August

M	1	♉
D	2	♉
F	3	♊
S	4	♊
S	5	♋
M	6	♋
D	7	♌
M	8	♌
D	9	♌
F	10	♍
S	11	♍
S	12	♎
M	13	♎
D	14	♎
M	15	♏
D	16	♏
F	17	♐
S	18	♐
S	19	♐
M	20	♑
D	21	♑
M	22	♒
D	**23**	**♒**
F	24	♓
S	25	♓
S	26	♈
M	27	♈
D	28	♉
M	29	♉
D	30	♊
F	31	♊

September

S	1	♋
S	2	♋
M	3	♋
D	4	♌
M	5	♌
D	6	♍
F	7	♍
S	8	♎
S	9	♎
M	10	♎
D	11	♏
M	12	♏
D	13	♏
F	14	♐
S	15	♐
S	16	♑
M	17	♑
D	18	♒
M	19	♒
D	20	♓
F	**21**	**♓**
S	22	♓
S	23	♈
M	24	♉
D	25	♉
M	26	♉
D	27	♊
F	28	♊
S	29	♋
S	30	♋

Oktober

M	1	♌
D	2	♌
M	3	♍
D	4	♍
F	5	♍
S	6	♎
S	7	♎
M	8	♏
D	9	♏
M	10	♏
D	11	♐
F	12	♐
S	13	♑
S	14	♑
M	15	♑
D	16	♒
M	17	♒
D	18	♓
F	19	♓
S	20	♈
S	**21**	**♈**
M	22	♉
D	23	♉
M	24	♊
D	25	♊
F	26	♋
S	27	♋
S	28	♌
M	29	♌
D	30	♌
M	31	♍

November

D	1	♍
F	2	♎
S	3	♎
S	4	♏
M	5	♏
D	6	♏
M	7	♐
D	8	♐
F	9	♐
S	10	♑
S	11	♑
M	12	♒
D	13	♒
M	14	♓
D	15	♓
F	16	♈
S	17	♈
S	18	♉
M	**19**	**♉**
D	20	♊
M	21	♊
D	22	♋
F	23	♋
S	24	♋
S	25	♌
M	26	♌
D	27	♍
M	28	♍
D	29	♎
F	30	♎

Dezember

S	1	♎
S	2	♏
M	3	♏
D	4	♐
M	5	♐
D	6	♐
F	7	♑
S	8	♑
S	9	♒
M	10	♒
D	11	♒
M	12	♓
D	13	♓
F	14	♈
S	15	♈
S	16	♉
M	17	♉
D	18	♊
M	**19**	**♊**
D	20	♋
F	21	♋
S	22	♌
S	23	♌
M	24	♍
D	25	♍
M	26	♍
D	27	♎
F	28	♎
S	29	♏
S	30	♏
M	31	♏

1946

Januar

D	1	♐
M	2	♐
D	3	♑
F	4	♑
S	5	♒
S	6	♒
M	7	♓
D	8	♓
M	9	♓
D	10	♈
F	11	♈
S	12	♉
S	13	♉
M	14	♊
D	15	♊
M	16	♋
D	**17**	**♋**
F	18	♌
S	19	♌
S	20	♌
M	21	♍
D	22	♍
M	23	♎
D	24	♎
F	25	♏
S	26	♏
S	27	♏
M	28	♐
D	29	♐
M	30	♑
D	31	♑

Februar

F	1	♑
S	2	♒
S	3	♒
M	4	♓
D	5	♓
M	6	♈
D	7	♈
F	8	♉
S	9	♉
S	10	♊
M	11	♊
D	12	♊
M	13	♋
D	14	♋
F	15	♌
S	**16**	**♌**
S	17	♍
M	18	♍
D	19	♎
M	20	♎
D	21	♎
F	22	♏
S	23	♏
S	24	♐
M	25	♐
D	26	♐
M	27	♑
D	28	♑

März

F	1	♒
S	2	♒
S	3	♓
M	4	♓
D	5	♓
M	6	♈
D	7	♈
F	8	♉
S	9	♉
S	10	♊
M	11	♊
D	12	♋
M	13	♋
D	14	♌
F	15	♌
S	16	♍
S	**17**	**♍**
M	18	♍
D	19	♎
M	20	♎
D	21	♏
F	22	♏
S	23	♏
S	24	♐
M	25	♐
D	26	♑
M	27	♑
D	28	♑
F	29	♒
S	30	♒
S	31	♓

April

M	1	♓
D	2	♈
M	3	♈
D	4	♉
F	5	♉
S	6	♊
S	7	♊
M	8	♋
D	9	♋
M	10	♌
D	11	♌
F	12	♌
S	13	♍
S	14	♍
M	15	♎
D	**16**	**♎**
M	17	♏
D	18	♏
F	19	♏
S	20	♐
S	21	♐
M	22	♑
D	23	♑
M	24	♑
D	25	♒
F	26	♒
S	27	♓
S	28	♓
M	29	♈
D	30	♈

Mai

M	1	♉
D	2	♉
F	3	♊
S	4	♊
S	5	♋
M	6	♋
D	7	♋
M	8	♌
D	9	♌
F	10	♍
S	11	♍
S	12	♎
M	13	♎
D	14	♎
M	15	♏
D	**16**	**♏**
F	17	♐
S	18	♐
S	19	♐
M	20	♑
D	21	♑
M	22	♒
D	23	♒
F	24	♒
S	25	♓
S	26	♓
M	27	♈
D	28	♈
M	29	♉
D	30	♉
F	31	♊

Juni

S	1	♊
S	2	♋
M	3	♋
D	4	♌
M	5	♌
D	6	♍
F	7	♍
S	8	♎
S	9	♎
M	10	♎
D	11	♏
M	12	♏
D	13	♐
F	**14**	**♐**
S	15	♐
S	16	♑
M	17	♑
D	18	♒
M	19	♒
D	20	♓
F	21	♓
S	22	♓
S	23	♈
M	24	♈
D	25	♉
M	26	♉
D	27	♊
F	28	♊
S	29	♋
S	30	♋

Juli

M	1	♌
D	2	♌
M	3	♍
D	4	♍
F	5	♍
S	6	♎
S	7	♎
M	8	♏
D	9	♏
M	10	♏
D	11	♐
F	12	♐
S	13	♑
S	**14**	**♑**
M	15	♑
D	16	♒
M	17	♒
D	18	♓
F	19	♓
S	20	♈
S	21	♈
M	22	♈
D	23	♉
M	24	♉
D	25	♊
F	26	♊
S	27	♋
S	28	♋
M	29	♌
D	30	♌
M	31	♍

August

D	1	♍
F	2	♎
S	3	♎
S	4	♏
M	5	♏
D	6	♏
M	7	♐
D	8	♐
F	9	♐
S	10	♑
S	11	♑
M	**12**	**♒**
D	13	♒
M	14	♓
D	15	♓
F	16	♓
S	17	♈
S	18	♈
M	19	♉
D	20	♉
M	21	♊
D	22	♊
F	23	♋
S	24	♋
S	25	♌
M	26	♌
D	27	♍
M	28	♍
D	29	♎
F	30	♎
S	31	♎

September

S	1	♏
M	2	♏
D	3	♐
M	4	♐
D	5	♐
F	6	♑
S	7	♑
S	8	♒
M	9	♒
D	10	♒
M	**11**	**♓**
D	12	♓
F	13	♈
S	14	♈
S	15	♉
M	16	♉
D	17	♊
M	18	♊
D	19	♋
F	20	♋
S	21	♌
S	22	♌
M	23	♌
D	24	♍
M	25	♍
D	26	♎
F	27	♎
S	28	♏
S	29	♏
M	30	♏

Oktober

D	1	♐
M	2	♐
D	3	♑
F	4	♑
S	5	♑
S	6	♒
M	7	♒
D	8	♓
M	9	♓
D	**10**	**♈**
F	11	♈
S	12	♉
S	13	♉
M	14	♊
D	15	♊
M	16	♋
D	17	♋
F	18	♋
S	19	♌
S	20	♌
M	21	♍
D	22	♍
M	23	♎
D	24	♎
F	25	♏
S	26	♏
S	27	♏
M	28	♐
D	29	♐
M	30	♑
D	31	♑

November

F	1	♑
S	2	♒
S	3	♒
M	4	♓
D	5	♓
M	6	♓
D	7	♈
F	8	♈
S	**9**	**♉**
S	10	♉
M	11	♊
D	12	♊
M	13	♋
D	14	♋
F	15	♌
S	16	♌
S	17	♍
M	18	♍
D	19	♎
M	20	♎
D	21	♎
F	22	♏
S	23	♏
S	24	♐
M	25	♐
D	26	♐
M	27	♑
D	28	♑
F	29	♒
S	30	♒

Dezember

S	1	♒
M	2	♓
D	3	♓
M	4	♈
D	5	♈
F	6	♉
S	7	♉
S	**8**	**♊**
M	9	♊
D	10	♋
M	11	♋
D	12	♌
F	13	♌
S	14	♍
S	15	♍
M	16	♍
D	17	♎
M	18	♎
D	19	♏
F	20	♏
S	21	♐
S	22	♐
M	23	♐
D	24	♑
M	25	♑
D	26	♑
F	27	♒
S	28	♒
S	29	♓
M	30	♓
D	31	♈

1947

Januar

M	1	♈
D	2	♈
F	3	♉
S	4	♉
S	5	♊
M	6	♊
D	**7**	**♋**
M	8	♋
D	9	♌
F	10	♌
S	11	♍
S	12	♍
M	13	♎
D	14	♎
M	15	♏
D	16	♏
F	17	♏
S	18	♐
S	19	♐
M	20	♑
D	21	♑
M	22	♑
D	23	♒
F	24	♒
S	25	♓
S	26	♓
M	27	♓
D	28	♈
M	29	♈
D	30	♉
F	31	♉

Februar

S	1	♊
S	2	♊
M	3	♋
D	4	♋
M	**5**	**♌**
D	6	♌
F	7	♍
S	8	♍
S	9	♎
M	10	♎
D	11	♎
M	12	♏
D	13	♏
F	14	♐
S	15	♐
S	16	♐
M	17	♑
D	18	♑
M	19	♒
D	20	♒
F	21	♓
S	22	♓
S	23	♓
M	24	♈
D	25	♈
M	26	♉
D	27	♉
F	28	♊

März

S	1	♊
S	2	♋
M	3	♋
D	4	♌
M	5	♌
D	6	♌
F	**7**	**♍**
S	8	♍
S	9	♎
M	10	♎
D	11	♏
M	12	♏
D	13	♐
F	14	♐
S	15	♐
S	16	♑
M	17	♑
D	18	♒
M	19	♒
D	20	♒
F	21	♓
S	22	♓
S	23	♈
M	24	♈
D	25	♉
M	26	♉
D	27	♉
F	28	♊
S	29	♊
S	30	♋
M	31	♋

April

D	1	♌
M	2	♌
D	3	♍
F	4	♍
S	**5**	**♎**
S	6	♎
M	7	♏
D	8	♏
M	9	♏
D	10	♐
F	11	♐
S	12	♑
S	13	♑
M	14	♑
D	15	♒
M	16	♒
D	17	♓
F	18	♓
S	19	♓
S	20	♈
M	21	♈
D	22	♉
M	23	♉
D	24	♊
F	25	♊
S	26	♋
S	27	♋
M	28	♌
D	29	♌
M	30	♍

Mai

D	1	♍
F	2	♎
S	3	♎
S	4	♎
M	**5**	**♏**
D	6	♏
M	7	♐
D	8	♐
F	9	♐
S	10	♑
S	11	♑
M	12	♒
D	13	♒
M	14	♒
D	15	♓
F	16	♓
S	17	♈
S	18	♈
M	19	♉
D	20	♉
M	21	♊
D	22	♊
F	23	♋
S	24	♋
S	25	♌
M	26	♌
D	27	♍
M	28	♍
D	29	♍
F	30	♎
S	31	♎

Juni

S	1	♏
M	2	♏
D	**3**	**♐**
M	4	♐
D	5	♐
F	6	♑
S	7	♑
S	8	♒
M	9	♒
D	10	♒
M	11	♓
D	12	♓
F	13	♈
S	14	♈
S	15	♈
M	16	♉
D	17	♉
M	18	♊
D	19	♊
F	20	♋
S	21	♋
S	22	♌
M	23	♌
D	24	♍
M	25	♍
D	26	♎
F	27	♎
S	28	♏
S	29	♏
M	30	♏

Juli

D	1	♐
M	2	♐
D	**3**	**♑**
F	4	♑
S	5	♑
S	6	♒
M	7	♒
D	8	♓
M	9	♓
D	10	♓
F	11	♈
S	12	♈
S	13	♉
M	14	♉
D	15	♊
M	16	♊
D	17	♋
F	18	♋
S	19	♌
S	20	♌
M	21	♍
D	22	♍
M	23	♎
D	24	♎
F	25	♏
S	26	♏
S	27	♏
M	28	♐
D	29	♐
M	30	♑
D	31	♑

August

F	1	♑
S	**2**	**♒**
S	3	♒
M	4	♓
D	5	♓
M	6	♓
D	7	♈
F	8	♈
S	9	♉
S	10	♉
M	11	♊
D	12	♊
M	13	♊
D	14	♋
F	15	♋
S	16	♌
S	17	♌
M	18	♍
D	19	♍
M	20	♎
D	21	♎
F	22	♏
S	23	♏
S	24	♐
M	25	♐
D	26	♐
M	27	♑
D	28	♑
F	29	♒
S	30	♒
S	**31**	**♒**

September

M	1	♓
D	2	♓
M	3	♈
D	4	♈
F	5	♉
S	6	♉
S	7	♉
M	8	♊
D	9	♊
M	10	♋
D	11	♋
F	12	♌
S	13	♌
S	14	♍
M	15	♍
D	16	♎
M	17	♎
D	18	♏
F	19	♏
S	20	♐
S	21	♐
M	22	♐
D	23	♑
M	24	♑
D	25	♒
F	26	♒
S	27	♒
S	28	♓
M	29	♓
D	**30**	**♈**

Oktober

M	1	♈
D	2	♈
F	3	♉
S	4	♉
S	5	♊
M	6	♊
D	7	♋
M	8	♋
D	9	♌
F	10	♌
S	11	♍
S	12	♍
M	13	♎
D	14	♎
M	15	♎
D	16	♏
F	17	♏
S	18	♐
S	19	♐
M	20	♑
D	21	♑
M	22	♑
D	23	♒
F	24	♒
S	25	♓
S	26	♓
M	27	♓
D	28	♈
M	**29**	**♈**
D	30	♉
F	31	♉

November

S	1	♊
S	2	♊
M	3	♋
D	4	♋
M	5	♌
D	6	♌
F	7	♍
S	8	♍
S	9	♍
M	10	♎
D	11	♎
M	12	♏
D	13	♏
F	14	♐
S	15	♐
S	16	♐
M	17	♑
D	18	♑
M	19	♒
D	20	♒
F	21	♒
S	22	♓
S	23	♓
M	24	♈
D	25	♈
M	26	♉
D	27	♉
F	**28**	**♉**
S	29	♊
S	30	♊

Dezember

M	1	♋
D	2	♋
M	3	♌
D	4	♌
F	5	♍
S	6	♍
S	7	♎
M	8	♎
D	9	♏
M	10	♏
D	11	♐
F	12	♐
S	13	♐
S	14	♑
M	15	♑
D	16	♒
M	17	♒
D	18	♒
F	19	♓
S	20	♓
S	21	♈
M	22	♈
D	23	♈
M	24	♉
D	25	♉
F	26	♊
S	**27**	**♊**
S	28	♋
M	29	♋
D	30	♌
M	31	♌

1948

Januar

D	1	♍
F	2	♍
S	3	♎
S	4	♎
M	5	♏
D	6	♏
M	7	♏
D	8	♐
F	9	♐
S	10	♑
S	11	♑
M	12	♑
D	13	♒
M	14	♒
D	15	♓
F	16	♓
S	17	♓
S	18	♈
M	19	♈
D	20	♉
M	21	♉
D	22	♊
F	23	♊
S	24	♊
S	25	♋
M	26	♌
D	27	♌
M	28	♍
D	29	♍
F	30	♎
S	31	♎

Februar

S	1	♎
M	2	♏
D	3	♏
M	4	♐
D	5	♐
F	6	♑
S	7	♑
S	8	♑
M	9	♒
D	10	♒
M	11	♓
D	12	♓
F	13	♓
S	14	♈
S	15	♈
M	16	♉
D	17	♉
M	18	♉
D	19	♊
F	20	♊
S	21	♋
S	22	♋
M	23	♌
D	24	♌
M	25	♍
D	26	♍
F	27	♎
S	28	♎
S	29	♏

März

M	1	♏
D	2	♐
M	3	♐
D	4	♐
F	5	♑
S	6	♑
S	7	♒
M	8	♒
D	9	♒
M	10	♓
D	11	♓
F	12	♈
S	13	♈
S	14	♈
M	15	♉
D	16	♉
M	17	♊
D	18	♊
F	19	♋
S	20	♋
S	21	♌
M	22	♌
D	23	♍
M	24	♍
D	25	♎
F	26	♎
S	27	♏
S	28	♏
M	29	♏
D	30	♐
M	31	♐

April

D	1	♑
F	2	♑
S	3	♑
S	4	♒
M	5	♒
D	6	♓
M	7	♓
D	8	♓
F	9	♈
S	10	♈
S	11	♉
M	12	♉
D	13	♊
M	14	♊
D	15	♋
F	16	♋
S	17	♋
S	18	♌
M	19	♌
D	20	♍
M	21	♍
D	22	♎
F	23	♎
S	24	♏
S	25	♏
M	26	♐
D	27	♐
M	28	♑
D	29	♑
F	30	♑

Mai

S	1	♒
S	2	♒
M	3	♓
D	4	♓
M	5	♓
D	6	♈
F	7	♈
S	8	♉
S	9	♉
M	10	♉
D	11	♊
M	12	♊
D	13	♋
F	14	♋
S	15	♌
S	16	♌
M	17	♍
D	18	♍
M	19	♎
D	20	♎
F	21	♏
S	22	♏
S	23	♐
M	24	♐
D	25	♐
M	26	♑
D	27	♑
F	28	♒
S	29	♒
S	30	♒
M	31	♓

Juni

D	1	♓
M	2	♈
D	3	♈
F	4	♈
S	5	♉
S	6	♉
M	7	♊
D	8	♊
M	9	♋
D	10	♋
F	11	♌
S	12	♌
S	13	♍
M	14	♍
D	15	♎
M	16	♎
D	17	♎
F	18	♏
S	19	♏
S	20	♐
M	21	♐
D	22	♑
M	23	♑
D	24	♑
F	25	♒
S	26	♒
S	27	♓
M	28	♓
D	29	♓
M	30	♈

Juli

D	1	♈
F	2	♉
S	3	♉
S	4	♊
M	5	♊
D	6	♋
M	7	♋
D	8	♌
F	9	♌
S	10	♌
S	11	♍
M	12	♍
D	13	♎
M	14	♎
D	15	♏
F	16	♏
S	17	♐
S	18	♐
M	19	♑
D	20	♑
M	21	♑
D	22	♒
F	23	♒
S	24	♓
S	25	♓
M	26	♓
D	27	♈
M	28	♈
D	29	♉
F	30	♉
S	31	♉

August

S	1	♊
M	2	♊
D	3	♋
M	4	♋
D	5	♌
F	6	♌
S	7	♍
S	8	♍
M	9	♎
D	10	♎
M	11	♏
D	12	♏
F	13	♐
S	14	♐
S	15	♐
M	16	♑
D	17	♑
M	18	♒
D	19	♒
F	20	♒
S	21	♓
S	22	♓
M	23	♈
D	24	♈
M	25	♈
D	26	♉
F	27	♉
S	28	♊
S	29	♊
M	30	♋
D	31	♋

September

M	1	♌
D	2	♌
F	3	♍
S	4	♍
S	5	♎
M	6	♎
D	7	♏
M	8	♏
D	9	♏
F	10	♐
S	11	♐
S	12	♑
M	13	♑
D	14	♒
M	15	♒
D	16	♒
F	17	♓
S	18	♓
S	19	♈
M	20	♈
D	21	♈
M	22	♉
D	23	♉
F	24	♊
S	25	♊
S	26	♊
M	27	♋
D	28	♋
M	29	♌
D	30	♌

Oktober

F	1	♍
S	2	♍
S	3	♎
M	4	♎
D	5	♏
M	6	♏
D	7	♐
F	8	♐
S	9	♑
S	10	♑
M	11	♑
D	12	♒
M	13	♒
D	14	♓
F	15	♓
S	16	♓
S	17	♈
M	18	♈
D	19	♉
M	20	♉
D	21	♊
F	22	♊
S	23	♊
S	24	♋
M	25	♋
D	26	♌
M	27	♌
D	28	♍
F	29	♍
S	30	♎
S	31	♎

November

M	1	♏
D	2	♏
M	3	♐
D	4	♐
F	5	♐
S	6	♑
S	7	♑
M	8	♒
D	9	♒
M	10	♓
D	11	♓
F	12	♓
S	13	♈
S	14	♈
M	15	♉
D	16	♉
M	17	♉
D	18	♊
F	19	♊
S	20	♋
S	21	♋
M	22	♌
D	23	♌
M	24	♍
D	25	♍
F	26	♎
S	27	♎
S	28	♎
M	29	♏
D	30	♏

Dezember

M	1	♐
D	2	♐
F	3	♑
S	4	♑
S	5	♒
M	6	♒
D	7	♒
M	8	♓
D	9	♓
F	10	♈
S	11	♈
S	12	♈
M	13	♉
D	14	♉
M	15	♊
D	16	♊
F	17	♋
S	18	♋
S	19	♌
M	20	♌
D	21	♌
M	22	♍
D	23	♍
F	24	♎
S	25	♎
S	26	♏
M	27	♏
D	28	♐
M	29	♐
D	30	♑
F	31	♑

1949

Januar		
S	1	♑
S	2	♒
M	3	♒
D	4	♓
M	5	♓
D	6	♓
F	7	♈
S	8	♈
S	9	♉
M	10	♉
D	11	♉
M	12	♊
D	13	♊
F	**14**	**♋**
S	15	♋
S	16	♌
M	17	♌
D	18	♍
M	19	♍
D	20	♎
F	21	♎
S	22	♏
S	23	♏
M	24	♐
D	25	♐
M	26	♐
D	27	♑
F	28	♑
S	29	♒
S	30	♒
M	31	♓

Februar		
D	1	♓
M	2	♓
D	3	♈
F	4	♈
S	5	♉
S	6	♉
M	7	♉
D	8	♊
M	9	♊
D	10	♋
F	11	♋
S	12	♌
S	**13**	**♌**
M	14	♍
D	15	♍
M	16	♎
D	17	♎
F	18	♏
S	19	♏
S	20	♐
M	21	♐
D	22	♐
M	23	♑
D	24	♑
F	25	♒
S	26	♒
S	27	♒
M	28	♓

März		
D	1	♓
M	2	♈
D	3	♈
F	4	♈
S	5	♉
S	6	♉
M	7	♊
D	8	♊
M	9	♊
D	10	♋
F	11	♋
S	12	♌
S	13	♌
M	**14**	**♍**
D	15	♍
M	16	♎
D	17	♎
F	18	♏
S	19	♏
S	20	♐
M	21	♐
D	22	♑
M	23	♑
D	24	♒
F	25	♒
S	26	♒
S	27	♓
M	28	♓
D	29	♈
M	30	♈
D	31	♈

April		
F	1	♉
S	2	♉
S	3	♊
M	4	♊
D	5	♊
M	6	♋
D	7	♋
F	8	♌
S	9	♌
S	10	♍
M	11	♍
D	12	♎
M	**13**	**♎**
D	14	♏
F	15	♏
S	16	♐
S	17	♐
M	18	♑
D	19	♑
M	20	♑
D	21	♒
F	22	♒
S	23	♓
S	24	♓
M	25	♓
D	26	♈
M	27	♈
D	28	♉
F	29	♉
S	30	♉

Mai		
S	1	♊
M	2	♊
D	3	♋
M	4	♋
D	5	♌
F	6	♌
S	7	♌
S	8	♍
M	9	♍
D	10	♎
M	11	♎
D	**12**	**♏**
F	13	♏
S	14	♐
S	15	♐
M	16	♑
D	17	♑
M	18	♒
D	19	♒
F	20	♒
S	21	♓
S	22	♓
M	23	♈
D	24	♈
M	25	♈
D	26	♉
F	27	♉
S	28	♊
S	29	♊
M	30	♋
D	31	♋

Juni		
M	1	♋
D	2	♌
F	3	♌
S	4	♍
S	5	♍
M	6	♎
D	7	♎
M	8	♏
D	9	♏
F	**10**	**♐**
S	11	♐
S	12	♑
M	13	♑
D	14	♒
M	15	♒
D	16	♒
F	17	♓
S	18	♓
S	19	♈
M	20	♈
D	21	♈
M	22	♉
D	23	♉
F	24	♊
S	25	♊
S	26	♊
M	27	♋
D	28	♋
M	29	♌
D	30	♌

Juli		
F	1	♍
S	2	♍
S	3	♎
M	4	♎
D	5	♏
M	6	♏
D	7	♐
F	8	♐
S	9	♐
S	**10**	**♑**
M	11	♑
D	12	♒
M	13	♒
D	14	♓
F	15	♓
S	16	♓
S	17	♈
M	18	♈
D	19	♉
M	20	♉
D	21	♉
F	22	♊
S	23	♊
S	24	♋
M	25	♋
D	26	♌
M	27	♌
D	28	♍
F	29	♍
S	30	♎
S	31	♎

August		
M	1	♏
D	2	♏
M	3	♏
D	4	♐
F	5	♐
S	6	♑
S	7	♑
M	**8**	**♒**
D	9	♒
M	10	♒
D	11	♓
F	12	♓
S	13	♈
S	14	♈
M	15	♈
D	16	♉
M	17	♉
D	18	♊
F	19	♊
S	20	♋
S	21	♋
M	22	♋
D	23	♌
M	24	♌
D	25	♍
F	26	♍
S	27	♎
S	28	♎
M	29	♏
D	30	♏
M	31	♐

September		
D	1	♐
F	2	♑
S	3	♑
S	4	♒
M	5	♒
D	6	♒
M	**7**	**♓**
D	8	♓
F	9	♈
S	10	♈
S	11	♈
M	12	♉
D	13	♉
M	14	♊
D	15	♊
F	16	♊
S	17	♋
S	18	♋
M	19	♌
D	20	♌
M	21	♍
D	22	♍
F	23	♎
S	24	♎
S	25	♏
M	26	♏
D	27	♐
M	28	♐
D	29	♑
F	30	♑

Oktober		
S	1	♑
S	2	♒
M	3	♒
D	4	♓
M	5	♓
D	6	♓
F	**7**	**♈**
S	8	♈
S	9	♉
M	10	♉
D	11	♉
M	12	♊
D	13	♊
F	14	♋
S	15	♋
S	16	♌
M	17	♌
D	18	♌
M	19	♍
D	20	♍
F	21	♎
S	22	♎
S	23	♏
M	24	♏
D	25	♐
M	26	♐
D	27	♑
F	28	♑
S	29	♒
S	30	♒
M	31	♓

November		
D	1	♓
M	2	♓
D	3	♈
F	4	♈
S	**5**	**♉**
S	6	♉
M	7	♉
D	8	♊
M	9	♊
D	10	♋
F	11	♋
S	12	♋
S	13	♌
M	14	♌
D	15	♍
M	16	♍
D	17	♎
F	18	♎
S	19	♏
S	20	♏
M	21	♐
D	22	♐
M	23	♑
D	24	♑
F	25	♒
S	26	♒
S	27	♒
M	28	♓
D	29	♓
M	30	♈

Dezember		
D	1	♈
F	2	♈
S	3	♉
S	4	♉
M	**5**	**♊**
D	6	♊
M	7	♊
D	8	♋
F	9	♋
S	10	♌
S	11	♌
M	12	♍
D	13	♍
M	14	♎
D	15	♎
F	16	♏
S	17	♏
S	18	♐
M	19	♐
D	20	♑
M	21	♑
D	22	♑
F	23	♒
S	24	♒
S	25	♓
M	26	♓
D	27	♈
M	28	♈
D	29	♈
F	30	♉
S	31	♉

1950

Januar		
S	1	♊
M	2	♊
D	3	♊
M	4	♋
D	5	♋
F	6	♌
S	7	♌
S	8	♍
M	9	♍
D	10	♍
M	11	♎
D	12	♎
F	13	♏
S	14	♏
S	15	♐
M	16	♐
D	17	♑
M	18	♑
D	19	♒
F	20	♒
S	21	♓
S	22	♓
M	23	♓
D	24	♈
M	25	♈
D	26	♉
F	27	♉
S	28	♉
S	29	♊
M	30	♊
D	31	♋

Februar		
M	1	♋
D	2	♌
F	3	♌
S	4	♌
S	5	♍
M	6	♍
D	7	♎
M	8	♎
D	9	♏
F	10	♏
S	11	♐
S	12	♐
M	13	♑
D	14	♑
M	15	♒
D	16	♒
F	17	♒
S	18	♓
S	19	♓
M	20	♈
D	21	♈
M	22	♈
D	23	♉
F	24	♉
S	25	♊
S	26	♊
M	27	♊
D	28	♋

März		
M	1	♋
D	2	♌
F	3	♌
S	4	♍
S	5	♍
M	6	♎
D	7	♎
M	8	♏
D	9	♏
F	10	♐
S	11	♐
S	12	♑
M	13	♑
D	14	♑
M	15	♒
D	16	♒
F	17	♓
S	18	♓
S	19	♈
M	20	♈
D	21	♈
M	22	♉
D	23	♉
F	24	♊
S	25	♊
S	26	♊
M	27	♋
D	28	♋
M	29	♌
D	30	♌
F	31	♌

April		
S	1	♍
S	2	♍
M	3	♎
D	4	♎
M	5	♏
D	6	♏
F	7	♐
S	8	♐
S	9	♑
M	10	♑
D	11	♒
M	12	♒
D	13	♓
F	14	♓
S	15	♓
S	16	♈
M	17	♈
D	18	♉
M	19	♉
D	20	♉
F	21	♊
S	22	♊
S	23	♋
M	24	♋
D	25	♋
M	26	♌
D	27	♌
F	28	♍
S	29	♍
S	30	♎

Mai		
M	1	♎
D	2	♏
M	3	♏
D	4	♐
F	5	♐
S	6	♑
S	7	♑
M	8	♒
D	9	♒
M	10	♓
D	11	♓
F	12	♓
S	13	♈
S	14	♈
M	15	♉
D	16	♉
M	17	♉
D	18	♊
F	19	♊
S	20	♋
S	21	♋
M	22	♋
D	23	♌
M	24	♌
D	25	♍
F	26	♍
S	27	♎
S	28	♎
M	29	♏
D	30	♏
M	31	♐

Juni		
D	1	♐
F	2	♑
S	3	♑
S	4	♑
M	5	♒
D	6	♒
M	7	♓
D	8	♓
F	9	♈
S	10	♈
S	11	♈
M	12	♉
D	13	♉
M	14	♊
D	15	♊
F	16	♊
S	17	♋
S	18	♋
M	19	♌
D	20	♌
M	21	♍
D	22	♍
F	23	♍
S	24	♎
S	25	♎
M	26	♏
D	27	♏
M	28	♐
D	29	♐
F	30	♑

Juli		
S	1	♑
S	2	♒
M	3	♒
D	4	♓
M	5	♓
D	6	♈
F	7	♈
S	8	♈
S	9	♉
M	10	♉
D	11	♉
M	12	♊
D	13	♊
F	14	♋
S	15	♋
S	16	♌
M	17	♌
D	18	♌
M	19	♍
D	20	♍
F	21	♎
S	22	♎
S	23	♏
M	24	♏
D	25	♐
M	26	♐
D	27	♑
F	28	♑
S	29	♒
S	30	♒
M	31	♒

August		
D	1	♓
M	2	♓
D	3	♈
F	4	♈
S	5	♉
S	6	♉
M	7	♉
D	8	♊
M	9	♊
D	10	♋
F	11	♋
S	12	♋
S	13	♌
M	14	♌
D	15	♍
M	16	♍
D	17	♎
F	18	♎
S	19	♏
S	20	♏
M	21	♐
D	22	♐
M	23	♐
D	24	♑
F	25	♑
S	26	♒
S	27	♒
M	28	♓
D	29	♓
M	30	♈
D	31	♈

September		
F	1	♈
S	2	♉
S	3	♉
M	4	♊
D	5	♊
M	6	♊
D	7	♋
F	8	♋
S	9	♌
S	10	♌
M	11	♍
D	12	♍
M	13	♎
D	14	♎
F	15	♎
S	16	♏
S	17	♏
M	18	♐
D	19	♐
M	20	♑
D	21	♑
F	22	♒
S	23	♒
S	24	♓
M	25	♓
D	26	♓
M	27	♈
D	28	♈
F	29	♉
S	30	♉

Oktober		
S	1	♊
M	2	♊
D	3	♊
M	4	♋
D	5	♋
F	6	♌
S	7	♌
S	8	♌
M	9	♍
D	10	♍
M	11	♎
D	12	♎
F	13	♏
S	14	♏
S	15	♐
M	16	♐
D	17	♑
M	18	♑
D	19	♒
F	20	♒
S	21	♓
S	22	♓
M	23	♓
D	24	♈
M	25	♈
D	26	♉
F	27	♉
S	28	♉
S	29	♊
M	30	♊
D	31	♋

November		
M	1	♋
D	2	♋
F	3	♌
S	4	♌
S	5	♍
M	6	♍
D	7	♎
M	8	♎
D	9	♏
F	10	♏
S	11	♐
S	12	♐
M	13	♑
D	14	♑
M	15	♒
D	16	♒
F	17	♒
S	18	♓
S	19	♓
M	20	♈
D	21	♈
M	22	♈
D	23	♉
F	24	♉
S	25	♊
S	26	♊
M	27	♊
D	28	♋
M	29	♋
D	30	♌

Dezember		
F	1	♌
S	2	♍
S	3	♍
M	4	♍
D	5	♎
M	6	♎
D	7	♏
F	8	♏
S	9	♐
S	10	♐
M	11	♑
D	12	♑
M	13	♒
D	14	♒
F	15	♓
S	16	♓
S	17	♈
M	18	♈
D	19	♈
M	20	♉
D	21	♉
F	22	♊
S	23	♊
S	24	♊
M	25	♋
D	26	♋
M	27	♌
D	28	♌
F	29	♌
S	30	♍
S	31	♍

1951

Januar			Februar			März			April			Mai			Juni		
M	1	♎	D	1	♏	D	1	♐	S	1	♒	D	1	♓	F	1	♈
D	2	♎	F	2	♐	F	2	♐	M	2	♒	M	2	♓	S	2	♉
M	3	♏	S	3	♐	S	3	♑	D	3	♓	D	3	♈	S	3	♉
D	4	♏	S	4	♑	S	4	♑	M	4	♓	F	4	♈	M	4	♊
F	5	♐	M	5	♑	M	5	♒	D	5	♓	S	5	♉	D	5	♊
S	6	♐	D	6	♒	D	6	♒	F	6	♈	S	6	♉	M	6	♊
S	7	♑	M	7	♒	M	7	♓	S	7	♈	M	7	♉	D	7	♋
M	8	♑	D	8	♓	D	8	♓	S	8	♉	D	8	♊	F	8	♋
D	9	♒	F	9	♓	F	9	♈	M	9	♉	M	9	♊	S	9	♌
M	10	♒	S	10	♈	S	10	♈	D	10	♉	D	10	♋	S	10	♌
D	11	♓	S	11	♈	S	11	♈	M	11	♊	F	11	♋	M	11	♌
F	12	♓	M	12	♉	M	12	♉	D	12	♊	S	12	♋	D	12	♍
S	13	♓	D	13	♉	D	13	♉	F	13	♋	S	13	♌	M	13	♍
S	14	♈	M	14	♉	M	14	♊	S	14	♋	M	14	♌	D	14	♎
M	15	♈	D	15	♊	D	15	♊	S	15	♋	D	15	♍	F	15	♎
D	16	♉	F	16	♊	F	16	♊	M	16	♌	M	16	♍	S	16	♏
M	17	♉	S	17	♋	S	17	♋	D	17	♌	D	17	♍	S	17	♏
D	18	♉	S	18	♋	S	18	♋	M	18	♍	F	18	♎	M	18	♐
F	19	♊	M	19	♋	M	19	♌	D	19	♍	S	19	♎	**D**	**19**	**♐**
S	20	♊	D	20	♌	D	20	♌	F	20	♎	S	20	♏	M	20	♑
S	21	♋	**M**	**21**	**♌**	M	21	♌	**S**	**21**	**♎**	**M**	**21**	**♏**	D	21	♑
M	22	♋	D	22	♍	D	22	♍	S	22	♏	D	22	♐	F	22	♒
D	**23**	**♋**	F	23	♍	**F**	**23**	**♍**	M	23	♏	M	23	♐	S	23	♒
M	24	♌	S	24	♍	S	24	♎	D	24	♐	D	24	♑	S	24	♓
D	25	♌	S	25	♎	S	25	♎	M	25	♐	F	25	♑	M	25	♓
F	26	♍	M	26	♎	M	26	♏	D	26	♑	S	26	♒	D	26	♓
S	27	♍	D	27	♏	D	27	♏	F	27	♑	S	27	♒	M	27	♈
S	28	♎	M	28	♏	M	28	♐	S	28	♑	M	28	♓	D	28	♈
M	29	♎				D	29	♐	S	29	♒	D	29	♓	F	29	♉
D	30	♏				F	30	♑	M	30	♒	M	30	♈	S	30	♉
M	31	♏				S	31	♑				D	31	♈			

Juli			August			September			Oktober			November			Dezember		
S	1	♊	M	1	♋	S	1	♍	M	1	♎	D	1	♏	S	1	♑
M	2	♊	D	2	♋	S	2	♍	D	2	♎	F	2	♐	S	2	♑
D	3	♊	F	3	♌	M	3	♍	M	3	♏	S	3	♐	M	3	♒
M	4	♋	S	4	♌	D	4	♎	D	4	♏	S	4	♑	D	4	♒
D	5	♋	S	5	♍	M	5	♎	F	5	♐	M	5	♑	M	5	♓
F	6	♌	M	6	♍	D	6	♏	S	6	♐	D	6	♒	D	6	♓
S	7	♌	D	7	♍	F	7	♏	S	7	♐	M	7	♒	F	7	♓
S	8	♌	M	8	♎	S	8	♐	M	8	♑	D	8	♓	S	8	♈
M	9	♍	D	9	♎	S	9	♐	D	9	♑	F	9	♓	S	9	♈
D	10	♍	F	10	♏	M	10	♑	M	10	♒	S	10	♈	M	10	♉
M	11	♎	S	11	♏	D	11	♑	D	11	♒	S	11	♈	D	11	♉
D	12	♎	S	12	♐	M	12	♒	F	12	♓	M	12	♈	M	12	♊
F	13	♎	M	13	♐	D	13	♒	S	13	♓	**D**	**13**	**♉**	**D**	**13**	**♊**
S	14	♏	D	14	♑	F	14	♒	S	14	♈	M	14	♉	F	14	♊
S	15	♏	M	15	♑	**S**	**15**	**♓**	**M**	**15**	**♈**	D	15	♊	S	15	♋
M	16	♐	D	16	♒	S	16	♓	D	16	♉	F	16	♊	S	16	♋
D	17	♐	**F**	**17**	**♒**	M	17	♈	M	17	♉	S	17	♋	M	17	♌
M	**18**	**♑**	S	18	♓	D	18	♈	D	18	♉	S	18	♋	D	18	♌
D	19	♑	S	19	♓	M	19	♉	F	19	♊	M	19	♋	M	19	♌
F	20	♒	M	20	♈	D	20	♉	S	20	♊	D	20	♌	D	20	♍
S	21	♒	D	21	♈	F	21	♊	S	21	♋	M	21	♌	F	21	♍
S	22	♓	M	22	♈	S	22	♊	M	22	♋	D	22	♍	S	22	♎
M	23	♓	D	23	♉	S	23	♊	D	23	♋	F	23	♍	S	23	♎
D	24	♈	F	24	♉	M	24	♋	M	24	♌	S	24	♍	M	24	♎
M	25	♈	S	25	♊	D	25	♋	D	25	♌	S	25	♎	D	25	♏
D	26	♉	S	26	♊	M	26	♌	F	26	♍	M	26	♎	M	26	♏
F	27	♉	M	27	♋	D	27	♌	S	27	♍	D	27	♏	D	27	♐
S	28	♉	D	28	♋	F	28	♌	S	28	♎	M	28	♏	F	28	♐
S	29	♊	M	29	♋	S	29	♍	M	29	♎	D	29	♐	S	29	♑
M	30	♊	D	30	♌	S	30	♍	D	30	♎	F	30	♐	S	30	♑
D	31	♋	F	31	♌				M	31	♏				M	31	♒

1952

Januar

D	1	♒
M	2	♓
D	3	♓
F	4	♈
S	5	♈
S	6	♉
M	7	♉
D	8	♊
M	9	♊
D	10	♊
F	11	♋
S	**12**	**♋**
S	13	♋
M	14	♌
D	15	♌
M	16	♍
D	17	♍
F	18	♍
S	19	♎
S	20	♎
M	21	♏
D	22	♏
M	23	♐
D	24	♐
F	25	♑
S	26	♑
S	27	♒
M	28	♒
D	29	♓
M	30	♓
D	31	♈

Februar

F	1	♈
S	2	♉
S	3	♉
M	4	♉
D	5	♊
M	6	♊
D	7	♋
F	8	♋
S	9	♋
S	10	♌
M	**11**	**♌**
D	12	♍
M	13	♍
D	14	♍
F	15	♎
S	16	♎
S	17	♏
M	18	♏
D	19	♐
M	20	♐
D	21	♑
F	22	♑
S	23	♑
S	24	♒
M	25	♒
D	26	♓
M	27	♓
D	28	♈
F	29	♈

März

S	1	♉
S	2	♉
M	3	♊
D	4	♊
M	5	♊
D	6	♋
F	7	♋
S	8	♌
S	9	♌
M	10	♌
D	**11**	**♍**
M	12	♍
D	13	♎
F	14	♎
S	15	♏
S	16	♏
M	17	♏
D	18	♐
M	19	♐
D	20	♑
F	21	♑
S	22	♒
S	23	♒
M	24	♓
D	25	♓
M	26	♈
D	27	♈
F	28	♉
S	29	♉
S	30	♊
M	31	♊

April

D	1	♊
M	2	♋
D	3	♋
F	4	♌
S	5	♌
S	6	♌
M	7	♍
D	8	♍
M	9	♎
D	**10**	**♎**
F	11	♎
S	12	♏
S	13	♏
M	14	♐
D	15	♐
M	16	♑
D	17	♑
F	18	♒
S	19	♒
S	20	♓
M	21	♓
D	22	♈
M	23	♈
D	24	♈
F	25	♉
S	26	♉
S	27	♊
M	28	♊
D	29	♋
M	30	♋

Mai

D	1	♋
F	2	♌
S	3	♌
S	4	♍
M	5	♍
D	6	♍
M	7	♎
D	8	♎
F	**9**	**♏**
S	10	♏
S	11	♐
M	12	♐
D	13	♑
M	14	♑
D	15	♒
F	16	♒
S	17	♓
S	18	♓
M	19	♓
D	20	♈
M	21	♈
D	22	♉
F	23	♉
S	24	♊
S	25	♊
M	26	♊
D	27	♋
M	28	♋
D	29	♌
F	30	♌
S	31	♌

Juni

S	1	♍
M	2	♍
D	3	♎
M	4	♎
D	5	♏
F	6	♏
S	7	♏
S	**8**	**♐**
M	9	♐
D	10	♑
M	11	♑
D	12	♒
F	13	♒
S	14	♓
S	15	♓
M	16	♈
D	17	♈
M	18	♉
D	19	♉
F	20	♊
S	21	♊
S	22	♊
M	23	♋
D	24	♋
M	25	♌
D	26	♌
F	27	♌
S	28	♍
S	29	♍
M	30	♎

Juli

D	1	♎
M	2	♎
D	3	♏
F	4	♏
S	5	♐
S	6	♐
M	**7**	**♑**
D	8	♑
M	9	♒
D	10	♒
F	11	♓
S	12	♓
S	13	♈
M	14	♈
D	15	♉
M	16	♉
D	17	♉
F	18	♊
S	19	♊
S	20	♋
M	21	♋
D	22	♋
M	23	♌
D	24	♌
F	25	♍
S	26	♍
S	27	♍
M	28	♎
D	29	♎
M	30	♏
D	31	♏

August

F	1	♐
S	2	♐
S	3	♑
M	4	♑
D	**5**	**♒**
M	6	♒
D	7	♓
F	8	♓
S	9	♈
S	10	♈
M	11	♈
D	12	♉
M	13	♉
D	14	♊
F	15	♊
S	16	♋
S	17	♋
M	18	♋
D	19	♌
M	20	♌
D	21	♍
F	22	♍
S	23	♍
S	24	♎
M	25	♎
D	26	♏
M	27	♏
D	28	♏
F	29	♐
S	30	♐
S	31	♑

September

M	1	♑
D	2	♒
M	3	♒
D	**4**	**♓**
F	5	♓
S	6	♈
S	7	♈
M	8	♉
D	9	♉
M	10	♊
D	11	♊
F	12	♊
S	13	♋
S	14	♋
M	15	♌
D	16	♌
M	17	♌
D	18	♍
F	19	♍
S	20	♎
S	21	♎
M	22	♎
D	23	♏
M	24	♏
D	25	♐
F	26	♐
S	27	♑
S	28	♑
M	29	♒
D	30	♒

Oktober

M	1	♓
D	2	♓
F	**3**	**♈**
S	4	♈
S	5	♉
M	6	♉
D	7	♉
M	8	♊
D	9	♊
F	10	♋
S	11	♋
S	12	♌
M	13	♌
D	14	♌
M	15	♍
D	16	♍
F	17	♎
S	18	♎
S	19	♎
M	20	♏
D	21	♏
M	22	♐
D	23	♐
F	24	♑
S	25	♑
S	26	♑
M	27	♒
D	28	♒
M	29	♓
D	30	♓
F	31	♈

November

S	**1**	**♈**
S	2	♉
M	3	♉
D	4	♊
M	5	♊
D	6	♋
F	7	♋
S	8	♋
S	9	♌
M	10	♌
D	11	♍
M	12	♍
D	13	♍
F	14	♎
S	15	♎
S	16	♏
M	17	♏
D	18	♐
M	19	♐
D	20	♐
F	21	♑
S	22	♑
S	23	♒
M	24	♒
D	25	♓
M	26	♓
D	27	♈
F	28	♈
S	29	♉
S	30	♉

Dezember

M	**1**	**♊**
D	2	♊
M	3	♊
D	4	♋
F	5	♋
S	6	♌
S	7	♌
M	8	♌
D	9	♍
M	10	♍
D	11	♎
F	12	♎
S	13	♎
S	14	♏
M	15	♏
D	16	♐
M	17	♐
D	18	♑
F	19	♑
S	20	♒
S	21	♒
M	22	♓
D	23	♓
M	24	♈
D	25	♈
F	26	♉
S	27	♉
S	28	♉
M	29	♊
D	30	♊
M	**31**	**♋**

1953

Januar

D	1	♋
F	2	♌
S	3	♌
S	4	♌
M	5	♍
D	6	♍
M	7	♎
D	8	♎
F	9	♎
S	10	♏
S	11	♏
M	12	♐
D	13	♐
M	14	♑
D	15	♑
F	16	♒
S	17	♒
S	18	♓
M	19	♓
D	20	♓
M	21	♈
D	22	♈
F	23	♉
S	24	♉
S	25	♊
M	26	♊
D	27	♋
M	28	♋
D	29	♋
F	30	♌
S	31	♌

Februar

S	1	♍
M	2	♍
D	3	♍
M	4	♎
D	5	♎
F	6	♏
S	7	♏
S	8	♏
M	9	♐
D	10	♐
M	11	♑
D	12	♑
F	13	♒
S	14	♒
S	15	♓
M	16	♓
D	17	♈
M	18	♈
D	19	♉
F	20	♉
S	21	♊
S	22	♊
M	23	♋
D	24	♋
M	25	♋
D	26	♌
F	27	♌
S	28	♍

März

S	1	♍
M	2	♍
D	3	♎
M	4	♎
D	5	♎
F	6	♏
S	7	♏
S	8	♋
M	9	♐
D	10	♑
M	11	♑
D	12	♒
F	13	♒
S	14	♓
S	15	♓
M	16	♈
D	17	♈
M	18	♉
D	19	♉
F	20	♊
S	21	♊
S	22	♊
M	23	♋
D	24	♋
M	25	♌
D	26	♌
F	27	♌
S	28	♍
S	29	♍
M	30	♎
D	31	♎

April

M	1	♎
D	2	♏
F	3	♏
S	4	♐
S	5	♐
M	6	♑
D	7	♑
M	8	♑
D	9	♒
F	10	♒
S	11	♓
S	12	♓
M	13	♈
D	14	♈
M	15	♉
D	16	♉
F	17	♊
S	18	♊
S	19	♋
M	20	♋
D	21	♋
M	22	♌
D	23	♌
F	24	♍
S	25	♍
S	26	♍
M	27	♎
D	28	♎
M	29	♏
D	30	♏

Mai

F	1	♐
S	2	♐
S	3	♐
M	4	♑
D	5	♑
M	6	♒
D	7	♒
F	8	♓
S	9	♓
S	10	♈
M	11	♈
D	12	♉
M	13	♉
D	14	♊
F	15	♊
S	16	♊
S	17	♋
M	18	♋
D	19	♌
M	20	♌
D	21	♍
F	22	♍
S	23	♍
S	24	♎
M	25	♎
D	26	♏
M	27	♏
D	28	♏
F	29	♐
S	30	♐
S	31	♑

Juni

M	1	♑
D	2	♒
M	3	♒
D	4	♓
F	5	♓
S	6	♈
S	7	♈
M	8	♈
D	9	♉
M	10	♉
D	11	♊
F	12	♊
S	13	♋
S	14	♋
M	15	♌
D	16	♌
M	17	♌
D	18	♍
F	19	♍
S	20	♎
S	21	♎
M	22	♎
D	23	♏
M	24	♏
D	25	♐
F	26	♐
S	27	♑
S	28	♑
M	29	♒
D	30	♒

Juli

M	1	♒
D	2	♓
F	3	♓
S	4	♈
S	5	♈
M	6	♉
D	7	♉
M	8	♊
D	9	♊
F	10	♋
S	11	♋
S	12	♋
M	13	♌
D	14	♌
M	15	♍
D	16	♍
F	17	♍
S	18	♎
S	19	♎
M	20	♏
D	21	♏
M	22	♐
D	23	♐
F	24	♐
S	25	♑
S	26	♑
M	27	♒
D	28	♒
M	29	♓
D	30	♓
F	31	♈

August

S	1	♈
S	2	♉
M	3	♉
D	4	♊
M	5	♊
D	6	♋
F	7	♋
S	8	♋
S	9	♌
M	10	♌
D	11	♍
M	12	♍
D	13	♍
F	14	♎
S	15	♎
S	16	♏
M	17	♏
D	18	♏
M	19	♐
D	20	♐
F	21	♑
S	22	♑
S	23	♒
M	24	♒
D	25	♓
M	26	♓
D	27	♈
F	28	♈
S	29	♉
S	30	♉
M	31	♊

September

D	1	♊
M	2	♊
D	3	♋
F	4	♋
S	5	♌
S	6	♌
M	7	♌
D	8	♍
M	9	♍
D	10	♎
F	11	♎
S	12	♎
S	13	♏
M	14	♏
D	15	♐
M	16	♐
D	17	♑
F	18	♑
S	19	♑
S	20	♒
M	21	♒
D	22	♓
M	23	♓
D	24	♈
F	25	♈
S	26	♉
S	27	♉
M	28	♊
D	29	♊
M	30	♋

Oktober

D	1	♋
F	2	♌
S	3	♌
S	4	♌
M	5	♍
D	6	♍
M	7	♎
D	8	♎
F	9	♎
S	10	♏
S	11	♏
M	12	♐
D	13	♐
M	14	♐
D	15	♑
F	16	♑
S	17	♒
S	18	♒
M	19	♓
D	20	♓
M	21	♈
D	22	♈
F	23	♉
S	24	♉
S	25	♊
M	26	♊
D	27	♋
M	28	♋
D	29	♋
F	30	♌
S	31	♌

November

S	1	♍
M	2	♍
D	3	♍
M	4	♎
D	5	♎
F	6	♏
S	7	♏
S	8	♏
M	9	♐
D	10	♐
M	11	♑
D	12	♑
F	13	♒
S	14	♒
S	15	♓
M	16	♓
D	17	♓
M	18	♈
D	19	♈
F	20	♉
S	21	♉
S	22	♊
M	23	♊
D	24	♋
M	25	♋
D	26	♌
F	27	♌
S	28	♍
S	29	♍
M	30	♍

Dezember

D	1	♎
M	2	♎
D	3	♏
F	4	♏
S	5	♏
S	6	♐
M	7	♐
D	8	♑
M	9	♑
D	10	♒
F	11	♒
S	12	♒
S	13	♓
M	14	♓
D	15	♈
M	16	♈
D	17	♉
F	18	♉
S	19	♊
S	20	♊
M	21	♋
D	22	♋
M	23	♌
D	24	♌
F	25	♌
S	26	♍
S	27	♍
M	28	♎
D	29	♎
M	30	♎
D	31	♏

1954

Januar

F	1	♏
S	2	♐
S	3	♐
M	4	♐
D	5	♑
M	6	♑
D	7	♒
F	8	♒
S	9	♓
S	10	♓
M	11	♈
D	12	♈
M	13	♉
D	14	♉
F	15	♊
S	16	♊
S	17	♊
M	18	♋
D	**19**	**♋**
M	20	♌
D	21	♌
F	22	♍
S	23	♍
S	24	♍
M	25	♎
D	26	♎
M	27	♏
D	28	♏
F	29	♏
S	30	♐
S	31	♐

Februar

M	1	♑
D	2	♑
M	3	♒
D	4	♒
F	5	♓
S	6	♓
S	7	♈
M	8	♈
D	9	♉
M	10	♉
D	11	♉
F	12	♊
S	13	♊
S	14	♋
M	15	♋
D	16	♌
M	**17**	**♌**
D	18	♍
F	19	♍
S	20	♍
S	21	♎
M	22	♎
D	23	♏
M	24	♏
D	25	♏
F	26	♐
S	27	♐
S	28	♑

März

M	1	♑
D	2	♑
M	3	♒
D	4	♒
F	5	♓
S	6	♓
S	7	♈
M	8	♈
D	9	♉
M	10	♉
D	11	♊
F	12	♊
S	13	♋
S	14	♋
M	15	♌
D	16	♌
M	17	♌
D	18	♍
F	**19**	**♍**
S	20	♎
S	21	♎
M	22	♎
D	23	♏
M	24	♏
D	25	♐
F	26	♐
S	27	♐
S	28	♑
M	29	♑
D	30	♒
M	31	♒

April

D	1	♓
F	2	♓
S	3	♈
S	4	♈
M	5	♉
D	6	♉
M	7	♊
D	8	♊
F	9	♋
S	10	♋
S	11	♋
M	12	♌
D	13	♌
M	14	♍
D	15	♍
F	16	♎
S	17	♎
S	**18**	**♎**
M	19	♏
D	20	♏
M	21	♐
D	22	♐
F	23	♐
S	24	♑
S	25	♑
M	26	♒
D	27	♒
M	28	♒
D	29	♓
F	30	♓

Mai

S	1	♈
S	2	♈
M	3	♉
D	4	♉
M	5	♊
D	6	♊
F	7	♋
S	8	♋
S	9	♌
M	10	♌
D	11	♍
M	12	♍
D	13	♍
F	14	♎
S	15	♎
S	16	♏
M	**17**	**♏**
D	18	♏
M	19	♐
D	20	♐
F	21	♑
S	22	♑
S	23	♑
M	24	♒
D	25	♒
M	26	♓
D	27	♓
F	28	♈
S	29	♈
S	30	♉
M	31	♉

Juni

D	1	♊
M	2	♊
D	3	♋
F	4	♋
S	5	♌
S	6	♌
M	7	♌
D	8	♍
M	9	♍
D	10	♎
F	11	♎
S	12	♎
S	13	♏
M	14	♏
D	15	♐
M	**16**	**♐**
D	17	♑
F	18	♑
S	19	♑
S	20	♒
M	21	♒
D	22	♓
M	23	♓
D	24	♈
F	25	♈
S	26	♉
S	27	♉
M	28	♊
D	29	♊
M	30	♋

Juli

D	1	♋
F	2	♋
S	3	♌
S	4	♌
M	5	♍
D	6	♍
M	7	♎
D	8	♎
F	9	♎
S	10	♏
S	11	♏
M	12	♐
D	13	♐
M	14	♐
D	15	♑
F	**16**	**♑**
S	17	♒
S	18	♒
M	19	♓
D	20	♓
M	21	♈
D	22	♈
F	23	♈
S	24	♉
S	25	♉
M	26	♊
D	27	♊
M	28	♋
D	29	♋
F	30	♌
S	31	♌

August

S	1	♍
M	2	♍
D	3	♍
M	4	♎
D	5	♎
F	6	♏
S	7	♏
S	8	♏
M	9	♐
D	10	♐
M	11	♑
D	12	♑
F	13	♒
S	**14**	**♒**
S	15	♒
M	16	♓
D	17	♓
M	18	♈
D	19	♈
F	20	♉
S	21	♉
S	22	♊
M	23	♊
D	24	♋
M	25	♋
D	26	♌
F	27	♌
S	28	♌
S	29	♍
M	30	♍
D	31	♎

September

M	1	♎
D	2	♏
F	3	♏
S	4	♏
S	5	♐
M	6	♐
D	7	♐
M	8	♑
D	9	♑
F	10	♒
S	11	♒
S	**12**	**♓**
M	13	♓
D	14	♈
M	15	♈
D	16	♉
F	17	♉
S	18	♊
S	19	♊
M	20	♋
D	21	♋
M	22	♋
D	23	♌
F	24	♌
S	25	♍
S	26	♍
M	27	♎
D	28	♎
M	29	♎
D	30	♏

Oktober

F	1	♏
S	2	♐
S	3	♐
M	4	♐
D	5	♑
M	6	♑
D	7	♒
F	8	♒
S	9	♓
S	10	♓
M	11	♓
D	**12**	**♈**
M	13	♈
D	14	♉
F	15	♉
S	16	♊
S	17	♊
M	18	♋
D	19	♋
M	20	♌
D	21	♌
F	22	♍
S	23	♍
S	24	♍
M	25	♎
D	26	♎
M	27	♏
D	28	♏
F	29	♏
S	30	♐
S	31	♐

November

M	1	♑
D	2	♑
M	3	♑
D	4	♒
F	5	♒
S	6	♓
S	7	♓
M	8	♈
D	9	♈
M	**10**	**♉**
D	11	♉
F	12	♊
S	13	♊
S	14	♋
M	15	♋
D	16	♌
M	17	♌
D	18	♍
F	19	♍
S	20	♍
S	21	♎
M	22	♎
D	23	♏
M	24	♏
D	25	♏
F	26	♐
S	27	♐
S	28	♑
M	29	♑
D	30	♑

Dezember

M	1	♒
D	2	♒
F	3	♓
S	4	♓
S	5	♈
M	6	♈
D	7	♉
M	8	♉
D	9	♊
F	**10**	**♊**
S	11	♋
S	12	♋
M	13	♌
D	14	♌
M	15	♌
D	16	♍
F	17	♍
S	18	♎
S	19	♎
M	20	♎
D	21	♏
M	22	♏
D	23	♐
F	24	♐
S	25	♐
S	26	♑
M	27	♑
D	28	♒
M	29	♒
D	30	♓
F	31	♓

1955

Januar

S	1	♓
S	2	♈
M	3	♈
D	4	♉
M	5	♉
D	6	♊
F	7	♊
S	**8**	**♋**
S	9	♋
M	10	♌
D	11	♌
M	12	♍
D	13	♍
F	14	♎
S	15	♎
S	16	♎
M	17	♏
D	18	♏
M	19	♐
D	20	♐
F	21	♐
S	22	♑
S	23	♑
M	24	♒
D	25	♒
M	26	♒
D	27	♓
F	28	♓
S	29	♈
S	30	♈
M	31	♉

Februar

D	1	♉
M	2	♊
D	3	♊
F	4	♋
S	5	♋
S	6	♌
M	**7**	**♌**
D	8	♌
M	9	♍
D	10	♍
F	11	♎
S	12	♎
S	13	♏
M	14	♏
D	15	♏
M	16	♐
D	17	♐
F	18	♑
S	19	♑
S	20	♑
M	21	♒
D	22	♒
M	23	♓
D	24	♓
F	25	♈
S	26	♈
S	27	♉
M	28	♉

März

D	1	♊
M	2	♊
D	3	♋
F	4	♋
S	5	♋
S	6	♌
M	7	♌
D	**8**	**♍**
M	9	♍
D	10	♎
F	11	♎
S	12	♎
S	13	♏
M	14	♏
D	15	♐
M	16	♐
D	17	♐
F	18	♑
S	19	♑
S	20	♒
M	21	♒
D	22	♓
M	23	♓
D	24	♓
F	25	♈
S	26	♈
S	27	♉
M	28	♉
D	29	♊
M	30	♊
D	31	♋

April

F	1	♋
S	2	♌
S	3	♌
M	4	♍
D	5	♍
M	6	♎
D	**7**	**♎**
F	8	♎
S	9	♏
S	10	♏
M	11	♐
D	12	♐
M	13	♐
D	14	♑
F	15	♑
S	16	♒
S	17	♒
M	18	♒
D	19	♓
M	20	♓
D	21	♈
F	22	♈
S	23	♉
S	24	♉
M	25	♊
D	26	♊
M	27	♋
D	28	♋
F	29	♌
S	30	♌

Mai

S	1	♍
M	2	♍
D	3	♍
M	4	♎
D	5	♎
F	**6**	**♏**
S	7	♏
S	8	♏
M	9	♐
D	10	♐
M	11	♑
D	12	♑
F	13	♑
S	14	♒
S	15	♒
M	16	♓
D	17	♓
M	18	♈
D	19	♈
F	20	♉
S	21	♉
S	22	♊
M	23	♊
D	24	♋
M	25	♋
D	26	♌
F	27	♌
S	28	♌
S	29	♍
M	30	♍
D	31	♎

Juni

M	1	♎
D	2	♏
F	3	♏
S	4	♏
S	**5**	**♐**
M	6	♐
D	7	♑
M	8	♑
D	9	♑
F	10	♒
S	11	♒
S	12	♓
M	13	♓
D	14	♓
M	15	♈
D	16	♈
F	17	♉
S	18	♉
S	19	♊
M	20	♊
D	21	♋
M	22	♋
D	23	♌
F	24	♌
S	25	♍
S	26	♍
M	27	♎
D	28	♎
M	29	♎
D	30	♏

Juli

F	1	♏
S	2	♐
S	3	♐
M	4	♐
D	**5**	**♑**
M	6	♑
D	7	♒
F	8	♒
S	9	♒
S	10	♓
M	11	♓
D	12	♈
M	13	♈
D	14	♉
F	15	♉
S	16	♊
S	17	♊
M	18	♋
D	19	♋
M	20	♌
D	21	♌
F	22	♍
S	23	♍
S	24	♍
M	25	♎
D	26	♎
M	27	♏
D	28	♏
F	29	♐
S	30	♐
S	31	♐

August

M	1	♑
D	2	♑
M	**3**	**♒**
D	4	♒
F	5	♒
S	6	♓
S	7	♓
M	8	♈
D	9	♈
M	10	♉
D	11	♉
F	12	♉
S	13	♊
S	14	♊
M	15	♋
D	16	♋
M	17	♌
D	18	♌
F	19	♍
S	20	♍
S	21	♎
M	22	♎
D	23	♏
M	24	♏
D	25	♏
F	26	♐
S	27	♐
S	28	♑
M	29	♑
D	30	♑
M	31	♒

September

D	1	♒
F	**2**	**♓**
S	3	♓
S	4	♈
M	5	♈
D	6	♈
M	7	♉
D	8	♉
F	9	♊
S	10	♊
S	11	♋
M	12	♋
D	13	♌
M	14	♌
D	15	♍
F	16	♍
S	17	♎
S	18	♎
M	19	♎
D	20	♏
M	21	♏
D	22	♐
F	23	♐
S	24	♐
S	25	♑
M	26	♑
D	27	♒
M	28	♒
D	29	♒
F	30	♓

Oktober

S	**1**	**♓**
S	2	♈
M	3	♈
D	4	♉
M	5	♉
D	6	♊
F	7	♊
S	8	♋
S	9	♋
M	10	♌
D	11	♌
M	12	♍
D	13	♍
F	14	♍
S	15	♎
S	16	♎
M	17	♏
D	18	♏
M	19	♐
D	20	♐
F	21	♐
S	22	♑
S	23	♑
M	24	♑
D	25	♒
M	26	♒
D	27	♓
F	28	♓
S	29	♈
S	30	♈
M	**31**	**♉**

November

D	1	♉
M	2	♊
D	3	♊
F	4	♋
S	5	♋
S	6	♌
M	7	♌
D	8	♌
M	9	♍
D	10	♍
F	11	♎
S	12	♎
S	13	♏
M	14	♏
D	15	♏
M	16	♐
D	17	♐
F	18	♑
S	19	♑
S	20	♑
M	21	♒
D	22	♒
M	23	♓
D	24	♓
F	25	♓
S	26	♈
S	27	♈
M	28	♉
D	**29**	**♉**
M	30	♊

Dezember

D	1	♊
F	2	♋
S	3	♋
S	4	♌
M	5	♌
D	6	♍
M	7	♍
D	8	♎
F	9	♎
S	10	♎
S	11	♏
M	12	♏
D	13	♐
M	14	♐
D	15	♐
F	16	♑
S	17	♑
S	18	♒
M	19	♒
D	20	♒
M	21	♓
D	22	♓
F	23	♈
S	24	♈
S	25	♉
M	26	♉
D	27	♊
M	28	♊
D	**29**	**♋**
F	30	♋
S	31	♌

1956

Januar

S	1	♌
M	2	♍
D	3	♍
M	4	♎
D	5	♎
F	6	♎
S	7	♏
S	8	♏
M	9	♐
D	10	♐
M	11	♐
D	12	♑
F	13	♑
S	14	♒
S	15	♒
M	16	♒
D	17	♓
M	18	♓
D	19	♈
F	20	♈
S	21	♈
S	22	♉
M	23	♉
D	24	♊
M	25	♊
D	26	♋
F	**27**	**♋**
S	28	♌
S	29	♌
M	30	♍
D	31	♍

Februar

M	1	♎
D	2	♎
F	3	♏
S	4	♏
S	5	♏
M	6	♐
D	7	♐
M	8	♑
D	9	♑
F	10	♑
S	11	♒
S	12	♒
M	13	♓
D	14	♓
M	15	♈
D	16	♈
F	17	♈
S	18	♉
S	19	♉
M	20	♊
D	21	♊
M	22	♋
D	23	♋
F	24	♌
S	25	♌
S	**26**	**♍**
M	27	♍
D	28	♎
M	29	♎

März

D	1	♏
F	2	♏
S	3	♏
S	4	♐
M	5	♐
D	6	♑
M	7	♑
D	8	♑
F	9	♒
S	10	♒
S	11	♓
M	12	♓
D	13	♓
M	14	♈
D	15	♈
F	16	♉
S	17	♉
S	18	♊
M	19	♊
D	20	♋
M	21	♋
D	22	♌
F	23	♌
S	24	♌
S	25	♍
M	**26**	**♍**
D	27	♎
M	28	♎
D	29	♏
F	30	♏
S	31	♐

April

S	1	♐
M	2	♐
D	3	♑
M	4	♑
D	5	♒
F	6	♒
S	7	♒
S	8	♓
M	9	♓
D	10	♈
M	11	♈
D	12	♉
F	13	♉
S	14	♊
S	15	♊
M	16	♊
D	17	♋
M	18	♋
D	19	♌
F	20	♌
S	21	♍
S	22	♍
M	23	♎
D	24	♎
M	**25**	**♏**
D	26	♏
F	27	♏
S	28	♐
S	29	♐
M	30	♑

Mai

D	1	♑
M	2	♑
D	3	♒
F	4	♒
S	5	♓
S	6	♓
M	7	♈
D	8	♈
M	9	♈
D	10	♉
F	11	♉
S	12	♊
S	13	♊
M	14	♋
D	15	♋
M	16	♌
D	17	♌
F	18	♍
S	19	♍
S	20	♎
M	21	♎
D	22	♎
M	23	♏
D	**24**	**♏**
F	25	♐
S	26	♐
S	27	♑
M	28	♑
D	29	♑
M	30	♒
D	31	♒

Juni

F	1	♓
S	2	♓
S	3	♓
M	4	♈
D	5	♈
M	6	♉
D	7	♉
F	8	♊
S	9	♊
S	10	♋
M	11	♋
D	12	♌
M	13	♌
D	14	♍
F	15	♍
S	16	♎
S	17	♎
M	18	♎
D	19	♏
M	20	♏
D	21	♐
F	22	♐
S	**23**	**♐**
S	24	♑
M	25	♑
D	26	♒
M	27	♒
D	28	♒
F	29	♓
S	30	♓

Juli

S	1	♈
M	2	♈
D	3	♉
M	4	♉
D	5	♉
F	6	♊
S	7	♊
S	8	♋
M	9	♋
D	10	♌
M	11	♌
D	12	♍
F	13	♍
S	14	♎
S	15	♎
M	16	♏
D	17	♏
M	18	♐
D	19	♐
F	20	♐
S	21	♑
S	**22**	**♑**
M	23	♒
D	24	♒
M	25	♒
D	26	♓
F	27	♓
S	28	♈
S	29	♈
M	30	♈
D	31	♉

August

M	1	♉
D	2	♊
F	3	♊
S	4	♋
S	5	♋
M	6	♌
D	7	♌
M	8	♍
D	9	♍
F	10	♎
S	11	♎
S	12	♏
M	13	♏
D	14	♏
M	15	♐
D	16	♐
F	17	♑
S	18	♑
S	19	♑
M	20	♒
D	**21**	**♒**
M	22	♓
D	23	♓
F	24	♓
S	25	♈
S	26	♈
M	27	♉
D	28	♉
M	29	♊
D	30	♊
F	31	♋

September

S	1	♋
S	2	♋
M	3	♌
D	4	♌
M	5	♍
D	6	♍
F	7	♎
S	8	♎
S	9	♏
M	10	♏
D	11	♐
M	12	♐
D	13	♑
F	14	♑
S	15	♑
S	16	♒
M	17	♒
D	18	♓
M	19	♓
D	**20**	**♓**
F	21	♈
S	22	♈
S	23	♉
M	24	♉
D	25	♉
M	26	♊
D	27	♊
F	28	♋
S	29	♋
S	30	♌

Oktober

M	1	♌
D	2	♍
M	3	♍
D	4	♎
F	5	♎
S	6	♏
S	7	♏
M	8	♐
D	9	♐
M	10	♐
D	11	♑
F	12	♑
S	13	♒
S	14	♒
M	15	♒
D	16	♓
M	17	♓
D	18	♈
F	**19**	**♈**
S	20	♈
S	21	♉
M	22	♉
D	23	♊
M	24	♊
D	25	♋
F	26	♋
S	27	♌
S	28	♌
M	29	♍
D	30	♍
M	31	♎

November

D	1	♎
F	2	♏
S	3	♏
S	4	♏
M	5	♐
D	6	♐
M	7	♑
D	8	♑
F	9	♑
S	10	♒
S	11	♒
M	12	♓
D	13	♓
M	14	♓
D	15	♈
F	16	♈
S	17	♉
S	**18**	**♉**
M	19	♊
D	20	♊
M	21	♋
D	22	♋
F	23	♌
S	24	♌
S	25	♍
M	26	♍
D	27	♍
M	28	♎
D	29	♎
F	30	♏

Dezember

S	1	♏
S	2	♐
M	3	♐
D	4	♑
M	5	♑
D	6	♑
F	7	♒
S	8	♒
S	9	♓
M	10	♓
D	11	♓
M	12	♈
D	13	♈
F	14	♉
S	15	♉
S	16	♉
M	**17**	**♊**
D	18	♊
M	19	♋
D	20	♋
F	21	♌
S	22	♌
S	23	♍
M	24	♍
D	25	♎
M	26	♎
D	27	♏
F	28	♏
S	29	♐
S	30	♐
M	31	♐

Januar

D	1	♑
M	2	♑
D	3	♒
F	4	♒
S	5	♒
S	6	♓
M	7	♓
D	8	♈
M	9	♈
D	10	♈
F	11	♉
S	12	♉
S	13	♊
M	14	♊
D	15	♋
M	**16**	**♋**
D	17	♌
F	18	♌
S	19	♍
S	20	♍
M	21	♎
D	22	♎
M	23	♏
D	24	♏
F	25	♏
S	26	♐
S	27	♐
M	28	♑
D	29	♑
M	30	♑
D	31	♒

Februar

F	1	♒
S	2	♓
S	3	♓
M	4	♓
D	5	♈
M	6	♈
D	7	♉
F	8	♉
S	9	♊
S	10	♊
M	11	♊
D	12	♋
M	13	♋
D	**14**	**♌**
F	15	♌
S	16	♍
S	17	♎
M	18	♎
D	19	♎
M	20	♏
D	21	♏
F	22	♐
S	23	♐
S	24	♑
M	25	♑
D	26	♑
M	27	♒
D	28	♒

März

F	1	♓
S	2	♓
S	3	♓
M	4	♈
D	5	♈
M	6	♉
D	7	♉
F	8	♉
S	9	♊
S	10	♊
M	11	♋
D	12	♋
M	13	♌
D	14	♌
F	15	♍
S	**16**	**♍**
S	17	♎
M	18	♎
D	19	♏
M	20	♏
D	21	♐
F	22	♐
S	23	♐
S	24	♑
M	25	♑
D	26	♒
M	27	♒
D	28	♒
F	29	♓
S	30	♓
S	31	♈

April

M	1	♈
D	2	♈
M	3	♉
D	4	♉
F	5	♊
S	6	♊
S	7	♋
M	8	♋
D	9	♌
M	10	♌
D	11	♍
F	12	♍
S	13	♎
S	**14**	**♎**
M	15	♏
D	16	♏
M	17	♏
D	18	♐
F	19	♐
S	20	♑
S	21	♑
M	22	♒
D	23	♒
M	24	♒
D	25	♓
F	26	♓
S	27	♈
S	28	♈
M	29	♈
D	30	♉

Mai

M	1	♉
D	2	♊
F	3	♊
S	4	♋
S	5	♋
M	6	♌
D	7	♌
M	8	♌
D	9	♍
F	10	♍
S	11	♎
S	12	♎
M	**13**	**♏**
D	14	♏
M	15	♐
D	16	♐
F	17	♑
S	18	♑
S	19	♑
M	20	♒
D	21	♒
M	22	♓
D	23	♓
F	24	♓
S	25	♈
S	26	♈
M	27	♉
D	28	♉
M	29	♊
D	30	♊
F	31	♊

Juni

S	1	♋
S	2	♋
M	3	♌
D	4	♌
M	5	♍
D	6	♍
F	7	♎
S	8	♎
S	9	♏
M	10	♏
D	11	♐
M	**12**	**♐**
D	13	♐
F	14	♑
S	15	♑
S	16	♒
M	17	♒
D	18	♒
M	19	♓
D	20	♓
F	21	♈
S	22	♈
S	23	♈
M	24	♉
D	25	♉
M	26	♊
D	27	♊
F	28	♋
S	29	♋
S	30	♌

Juli

M	1	♌
D	2	♍
M	3	♍
D	4	♎
F	5	♎
S	6	♏
S	7	♏
M	8	♏
D	9	♐
M	10	♐
D	**11**	**♑**
F	12	♑
S	13	♒
S	14	♒
M	15	♒
D	16	♓
M	17	♓
D	18	♈
F	19	♈
S	20	♈
S	21	♉
M	22	♉
D	23	♊
M	24	♊
D	25	♋
F	26	♋
S	27	♌
S	28	♌
M	29	♍
D	30	♍
M	31	♎

August

D	1	♎
F	2	♎
S	3	♏
S	4	♏
M	5	♐
D	6	♐
M	7	♑
D	8	♑
F	9	♑
S	**10**	**♒**
S	11	♒
M	12	♓
D	13	♓
M	14	♓
D	15	♈
F	16	♈
S	17	♉
S	18	♉
M	19	♉
D	20	♊
M	21	♊
D	22	♋
F	23	♋
S	24	♌
S	25	♌
M	26	♍
D	27	♍
M	28	♎
D	29	♎
F	30	♏
S	31	♏

September

S	1	♐
M	2	♐
D	3	♑
M	4	♑
D	5	♑
F	6	♒
S	7	♒
S	8	♓
M	**9**	**♓**
D	10	♓
M	11	♈
D	12	♈
F	13	♉
S	14	♉
S	15	♉
M	16	♊
D	17	♊
M	18	♋
D	19	♋
F	20	♌
S	21	♌
S	22	♍
M	23	♍
D	24	♎
M	25	♎
D	26	♏
F	27	♏
S	28	♐
S	29	♐
M	30	♐

Oktober

D	1	♑
M	2	♑
D	3	♒
F	4	♒
S	5	♒
S	6	♓
M	7	♓
D	**8**	**♈**
M	9	♈
D	10	♈
F	11	♉
S	12	♉
S	13	♊
M	14	♊
D	15	♋
M	16	♋
D	17	♋
F	18	♌
S	19	♌
S	20	♍
M	21	♍
D	22	♎
M	23	♎
D	24	♏
F	25	♏
S	26	♐
S	27	♐
M	28	♑
D	29	♑
M	30	♒
D	31	♒

November

F	1	♒
S	2	♓
S	3	♓
M	4	♈
D	5	♈
M	6	♈
D	**7**	**♉**
F	8	♉
S	9	♊
S	10	♊
M	11	♊
D	12	♋
M	13	♋
D	14	♌
F	15	♌
S	16	♍
S	17	♍
M	18	♎
D	19	♎
M	20	♏
D	21	♏
F	22	♐
S	23	♐
S	24	♑
M	25	♑
D	26	♑
M	27	♒
D	28	♒
F	29	♓
S	30	♓

Dezember

S	1	♓
M	2	♈
D	3	♈
M	4	♉
D	5	♉
F	6	♉
S	**7**	**♊**
S	8	♊
M	9	♋
D	10	♋
M	11	♌
D	12	♌
F	13	♍
S	14	♍
S	15	♎
M	16	♎
D	17	♏
M	18	♏
D	19	♏
F	20	♐
S	21	♐
S	22	♑
M	23	♑
D	24	♒
M	25	♒
D	26	♒
F	27	♓
S	28	♓
S	29	♈
M	30	♈
D	31	♈

1958

Januar			Februar			März			April			Mai			Juni		
M	1	♉	S	1	♊	S	1	♋	D	1	♌	D	1	♎	S	1	♏
D	2	♉	S	2	♋	S	2	♋	M	2	♍	F	2	♎	M	2	♐
F	3	♊	M	3	♋	M	3	♌	D	3	♍	S	3	♏	D	3	♐
S	4	♊	D	4	♌	D	4	♌	F	4	♎	S	4	♏	M	4	♑
S	5	♋	M	5	♌	M	5	♍	S	5	♎	M	5	♐	D	5	♑
M	6	♋	D	6	♍	D	6	♍	S	6	♏	D	6	♐	F	6	♒
D	7	♌	F	7	♍	F	7	♎	M	7	♏	M	7	♑	S	7	♒
M	8	♌	S	8	♎	S	8	♎	D	8	♐	D	8	♑	S	8	♓
D	9	♍	S	9	♎	S	9	♏	M	9	♐	F	9	♑	M	9	♓
F	10	♍	M	10	♏	M	10	♏	D	10	♑	S	10	♒	D	10	♓
S	11	♍	D	11	♏	D	11	♐	F	11	♑	S	11	♒	M	11	♈
S	12	♎	M	12	♐	M	12	♐	S	12	♒	M	12	♓	D	12	♈
M	13	♎	D	13	♐	D	13	♐	S	13	♒	D	13	♓	F	13	♉
D	14	♏	F	14	♑	F	14	♑	M	14	♒	M	14	♓	S	14	♉
M	15	♏	S	15	♑	S	15	♑	D	15	♓	D	15	♈	S	15	♉
D	16	♐	S	16	♑	S	16	♒	M	16	♓	F	16	♈	M	16	♊
F	17	♐	M	17	♒	M	17	♒	D	17	♈	S	17	♉	D	17	♊
S	18	♑	D	18	♒	D	18	♓	F	18	♈	S	18	♉	M	18	♋
S	19	♑	M	19	♓	M	19	♓	S	19	♈	M	19	♉	D	19	♋
M	20	♑	D	20	♓	D	20	♓	S	20	♉	D	20	♊	F	20	♌
D	21	♒	F	21	♓	F	21	♈	M	21	♉	M	21	♊	S	21	♌
M	22	♒	S	22	♈	S	22	♈	D	22	♊	D	22	♋	S	22	♌
D	23	♓	S	23	♈	S	23	♈	M	23	♊	F	23	♋	M	23	♍
F	24	♓	M	24	♉	M	24	♉	D	24	♊	S	24	♌	D	24	♍
S	25	♈	D	25	♉	D	25	♉	F	25	♋	S	25	♌	M	25	♎
S	26	♈	M	26	♉	M	26	♊	S	26	♋	M	26	♍	D	26	♎
M	27	♈	D	27	♊	D	27	♊	S	27	♌	D	27	♍	F	27	♏
D	28	♉	F	28	♊	F	28	♋	M	28	♌	M	28	♍	S	28	♏
M	29	♉				S	29	♋	D	29	♍	D	29	♎	S	29	♐
D	30	♊				S	30	♋	M	30	♍	F	30	♎	M	30	♐
F	31	♊				M	31	♌				S	31	♏			

Juli			August			September			Oktober			November			Dezember		
D	1	♑	F	1	♒	M	1	♈	M	1	♉	S	1	♊	M	1	♌
M	2	♑	S	2	♓	D	2	♈	D	2	♉	S	2	♋	D	2	♌
D	3	♒	S	3	♓	M	3	♉	F	3	♊	M	3	♋	M	3	♌
F	4	♒	M	4	♓	D	4	♉	S	4	♊	D	4	♌	D	4	♍
S	5	♒	D	5	♈	F	5	♉	S	5	♊	M	5	♌	F	5	♍
S	6	♓	M	6	♈	S	6	♊	M	6	♋	D	6	♍	S	6	♎
M	7	♓	D	7	♉	S	7	♊	D	7	♋	F	7	♍	S	7	♎
D	8	♈	F	8	♉	M	8	♋	M	8	♌	S	8	♍	M	8	♏
M	9	♈	S	9	♉	D	9	♋	D	9	♌	S	9	♎	D	9	♏
D	10	♈	S	10	♊	M	10	♋	F	10	♍	M	10	♎	M	10	♐
F	11	♉	M	11	♊	D	11	♌	S	11	♍	D	11	♏	D	11	♐
S	12	♉	D	12	♋	F	12	♌	S	12	♎	M	12	♏	F	12	♑
S	13	♊	M	13	♋	S	13	♍	M	13	♎	D	13	♐	S	13	♑
M	14	♊	D	14	♌	S	14	♍	D	14	♏	F	14	♐	S	14	♒
D	15	♊	F	15	♌	M	15	♎	M	15	♏	S	15	♑	M	15	♒
M	16	♋	S	16	♍	D	16	♎	D	16	♐	S	16	♑	D	16	♓
D	17	♋	S	17	♍	M	17	♏	F	17	♐	M	17	♒	M	17	♓
F	18	♌	M	18	♎	D	18	♏	S	18	♑	D	18	♒	D	18	♓
S	19	♌	D	19	♎	F	19	♐	S	19	♑	M	19	♓	F	19	♈
S	20	♍	M	20	♏	S	20	♐	M	20	♒	D	20	♓	S	20	♈
M	21	♍	D	21	♏	S	21	♑	D	21	♒	F	21	♓	S	21	♉
D	22	♎	F	22	♐	M	22	♑	M	22	♒	S	22	♈	M	22	♉
M	23	♎	S	23	♐	D	23	♒	D	23	♓	S	23	♈	D	23	♉
D	24	♏	S	24	♐	M	24	♒	F	24	♓	M	24	♉	M	24	♊
F	25	♏	M	25	♑	D	25	♒	S	25	♈	D	25	♉	D	25	♊
S	26	♐	D	26	♑	F	26	♓	S	26	♈	M	26	♉	F	26	♋
S	27	♐	M	27	♒	S	27	♓	M	27	♈	D	27	♊	S	27	♋
M	28	♑	D	28	♒	S	28	♈	D	28	♉	F	28	♊	S	28	♋
D	29	♑	F	29	♓	M	29	♈	M	29	♉	S	29	♋	M	29	♌
M	30	♑	S	30	♓	D	30	♈	D	30	♊	S	30	♋	D	30	♌
D	31	♒	S	31	♓				F	31	♊				M	31	♍

1959

Januar

D	1	♍
F	2	♎
S	3	♎
S	4	♏
M	5	♏
D	6	♐
M	7	♐
D	8	♑
F	9	♑
S	10	♑
S	11	♒
M	12	♒
D	13	♓
M	14	♓
D	15	♈
F	16	♈
S	17	♈
S	18	♉
M	19	♉
D	20	♊
M	21	♊
D	22	♊
F	23	♋
S	**24**	**♋**
S	25	♌
M	26	♌
D	27	♍
M	28	♍
D	29	♎
F	30	♎
S	31	♎

Februar

S	1	♏
M	2	♏
D	3	♐
M	4	♐
D	5	♑
F	6	♑
S	7	♒
S	8	♒
M	9	♓
D	10	♓
M	11	♓
D	12	♈
F	13	♈
S	14	♉
S	15	♉
M	16	♉
D	17	♊
M	18	♊
D	19	♋
F	20	♋
S	21	♌
S	22	♌
M	**23**	**♌**
D	24	♍
M	25	♍
D	26	♎
F	27	♎
S	28	♏

März

S	1	♏
M	2	♐
D	3	♐
M	4	♑
D	5	♑
F	6	♒
S	7	♒
S	8	♒
M	9	♓
D	10	♓
M	11	♈
D	12	♈
F	13	♉
S	14	♉
S	15	♉
M	16	♊
D	17	♊
M	18	♋
D	19	♋
F	20	♋
S	21	♌
S	22	♌
M	23	♍
D	**24**	**♍**
M	25	♎
D	26	♎
F	27	♏
S	28	♏
S	29	♐
M	30	♐
D	31	♑

April

M	1	♑
D	2	♒
F	3	♒
S	4	♒
S	5	♓
M	6	♓
D	7	♈
M	8	♈
D	9	♈
F	10	♉
S	11	♉
S	12	♊
M	13	♊
D	14	♊
M	15	♋
D	16	♋
F	17	♌
S	18	♌
S	19	♍
M	20	♍
D	21	♍
M	22	♎
D	**23**	**♎**
F	24	♏
S	25	♏
S	26	♐
M	27	♐
D	28	♑
M	29	♑
D	30	♒

Mai

F	1	♒
S	2	♓
S	3	♓
M	4	♈
D	5	♈
M	6	♈
D	7	♉
F	8	♉
S	9	♉
S	10	♊
M	11	♊
D	12	♋
M	13	♋
D	14	♌
F	15	♌
S	16	♌
S	17	♍
M	18	♍
D	19	♎
M	20	♎
D	21	♏
F	**22**	**♏**
S	23	♐
S	24	♐
M	25	♑
D	26	♑
M	27	♒
D	28	♒
F	29	♓
S	30	♓
S	31	♓

Juni

M	1	♈
D	2	♈
M	3	♉
D	4	♉
F	5	♉
S	6	♊
S	7	♊
M	8	♋
D	9	♋
M	10	♋
D	11	♌
F	12	♌
S	13	♍
S	14	♍
M	15	♎
D	16	♎
M	17	♏
D	18	♏
F	19	♐
S	**20**	**♐**
S	21	♑
M	22	♑
D	23	♑
M	24	♒
D	25	♒
F	26	♓
S	27	♓
S	28	♈
M	29	♈
D	30	♈

Juli

M	1	♉
D	2	♉
F	3	♊
S	4	♊
S	5	♊
M	6	♋
D	7	♋
M	8	♌
D	9	♌
F	10	♍
S	11	♍
S	12	♍
M	13	♎
D	14	♎
M	15	♏
D	16	♏
F	17	♐
S	18	♐
S	19	♑
M	**20**	**♑**
D	21	♒
M	22	♒
D	23	♓
F	24	♓
S	25	♈
S	26	♈
M	27	♈
D	28	♉
M	29	♉
D	30	♊
F	31	♊

August

S	1	♊
S	2	♋
M	3	♋
D	4	♌
M	5	♌
D	6	♌
F	7	♍
S	8	♍
S	9	♎
M	10	♎
D	11	♏
M	12	♏
D	13	♐
F	14	♐
S	15	♑
S	16	♑
M	17	♒
D	**18**	**♒**
M	19	♓
D	20	♓
F	21	♓
S	22	♈
S	23	♈
M	24	♉
D	25	♉
M	26	♉
D	27	♊
F	28	♊
S	29	♋
S	30	♋
M	31	♋

September

D	1	♌
M	2	♌
D	3	♍
F	4	♍
S	5	♎
S	6	♎
M	7	♏
D	8	♏
M	9	♐
D	10	♐
F	11	♑
S	12	♑
S	13	♑
M	14	♒
D	15	♒
M	16	♓
D	**17**	**♓**
F	18	♈
S	19	♈
S	20	♈
M	21	♉
D	22	♉
M	23	♊
D	24	♊
F	25	♊
S	26	♋
S	27	♋
M	28	♌
D	29	♌
M	30	♍

Oktober

D	1	♍
F	2	♎
S	3	♎
S	4	♎
M	5	♏
D	6	♏
M	7	♐
D	8	♐
F	9	♑
S	10	♑
S	11	♒
M	12	♒
D	13	♓
M	14	♓
D	15	♈
F	**16**	**♈**
S	17	♈
S	18	♉
M	19	♉
D	20	♊
M	21	♊
D	22	♊
F	23	♋
S	24	♋
S	25	♌
M	26	♌
D	27	♌
M	28	♍
D	29	♍
F	30	♎
S	31	♎

November

S	1	♏
M	2	♏
D	3	♐
M	4	♐
D	5	♑
F	6	♑
S	7	♒
S	8	♒
M	9	♓
D	10	♓
M	11	♓
D	12	♈
F	13	♈
S	14	♉
S	**15**	**♉**
M	16	♉
D	17	♊
M	18	♊
D	19	♋
F	20	♋
S	21	♋
S	22	♌
M	23	♌
D	24	♍
M	25	♍
D	26	♎
F	27	♎
S	28	♏
S	29	♏
M	30	♐

Dezember

D	1	♐
M	2	♑
D	3	♑
F	4	♒
S	5	♒
S	6	♒
M	7	♓
D	8	♓
M	9	♈
D	10	♈
F	11	♉
S	12	♉
S	13	♉
M	14	♊
D	**15**	**♊**
M	16	♋
D	17	♋
F	18	♋
S	19	♌
S	20	♌
M	21	♍
D	22	♍
M	23	♍
D	24	♎
F	25	♎
S	26	♏
S	27	♏
M	28	♐
D	29	♐
M	30	♑
D	31	♑

1960

Januar

F	1	♒
S	2	♒
S	3	♓
M	4	♓
D	5	♈
M	6	♈
D	7	♈
F	8	♉
S	9	♉
S	10	♊
M	11	♊
D	12	♊
M	**13**	**♋**
D	14	♋
F	15	♌
S	16	♌
S	17	♌
M	18	♍
D	19	♍
M	20	♎
D	21	♎
F	22	♏
S	23	♏
S	24	♐
M	25	♐
D	26	♑
M	27	♑
D	28	♒
F	29	♒
S	30	♓
S	31	♓

Februar

M	1	♓
D	2	♈
M	3	♈
D	4	♉
F	5	♉
S	6	♊
S	7	♊
M	8	♊
D	9	♋
M	10	♋
D	11	♌
F	**12**	**♌**
S	13	♌
S	14	♍
M	15	♍
D	16	♎
M	17	♎
D	18	♏
F	19	♏
S	20	♏
S	21	♐
M	22	♐
D	23	♑
M	24	♑
D	25	♒
F	26	♒
S	27	♓
S	28	♓
M	29	♈

März

D	1	♈
M	2	♉
D	3	♉
F	4	♉
S	5	♊
S	6	♊
M	7	♋
D	8	♋
M	9	♋
D	10	♌
F	11	♌
S	12	♍
S	**13**	**♍**
M	14	♎
D	15	♎
M	16	♎
D	17	♏
F	18	♏
S	19	♐
S	20	♐
M	21	♑
D	22	♑
M	23	♒
D	24	♒
F	25	♓
S	26	♓
S	27	♈
M	28	♈
D	29	♈
M	30	♉
D	31	♉

April

F	1	♊
S	2	♊
S	3	♊
M	4	♋
D	5	♋
M	6	♌
D	7	♌
F	8	♌
S	9	♍
S	10	♍
M	**11**	**♎**
D	12	♎
M	13	♏
D	14	♏
F	15	♐
S	16	♐
S	17	♑
M	18	♑
D	19	♒
M	20	♒
D	21	♓
F	22	♓
S	23	♓
S	24	♈
M	25	♈
D	26	♉
M	27	♉
D	28	♊
F	29	♊
S	30	♊

Mai

S	1	♋
M	2	♋
D	3	♌
M	4	♌
D	5	♌
F	6	♍
S	7	♍
S	8	♎
M	9	♎
D	10	♏
M	**11**	**♏**
D	12	♐
F	13	♐
S	14	♑
S	15	♑
M	16	♒
D	17	♒
M	18	♒
D	19	♓
F	20	♓
S	21	♈
S	22	♈
M	23	♉
D	24	♉
M	25	♉
D	26	♊
F	27	♊
S	28	♋
S	29	♋
M	30	♋
D	31	♌

Juni

M	1	♌
D	2	♍
F	3	♍
S	4	♍
S	5	♎
M	6	♎
D	7	♏
M	8	♏
D	**9**	**♐**
F	10	♐
S	11	♑
S	12	♑
M	13	♒
D	14	♒
M	15	♓
D	16	♓
F	17	♈
S	18	♈
S	19	♉
M	20	♉
D	21	♉
M	22	♊
D	23	♊
F	24	♋
S	25	♋
S	26	♋
M	27	♌
D	28	♌
M	29	♍
D	30	♍

Juli

F	1	♍
S	2	♎
S	3	♎
M	4	♏
D	5	♏
M	6	♐
D	7	♐
F	**8**	**♑**
S	9	♑
S	10	♒
M	11	♒
D	12	♓
M	13	♓
D	14	♈
F	15	♈
S	16	♈
S	17	♉
M	18	♉
D	19	♊
M	20	♊
D	21	♊
F	22	♋
S	23	♋
S	24	♌
M	25	♌
D	26	♌
M	27	♍
D	28	♍
F	29	♎
S	30	♎
S	31	♏

August

M	1	♏
D	2	♏
M	3	♐
D	4	♐
F	5	♑
S	6	♑
S	**7**	**♒**
M	8	♒
D	9	♓
M	10	♓
D	11	♈
F	12	♈
S	13	♉
S	14	♉
M	15	♊
D	16	♊
M	17	♊
D	18	♋
F	19	♋
S	20	♋
S	21	♌
M	22	♌
D	23	♍
M	24	♍
D	25	♎
F	26	♎
S	27	♎
S	28	♏
M	29	♏
D	30	♐
M	31	♐

September

D	1	♑
F	2	♑
S	3	♒
S	4	♒
M	**5**	**♓**
D	6	♓
M	7	♈
D	8	♈
F	9	♉
S	10	♉
S	11	♉
M	12	♊
D	13	♊
M	14	♋
D	15	♋
F	16	♋
S	17	♌
S	18	♌
M	19	♍
D	20	♍
M	21	♍
D	22	♎
F	23	♎
S	24	♏
S	25	♏
M	26	♐
D	27	♐
M	28	♑
D	29	♑
F	30	♒

Oktober

S	1	♒
S	2	♓
M	3	♓
D	**4**	**♓**
M	5	♈
D	6	♈
F	7	♉
S	8	♉
S	9	♊
M	10	♊
D	11	♊
M	12	♋
D	13	♋
F	14	♌
S	15	♌
S	16	♌
M	17	♍
D	18	♍
M	19	♎
D	20	♎
F	21	♏
S	22	♏
S	23	♐
M	24	♐
D	25	♑
M	26	♑
D	27	♑
F	28	♒
S	29	♒
S	30	♓
M	31	♓

November

D	1	♈
M	2	♈
D	**3**	**♉**
F	4	♉
S	5	♉
S	6	♊
M	7	♊
D	8	♋
M	9	♋
D	10	♌
F	11	♌
S	12	♌
S	13	♍
M	14	♍
D	15	♎
M	16	♎
D	17	♎
F	18	♏
S	19	♏
S	20	♐
M	21	♐
D	22	♑
M	23	♑
D	24	♒
F	25	♒
S	26	♓
S	27	♓
M	28	♈
D	29	♈
M	30	♉

Dezember

D	1	♉
F	2	♉
S	**3**	**♊**
S	4	♊
M	5	♋
D	6	♋
M	7	♋
D	8	♌
F	9	♌
S	10	♍
S	11	♍
M	12	♍
D	13	♎
M	14	♎
D	15	♏
F	16	♏
S	17	♐
S	18	♐
M	19	♑
D	20	♑
M	21	♒
D	22	♒
F	23	♓
S	24	♓
S	25	♈
M	26	♈
D	27	♈
M	28	♉
D	29	♉
F	30	♊
S	31	♊

1961

Januar

S	**1**	**♊**
M	2	♋
D	3	♋
M	4	♌
D	5	♌
F	6	♌
S	7	♍
S	8	♍
M	9	♎
D	10	♎
M	11	♏
D	12	♏
F	13	♏
S	14	♐
S	15	♐
M	16	♑
D	17	♑
M	18	♒
D	19	♒
F	20	♓
S	21	♓
S	22	♈
M	23	♈
D	24	♉
M	25	♉
D	26	♊
F	27	♊
S	28	♊
S	29	♋
M	30	♋
D	**31**	**♌**

Februar

M	1	♌
D	2	♌
F	3	♍
S	4	♍
S	5	♎
M	6	♎
D	7	♎
M	8	♏
D	9	♏
F	10	♐
S	11	♐
S	12	♑
M	13	♑
D	14	♒
M	15	♒
D	16	♓
F	17	♓
S	18	♈
S	19	♈
M	20	♉
D	21	♉
M	22	♉
D	23	♊
F	24	♊
S	25	♋
S	26	♋
M	27	♋
D	28	♌

März

M	1	♌
D	**2**	**♍**
F	3	♍
S	4	♍
S	5	♎
M	6	♎
D	7	♏
M	8	♏
D	9	♐
F	10	♐
S	11	♑
S	12	♑
M	13	♑
D	14	♒
M	15	♒
D	16	♓
F	17	♓
S	18	♈
S	19	♈
M	20	♉
D	21	♉
M	22	♊
D	23	♊
F	24	♋
S	25	♋
S	26	♋
M	27	♌
D	28	♌
M	29	♍
D	30	♍
F	31	♍

April

S	**1**	**♎**
S	2	♎
M	3	♏
D	4	♏
M	5	♐
D	6	♐
F	7	♐
S	8	♑
S	9	♑
M	10	♒
D	11	♒
M	12	♓
D	13	♓
F	14	♈
S	15	♈
S	16	♉
M	17	♉
D	18	♊
M	19	♊
D	20	♊
F	21	♋
S	22	♋
S	23	♌
M	24	♌
D	25	♌
M	26	♍
D	27	♍
F	28	♎
S	29	♎
S	**30**	**♎**

Mai

M	1	♏
D	2	♏
M	3	♐
D	4	♐
F	5	♑
S	6	♑
S	7	♒
M	8	♒
D	9	♓
M	10	♓
D	11	♈
F	12	♈
S	13	♉
S	14	♉
M	15	♉
D	16	♊
M	17	♊
D	18	♋
F	19	♋
S	20	♋
S	21	♌
M	22	♌
D	23	♍
M	24	♍
D	25	♍
F	26	♎
S	27	♎
S	28	♏
M	29	♏
D	**30**	**♐**
M	31	♐

Juni

D	1	♑
F	2	♑
S	3	♒
S	4	♒
M	5	♓
D	6	♓
M	7	♓
D	8	♈
F	9	♈
S	10	♉
S	11	♉
M	12	♊
D	13	♊
M	14	♋
D	15	♋
F	16	♋
S	17	♌
S	18	♌
M	19	♍
D	20	♍
M	21	♍
D	22	♎
F	23	♎
S	24	♏
S	25	♏
M	26	♏
D	27	♐
M	**28**	**♐**
D	29	♑
F	30	♑

Juli

S	1	♒
S	2	♒
M	3	♓
D	4	♓
M	5	♈
D	6	♈
F	7	♉
S	8	♉
S	9	♊
M	10	♊
D	11	♊
M	12	♋
D	13	♋
F	14	♌
S	15	♌
S	16	♌
M	17	♍
D	18	♍
M	19	♎
D	20	♎
F	21	♎
S	22	♏
S	23	♏
M	24	♐
D	25	♐
M	26	♑
D	**27**	**♑**
F	28	♒
S	29	♒
S	30	♓
M	31	♓

August

D	1	♈
M	2	♈
D	3	♉
F	4	♉
S	5	♉
S	6	♊
M	7	♊
D	8	♋
M	9	♋
D	10	♌
F	11	♌
S	12	♌
S	13	♍
M	14	♍
D	15	♎
M	16	♎
D	17	♎
F	18	♏
S	19	♏
S	20	♐
M	21	♐
D	22	♑
M	23	♑
D	24	♑
F	25	♒
S	**26**	**♒**
S	27	♓
M	28	♈
D	29	♈
M	30	♈
D	31	♉

September

F	1	♉
S	2	♊
S	3	♊
M	4	♋
D	5	♋
M	6	♋
D	7	♌
F	8	♌
S	9	♍
S	10	♍
M	11	♍
D	12	♎
M	13	♎
D	14	♏
F	15	♏
S	16	♏
S	17	♐
M	18	♐
D	19	♑
M	20	♑
D	21	♒
F	22	♒
S	23	♓
S	**24**	**♓**
M	25	♈
D	26	♈
M	27	♉
D	28	♉
F	29	♊
S	30	♊

Oktober

S	1	♋
M	2	♋
D	3	♋
M	4	♌
D	5	♌
F	6	♍
S	7	♍
S	8	♍
M	9	♎
D	10	♎
M	11	♏
D	12	♏
F	13	♏
S	14	♐
S	15	♐
M	16	♑
D	17	♑
M	18	♒
D	19	♒
F	20	♓
S	21	♓
S	22	♈
M	**23**	**♈**
D	24	♉
M	25	♉
D	26	♉
F	27	♊
S	28	♊
S	29	♋
M	30	♋
D	31	♌

November

M	1	♌
D	2	♌
F	3	♍
S	4	♍
S	5	♎
M	6	♎
D	7	♎
M	8	♏
D	9	♏
F	10	♐
S	11	♐
S	12	♑
M	13	♑
D	14	♒
M	15	♒
D	16	♒
F	17	♓
S	18	♓
S	19	♈
M	20	♈
D	21	♉
M	**22**	**♉**
D	23	♊
F	24	♊
S	25	♋
S	26	♋
M	27	♋
D	28	♌
M	29	♌
D	30	♍

Dezember

F	1	♍
S	2	♍
S	3	♎
M	4	♎
D	5	♏
M	6	♏
D	7	♐
F	8	♐
S	9	♐
S	10	♑
M	11	♑
D	12	♒
M	13	♒
D	14	♓
F	15	♓
S	16	♈
S	17	♈
M	18	♉
D	19	♉
M	20	♊
D	21	♊
F	**22**	**♊**
S	23	♋
S	24	♋
M	25	♌
D	26	♌
M	27	♍
D	28	♍
F	29	♍
S	30	♎
S	31	♎

1962

Januar

M	1	♏
D	2	♏
M	3	♏
D	4	♐
F	5	♐
S	6	♑
S	7	♑
M	8	♒
D	9	♒
M	10	♓
D	11	♓
F	12	♈
S	13	♈
S	14	♉
M	15	♉
D	16	♉
M	17	♊
D	18	♊
F	19	♋
S	**20**	**♋**
S	21	♌
M	22	♌
D	23	♌
M	24	♍
D	25	♍
F	26	♎
S	27	♎
S	28	♎
M	29	♏
D	30	♏
M	31	♐

Februar

D	1	♐
F	2	♑
S	3	♑
S	4	♒
M	5	♒
D	6	♓
M	7	♓
D	8	♈
F	9	♈
S	10	♈
S	11	♉
M	12	♉
D	13	♊
M	14	♊
D	15	♋
F	16	♋
S	17	♋
S	18	♌
M	**19**	**♌**
D	20	♍
M	21	♍
D	22	♍
F	23	♎
S	24	♎
S	25	♏
M	26	♏
D	27	♏
M	28	♐

März

D	1	♐
F	2	♑
S	3	♑
S	4	♒
M	5	♒
D	6	♓
M	7	♓
D	8	♈
F	9	♈
S	10	♉
S	11	♉
M	12	♊
D	13	♊
M	14	♋
D	15	♋
F	16	♋
S	17	♌
S	18	♌
M	19	♍
D	20	♍
M	**21**	**♍**
D	22	♎
F	23	♎
S	24	♏
S	25	♏
M	26	♏
D	27	♐
M	28	♐
D	29	♑
F	30	♑
S	31	♒

April

S	1	♒
M	2	♓
D	3	♓
M	4	♈
D	5	♈
F	6	♉
S	7	♉
S	8	♉
M	9	♊
D	10	♊
M	11	♋
D	12	♋
F	13	♌
S	14	♌
S	15	♌
M	16	♍
D	17	♍
M	18	♎
D	19	♎
F	**20**	**♎**
S	21	♏
S	22	♏
M	23	♐
D	24	♐
M	25	♑
D	26	♑
F	27	♑
S	28	♒
S	29	♒
M	30	♓

Mai

D	1	♓
M	2	♈
D	3	♈
F	4	♉
S	5	♉
S	6	♊
M	7	♊
D	8	♋
M	9	♋
D	10	♌
F	11	♌
S	12	♌
S	13	♍
M	14	♍
D	15	♎
M	16	♎
D	17	♎
F	18	♏
S	**19**	**♏**
S	20	♐
M	21	♐
D	22	♐
M	23	♑
D	24	♑
F	25	♒
S	26	♒
S	27	♓
M	28	♓
D	29	♈
M	30	♈
D	31	♉

Juni

F	1	♉
S	2	♊
S	3	♊
M	4	♋
D	5	♋
M	6	♋
D	7	♌
F	8	♌
S	9	♍
S	10	♍
M	11	♍
D	12	♎
M	13	♎
D	14	♏
F	15	♏
S	16	♏
S	17	♐
M	**18**	**♐**
D	19	♑
M	20	♑
D	21	♒
F	22	♒
S	23	♓
S	24	♓
M	25	♈
D	26	♈
M	27	♉
D	28	♉
F	29	♉
S	30	♊

Juli

S	1	♊
M	2	♋
D	3	♋
M	4	♌
D	5	♌
F	6	♌
S	7	♍
S	8	♍
M	9	♎
D	10	♎
M	11	♎
D	12	♏
F	13	♏
S	14	♐
S	15	♐
M	16	♑
D	**17**	**♑**
M	18	♒
D	19	♒
F	20	♒
S	21	♓
S	22	♓
M	23	♈
D	24	♈
M	25	♉
D	26	♉
F	27	♊
S	28	♊
S	29	♋
M	30	♋
D	31	♌

August

M	1	♌
D	2	♌
F	3	♍
S	4	♍
S	5	♎
M	6	♎
D	7	♎
M	8	♏
D	9	♏
F	10	♐
S	11	♐
S	12	♐
M	13	♑
D	14	♑
M	**15**	**♒**
D	16	♒
F	17	♓
S	18	♓
S	19	♈
M	20	♈
D	21	♉
M	22	♉
D	23	♊
F	24	♊
S	25	♋
S	26	♋
M	27	♋
D	28	♌
M	29	♌
D	30	♍
F	31	♍

September

S	1	♍
S	2	♎
M	3	♎
D	4	♏
M	5	♏
D	6	♏
F	7	♐
S	8	♐
S	9	♑
M	10	♑
D	11	♒
M	12	♒
D	13	♓
F	**14**	**♓**
S	15	♈
S	16	♈
M	17	♉
D	18	♉
M	19	♊
D	20	♊
F	21	♊
S	22	♋
S	23	♋
M	24	♌
D	25	♌
M	26	♍
D	27	♍
F	28	♍
S	29	♎
S	30	♎

Oktober

M	1	♏
D	2	♏
M	3	♏
D	4	♐
F	5	♐
S	6	♑
S	7	♑
M	8	♑
D	9	♒
M	10	♒
D	11	♓
F	12	♓
S	**13**	**♈**
S	14	♈
M	15	♉
D	16	♉
M	17	♊
D	18	♊
F	19	♋
S	20	♋
S	21	♌
M	22	♌
D	23	♌
M	24	♍
D	25	♍
F	26	♎
S	27	♎
S	28	♎
M	29	♏
D	30	♏
M	31	♐

November

D	1	♐
F	2	♐
S	3	♑
S	4	♑
M	5	♒
D	6	♒
M	7	♓
D	8	♓
F	9	♈
S	10	♈
S	**11**	**♉**
M	12	♉
D	13	♊
M	14	♊
D	15	♋
F	16	♋
S	17	♋
S	18	♌
M	19	♌
D	20	♍
M	21	♍
D	22	♎
F	23	♎
S	24	♎
S	25	♏
M	26	♏
D	27	♐
M	28	♐
D	29	♐
F	30	♑

Dezember

S	1	♑
S	2	♒
M	3	♒
D	4	♓
M	5	♓
D	6	♓
F	7	♈
S	8	♈
S	9	♉
M	10	♉
D	**11**	**♊**
M	12	♊
D	13	♋
F	14	♋
S	15	♌
S	16	♌
M	17	♍
D	18	♍
M	19	♍
D	20	♎
F	21	♎
S	22	♏
S	23	♏
M	24	♏
D	25	♐
M	26	♐
D	27	♑
F	28	♑
S	29	♒
S	30	♒
M	31	♒

1963

Januar

D	1	♓
M	2	♓
D	3	♈
F	4	♈
S	5	♉
S	6	♉
M	7	♊
D	8	♊
M	**9**	**♋**
D	10	♋
F	11	♌
S	12	♌
S	13	♌
M	14	♍
D	15	♍
M	16	♎
D	17	♎
F	18	♎
S	19	♏
S	20	♏
M	21	♐
D	22	♐
M	23	♐
D	24	♑
F	25	♑
S	26	♒
S	27	♒
M	28	♓
D	29	♓
M	30	♈
D	31	♈

Februar

F	1	♉
S	2	♉
S	3	♊
M	4	♊
D	5	♋
M	6	♋
D	7	♋
F	**8**	**♌**
S	9	♌
S	10	♍
M	11	♍
D	12	♎
M	13	♎
D	14	♎
F	15	♏
S	16	♏
S	17	♐
M	18	♐
D	19	♐
M	20	♑
D	21	♑
F	22	♒
S	23	♒
S	24	♓
M	25	♓
D	26	♈
M	27	♈
D	28	♉

März

F	1	♉
S	2	♊
S	3	♊
M	4	♊
D	5	♋
M	6	♋
D	7	♌
F	8	♌
S	9	♍
S	**10**	**♍**
M	11	♍
D	12	♎
M	13	♎
D	14	♏
F	15	♏
S	16	♏
S	17	♐
M	18	♐
D	19	♑
M	20	♑
D	21	♑
F	22	♒
S	23	♒
S	24	♓
M	25	♓
D	26	♈
M	27	♈
D	28	♉
F	29	♉
S	30	♊
S	31	♊

April

M	1	♋
D	2	♋
M	3	♌
D	4	♌
F	5	♌
S	6	♍
S	7	♍
M	8	♎
D	**9**	**♎**
M	10	♎
D	11	♏
F	12	♏
S	13	♐
S	14	♐
M	15	♐
D	16	♑
M	17	♑
D	18	♒
F	19	♒
S	20	♓
S	21	♓
M	22	♈
D	23	♈
M	24	♉
D	25	♉
F	26	♊
S	27	♊
S	28	♋
M	29	♋
D	30	♌

Mai

M	1	♌
D	2	♌
F	3	♍
S	4	♍
S	5	♎
M	6	♎
D	7	♎
M	**8**	**♏**
D	9	♏
F	10	♐
S	11	♐
S	12	♐
M	13	♑
D	14	♑
M	15	♒
D	16	♒
F	17	♓
S	18	♓
S	19	♓
M	20	♈
D	21	♈
M	22	♉
D	23	♉
F	24	♊
S	25	♊
S	26	♋
M	27	♋
D	28	♌
M	29	♌
D	30	♍
F	31	♍

Juni

S	1	♍
S	2	♎
M	3	♎
D	4	♏
M	5	♏
D	6	♏
F	**7**	**♐**
S	8	♐
S	9	♑
M	10	♑
D	11	♒
M	12	♒
D	13	♒
F	14	♓
S	15	♓
S	16	♈
M	17	♈
D	18	♉
M	19	♉
D	20	♊
F	21	♊
S	22	♋
S	23	♋
M	24	♌
D	25	♌
M	26	♍
D	27	♍
F	28	♍
S	29	♎
S	30	♎

Juli

M	1	♏
D	2	♏
M	3	♏
D	4	♐
F	5	♐
S	**6**	**♑**
S	7	♑
M	8	♑
D	9	♒
M	10	♒
D	11	♓
F	12	♓
S	13	♈
S	14	♈
M	15	♉
D	16	♉
M	17	♊
D	18	♊
F	19	♋
S	20	♋
S	21	♋
M	22	♌
D	23	♌
M	24	♍
D	25	♍
F	26	♎
S	27	♎
S	28	♎
M	29	♏
D	30	♏
M	31	♐

August

D	1	♐
F	2	♐
S	3	♑
S	4	♑
M	**5**	**♒**
D	6	♒
M	7	♓
D	8	♓
F	9	♈
S	10	♈
S	11	♉
M	12	♉
D	13	♉
M	14	♊
D	15	♊
F	16	♋
S	17	♋
S	18	♌
M	19	♌
D	20	♍
M	21	♍
D	22	♍
F	23	♎
S	24	♎
S	25	♏
M	26	♏
D	27	♏
M	28	♐
D	29	♐
F	30	♑
S	31	♑

September

S	1	♒
M	2	♒
D	**3**	**♒**
M	4	♓
D	5	♓
F	6	♈
S	7	♈
S	8	♉
M	9	♉
D	10	♊
M	11	♊
D	12	♋
F	13	♋
S	14	♌
S	15	♌
M	16	♍
D	17	♍
M	18	♍
D	19	♎
F	20	♎
S	21	♏
S	22	♏
M	23	♏
D	24	♐
M	25	♐
D	26	♑
F	27	♑
S	28	♑
S	29	♒
M	30	♒

Oktober

D	1	♓
M	2	♓
D	**3**	**♈**
F	4	♈
S	5	♉
S	6	♉
M	7	♊
D	8	♊
M	9	♋
D	10	♋
F	11	♌
S	12	♌
S	13	♌
M	14	♍
D	15	♍
M	16	♎
D	17	♎
F	18	♎
S	19	♏
S	20	♏
M	21	♐
D	22	♐
M	23	♐
D	24	♑
F	25	♑
S	26	♒
S	27	♒
M	28	♓
D	29	♓
M	30	♓
D	31	♈

November

F	**1**	**♈**
S	2	♉
S	3	♉
M	4	♊
D	5	♊
M	6	♋
D	7	♋
F	8	♌
S	9	♌
S	10	♍
M	11	♍
D	12	♎
M	13	♎
D	14	♎
F	15	♏
S	16	♏
S	17	♐
M	18	♐
D	19	♐
M	20	♑
D	21	♑
F	22	♒
S	23	♒
S	24	♒
M	25	♓
D	26	♓
M	27	♈
D	28	♈
F	29	♉
S	**30**	**♉**

Dezember

S	1	♊
M	2	♊
D	3	♋
M	4	♋
D	5	♌
F	6	♌
S	7	♍
S	8	♍
M	9	♍
D	10	♎
M	11	♎
D	12	♏
F	13	♏
S	14	♏
S	15	♐
M	16	♐
D	17	♑
M	18	♑
D	19	♑
F	20	♒
S	21	♒
S	22	♓
M	23	♓
D	24	♈
M	25	♈
D	26	♉
F	27	♉
S	28	♊
S	29	♊
M	**30**	**♋**
D	31	♋

1964

Januar			Februar			März			April			Mai			Juni		
M	1	♋	S	1	♍	S	1	♎	M	1	♏	F	1	♐	M	1	♒
D	2	♌	S	2	♎	M	2	♎	D	2	♐	S	2	♑	D	2	♒
F	3	♌	M	3	♎	D	3	♏	F	3	♐	S	3	♑	M	3	♓
S	4	♍	D	4	♎	M	4	♏	S	4	♑	M	4	♒	D	4	♓
S	5	♍	M	5	♏	D	5	♏	S	5	♑	D	5	♒	F	5	♈
M	6	♎	D	6	♏	F	6	♐	M	6	♑	M	6	♒	S	6	♈
D	7	♎	F	7	♐	S	7	♐	D	7	♒	D	7	♓	S	7	♉
M	8	♏	S	8	♐	S	8	♑	M	8	♒	F	8	♓	M	8	♉
D	9	♏	S	9	♐	M	9	♑	D	9	♓	S	9	♈	D	9	♊
F	10	♏	M	10	♑	D	10	♑	F	10	♓	S	10	♈	M	10	♊
S	11	♐	D	11	♑	M	11	♒	S	11	♓	M	11	♉	D	11	♋
S	12	♐	M	12	♒	D	12	♒	S	12	♈	D	12	♉	F	12	♋
M	13	♑	D	13	♒	F	13	♓	M	13	♈	M	13	♊	S	13	♌
D	14	♑	F	14	♒	S	14	♓	D	14	♉	D	14	♊	S	14	♌
M	15	♑	S	15	♓	S	15	♈	M	15	♉	F	15	♋	M	15	♌
D	16	♒	S	16	♓	M	16	♈	D	16	♊	S	16	♋	D	16	♍
F	17	♒	M	17	♈	D	17	♉	F	17	♊	S	17	♌	M	17	♍
S	18	♓	D	18	♈	M	18	♉	S	18	♋	M	18	♌	D	18	♎
S	19	♓	M	19	♉	D	19	♊	S	19	♋	D	19	♍	F	19	♎
M	20	♓	D	20	♉	F	20	♊	M	20	♌	M	20	♍	S	20	♏
D	21	♈	F	21	♊	S	21	♋	D	21	♌	D	21	♍	S	21	♏
M	22	♈	S	22	♊	S	22	♋	M	22	♍	F	22	♎	M	22	♏
D	23	♉	S	23	♋	M	23	♋	D	23	♍	S	23	♎	D	23	♐
F	24	♉	M	24	♋	D	24	♌	F	24	♎	S	24	♏	M	24	♐
S	25	♊	D	25	♌	M	25	♌	S	25	♎	M	25	♏	**D**	**25**	**♑**
S	26	♊	M	26	♌	D	26	♍	**S**	**26**	**♎**	**D**	**26**	**♏**	F	26	♑
M	27	♋	**D**	**27**	**♍**	F	27	♍	M	27	♏	M	27	♐	S	27	♑
D	**28**	**♋**	F	28	♍	**S**	**28**	**♎**	D	28	♏	D	28	♐	S	28	♒
M	29	♌	S	29	♍	S	29	♎	M	29	♐	F	29	♑	M	29	♒
D	30	♌				M	30	♏	D	30	♐	S	30	♑	D	30	♓
F	31	♍				D	31	♏				S	31	♑			

Juli			August			September			Oktober			November			Dezember		
M	1	♓	S	1	♉	D	1	♊	D	1	♌	S	1	♍	D	1	♏
D	2	♓	S	2	♉	M	2	♋	F	2	♌	M	2	♎	M	2	♏
F	3	♈	M	3	♊	D	3	♋	S	3	♍	D	3	♎	D	3	♏
S	4	♈	D	4	♊	F	4	♌	S	4	♍	M	4	♏	F	4	♐
S	5	♉	M	5	♋	S	5	♌	M	5	♎	D	5	♏	S	5	♐
M	6	♉	D	6	♋	S	6	♍	D	6	♎	F	6	♐	S	6	♑
D	7	♊	F	7	♌	M	7	♍	M	7	♎	S	7	♐	M	7	♑
M	8	♊	S	8	♌	D	8	♎	D	8	♏	S	8	♐	D	8	♑
D	9	♋	S	9	♍	M	9	♎	F	9	♏	M	9	♑	M	9	♒
F	10	♋	M	10	♍	D	10	♏	S	10	♐	D	10	♑	D	10	♒
S	11	♌	D	11	♍	F	11	♏	S	11	♐	M	11	♒	F	11	♓
S	12	♌	M	12	♎	S	12	♏	M	12	♐	D	12	♒	S	12	♓
M	13	♍	D	13	♎	S	13	♐	D	13	♑	F	13	♒	S	13	♓
D	14	♍	F	14	♏	M	14	♐	M	14	♑	S	14	♓	M	14	♈
M	15	♎	S	15	♏	D	15	♑	D	15	♒	S	15	♓	D	15	♈
D	16	♎	S	16	♐	M	16	♑	F	16	♒	M	16	♈	M	16	♉
F	17	♎	M	17	♐	D	17	♑	S	17	♓	D	17	♈	D	17	♉
S	18	♏	D	18	♐	F	18	♒	S	18	♓	M	18	♉	F	18	♊
S	19	♏	M	19	♑	S	19	♒	M	19	♓	**D**	**19**	**♉**	**S**	**19**	**♊**
M	20	♐	D	20	♑	S	20	♓	D	20	♈	F	20	♊	S	20	♋
D	21	♐	F	21	♒	**M**	**21**	**♓**	**M**	**21**	**♈**	S	21	♊	M	21	♋
M	22	♐	S	22	♒	D	22	♈	D	22	♉	S	22	♋	D	22	♌
D	23	♑	**S**	**23**	**♒**	M	23	♈	F	23	♉	M	23	♋	M	23	♌
F	**24**	**♑**	M	24	♓	D	24	♈	S	24	♊	D	24	♌	D	24	♍
S	25	♒	D	25	♓	F	25	♉	S	25	♊	M	25	♌	F	25	♍
S	26	♒	M	26	♈	S	26	♉	M	26	♋	D	26	♌	S	26	♎
M	27	♓	D	27	♈	S	27	♊	D	27	♋	F	27	♍	S	27	♎
D	28	♓	F	28	♉	M	28	♊	M	28	♌	S	28	♍	M	28	♏
M	29	♓	S	29	♉	D	29	♋	D	29	♌	S	29	♎	D	29	♏
D	30	♈	S	30	♊	M	30	♋	F	30	♍	M	30	♎	M	30	♏
F	31	♈	M	31	♊				S	31	♍				D	31	♐

1965

Januar

F	1	♐
S	2	♑
S	3	♑
M	4	♑
D	5	♒
M	6	♒
D	7	♓
F	8	♓
S	9	♓
S	10	♈
M	11	♈
D	12	♉
M	13	♉
D	14	♊
F	15	♊
S	16	♋
S	**17**	**♋**
M	18	♌
D	19	♌
M	20	♍
D	21	♍
F	22	♎
S	23	♎
S	24	♎
M	25	♏
D	26	♏
M	27	♐
D	28	♐
F	29	♐
S	30	♑
S	31	♑

Februar

M	1	♒
D	2	♒
M	3	♒
D	4	♓
F	5	♓
S	6	♈
S	7	♈
M	8	♉
D	9	♉
M	10	♉
D	11	♊
F	12	♊
S	13	♋
S	14	♋
M	15	♌
D	**16**	**♌**
M	17	♍
D	18	♍
F	19	♎
S	20	♎
S	21	♏
M	22	♏
D	23	♐
M	24	♐
D	25	♐
F	26	♑
S	27	♑
S	28	♒

März

M	1	♒
D	2	♒
M	3	♓
D	4	♓
F	5	♈
S	6	♈
S	7	♈
M	8	♉
D	9	♉
M	10	♊
D	11	♊
F	12	♋
S	13	♋
S	14	♌
M	15	♌
D	16	♍
M	**17**	**♍**
D	18	♎
F	19	♎
S	20	♏
S	21	♏
M	22	♏
D	23	♐
M	24	♐
D	25	♑
F	26	♑
S	27	♑
S	28	♒
M	29	♒
D	30	♓
M	31	♓

April

D	1	♓
F	2	♈
S	3	♈
S	4	♉
M	5	♉
D	6	♊
M	7	♊
D	8	♋
F	9	♋
S	10	♌
S	11	♌
M	12	♍
D	13	♍
M	14	♍
D	**15**	**♎**
F	16	♎
S	17	♏
S	18	♏
M	19	♐
D	20	♐
M	21	♐
D	22	♑
F	23	♑
S	24	♒
S	25	♒
M	26	♒
D	27	♓
M	28	♓
D	29	♈
F	30	♈

Mai

S	1	♉
S	2	♉
M	3	♊
D	4	♊
M	5	♋
D	6	♋
F	7	♋
S	8	♌
S	9	♌
M	10	♍
D	11	♍
M	12	♎
D	13	♎
F	14	♏
S	**15**	**♏**
S	16	♐
M	17	♐
D	18	♐
M	19	♑
D	20	♑
F	21	♒
S	22	♒
S	23	♒
M	24	♓
D	25	♓
M	26	♈
D	27	♈
F	28	♈
S	29	♉
S	30	♉
M	31	♊

Juni

D	1	♊
M	2	♋
D	3	♋
F	4	♌
S	5	♌
S	6	♍
M	7	♍
D	8	♎
M	9	♎
D	10	♏
F	11	♏
S	12	♏
S	13	♐
M	**14**	**♐**
D	15	♑
M	16	♑
D	17	♑
F	18	♒
S	19	♒
S	20	♓
M	21	♓
D	22	♓
M	23	♈
D	24	♈
F	25	♉
S	26	♉
S	27	♊
M	28	♊
D	29	♋
M	30	♋

Juli

D	1	♌
F	2	♌
S	3	♍
S	4	♍
M	5	♎
D	6	♎
M	7	♎
D	8	♏
F	9	♏
S	10	♐
S	11	♐
M	12	♑
D	**13**	**♑**
M	14	♑
D	15	♒
F	16	♒
S	17	♒
S	18	♓
M	19	♓
D	20	♈
M	21	♈
D	22	♉
F	23	♉
S	24	♉
S	25	♊
M	26	♊
D	27	♋
M	28	♋
D	29	♌
F	30	♌
S	31	♍

August

S	1	♍
M	2	♎
D	3	♎
M	4	♏
D	5	♏
F	6	♐
S	7	♐
S	8	♐
M	9	♑
D	10	♑
M	11	♒
D	**12**	**♒**
F	13	♒
S	14	♓
S	15	♓
M	16	♈
D	17	♈
M	18	♈
D	19	♉
F	20	♉
S	21	♊
S	22	♊
M	23	♋
D	24	♋
M	25	♌
D	26	♌
F	27	♍
S	28	♍
S	29	♎
M	30	♎
D	31	♏

September

M	1	♏
D	2	♏
F	3	♐
S	4	♐
S	5	♑
M	6	♑
D	7	♑
M	8	♒
D	9	♒
F	**10**	**♓**
S	11	♓
S	12	♈
M	13	♈
D	14	♈
M	15	♉
D	16	♉
F	17	♊
S	18	♊
S	19	♋
M	20	♋
D	21	♌
M	22	♌
D	23	♌
F	24	♍
S	25	♍
S	26	♎
M	27	♎
D	28	♏
M	29	♏
D	30	♐

Oktober

F	1	♐
S	2	♑
S	3	♑
M	4	♑
D	5	♒
M	6	♒
D	7	♓
F	8	♓
S	9	♓
S	**10**	**♈**
M	11	♈
D	12	♉
M	13	♉
D	14	♊
F	15	♊
S	16	♊
S	17	♋
M	18	♋
D	19	♌
M	20	♌
D	21	♍
F	22	♍
S	23	♎
S	24	♎
M	25	♏
D	26	♏
M	27	♐
D	28	♐
F	29	♐
S	30	♑
S	31	♑

November

M	1	♒
D	2	♒
M	3	♒
D	4	♓
F	5	♓
S	6	♈
S	7	♈
M	8	♉
D	**9**	**♉**
M	10	♉
D	11	♊
F	12	♊
S	13	♋
S	14	♋
M	15	♌
D	16	♌
M	17	♍
D	18	♍
F	19	♎
S	20	♎
S	21	♏
M	22	♏
D	23	♏
M	24	♐
D	25	♐
F	26	♑
S	27	♑
S	28	♑
M	29	♒
D	30	♒

Dezember

M	1	♓
D	2	♓
F	3	♓
S	4	♈
S	5	♈
M	6	♉
D	7	♉
M	**8**	**♊**
D	9	♊
F	10	♋
S	11	♋
S	12	♌
M	13	♌
D	14	♍
M	15	♍
D	16	♎
F	17	♎
S	18	♎
S	19	♏
M	20	♏
D	21	♐
M	22	♐
D	23	♑
F	24	♑
S	25	♑
S	26	♒
M	27	♒
D	28	♓
M	29	♓
D	30	♓
F	31	♈

1966

Januar

S	1	♈
S	2	♉
M	3	♉
D	4	♉
M	5	♊
D	6	♊
F	**7**	**♋**
S	8	♋
S	9	♌
M	10	♌
D	11	♍
M	12	♍
D	13	♎
F	14	♎
S	15	♏
S	16	♏
M	17	♐
D	18	♐
M	19	♐
D	20	♑
F	21	♑
S	22	♒
S	23	♒
M	24	♒
D	25	♓
M	26	♓
D	27	♈
F	28	♈
S	29	♈
S	30	♉
M	31	♉

Februar

D	1	♊
M	2	♊
D	3	♋
F	4	♋
S	**5**	**♌**
S	6	♌
M	7	♍
D	8	♍
M	9	♎
D	10	♎
F	11	♏
S	12	♏
S	13	♐
M	14	♐
D	15	♐
M	16	♑
D	17	♑
F	18	♒
S	19	♒
S	20	♒
M	21	♓
D	22	♓
M	23	♈
D	24	♈
F	25	♈
S	26	♉
S	27	♉
M	28	♊

März

D	1	♊
M	2	♋
D	3	♋
F	4	♋
S	5	♌
S	6	♌
M	**7**	**♍**
D	8	♍
M	9	♎
D	10	♎
F	11	♏
S	12	♏
S	13	♐
M	14	♐
D	15	♑
M	16	♑
D	17	♑
F	18	♒
S	19	♒
S	20	♓
M	21	♓
D	22	♓
M	23	♈
D	24	♈
F	25	♉
S	26	♉
S	27	♊
M	28	♊
D	29	♊
M	30	♋
D	31	♋

April

F	1	♌
S	2	♌
S	3	♍
M	4	♍
D	**5**	**♎**
M	6	♎
D	7	♏
F	8	♏
S	9	♐
S	10	♐
M	11	♑
D	12	♑
M	13	♑
D	14	♒
F	15	♒
S	16	♓
S	17	♓
M	18	♓
D	19	♈
M	20	♈
D	21	♉
F	22	♉
S	23	♉
S	24	♊
M	25	♊
D	26	♋
M	27	♋
D	28	♌
F	29	♌
S	30	♍

Mai

S	1	♍
M	2	♎
D	3	♎
M	**4**	**♏**
D	5	♏
F	6	♏
S	7	♐
S	8	♐
M	9	♑
D	10	♑
M	11	♒
D	12	♒
F	13	♒
S	14	♓
S	15	♓
M	16	♈
D	17	♈
M	18	♈
D	19	♉
F	20	♉
S	21	♊
S	22	♊
M	23	♋
D	24	♋
M	25	♌
D	26	♌
F	27	♌
S	28	♍
S	29	♍
M	30	♎
D	31	♎

Juni

M	1	♏
D	2	♏
F	**3**	**♐**
S	4	♐
S	5	♑
M	6	♑
D	7	♑
M	8	♒
D	9	♒
F	10	♓
S	11	♓
S	12	♓
M	13	♈
D	14	♈
M	15	♉
D	16	♉
F	17	♊
S	18	♊
S	19	♊
M	20	♋
D	21	♋
M	22	♌
D	23	♌
F	24	♍
S	25	♍
S	26	♎
M	27	♎
D	28	♏
M	29	♏
D	30	♐

Juli

F	1	♐
S	**2**	**♐**
S	3	♑
M	4	♑
D	5	♒
M	6	♒
D	7	♓
F	8	♓
S	9	♓
S	10	♈
M	11	♈
D	12	♉
M	13	♉
D	14	♉
F	15	♊
S	16	♊
S	17	♋
M	18	♋
D	19	♌
M	20	♌
D	21	♍
F	22	♍
S	23	♎
S	24	♎
M	25	♏
D	26	♏
M	27	♐
D	28	♐
F	29	♐
S	30	♑
S	31	♑

August

M	**1**	**♒**
D	2	♒
M	3	♒
D	4	♓
F	5	♓
S	6	♈
S	7	♈
M	8	♈
D	9	♉
M	10	♉
D	11	♊
F	12	♊
S	13	♋
S	14	♋
M	15	♌
D	16	♌
M	17	♍
D	18	♍
F	19	♎
S	20	♎
S	21	♎
M	22	♏
D	23	♏
M	24	♐
D	25	♐
F	26	♑
S	27	♑
S	28	♒
M	29	♒
D	30	♒
M	**31**	**♓**

September

D	1	♓
F	2	♈
S	3	♈
S	4	♈
M	5	♉
D	6	♉
M	7	♊
D	8	♊
F	9	♊
S	10	♋
S	11	♋
M	12	♌
D	13	♌
M	14	♍
D	15	♍
F	16	♎
S	17	♎
S	18	♏
M	19	♏
D	20	♐
M	21	♐
D	22	♑
F	23	♑
S	24	♑
S	25	♒
M	26	♒
D	27	♓
M	28	♓
D	**29**	**♓**
F	30	♈

Oktober

S	1	♈
S	2	♉
M	3	♉
D	4	♉
M	5	♊
D	6	♊
F	7	♋
S	8	♋
S	9	♌
M	10	♌
D	11	♍
M	12	♍
D	13	♎
F	14	♎
S	15	♏
S	16	♏
M	17	♐
D	18	♐
M	19	♐
D	20	♑
F	21	♑
S	22	♒
S	23	♒
M	24	♓
D	25	♓
M	26	♓
D	27	♈
F	28	♈
S	**29**	**♈**
S	30	♉
M	31	♉

November

D	1	♊
M	2	♊
D	3	♋
F	4	♋
S	5	♋
S	6	♌
M	7	♌
D	8	♍
M	9	♍
D	10	♎
F	11	♎
S	12	♏
S	13	♏
M	14	♐
D	15	♐
M	16	♑
D	17	♑
F	18	♒
S	19	♒
S	20	♒
M	21	♓
D	22	♓
M	23	♈
D	24	♈
F	25	♈
S	26	♉
S	27	♉
M	**28**	**♊**
D	29	♊
M	30	♊

Dezember

D	1	♋
F	2	♋
S	3	♌
S	4	♌
M	5	♍
D	6	♍
M	7	♎
D	8	♎
F	9	♏
S	10	♏
S	11	♐
M	12	♐
D	13	♑
M	14	♑
D	15	♑
F	16	♒
S	17	♒
S	18	♓
M	19	♓
D	20	♓
M	21	♈
D	22	♈
F	23	♉
S	24	♉
S	25	♉
M	26	♊
D	**27**	**♊**
M	28	♋
D	29	♋
F	30	♌
S	31	♌

1967

Januar

S	1	♍
M	2	♍
D	3	♎
M	4	♎
D	5	♏
F	6	♏
S	7	♏
S	8	♐
M	9	♐
D	10	♑
M	11	♑
D	12	♒
F	13	♒
S	14	♓
S	15	♓
M	16	♓
D	17	♈
M	18	♈
D	19	♈
F	20	♉
S	21	♉
S	22	♊
M	23	♊
D	24	♋
M	25	♋
D	**26**	**♌**
F	27	♌
S	28	♍
S	29	♍
M	30	♍
D	31	♎

Februar

M	1	♎
D	2	♏
F	3	♏
S	4	♐
S	5	♐
M	6	♑
D	7	♑
M	8	♒
D	9	♒
F	10	♒
S	11	♓
S	12	♓
M	13	♈
D	14	♈
M	15	♈
D	16	♉
F	17	♉
S	18	♊
S	19	♊
M	20	♊
D	21	♋
M	22	♋
D	23	♌
F	**24**	**♌**
S	25	♍
S	26	♍
M	27	♎
D	28	♎

März

M	1	♏
D	2	♏
F	3	♐
S	4	♐
S	5	♑
M	6	♑
D	7	♑
M	8	♒
D	9	♒
F	10	♓
S	11	♓
S	12	♓
M	13	♈
D	14	♈
M	15	♉
D	16	♉
F	17	♉
S	18	♊
S	19	♊
M	20	♋
D	21	♋
M	22	♌
D	23	♌
F	24	♍
S	25	♍
S	**26**	**♎**
M	27	♎
D	28	♏
M	29	♏
D	30	♐
F	31	♐

April

S	1	♐
S	2	♑
M	3	♑
D	4	♒
M	5	♒
D	6	♓
F	7	♓
S	8	♓
S	9	♈
M	10	♈
D	11	♉
M	12	♉
D	13	♉
F	14	♊
S	15	♊
S	16	♋
M	17	♋
D	18	♋
M	19	♌
D	20	♌
F	21	♍
S	22	♍
S	23	♎
M	**24**	**♎**
D	25	♏
M	26	♏
D	27	♐
F	28	♐
S	29	♑
S	30	♑

Mai

M	1	♒
D	2	♒
M	3	♒
D	4	♓
F	5	♓
S	6	♈
S	7	♈
M	8	♈
D	9	♉
M	10	♉
D	11	♊
F	12	♊
S	13	♊
S	14	♋
M	15	♋
D	16	♌
M	17	♌
D	18	♍
F	19	♍
S	20	♎
S	21	♎
M	22	♏
D	**23**	**♏**
M	24	♐
D	25	♐
F	26	♑
S	27	♑
S	28	♑
M	29	♒
D	30	♒
M	31	♓

Juni

D	1	♓
F	2	♈
S	3	♈
S	4	♈
M	5	♉
D	6	♉
M	7	♊
D	8	♊
F	9	♊
S	10	♋
S	11	♋
M	12	♌
D	13	♌
M	14	♍
D	15	♍
F	16	♎
S	17	♎
S	18	♎
M	19	♏
D	20	♏
M	21	♐
D	**22**	**♐**
F	23	♑
S	24	♑
S	25	♒
M	26	♒
D	27	♓
M	28	♓
D	29	♓
F	30	♈

Juli

S	1	♈
S	2	♉
M	3	♉
D	4	♉
M	5	♊
D	6	♊
F	7	♋
S	8	♋
S	9	♌
M	10	♌
D	11	♌
M	12	♍
D	13	♍
F	14	♎
S	15	♎
S	16	♏
M	17	♏
D	18	♐
M	19	♐
D	20	♑
F	**21**	**♑**
S	22	♒
S	23	♒
M	24	♒
D	25	♓
M	26	♓
D	27	♈
F	28	♈
S	29	♈
S	30	♉
M	31	♉

August

D	1	♊
M	2	♊
D	3	♋
F	4	♋
S	5	♋
S	6	♌
M	7	♌
D	8	♍
M	9	♍
D	10	♎
F	11	♎
S	12	♏
S	13	♏
M	14	♐
D	15	♐
M	16	♑
D	17	♑
F	18	♑
S	19	♒
S	**20**	**♒**
M	21	♓
D	22	♓
M	23	♈
D	24	♈
F	25	♈
S	26	♉
S	27	♉
M	28	♊
D	29	♊
M	30	♊
D	31	♋

September

F	1	♋
S	2	♌
S	3	♌
M	4	♍
D	5	♍
M	6	♎
D	7	♎
F	8	♏
S	9	♏
S	10	♐
M	11	♐
D	12	♐
M	13	♑
D	14	♑
F	15	♒
S	16	♒
S	17	♓
M	**18**	**♓**
D	19	♓
M	20	♈
D	21	♈
F	22	♉
S	23	♉
S	24	♉
M	25	♊
D	26	♊
M	27	♋
D	28	♋
F	29	♋
S	30	♌

Oktober

S	1	♌
M	2	♍
D	3	♍
M	4	♎
D	5	♎
F	6	♏
S	7	♏
S	8	♐
M	9	♐
D	10	♑
M	11	♑
D	12	♒
F	13	♒
S	14	♓
S	15	♓
M	16	♓
D	17	♈
M	**18**	**♈**
D	19	♉
F	20	♉
S	21	♉
S	22	♊
M	23	♊
D	24	♋
M	25	♋
D	26	♋
F	27	♌
S	28	♌
S	29	♍
M	30	♍
D	31	♎

November

M	1	♎
D	2	♏
F	3	♏
S	4	♐
S	5	♐
M	6	♑
D	7	♑
M	8	♒
D	9	♒
F	10	♒
S	11	♓
S	12	♓
M	13	♈
D	14	♈
M	15	♈
D	16	♉
F	**17**	**♉**
S	18	♊
S	19	♊
M	20	♊
D	21	♋
M	22	♋
D	23	♌
F	24	♌
S	25	♍
S	26	♍
M	27	♍
D	28	♎
M	29	♎
D	30	♏

Dezember

F	1	♏
S	2	♐
S	3	♐
M	4	♑
D	5	♑
M	6	♒
D	7	♒
F	8	♓
S	9	♓
S	10	♈
M	11	♈
D	12	♈
M	13	♉
D	14	♉
F	15	♉
S	**16**	**♊**
S	17	♊
M	18	♋
D	19	♋
M	20	♌
D	21	♌
F	22	♌
S	23	♍
S	24	♍
M	25	♎
D	26	♎
M	27	♏
D	28	♏
F	29	♐
S	30	♐
S	31	♑

1968

Januar

M	1	♑
D	2	♒
M	3	♒
D	4	♓
F	5	♓
S	6	♓
S	7	♈
M	8	♈
D	9	♉
M	10	♉
D	11	♉
F	12	♊
S	13	♊
S	14	♋
M	**15**	**♋**
D	16	♋
M	17	♌
D	18	♌
F	19	♍
S	20	♍
S	21	♎
M	22	♎
D	23	♏
M	24	♏
D	25	♐
F	26	♐
S	27	♑
S	28	♑
M	29	♑
D	30	♒
M	31	♒

Februar

D	1	♓
F	2	♓
S	3	♈
S	4	♈
M	5	♈
D	6	♉
M	7	♉
D	8	♊
F	9	♊
S	10	♊
S	11	♋
M	12	♋
D	13	♌
M	**14**	**♌**
D	15	♍
F	16	♍
S	17	♎
S	18	♎
M	19	♏
D	20	♏
M	21	♏
D	22	♐
F	23	♐
S	24	♑
S	25	♑
M	26	♒
D	27	♒
M	28	♓
D	29	♓

März

F	1	♓
S	2	♈
S	3	♈
M	4	♉
D	5	♉
M	6	♉
D	7	♊
F	8	♊
S	9	♋
S	10	♋
M	11	♌
D	12	♌
M	13	♌
D	**14**	**♍**
F	15	♍
S	16	♎
S	17	♎
M	18	♏
D	19	♏
M	20	♐
D	21	♐
F	22	♑
S	23	♑
S	24	♒
M	25	♒
D	26	♓
M	27	♓
D	28	♓
F	29	♈
S	30	♈
S	31	♉

April

M	1	♉
D	2	♉
M	3	♊
D	4	♊
F	5	♋
S	6	♋
S	7	♋
M	8	♌
D	9	♌
M	10	♍
D	11	♍
F	12	♎
S	**13**	**♎**
S	14	♏
M	15	♏
D	16	♐
M	17	♐
D	18	♑
F	19	♑
S	20	♒
S	21	♒
M	22	♒
D	23	♓
M	24	♓
D	25	♈
F	26	♈
S	27	♈
S	28	♉
M	29	♉
D	30	♊

Mai

M	1	♊
D	2	♊
F	3	♋
S	4	♋
S	5	♌
M	6	♌
D	7	♍
M	8	♍
D	9	♍
F	10	♎
S	11	♎
S	**12**	**♏**
M	13	♏
D	14	♐
M	15	♐
D	16	♑
F	17	♑
S	18	♒
S	19	♒
M	20	♓
D	21	♓
M	22	♈
D	23	♈
F	24	♈
S	25	♉
S	26	♉
M	27	♊
D	28	♊
M	29	♊
D	30	♋
F	31	♋

Juni

S	1	♌
S	2	♌
M	3	♌
D	4	♍
M	5	♍
D	6	♎
F	7	♎
S	8	♏
S	9	♏
M	**10**	**♐**
D	11	♐
M	12	♑
D	13	♑
F	14	♒
S	15	♒
S	16	♓
M	17	♓
D	18	♓
M	19	♈
D	20	♈
F	21	♉
S	22	♉
S	23	♉
M	24	♊
D	25	♊
M	26	♋
D	27	♋
F	28	♋
S	29	♌
S	30	♌

Juli

M	1	♍
D	2	♍
M	3	♎
D	4	♎
F	5	♏
S	6	♏
S	7	♐
M	8	♐
D	9	♑
M	**10**	**♑**
D	11	♑
F	12	♒
S	13	♒
S	14	♓
M	15	♓
D	16	♈
M	17	♈
D	18	♉
F	19	♉
S	20	♉
S	21	♊
M	22	♊
D	23	♋
M	24	♋
D	25	♋
F	26	♌
S	27	♌
S	28	♍
M	29	♍
D	30	♎
M	31	♎

August

D	1	♎
F	2	♏
S	3	♏
S	4	♐
M	5	♐
D	6	♑
M	7	♑
D	**8**	**♒**
F	9	♒
S	10	♓
S	11	♓
M	12	♈
D	13	♈
M	14	♈
D	15	♉
F	16	♉
S	17	♊
S	18	♊
M	19	♊
D	20	♋
M	21	♋
D	22	♌
F	23	♌
S	24	♍
S	25	♍
M	26	♍
D	27	♎
M	28	♎
D	29	♏
F	30	♏
S	31	♐

September

S	1	♐
M	2	♑
D	3	♑
M	4	♒
D	5	♒
F	**6**	**♓**
S	7	♓
S	8	♓
M	9	♈
D	10	♈
M	11	♉
D	12	♉
F	13	♉
S	14	♊
S	15	♊
M	16	♋
D	17	♋
M	18	♋
D	19	♌
F	20	♌
S	21	♍
S	22	♍
M	23	♎
D	24	♎
M	25	♏
D	26	♏
F	27	♐
S	28	♐
S	29	♑
M	30	♑

Oktober

D	1	♒
M	2	♒
D	3	♒
F	4	♓
S	5	♓
S	**6**	**♈**
M	7	♈
D	8	♉
M	9	♉
D	10	♉
F	11	♊
S	12	♊
S	13	♋
M	14	♋
D	15	♋
M	16	♌
D	17	♌
F	18	♍
S	19	♍
S	20	♎
M	21	♎
D	22	♎
M	23	♏
D	24	♏
F	25	♐
S	26	♐
S	27	♑
M	28	♑
D	29	♒
M	30	♒
D	31	♓

November

F	1	♓
S	2	♈
S	3	♈
M	4	♈
D	**5**	**♉**
M	6	♉
D	7	♊
F	8	♊
S	9	♊
S	10	♋
M	11	♋
D	12	♌
M	13	♌
D	14	♌
F	15	♍
S	16	♍
S	17	♎
M	18	♎
D	19	♏
M	20	♏
D	21	♐
F	22	♐
S	23	♑
S	24	♑
M	25	♒
D	26	♒
M	27	♓
D	28	♓
F	29	♈
S	30	♈

Dezember

S	1	♈
M	2	♉
D	3	♉
M	**4**	**♊**
D	5	♊
F	6	♊
S	7	♋
S	8	♋
M	9	♌
D	10	♌
M	11	♌
D	12	♍
F	13	♍
S	14	♎
S	15	♎
M	16	♏
D	17	♏
M	18	♐
D	19	♐
F	20	♑
S	21	♑
S	22	♒
M	23	♒
D	24	♒
M	25	♓
D	26	♓
F	27	♈
S	28	♈
S	29	♉
M	30	♉
D	31	♉

1969

Januar

M	1	♊
D	2	♊
F	3	♋
S	4	♋
S	5	♋
M	6	♌
D	7	♌
M	8	♍
D	9	♍
F	10	♍
S	11	♎
S	12	♎
M	13	♏
D	14	♏
M	15	♐
D	16	♐
F	17	♑
S	18	♑
S	19	♒
M	20	♒
D	21	♓
M	22	♓
D	23	♈
F	24	♈
S	25	♉
S	26	♉
M	27	♉
D	28	♊
M	29	♊
D	30	♋
F	31	♋

Februar

S	1	♋
S	2	♌
M	3	♌
D	4	♍
M	5	♍
D	6	♍
F	7	♎
S	8	♎
S	9	♏
M	10	♏
D	11	♐
M	12	♐
D	13	♑
F	14	♑
S	15	♒
S	16	♒
M	17	♓
D	18	♓
M	19	♓
D	20	♈
F	21	♈
S	22	♉
S	23	♉
M	24	♊
D	25	♊
M	26	♊
D	27	♋
F	28	♋

März

S	1	♌
S	2	♌
M	3	♌
D	4	♍
M	5	♍
D	6	♎
F	7	♎
S	8	♏
S	9	♏
M	10	♐
D	11	♐
M	12	♑
D	13	♑
F	14	♑
S	15	♒
S	16	♒
M	17	♓
D	18	♓
M	19	♈
D	20	♈
F	21	♉
S	22	♉
S	23	♉
M	24	♊
D	25	♊
M	26	♋
D	27	♋
F	28	♋
S	29	♌
S	30	♌
M	31	♍

April

D	1	♍
M	2	♎
D	3	♎
F	4	♎
S	5	♏
S	6	♏
M	7	♐
D	8	♐
M	9	♑
D	10	♑
F	11	♒
S	12	♒
S	13	♓
M	14	♓
D	15	♈
M	16	♈
D	17	♈
F	18	♉
S	19	♉
S	20	♊
M	21	♊
D	22	♋
M	23	♋
D	24	♋
F	25	♌
S	26	♌
S	27	♍
M	28	♍
D	29	♍
M	30	♎

Mai

D	1	♎
F	2	♏
S	3	♏
S	4	♐
M	5	♐
D	6	♑
M	7	♑
D	8	♒
F	9	♒
S	10	♓
S	11	♓
M	12	♓
D	13	♈
M	14	♈
D	15	♉
F	16	♉
S	17	♊
S	18	♊
M	19	♊
D	20	♋
M	21	♋
D	22	♌
F	23	♌
S	24	♌
S	25	♍
M	26	♍
D	27	♎
M	28	♎
D	29	♏
F	30	♏
S	31	♐

Juni

S	1	♐
M	2	♑
D	3	♑
M	4	♒
D	5	♒
F	6	♒
S	7	♓
S	8	♓
M	9	♈
D	10	♈
M	11	♉
D	12	♉
F	13	♉
S	14	♊
S	15	♊
M	16	♋
D	17	♋
M	18	♋
D	19	♌
F	20	♌
S	21	♍
S	22	♍
M	23	♍
D	24	♎
M	25	♎
D	26	♏
F	27	♏
S	28	♐
S	29	♐
M	30	♑

Juli

D	1	♑
M	2	♒
D	3	♒
F	4	♓
S	5	♓
S	6	♈
M	7	♈
D	8	♉
M	9	♉
D	10	♉
F	11	♊
S	12	♊
S	13	♋
M	14	♋
D	15	♋
M	16	♌
D	17	♌
F	18	♍
S	19	♍
S	20	♍
M	21	♎
D	22	♎
M	23	♏
D	24	♏
F	25	♐
S	26	♐
S	27	♑
M	28	♑
D	29	♒
M	30	♒
D	31	♓

August

F	1	♓
S	2	♈
S	3	♈
M	4	♈
D	5	♉
M	6	♉
D	7	♊
F	8	♊
S	9	♊
S	10	♋
M	11	♋
D	12	♌
M	13	♌
D	14	♌
F	15	♍
S	16	♍
S	17	♎
M	18	♎
D	19	♏
M	20	♏
D	21	♏
F	22	♐
S	23	♐
S	24	♑
M	25	♑
D	26	♒
M	27	♒
D	28	♓
F	29	♓
S	30	♈
S	31	♈

September

M	1	♉
D	2	♉
M	3	♊
D	4	♊
F	5	♊
S	6	♋
S	7	♋
M	8	♌
D	9	♌
M	10	♌
D	11	♍
F	12	♍
S	13	♎
S	14	♎
M	15	♎
D	16	♏
M	17	♏
D	18	♐
F	19	♐
S	20	♑
S	21	♑
M	22	♒
D	23	♒
M	24	♓
D	25	♓
F	26	♈
S	27	♈
S	28	♉
M	29	♉
D	30	♉

Oktober

M	1	♊
D	2	♊
F	3	♋
S	4	♋
S	5	♋
M	6	♌
D	7	♌
M	8	♍
D	9	♍
F	10	♍
S	11	♎
S	12	♎
M	13	♏
D	14	♏
M	15	♐
D	16	♐
F	17	♑
S	18	♑
S	19	♒
M	20	♒
D	21	♓
M	22	♓
D	23	♓
F	24	♈
S	25	♈
S	26	♉
M	27	♉
D	28	♊
M	29	♊
D	30	♊
F	31	♋

November

S	1	♋
S	2	♌
M	3	♌
D	4	♌
M	5	♍
D	6	♍
F	7	♎
S	8	♎
S	9	♏
M	10	♏
D	11	♐
M	12	♐
D	13	♑
F	14	♑
S	15	♒
S	16	♒
M	17	♒
D	18	♓
M	19	♓
D	20	♈
F	21	♈
S	22	♉
S	23	♉
M	24	♊
D	25	♊
M	26	♊
D	27	♋
F	28	♋
S	29	♌
S	30	♌

Dezember

M	1	♌
D	2	♍
M	3	♍
D	4	♎
F	5	♎
S	6	♎
S	7	♏
M	8	♏
D	9	♐
M	10	♐
D	11	♑
F	12	♑
S	13	♒
S	14	♒
M	15	♓
D	16	♓
M	17	♈
D	18	♈
F	19	♉
S	20	♉
S	21	♉
M	22	♊
D	23	♊
M	24	♋
D	25	♋
F	26	♋
S	27	♌
S	28	♌
M	29	♍
D	30	♍
M	31	♍

1970

Januar

D	1	♎
F	2	♎
S	3	♏
S	4	♏
M	5	♐
D	6	♐
M	7	♑
D	8	♑
F	9	♒
S	10	♒
S	11	♓
M	12	♓
D	13	♈
M	14	♈
D	15	♈
F	16	♉
S	17	♉
S	18	♊
M	19	♊
D	20	♋
M	21	♋
D	**22**	**♋**
F	23	♌
S	24	♌
S	25	♍
M	26	♍
D	27	♍
M	28	♎
D	29	♎
F	30	♏
S	31	♏

Februar

S	1	♏
M	2	♐
D	3	♐
M	4	♑
D	5	♑
F	6	♒
S	7	♒
S	8	♓
M	9	♓
D	10	♈
M	11	♈
D	12	♉
F	13	♉
S	14	♊
S	15	♊
M	16	♊
D	17	♋
M	18	♋
D	19	♌
F	20	♌
S	**21**	**♌**
S	22	♍
M	23	♍
D	24	♎
M	25	♎
D	26	♎
F	27	♏
S	28	♏

März

S	1	♐
M	2	♐
D	3	♑
M	4	♑
D	5	♒
F	6	♒
S	7	♓
S	8	♓
M	9	♈
D	10	♈
M	11	♉
D	12	♉
F	13	♉
S	14	♊
S	15	♊
M	16	♋
D	17	♋
M	18	♌
D	19	♌
F	20	♌
S	21	♍
S	22	♍
M	**23**	**♎**
D	24	♎
M	25	♎
D	26	♏
F	27	♏
S	28	♐
S	29	♐
M	30	♑
D	31	♑

April

M	1	♒
D	2	♒
F	3	♒
S	4	♓
S	5	♓
M	6	♈
D	7	♈
M	8	♉
D	9	♉
F	10	♊
S	11	♊
S	12	♋
M	13	♋
D	14	♋
M	15	♌
D	16	♌
F	17	♍
S	18	♍
S	19	♍
M	20	♎
D	**21**	**♎**
M	22	♏
D	23	♏
F	24	♐
S	25	♐
S	26	♐
M	27	♑
D	28	♑
M	29	♒
D	30	♒

Mai

F	1	♓
S	2	♓
S	3	♈
M	4	♈
D	5	♉
M	6	♉
D	7	♊
F	8	♊
S	9	♊
S	10	♋
M	11	♋
D	12	♌
M	13	♌
D	14	♌
F	15	♍
S	16	♍
S	17	♎
M	18	♎
D	19	♏
M	20	♏
D	**21**	**♏**
F	22	♐
S	23	♐
S	24	♑
M	25	♑
D	26	♒
M	27	♒
D	28	♓
F	29	♓
S	30	♈
S	31	♈

Juni

M	1	♉
D	2	♉
M	3	♉
D	4	♊
F	5	♊
S	6	♋
S	7	♋
M	8	♌
D	9	♌
M	10	♍
D	11	♍
F	12	♍
S	13	♎
S	14	♎
M	15	♎
D	16	♏
M	17	♏
D	18	♐
F	**19**	**♐**
S	20	♑
S	21	♑
M	22	♒
D	23	♒
M	24	♓
D	25	♓
F	26	♈
S	27	♈
S	28	♈
M	29	♉
D	30	♉

Juli

M	1	♊
D	2	♊
F	3	♋
S	4	♋
S	5	♋
M	6	♌
D	7	♌
M	8	♍
D	9	♍
F	10	♍
S	11	♎
S	12	♎
M	13	♏
D	14	♏
M	15	♏
D	16	♐
F	17	♐
S	**18**	**♑**
S	19	♑
M	20	♒
D	21	♒
M	22	♓
D	23	♓
F	24	♈
S	25	♈
S	26	♉
M	27	♉
D	28	♊
M	29	♊
D	30	♊
F	31	♋

August

S	1	♋
S	2	♌
M	3	♌
D	4	♌
M	5	♍
D	6	♍
F	7	♎
S	8	♎
S	9	♎
M	10	♏
D	11	♏
M	12	♐
D	13	♐
F	14	♑
S	15	♑
S	16	♒
M	**17**	**♒**
D	18	♓
M	19	♓
D	20	♈
F	21	♈
S	22	♉
S	23	♉
M	24	♊
D	25	♊
M	26	♊
D	27	♋
F	28	♋
S	29	♌
S	30	♌
M	31	♌

September

D	1	♍
M	2	♍
D	3	♎
F	4	♎
S	5	♎
S	6	♏
M	7	♏
D	8	♐
M	9	♐
D	10	♑
F	11	♑
S	12	♑
S	13	♒
M	14	♒
D	**15**	**♓**
M	16	♓
D	17	♈
F	18	♈
S	19	♉
S	20	♉
M	21	♊
D	22	♊
M	23	♋
D	24	♋
F	25	♌
S	26	♌
S	27	♌
M	28	♍
D	29	♍
M	30	♍

Oktober

D	1	♎
F	2	♎
S	3	♏
S	4	♏
M	5	♐
D	6	♐
M	7	♐
D	8	♑
F	9	♑
S	10	♒
S	11	♒
M	12	♓
D	13	♓
M	**14**	**♈**
D	15	♈
F	16	♉
S	17	♉
S	18	♊
M	19	♊
D	20	♋
M	21	♋
D	22	♋
F	23	♌
S	24	♌
S	25	♍
M	26	♍
D	27	♍
M	28	♎
D	29	♎
F	30	♏
S	31	♏

November

S	1	♏
M	2	♐
D	3	♐
M	4	♑
D	5	♑
F	6	♒
S	7	♒
S	8	♓
M	9	♓
D	10	♈
M	11	♈
D	12	♉
F	**13**	**♉**
S	14	♉
S	15	♊
M	16	♊
D	17	♋
M	18	♋
D	19	♌
F	20	♌
S	21	♌
S	22	♍
M	23	♍
D	24	♎
M	25	♎
D	26	♎
F	27	♏
S	28	♏
S	29	♐
M	30	♐

Dezember

D	1	♑
M	2	♑
D	3	♒
F	4	♒
S	5	♓
S	6	♓
M	7	♓
D	8	♈
M	9	♈
D	10	♉
F	11	♉
S	**12**	**♊**
S	13	♊
M	14	♋
D	15	♋
M	16	♋
D	17	♋
F	18	♌
S	19	♌
S	20	♍
M	21	♍
D	22	♎
M	23	♎
D	24	♏
F	25	♏
S	26	♐
S	27	♐
M	28	♐
D	29	♑
M	30	♑
D	31	♒

1971

Januar

F	1	♒
S	2	♓
S	3	♓
M	4	♈
D	5	♈
M	6	♉
D	7	♉
F	8	♊
S	9	♊
S	10	♋
M	**11**	**♋**
D	12	♋
M	13	♌
D	14	♌
F	15	♍
S	16	♍
S	17	♍
M	18	♎
D	19	♎
M	20	♏
D	21	♏
F	22	♏
S	23	♐
S	24	♐
M	25	♑
D	26	♑
M	27	♒
D	28	♒
F	29	♓
S	30	♓
S	31	♈

Februar

M	1	♈
D	2	♉
M	3	♉
D	4	♊
F	5	♊
S	6	♊
S	7	♋
M	8	♋
D	9	♌
M	**10**	**♌**
D	11	♌
F	12	♍
S	13	♍
S	14	♎
M	15	♎
D	16	♎
M	17	♏
D	18	♏
F	19	♐
S	20	♐
S	21	♑
M	22	♑
D	23	♑
M	24	♒
D	25	♒
F	26	♓
S	27	♓
S	28	♈

März

M	1	♈
D	2	♉
M	3	♉
D	4	♊
F	5	♊
S	6	♋
S	7	♋
M	8	♌
D	9	♌
M	10	♌
D	11	♍
F	**12**	**♍**
S	13	♎
S	14	♎
M	15	♎
D	16	♏
M	17	♏
D	18	♐
F	19	♐
S	20	♐
S	21	♑
M	22	♑
D	23	♒
M	24	♒
D	25	♓
F	26	♓
S	27	♈
S	28	♈
M	29	♉
D	30	♉
M	31	♊

April

D	1	♊
F	2	♋
S	3	♋
S	4	♋
M	5	♌
D	6	♌
M	7	♍
D	8	♍
F	9	♍
S	**10**	**♎**
S	11	♎
M	12	♏
D	13	♏
M	14	♏
D	15	♐
F	16	♐
S	17	♑
S	18	♑
M	19	♒
D	20	♒
M	21	♓
D	22	♓
F	23	♈
S	24	♈
S	25	♉
M	26	♉
D	27	♊
M	28	♊
D	29	♊
F	30	♋

Mai

S	1	♋
S	2	♌
M	3	♌
D	4	♍
M	5	♍
D	6	♍
F	7	♎
S	8	♎
S	9	♏
M	**10**	**♏**
D	11	♏
M	12	♐
D	13	♐
F	14	♑
S	15	♑
S	16	♒
M	17	♒
D	18	♒
M	19	♓
D	20	♓
F	21	♈
S	22	♈
S	23	♉
M	24	♉
D	25	♊
M	26	♊
D	27	♋
F	28	♋
S	29	♌
S	30	♌
M	31	♌

Juni

D	1	♍
M	2	♍
D	3	♎
F	4	♎
S	5	♎
S	6	♏
M	7	♏
D	8	♐
M	**9**	**♐**
D	10	♑
F	11	♑
S	12	♑
S	13	♒
M	14	♒
D	15	♓
M	16	♓
D	17	♈
F	18	♈
S	19	♉
S	20	♉
M	21	♊
D	22	♊
M	23	♋
D	24	♋
F	25	♋
S	26	♌
S	27	♌
M	28	♍
D	29	♍
M	30	♍

Juli

D	1	♎
F	2	♎
S	3	♏
S	4	♏
M	5	♏
D	6	♐
M	7	♐
D	**8**	**♑**
F	9	♑
S	10	♒
S	11	♒
M	12	♓
D	13	♓
M	14	♈
D	15	♈
F	16	♉
S	17	♉
S	18	♊
M	19	♊
D	20	♊
M	21	♋
D	22	♋
F	23	♌
S	24	♌
S	25	♍
M	26	♍
D	27	♍
M	28	♎
D	29	♎
F	30	♏
S	31	♏

August

S	1	♏
M	2	♐
D	3	♐
M	4	♑
D	5	♑
F	**6**	**♒**
S	7	♒
S	8	♓
M	9	♓
D	10	♓
M	11	♈
D	12	♈
F	13	♉
S	14	♉
S	15	♊
M	16	♊
D	17	♋
M	18	♋
D	19	♌
F	20	♌
S	21	♌
S	22	♍
M	23	♍
D	24	♎
M	25	♎
D	26	♎
F	27	♏
S	28	♏
S	29	♐
M	30	♐
D	31	♐

September

M	1	♑
D	2	♑
F	3	♒
S	4	♒
S	**5**	**♓**
M	6	♓
D	7	♈
M	8	♈
D	9	♉
F	10	♉
S	11	♊
S	12	♊
M	13	♋
D	14	♋
M	15	♋
D	16	♌
F	17	♌
S	18	♍
S	19	♍
M	20	♎
D	21	♎
M	22	♎
D	23	♏
F	24	♏
S	25	♏
S	26	♐
M	27	♐
D	28	♑
M	29	♑
D	30	♒

Oktober

F	1	♒
S	2	♓
S	3	♓
M	**4**	**♈**
D	5	♈
M	6	♉
D	7	♉
F	8	♊
S	9	♊
S	10	♋
M	11	♋
D	12	♋
M	13	♌
D	14	♌
F	15	♍
S	16	♍
S	17	♍
M	18	♎
D	19	♎
M	20	♏
D	21	♏
F	22	♏
S	23	♐
S	24	♐
M	25	♑
D	26	♑
M	27	♑
D	28	♒
F	29	♒
S	30	♓
S	31	♓

November

M	1	♈
D	**2**	**♈**
M	3	♉
D	4	♉
F	5	♊
S	6	♊
S	7	♋
M	8	♋
D	9	♌
M	10	♌
D	11	♍
F	12	♍
S	13	♍
S	14	♎
M	15	♎
D	16	♎
M	17	♏
D	18	♏
F	19	♐
S	20	♐
S	21	♑
M	22	♑
D	23	♑
M	24	♒
D	25	♒
F	26	♓
S	27	♓
S	28	♈
M	29	♈
D	30	♉

Dezember

M	1	♉
D	**2**	**♊**
F	3	♊
S	4	♋
S	5	♋
M	6	♌
D	7	♌
M	8	♌
D	9	♍
F	10	♍
S	11	♎
S	12	♎
M	13	♎
D	14	♏
M	15	♏
D	16	♐
F	17	♐
S	18	♐
S	19	♑
M	20	♑
D	21	♒
M	22	♒
D	23	♓
F	24	♓
S	25	♈
S	26	♈
M	27	♈
D	28	♉
M	29	♉
D	30	♊
F	**31**	**♊**

1972

Januar

S	1	♋
S	2	♋
M	3	♌
D	4	♌
M	5	♍
D	6	♍
F	7	♍
S	8	♎
S	9	♎
M	10	♏
D	11	♏
M	12	♏
D	13	♐
F	14	♐
S	15	♑
S	16	♑
M	17	♒
D	18	♒
M	19	♒
D	20	♓
F	21	♓
S	22	♈
S	23	♈
M	24	♉
D	25	♉
M	26	♊
D	27	♊
F	28	♋
S	29	♋
S	30	♌
M	31	♌

Februar

D	1	♌
M	2	♍
D	3	♍
F	4	♎
S	5	♎
S	6	♎
M	7	♏
D	8	♏
M	9	♐
D	10	♐
F	11	♑
S	12	♑
S	13	♑
M	14	♒
D	15	♒
M	16	♓
D	17	♓
F	18	♈
S	19	♈
S	20	♉
M	21	♉
D	22	♊
M	23	♊
D	24	♋
F	25	♋
S	26	♋
S	27	♌
M	28	♌
D	29	♍

März

M	1	♍
D	2	♎
F	3	♎
S	4	♎
S	5	♏
M	6	♏
D	7	♐
M	8	♐
D	9	♐
F	10	♑
S	11	♑
S	12	♒
M	13	♒
D	14	♓
M	15	♓
D	16	♈
F	17	♈
S	18	♉
S	19	♉
M	20	♊
D	21	♊
M	22	♊
D	23	♋
F	24	♋
S	25	♌
S	26	♌
M	27	♍
D	28	♍
M	29	♍
D	30	♎
F	31	♎

April

S	1	♏
S	2	♏
M	3	♏
D	4	♐
M	5	♐
D	6	♑
F	7	♑
S	8	♑
S	9	♒
M	10	♒
D	11	♓
M	12	♓
D	13	♈
F	14	♈
S	15	♉
S	16	♉
M	17	♊
D	18	♊
M	19	♋
D	20	♋
F	21	♌
S	22	♌
S	23	♍
M	24	♍
D	25	♍
M	26	♎
D	27	♎
F	28	♏
S	29	♏
S	30	♏

Mai

M	1	♐
D	2	♐
M	3	♑
D	4	♑
F	5	♑
S	6	♒
S	7	♒
M	8	♓
D	9	♓
M	10	♈
D	11	♈
F	12	♉
S	13	♉
S	14	♊
M	15	♊
D	16	♋
M	17	♋
D	18	♌
F	19	♌
S	20	♌
S	21	♍
M	22	♍
D	23	♎
M	24	♎
D	25	♎
F	26	♏
S	27	♏
S	28	♐
M	29	♐
D	30	♐
M	31	♑

Juni

D	1	♑
F	2	♒
S	3	♒
S	4	♓
M	5	♓
D	6	♓
M	7	♈
D	8	♈
F	9	♉
S	10	♉
S	11	♊
M	12	♊
D	13	♋
M	14	♋
D	15	♌
F	16	♌
S	17	♍
S	18	♍
M	19	♎
D	20	♎
M	21	♎
D	22	♏
F	23	♏
S	24	♐
S	25	♐
M	26	♐
D	27	♑
M	28	♑
D	29	♒
F	30	♒

Juli

S	1	♒
S	2	♓
M	3	♓
D	4	♈
M	5	♈
D	6	♉
F	7	♉
S	8	♊
S	9	♊
M	10	♋
D	11	♋
M	12	♌
D	13	♌
F	14	♍
S	15	♍
S	16	♍
M	17	♎
D	18	♎
M	19	♏
D	20	♏
F	21	♏
S	22	♐
S	23	♐
M	24	♑
D	25	♑
M	26	♑
D	27	♒
F	28	♒
S	29	♓
S	30	♓
M	31	♈

August

D	1	♈
M	2	♉
D	3	♉
F	4	♊
S	5	♊
S	6	♋
M	7	♋
D	8	♋
M	9	♌
D	10	♌
F	11	♍
S	12	♍
S	13	♎
M	14	♎
D	15	♎
M	16	♏
D	17	♏
F	18	♐
S	19	♐
S	20	♐
M	21	♑
D	22	♑
M	23	♒
D	24	♒
F	25	♓
S	26	♓
S	27	♈
M	28	♈
D	29	♉
M	30	♉
D	31	♊

September

F	1	♊
S	2	♊
S	3	♋
M	4	♋
D	5	♌
M	6	♌
D	7	♍
F	8	♍
S	9	♎
S	10	♎
M	11	♎
D	12	♏
M	13	♏
D	14	♐
F	15	♐
S	16	♐
S	17	♑
M	18	♑
D	19	♒
M	20	♒
D	21	♒
F	22	♓
S	23	♓
S	24	♈
M	25	♈
D	26	♉
M	27	♉
D	28	♊
F	29	♊
S	30	♋

Oktober

S	1	♋
M	2	♌
D	3	♌
M	4	♍
D	5	♍
F	6	♍
S	7	♎
S	8	♎
M	9	♏
D	10	♏
M	11	♏
D	12	♐
F	13	♐
S	14	♑
S	15	♑
M	16	♑
D	17	♒
M	18	♒
D	19	♓
F	20	♓
S	21	♈
S	22	♈
M	23	♉
D	24	♉
M	25	♊
D	26	♊
F	27	♋
S	28	♋
S	29	♌
M	30	♌
D	31	♌

November

M	1	♍
D	2	♍
F	3	♎
S	4	♎
S	5	♏
M	6	♏
D	7	♏
M	8	♐
D	9	♐
F	10	♐
S	11	♑
S	12	♑
M	13	♒
D	14	♒
M	15	♓
D	16	♓
F	17	♓
S	18	♈
S	19	♈
M	20	♉
D	21	♉
M	22	♊
D	23	♊
F	24	♋
S	25	♋
S	26	♌
M	27	♌
D	28	♍
M	29	♍
D	30	♎

Dezember

F	1	♎
S	2	♎
S	3	♏
M	4	♏
D	5	♐
M	6	♐
D	7	♐
F	8	♑
S	9	♑
S	10	♒
M	11	♒
D	12	♒
M	13	♓
D	14	♓
F	15	♈
S	16	♈
S	17	♉
M	18	♉
D	19	♊
M	20	♊
D	21	♋
F	22	♋
S	23	♌
S	24	♌
M	25	♍
D	26	♍
M	27	♍
D	28	♎
F	29	♎
S	30	♏
S	31	♏

1973

Januar

M	1	♐
D	2	♐
M	3	♐
D	4	♑
F	5	♑
S	6	♒
S	7	♒
M	8	♒
D	9	♓
M	10	♓
D	11	♈
F	12	♈
S	13	♉
S	14	♉
M	15	♊
D	16	♊
M	17	♋
D	**18**	**♋**
F	19	♋
S	20	♌
S	21	♌
M	22	♍
D	23	♍
M	24	♎
D	25	♎
F	26	♏
S	27	♏
S	28	♏
M	29	♐
D	30	♐
M	31	♑

Februar

D	1	♑
F	2	♑
S	3	♒
S	4	♒
M	5	♓
D	6	♓
M	7	♈
D	8	♈
F	9	♈
S	10	♉
S	11	♉
M	12	♊
D	13	♊
M	14	♋
D	15	♋
F	16	♌
S	**17**	**♌**
S	18	♍
M	19	♍
D	20	♎
M	21	♎
D	22	♎
F	23	♏
S	24	♏
S	25	♐
M	26	♐
D	27	♐
M	28	♑

März

D	1	♑
F	2	♒
S	3	♒
S	4	♓
M	5	♓
D	6	♓
M	7	♈
D	8	♈
F	9	♉
S	10	♉
S	11	♊
M	12	♊
D	13	♋
M	14	♋
D	15	♌
F	16	♌
S	17	♍
S	**18**	**♍**
M	19	♍
D	20	♎
M	21	♎
D	22	♏
F	23	♏
S	24	♐
S	25	♐
M	26	♐
D	27	♑
M	28	♑
D	29	♑
F	30	♒
S	31	♒

April

S	1	♓
M	2	♓
D	3	♈
M	4	♈
D	5	♉
F	6	♉
S	7	♊
S	8	♊
M	9	♋
D	10	♋
M	11	♌
D	12	♌
F	13	♌
S	14	♍
S	15	♍
M	16	♎
D	**17**	**♎**
M	18	♏
D	19	♏
F	20	♏
S	21	♐
S	22	♐
M	23	♑
D	24	♑
M	25	♑
D	26	♒
F	27	♒
S	28	♓
S	29	♓
M	30	♈

Mai

D	1	♈
M	2	♈
D	3	♉
F	4	♉
S	5	♊
S	6	♊
M	7	♋
D	8	♋
M	9	♌
D	10	♌
F	11	♍
S	12	♍
S	13	♎
M	14	♎
D	15	♎
M	16	♏
D	**17**	**♏**
F	18	♐
S	19	♐
S	20	♐
M	21	♑
D	22	♑
M	23	♒
D	24	♒
F	25	♒
S	26	♓
S	27	♓
M	28	♈
D	29	♈
M	30	♉
D	31	♉

Juni

F	1	♊
S	2	♊
S	3	♋
M	4	♋
D	5	♌
M	6	♌
D	7	♍
F	8	♍
S	9	♎
S	10	♎
M	11	♎
D	12	♏
M	13	♏
D	14	♐
F	**15**	**♐**
S	16	♐
S	17	♑
M	18	♑
D	19	♒
M	20	♒
D	21	♒
F	22	♓
S	23	♓
S	24	♈
M	25	♈
D	26	♉
M	27	♉
D	28	♊
F	29	♊
S	30	♋

Juli

S	1	♋
M	2	♌
D	3	♌
M	4	♌
D	5	♍
F	6	♍
S	7	♎
S	8	♎
M	9	♏
D	10	♏
M	11	♏
D	12	♐
F	13	♐
S	14	♑
S	**15**	**♑**
M	16	♑
D	17	♒
M	18	♒
D	19	♓
F	20	♓
S	21	♈
S	22	♈
M	23	♈
D	24	♉
M	25	♉
D	26	♊
F	27	♊
S	28	♋
S	29	♋
M	30	♌
D	31	♌

August

M	1	♍
D	2	♍
F	3	♎
S	4	♎
S	5	♏
M	6	♏
D	7	♏
M	8	♐
D	9	♐
F	10	♑
S	11	♑
S	12	♑
M	13	♒
D	**14**	**♒**
M	15	♓
D	16	♓
F	17	♓
S	18	♈
S	19	♈
M	20	♉
D	21	♉
M	22	♊
D	23	♊
F	24	♋
S	25	♋
S	26	♌
M	27	♌
D	28	♍
M	29	♍
D	30	♎
F	31	♎

September

S	1	♎
S	2	♏
M	3	♏
D	4	♐
M	5	♐
D	6	♐
F	7	♑
S	8	♑
S	9	♒
M	10	♒
D	11	♒
M	**12**	**♓**
D	13	♓
F	14	♈
S	15	♈
S	16	♉
M	17	♉
D	18	♊
M	19	♊
D	20	♋
F	21	♋
S	22	♋
S	23	♌
M	24	♌
D	25	♍
M	26	♍
D	27	♎
F	28	♎
S	29	♏
S	30	♏

Oktober

M	1	♏
D	2	♐
M	3	♐
D	4	♑
F	5	♑
S	6	♑
S	7	♒
M	8	♒
D	9	♓
M	10	♓
D	11	♈
F	**12**	**♈**
S	13	♉
S	14	♉
M	15	♉
D	16	♊
M	17	♊
D	18	♋
F	19	♋
S	20	♌
S	21	♌
M	22	♍
D	23	♍
M	24	♎
D	25	♎
F	26	♏
S	27	♏
S	28	♏
M	29	♐
D	30	♐
M	31	♑

November

D	1	♑
F	2	♑
S	3	♒
S	4	♒
M	5	♓
D	6	♓
M	7	♓
D	8	♈
F	9	♈
S	**10**	**♉**
S	11	♉
M	12	♊
D	13	♊
M	14	♋
D	15	♋
F	16	♌
S	17	♌
S	18	♍
M	19	♍
D	20	♎
M	21	♎
D	22	♎
F	23	♏
S	24	♏
S	25	♐
M	26	♐
D	27	♐
M	28	♑
D	29	♑
F	30	♒

Dezember

S	1	♒
S	2	♒
M	3	♓
D	4	♓
M	5	♈
D	6	♈
F	7	♉
S	8	♉
S	9	♊
M	**10**	**♊**
D	11	♋
M	12	♋
D	13	♌
F	14	♌
S	15	♍
S	16	♍
M	17	♍
D	18	♎
M	19	♎
D	20	♏
F	21	♏
S	22	♐
S	23	♐
M	24	♐
D	25	♑
M	26	♑
D	27	♒
F	28	♒
S	29	♒
S	30	♓
M	31	♓

1974

Januar

D	1	♈
M	2	♈
D	3	♈
F	4	♉
S	5	♉
S	6	♊
M	7	♊
D	8	♋
M	9	♋
D	10	♌
F	11	♌
S	12	♍
S	13	♍
M	14	♎
D	15	♎
M	16	♏
D	17	♏
F	18	♏
S	19	♐
S	20	♐
M	21	♑
D	22	♑
M	23	♑
D	24	♒
F	25	♒
S	26	♓
S	27	♓
M	28	♓
D	29	♈
M	30	♈
D	31	♉

Februar

F	1	♉
S	2	♊
S	3	♊
M	4	♋
D	5	♋
M	6	♌
D	7	♌
F	8	♍
S	9	♍
S	10	♎
M	11	♎
D	12	♎
M	13	♏
D	14	♏
F	15	♐
S	16	♐
S	17	♑
M	18	♑
D	19	♑
M	20	♒
D	21	♒
F	22	♒
S	23	♓
S	24	♓
M	25	♈
D	26	♈
M	27	♉
D	28	♉

März

F	1	♉
S	2	♊
S	3	♊
M	4	♋
D	5	♋
M	6	♌
D	7	♌
F	8	♍
S	9	♍
S	10	♎
M	11	♎
D	12	♏
M	13	♏
D	14	♐
F	15	♐
S	16	♐
S	17	♑
M	18	♑
D	19	♒
M	20	♒
D	21	♓
F	22	♓
S	23	♓
S	24	♈
M	25	♈
D	26	♈
M	27	♉
D	28	♉
F	29	♊
S	30	♊
S	31	♋

April

M	1	♋
D	2	♌
M	3	♌
D	4	♍
F	5	♍
S	6	♎
S	7	♎
M	8	♏
D	9	♏
M	10	♏
D	11	♐
F	12	♐
S	13	♑
S	14	♑
M	15	♑
D	16	♒
M	17	♒
D	18	♓
F	19	♓
S	20	♓
S	21	♈
M	22	♈
D	23	♉
M	24	♉
D	25	♊
F	26	♊
S	27	♋
S	28	♋
M	29	♌
D	30	♌

Mai

M	1	♍
D	2	♍
F	3	♍
S	4	♎
S	5	♎
M	6	♏
D	7	♏
M	8	♐
D	9	♐
F	10	♑
S	11	♑
S	12	♑
M	13	♒
D	14	♒
M	15	♒
D	16	♓
F	17	♓
S	18	♈
S	19	♈
M	20	♉
D	21	♉
M	22	♊
D	23	♊
F	24	♋
S	25	♋
S	26	♋
M	27	♌
D	28	♌
M	29	♍
D	30	♍
F	31	♎

Juni

S	1	♎
S	2	♏
M	3	♏
D	4	♐
M	5	♐
D	6	♐
F	7	♑
S	8	♑
S	9	♒
M	10	♒
D	11	♒
M	12	♓
D	13	♓
F	14	♈
S	15	♈
S	16	♈
M	17	♉
D	18	♉
M	19	♊
D	20	♊
F	21	♋
S	22	♋
S	23	♌
M	24	♌
D	25	♍
M	26	♍
D	27	♎
F	28	♎
S	29	♏
S	30	♏

Juli

M	1	♏
D	2	♐
M	3	♐
D	4	♑
F	5	♑
S	6	♑
S	7	♒
M	8	♒
D	9	♓
M	10	♓
D	11	♓
F	12	♈
S	13	♈
S	14	♉
M	15	♉
D	16	♊
M	17	♊
D	18	♋
F	19	♋
S	20	♌
S	21	♌
M	22	♍
D	23	♍
M	24	♎
D	25	♎
F	26	♏
S	27	♏
S	28	♏
M	29	♐
D	30	♐
M	31	♑

August

D	1	♑
F	2	♑
S	3	♒
S	4	♒
M	5	♓
D	6	♓
M	7	♓
D	8	♈
F	9	♈
S	10	♉
S	11	♉
M	12	♉
D	13	♊
M	14	♊
D	15	♋
F	16	♋
S	17	♌
S	18	♌
M	19	♍
D	20	♍
M	21	♎
D	22	♎
F	23	♏
S	24	♏
S	25	♐
M	26	♐
D	27	♐
M	28	♑
D	29	♑
F	30	♒
S	31	♒

September

S	1	♒
M	2	♓
D	3	♓
M	4	♈
D	5	♈
F	6	♉
S	7	♉
S	8	♉
M	9	♊
D	10	♊
M	11	♋
D	12	♋
F	13	♌
S	14	♌
S	15	♍
M	16	♍
D	17	♎
M	18	♎
D	19	♏
F	20	♏
S	21	♐
S	22	♐
M	23	♐
D	24	♑
M	25	♑
D	26	♒
F	27	♒
S	28	♒
S	29	♓
M	30	♓

Oktober

D	1	♈
M	2	♈
D	3	♈
F	4	♉
S	5	♉
S	6	♊
M	7	♊
D	8	♋
M	9	♋
D	10	♌
F	11	♌
S	12	♍
S	13	♍
M	14	♍
D	15	♎
M	16	♎
D	17	♏
F	18	♏
S	19	♐
S	20	♐
M	21	♑
D	22	♑
M	23	♑
D	24	♒
F	25	♒
S	26	♓
S	27	♓
M	28	♓
D	29	♈
M	30	♈
D	31	♉

November

F	1	♉
S	2	♊
S	3	♊
M	4	♊
D	5	♋
M	6	♋
D	7	♌
F	8	♌
S	9	♍
S	10	♍
M	11	♎
D	12	♎
M	13	♏
D	14	♏
F	15	♐
S	16	♐
S	17	♐
M	18	♑
D	19	♑
M	20	♒
D	21	♒
F	22	♒
S	23	♓
S	24	♓
M	25	♈
D	26	♈
M	27	♉
D	28	♉
F	29	♉
S	30	♊

Dezember

S	1	♊
M	2	♋
D	3	♋
M	4	♌
D	5	♌
F	6	♍
S	7	♍
S	8	♎
M	9	♎
D	10	♏
M	11	♏
D	12	♏
F	13	♐
S	14	♐
S	15	♑
M	16	♑
D	17	♒
M	18	♒
D	19	♒
F	20	♓
S	21	♓
S	22	♈
M	23	♈
D	24	♈
M	25	♉
D	26	♉
F	27	♊
S	28	♊
S	29	♋
M	30	♋
D	31	♌

1975

Januar

M	1	♌
D	2	♍
F	3	♍
S	4	♎
S	5	♎
M	6	♎
D	7	♏
M	8	♏
D	9	♐
F	10	♐
S	11	♑
S	12	♑
M	13	♑
D	14	♒
M	15	♒
D	16	♓
F	17	♓
S	18	♓
S	19	♈
M	20	♈
D	21	♉
M	22	♉
D	23	♉
F	24	♊
S	25	♊
S	26	♋
M	**27**	**♋**
D	28	♌
M	29	♌
D	30	♍
F	31	♍

Februar

S	1	♎
S	2	♎
M	3	♏
D	4	♏
M	5	♐
D	6	♐
F	7	♑
S	8	♑
S	9	♑
M	10	♒
D	11	♒
M	12	♓
D	13	♓
F	14	♓
S	15	♈
S	16	♈
M	17	♉
D	18	♉
M	19	♊
D	20	♊
F	21	♊
S	22	♋
S	23	♋
M	24	♌
D	25	♌
M	**26**	**♍**
D	27	♍
F	28	♎

März

S	1	♎
S	2	♏
M	3	♏
D	4	♐
M	5	♐
D	6	♐
F	7	♑
S	8	♑
S	9	♒
M	10	♒
D	11	♒
M	12	♓
D	13	♓
F	14	♈
S	15	♈
S	16	♈
M	17	♉
D	18	♉
M	19	♊
D	20	♊
F	21	♋
S	22	♋
S	23	♋
M	24	♌
D	25	♌
M	26	♍
D	**27**	**♍**
F	28	♎
S	29	♎
S	30	♏
M	31	♏

April

D	1	♐
M	2	♐
D	3	♑
F	4	♑
S	5	♒
S	6	♒
M	7	♒
D	8	♓
M	9	♓
D	10	♈
F	11	♈
S	12	♈
S	13	♉
M	14	♉
D	15	♊
M	16	♊
D	17	♊
F	18	♋
S	19	♋
S	20	♌
M	21	♌
D	22	♍
M	23	♍
D	24	♎
F	**25**	**♎**
S	26	♏
S	27	♏
M	28	♐
D	29	♐
M	30	♑

Mai

D	1	♑
F	2	♑
S	3	♒
S	4	♒
M	5	♓
D	6	♓
M	7	♓
D	8	♈
F	9	♈
S	10	♉
S	11	♉
M	12	♉
D	13	♊
M	14	♊
D	15	♋
F	16	♋
S	17	♌
S	18	♌
M	19	♍
D	20	♍
M	21	♎
D	22	♎
F	23	♏
S	24	♏
S	**25**	**♏**
M	26	♐
D	27	♐
M	28	♑
D	29	♑
F	30	♒
S	31	♒

Juni

S	1	♒
M	2	♓
D	3	♓
M	4	♈
D	5	♈
F	6	♈
S	7	♉
S	8	♉
M	9	♊
D	10	♊
M	11	♋
D	12	♋
F	13	♌
S	14	♌
S	15	♍
M	16	♍
D	17	♍
M	18	♎
D	19	♎
F	20	♏
S	21	♏
S	22	♐
M	**23**	**♐**
D	24	♑
M	25	♑
D	26	♒
F	27	♒
S	28	♒
S	29	♓
M	30	♓

Juli

D	1	♈
M	2	♈
D	3	♈
F	4	♉
S	5	♉
S	6	♊
M	7	♊
D	8	♊
M	9	♋
D	10	♋
F	11	♌
S	12	♌
S	13	♍
M	14	♍
D	15	♎
M	16	♎
D	17	♏
F	18	♏
S	19	♐
S	20	♐
M	21	♑
D	22	♑
M	**23**	**♑**
D	24	♒
F	25	♒
S	26	♓
S	27	♓
M	28	♓
D	29	♈
M	30	♈
D	31	♉

August

F	1	♉
S	2	♉
S	3	♊
M	4	♊
D	5	♋
M	6	♋
D	7	♌
F	8	♌
S	9	♍
S	10	♍
M	11	♎
D	12	♎
M	13	♏
D	14	♏
F	15	♐
S	16	♐
S	17	♐
M	18	♑
D	19	♑
M	20	♒
D	**21**	**♒**
F	22	♒
S	23	♓
S	24	♓
M	25	♈
D	26	♈
M	27	♈
D	28	♉
F	29	♉
S	30	♊
S	31	♊

September

M	1	♋
D	2	♋
M	3	♋
D	4	♌
F	5	♌
S	6	♍
S	7	♎
M	8	♎
D	9	♏
M	10	♏
D	11	♏
F	12	♐
S	13	♐
S	14	♑
M	15	♑
D	16	♒
M	17	♒
D	18	♒
F	19	♓
S	**20**	**♓**
S	21	♈
M	22	♈
D	23	♈
M	24	♉
D	25	♉
F	26	♊
S	27	♊
S	28	♊
M	29	♋
D	30	♋

Oktober

M	1	♌
D	2	♌
F	3	♍
S	4	♍
S	5	♎
M	6	♎
D	7	♏
M	8	♏
D	9	♐
F	10	♐
S	11	♑
S	12	♑
M	13	♑
D	14	♒
M	15	♒
D	16	♓
F	17	♓
S	18	♓
S	**19**	**♈**
M	20	♈
D	21	♉
M	22	♉
D	23	♉
F	24	♊
S	25	♊
S	26	♋
M	27	♋
D	28	♌
M	29	♌
D	30	♍
F	31	♍

November

S	1	♎
S	2	♎
M	3	♏
D	4	♏
M	5	♐
D	6	♐
F	7	♐
S	8	♑
S	9	♑
M	10	♒
D	11	♒
M	12	♓
D	13	♓
F	14	♓
S	15	♈
S	16	♈
M	17	♉
D	**18**	**♉**
M	19	♉
D	20	♊
F	21	♊
S	22	♋
S	23	♋
M	24	♌
D	25	♌
M	26	♌
D	27	♍
F	28	♍
S	29	♎
S	30	♎

Dezember

M	1	♏
D	2	♏
M	3	♐
D	4	♐
F	5	♑
S	6	♑
S	7	♒
M	8	♒
D	9	♒
M	10	♓
D	11	♓
F	12	♈
S	13	♈
S	14	♈
M	15	♉
D	16	♉
M	17	♊
D	**18**	**♊**
F	19	♋
S	20	♋
S	21	♋
M	22	♌
D	23	♌
M	24	♍
D	25	♍
F	26	♎
S	27	♎
S	28	♏
M	29	♏
D	30	♐
M	31	♐

1976

Januar

D	1	♑
F	2	♑
S	3	♑
S	4	♒
M	5	♒
D	6	♓
M	7	♓
D	8	♓
F	9	♈
S	10	♈
S	11	♉
M	12	♉
D	13	♉
M	14	♊
D	15	♊
F	16	♋
S	**17**	**♋**
S	18	♌
M	19	♌
D	20	♍
M	21	♍
D	22	♎
F	23	♎
S	24	♏
S	25	♏
M	26	♐
D	27	♐
M	28	♐
D	29	♑
F	30	♑
S	31	♒

Februar

S	1	♒
M	2	♓
D	3	♓
M	4	♓
D	5	♈
F	6	♈
S	7	♉
S	8	♉
M	9	♉
D	10	♊
M	11	♊
D	12	♋
F	13	♋
S	14	♌
S	**15**	**♌**
M	16	♍
D	17	♍
M	18	♍
D	19	♎
F	20	♎
S	21	♏
S	22	♏
M	23	♐
D	24	♐
M	25	♑
D	26	♑
F	27	♒
S	28	♒
S	29	♒

März

M	1	♓
D	2	♓
M	3	♈
D	4	♈
F	5	♈
S	6	♉
S	7	♉
M	8	♊
D	9	♊
M	10	♊
D	11	♋
F	12	♋
S	13	♌
S	14	♌
M	15	♍
D	**16**	**♍**
M	17	♎
D	18	♎
F	19	♏
S	20	♏
S	21	♐
M	22	♐
D	23	♑
M	24	♑
D	25	♒
F	26	♒
S	27	♒
S	28	♓
M	29	♓
D	30	♈
M	31	♈

April

D	1	♈
F	2	♉
S	3	♉
S	4	♊
M	5	♊
D	6	♊
M	7	♋
D	8	♋
F	9	♌
S	10	♌
S	11	♍
M	12	♍
D	13	♎
M	**14**	**♎**
D	15	♏
F	16	♏
S	17	♐
S	18	♐
M	19	♑
D	20	♑
M	21	♑
D	22	♒
F	23	♒
S	24	♓
S	25	♓
M	26	♓
D	27	♈
M	28	♈
D	29	♉
F	30	♉

Mai

S	1	♉
S	2	♊
M	3	♊
D	4	♋
M	5	♋
D	6	♋
F	7	♌
S	8	♌
S	9	♍
M	10	♍
D	11	♎
M	12	♎
D	**13**	**♏**
F	14	♏
S	15	♐
S	16	♐
M	17	♑
D	18	♑
M	19	♒
D	20	♒
F	21	♓
S	22	♓
S	23	♓
M	24	♈
D	25	♈
M	26	♉
D	27	♉
F	28	♉
S	29	♊
S	30	♊
M	31	♋

Juni

D	1	♋
M	2	♋
D	3	♌
F	4	♌
S	5	♍
S	6	♍
M	7	♎
D	8	♎
M	9	♏
D	10	♏
F	11	♐
S	**12**	**♐**
S	13	♑
M	14	♑
D	15	♒
M	16	♒
D	17	♒
F	18	♓
S	19	♓
S	20	♈
M	21	♈
D	22	♈
M	23	♉
D	24	♉
F	25	♊
S	26	♊
S	27	♊
M	28	♋
D	29	♋
M	30	♌

Juli

D	1	♌
F	2	♍
S	3	♍
S	4	♎
M	5	♎
D	6	♏
M	7	♏
D	8	♏
F	9	♐
S	10	♐
S	**11**	**♑**
M	12	♑
D	13	♒
M	14	♒
D	15	♓
F	16	♓
S	17	♓
S	18	♈
M	19	♈
D	20	♉
M	21	♉
D	22	♉
F	23	♊
S	24	♊
S	25	♋
M	26	♋
D	27	♌
M	28	♌
D	29	♍
F	30	♍
S	31	♍

August

S	1	♎
M	2	♎
D	3	♏
M	4	♏
D	5	♐
F	6	♐
S	7	♑
S	8	♑
M	**9**	**♒**
D	10	♒
M	11	♒
D	12	♓
F	13	♓
S	14	♈
S	15	♈
M	16	♉
D	17	♉
M	18	♉
D	19	♊
F	20	♊
S	21	♊
S	22	♋
M	23	♋
D	24	♌
M	25	♌
D	26	♍
F	27	♍
S	28	♎
S	29	♎
M	30	♏
D	31	♏

September

M	1	♐
D	2	♐
F	3	♑
S	4	♑
S	5	♒
M	6	♒
D	7	♒
M	**8**	**♓**
D	9	♓
F	10	♈
S	11	♈
S	12	♈
M	13	♉
D	14	♉
M	15	♊
D	16	♊
F	17	♊
S	18	♋
S	19	♋
M	20	♌
D	21	♌
M	22	♍
D	23	♍
F	24	♎
S	25	♎
S	26	♏
M	27	♏
D	28	♐
M	29	♐
D	30	♑

Oktober

F	1	♑
S	2	♑
S	3	♒
M	4	♒
D	5	♓
M	6	♓
D	7	♈
F	**8**	**♈**
S	9	♈
S	10	♉
M	11	♉
D	12	♉
M	13	♊
D	14	♊
F	15	♋
S	16	♋
S	17	♌
M	18	♌
D	19	♌
M	20	♍
D	21	♍
F	22	♎
S	23	♎
S	24	♏
M	25	♏
D	26	♐
M	27	♐
D	28	♑
F	29	♑
S	30	♒
S	31	♒

November

M	1	♓
D	2	♓
M	3	♓
D	4	♈
F	5	♈
S	**6**	**♉**
S	7	♉
M	8	♉
D	9	♊
M	10	♊
D	11	♋
F	12	♋
S	13	♋
S	14	♌
M	15	♌
D	16	♍
M	17	♍
D	18	♎
F	19	♎
S	20	♏
S	21	♏
M	22	♐
D	23	♐
M	24	♑
D	25	♑
F	26	♒
S	27	♒
S	28	♒
M	29	♓
D	30	♓

Dezember

M	1	♈
D	2	♈
F	3	♈
S	4	♉
S	5	♉
M	**6**	**♊**
D	7	♊
M	8	♊
D	9	♋
F	10	♋
S	11	♌
S	12	♌
M	13	♍
D	14	♍
M	15	♍
D	16	♎
F	17	♎
S	18	♏
S	19	♏
M	20	♐
D	21	♐
M	22	♑
D	23	♑
F	24	♒
S	25	♒
S	26	♓
M	27	♓
D	28	♈
M	29	♈
D	30	♈
F	31	♉

1977

Januar		
S	1	♉
S	2	♊
M	3	♊
D	4	♊
M	**5**	**♋**
D	6	♋
F	7	♌
S	8	♌
S	9	♌
M	10	♍
D	11	♍
M	12	♎
D	13	♎
F	14	♏
S	15	♏
S	16	♐
M	17	♐
D	18	♑
M	19	♑
D	20	♒
F	21	♒
S	22	♓
S	23	♓
M	24	♓
D	25	♈
M	26	♈
D	27	♉
F	28	♉
S	29	♉
S	30	♊
M	31	♊

Februar		
D	1	♋
M	2	♋
D	3	♋
F	**4**	**♌**
S	5	♌
S	6	♍
M	7	♍
D	8	♎
M	9	♎
D	10	♏
F	11	♏
S	12	♐
S	13	♐
M	14	♑
D	15	♑
M	16	♑
D	17	♒
F	18	♒
S	19	♓
S	20	♓
M	21	♈
D	22	♈
M	23	♈
D	24	♉
F	25	♉
S	26	♊
S	27	♊
M	28	♊

März		
D	1	♋
M	2	♋
D	3	♌
F	4	♌
S	**5**	**♍**
S	6	♍
M	7	♎
D	8	♎
M	9	♏
D	10	♏
F	11	♐
S	12	♐
S	13	♐
M	14	♑
D	15	♑
M	16	♒
D	17	♒
F	18	♓
S	19	♓
S	20	♈
M	21	♈
D	22	♈
M	23	♉
D	24	♉
F	25	♊
S	26	♊
S	27	♊
M	28	♋
D	29	♋
M	30	♌
D	31	♌

April		
F	1	♌
S	2	♍
S	3	♍
M	**4**	**♎**
D	5	♎
M	6	♏
D	7	♏
F	8	♐
S	9	♐
S	10	♑
M	11	♑
D	12	♒
M	13	♒
D	14	♓
F	15	♓
S	16	♓
S	17	♈
M	18	♈
D	19	♉
M	20	♉
D	21	♉
F	22	♊
S	23	♊
S	24	♋
M	25	♋
D	26	♋
M	27	♌
D	28	♌
F	29	♍
S	30	♍

Mai		
S	1	♎
M	2	♎
D	**3**	**♏**
M	4	♏
D	5	♐
F	6	♐
S	7	♑
S	8	♑
M	9	♒
D	10	♒
M	11	♒
D	12	♓
F	13	♓
S	14	♈
S	15	♈
M	16	♉
D	17	♉
M	18	♉
D	19	♊
F	20	♊
S	21	♋
S	22	♋
M	23	♋
D	24	♌
M	25	♌
D	26	♍
F	27	♍
S	28	♍
S	29	♎
M	30	♎
D	31	♏

Juni		
M	**1**	**♏**
D	2	♐
F	3	♐
S	4	♑
S	5	♑
M	6	♒
D	7	♒
M	8	♓
D	9	♓
F	10	♈
S	11	♈
S	12	♈
M	13	♉
D	14	♉
M	15	♊
D	16	♊
F	17	♊
S	18	♋
S	19	♋
M	20	♌
D	21	♌
M	22	♌
D	23	♍
F	24	♍
S	25	♎
S	26	♎
M	27	♏
D	28	♏
M	29	♐
D	30	♐

Juli		
F	**1**	**♑**
S	2	♑
S	3	♒
M	4	♒
D	5	♓
M	6	♓
D	7	♈
F	8	♈
S	9	♈
S	10	♉
M	11	♉
D	12	♊
M	13	♊
D	14	♊
F	15	♋
S	16	♋
S	17	♌
M	18	♌
D	19	♌
M	20	♍
D	21	♍
F	22	♎
S	23	♎
S	24	♏
M	25	♏
D	26	♐
M	27	♐
D	28	♑
F	29	♑
S	**30**	**♑**
S	31	♒

August		
M	1	♒
D	2	♓
M	3	♓
D	4	♈
F	5	♈
S	6	♉
S	7	♉
M	8	♉
D	9	♊
M	10	♊
D	11	♋
F	12	♋
S	13	♋
S	14	♌
M	15	♌
D	16	♍
M	17	♍
D	18	♎
F	19	♎
S	20	♎
S	21	♏
M	22	♏
D	23	♐
M	24	♐
D	25	♑
F	26	♑
S	27	♒
S	**28**	**♒**
M	29	♓
D	30	♓
M	31	♈

September		
D	1	♈
F	2	♈
S	3	♉
S	4	♉
M	5	♊
D	6	♊
M	7	♊
D	8	♋
F	9	♋
S	10	♌
S	11	♌
M	12	♍
D	13	♍
M	14	♍
D	15	♎
F	16	♎
S	17	♏
S	18	♏
M	19	♐
D	20	♐
M	21	♑
D	22	♑
F	23	♒
S	24	♒
S	25	♓
M	26	♓
D	**27**	**♓**
M	28	♈
D	29	♈
F	30	♉

Oktober		
S	1	♉
S	2	♊
M	3	♊
D	4	♊
M	5	♋
D	6	♋
F	7	♌
S	8	♌
S	9	♌
M	10	♍
D	11	♍
M	12	♎
D	13	♎
F	14	♏
S	15	♏
S	16	♐
M	17	♐
D	18	♑
M	19	♑
D	20	♒
F	21	♒
S	22	♒
S	23	♓
M	24	♓
D	25	♈
M	**26**	**♈**
D	27	♉
F	28	♉
S	29	♉
S	30	♊
M	31	♊

November		
D	1	♋
M	2	♋
D	3	♋
F	4	♌
S	5	♌
S	6	♍
M	7	♍
D	8	♎
M	9	♎
D	10	♎
F	11	♏
S	12	♏
S	13	♐
M	14	♐
D	15	♑
M	16	♑
D	17	♒
F	18	♒
S	19	♓
S	20	♓
M	21	♈
D	22	♈
M	23	♈
D	24	♉
F	**25**	**♉**
S	26	♊
S	27	♊
M	28	♊
D	29	♋
M	30	♋

Dezember		
D	1	♌
F	2	♌
S	3	♌
S	4	♍
M	5	♍
D	6	♎
M	7	♎
D	8	♏
F	9	♏
S	10	♐
S	11	♐
M	12	♑
D	13	♑
M	14	♒
D	15	♒
F	16	♓
S	17	♓
S	18	♈
M	19	♈
D	20	♈
M	21	♉
D	22	♉
F	23	♊
S	24	♊
S	**25**	**♊**
M	26	♋
D	27	♋
M	28	♌
D	29	♌
F	30	♌
S	31	♍

1978

Januar

S	1	♍
M	2	♎
D	3	♎
M	4	♏
D	5	♏
F	6	♏
S	7	♐
S	8	♑
M	9	♑
D	10	♒
M	11	♒
D	12	♓
F	13	♓
S	14	♓
S	15	♈
M	16	♈
D	17	♉
M	18	♉
D	19	♉
F	20	♊
S	21	♊
S	22	♋
M	23	♋
D	**24**	**♋**
M	25	♌
D	26	♌
F	27	♍
S	28	♍
S	29	♎
M	30	♎
D	31	♎

Februar

M	1	♏
D	2	♏
F	3	♐
S	4	♐
S	5	♑
M	6	♑
D	7	♒
M	8	♒
D	9	♓
F	10	♓
S	11	♈
S	12	♈
M	13	♉
D	14	♉
M	15	♉
D	16	♊
F	17	♊
S	18	♋
S	19	♋
M	20	♋
D	21	♌
M	22	♌
D	**23**	**♍**
F	24	♍
S	25	♍
S	26	♎
M	27	♎
D	28	♏

März

M	1	♏
D	2	♐
F	3	♐
S	4	♑
S	5	♑
M	6	♒
D	7	♒
M	8	♓
D	9	♓
F	10	♓
S	11	♈
S	12	♈
M	13	♉
D	14	♉
M	15	♊
D	16	♊
F	17	♊
S	18	♋
S	19	♋
M	20	♌
D	21	♌
M	22	♌
D	23	♍
F	**24**	**♍**
S	25	♎
S	26	♎
M	27	♏
D	28	♏
M	29	♐
D	30	♐
F	31	♑

April

S	1	♑
S	2	♑
M	3	♒
D	4	♒
M	5	♓
D	6	♓
F	7	♈
S	8	♈
S	9	♉
M	10	♉
D	11	♉
M	12	♊
D	13	♊
F	14	♋
S	15	♋
S	16	♋
M	17	♌
D	18	♌
M	19	♍
D	20	♍
F	21	♎
S	22	♎
S	**23**	**♎**
M	24	♏
D	25	♏
M	26	♐
D	27	♐
F	28	♑
S	29	♑
S	30	♒

Mai

M	1	♒
D	2	♓
M	3	♓
D	4	♈
F	5	♈
S	6	♉
S	7	♉
M	8	♉
D	9	♊
M	10	♊
D	11	♋
F	12	♋
S	13	♋
S	14	♌
M	15	♌
D	16	♍
M	17	♍
D	18	♍
F	19	♎
S	20	♎
S	21	♏
M	**22**	**♏**
D	23	♐
M	24	♐
D	25	♑
F	26	♑
S	27	♒
S	28	♒
M	29	♓
D	30	♓
M	31	♈

Juni

D	1	♈
F	2	♈
S	3	♉
S	4	♉
M	5	♊
D	6	♊
M	7	♊
D	8	♋
F	9	♋
S	10	♌
S	11	♌
M	12	♌
D	13	♍
M	14	♍
D	15	♎
F	16	♎
S	17	♏
S	18	♏
M	19	♐
D	**20**	**♐**
M	21	♑
D	22	♑
F	23	♒
S	24	♒
S	25	♓
M	26	♓
D	27	♓
M	28	♈
D	29	♈
F	30	♉

Juli

S	1	♉
S	2	♊
M	3	♊
D	4	♊
M	5	♋
D	6	♋
F	7	♌
S	8	♌
S	9	♌
M	10	♍
D	11	♍
M	12	♎
D	13	♎
F	14	♎
S	15	♏
S	16	♏
M	17	♐
D	18	♐
M	19	♑
D	**20**	**♑**
F	21	♒
S	22	♒
S	23	♓
M	24	♓
D	25	♈
M	26	♈
D	27	♉
F	28	♉
S	29	♉
S	30	♊
M	31	♊

August

D	1	♋
M	2	♋
D	3	♋
F	4	♌
S	5	♌
S	6	♍
M	7	♍
D	8	♍
M	9	♎
D	10	♎
F	11	♏
S	12	♏
S	13	♐
M	14	♐
D	15	♑
M	16	♑
D	17	♒
F	**18**	**♒**
S	19	♓
S	20	♓
M	21	♈
D	22	♈
M	23	♈
D	24	♉
F	25	♉
S	26	♊
S	27	♊
M	28	♋
D	29	♋
M	30	♋
D	31	♌

September

F	1	♌
S	2	♍
S	3	♍
M	4	♍
D	5	♎
M	6	♎
D	7	♏
F	8	♏
S	9	♐
S	10	♐
M	11	♐
D	12	♑
M	13	♑
D	14	♒
F	15	♒
S	**16**	**♓**
S	17	♓
M	18	♈
D	19	♈
M	20	♉
D	21	♉
F	22	♊
S	23	♊
S	24	♊
M	25	♋
D	26	♋
M	27	♌
D	28	♌
F	29	♌
S	30	♍

Oktober

S	1	♍
M	2	♎
D	3	♎
M	4	♏
D	5	♏
F	6	♏
S	7	♐
S	8	♐
M	9	♑
D	10	♑
M	11	♒
D	12	♒
F	13	♓
S	14	♓
S	15	♈
M	**16**	**♈**
D	17	♉
M	18	♉
D	19	♉
F	20	♊
S	21	♊
S	22	♋
M	23	♋
D	24	♋
M	25	♌
D	26	♌
F	27	♍
S	28	♍
S	29	♎
M	30	♎
D	31	♎

November

M	1	♏
D	2	♏
F	3	♐
S	4	♐
S	5	♑
M	6	♑
D	7	♒
M	8	♒
D	9	♓
F	10	♓
S	11	♈
S	12	♈
M	13	♈
D	**14**	**♉**
M	15	♉
D	16	♊
F	17	♊
S	18	♋
S	19	♋
M	20	♋
D	21	♌
M	22	♌
D	23	♍
F	24	♍
S	25	♍
S	26	♎
M	27	♎
D	28	♏
M	29	♏
D	30	♐

Dezember

F	1	♐
S	2	♑
S	3	♑
M	4	♒
D	5	♒
M	6	♒
D	7	♓
F	8	♓
S	9	♈
S	10	♈
M	11	♉
D	12	♉
M	13	♊
D	**14**	**♊**
F	15	♊
S	16	♋
S	17	♋
M	18	♌
D	19	♌
M	20	♌
D	21	♍
F	22	♍
S	23	♎
S	24	♎
M	25	♎
D	26	♏
M	27	♏
D	28	♐
F	29	♐
S	30	♑
S	31	♑

1979

Januar

M	1	♒
D	2	♒
M	3	♓
D	4	♓
F	5	♈
S	6	♈
S	7	♉
M	8	♉
D	9	♉
M	10	♊
D	11	♊
F	12	♋
S	**13**	**♋**
S	14	♌
M	15	♌
D	16	♌
M	17	♍
D	18	♍
F	19	♍
S	20	♎
S	21	♎
M	22	♏
D	23	♏
M	24	♐
D	25	♐
F	26	♑
S	27	♑
S	28	♒
M	29	♒
D	30	♓
M	31	♓

Februar

D	1	♈
F	2	♈
S	3	♉
S	4	♉
M	5	♉
D	6	♊
M	7	♊
D	8	♋
F	9	♋
S	10	♋
S	11	♌
M	**12**	**♌**
D	13	♍
M	14	♍
D	15	♍
F	16	♎
S	17	♎
S	18	♏
M	19	♏
D	20	♏
M	21	♐
D	22	♐
F	23	♑
S	24	♑
S	25	♒
M	26	♒
D	27	♓
M	28	♓

März

D	1	♈
F	2	♈
S	3	♉
S	4	♉
M	5	♊
D	6	♊
M	7	♋
D	8	♋
F	9	♋
S	10	♌
S	11	♌
M	12	♌
D	**13**	**♍**
M	14	♍
D	15	♎
F	16	♎
S	17	♏
S	18	♏
M	19	♏
D	20	♐
M	21	♐
D	22	♑
F	23	♑
S	24	♒
S	25	♒
M	26	♓
D	27	♓
M	28	♈
D	29	♈
F	30	♉
S	31	♉

April

S	1	♊
M	2	♊
D	3	♊
M	4	♋
D	5	♋
F	6	♌
S	7	♌
S	8	♌
M	9	♍
D	10	♍
M	11	♎
D	**12**	**♎**
F	13	♎
S	14	♏
S	15	♏
M	16	♐
D	17	♐
M	18	♑
D	19	♑
F	20	♒
S	21	♒
S	22	♓
M	23	♓
D	24	♓
M	25	♈
D	26	♈
F	27	♉
S	28	♉
S	29	♊
M	30	♊

Mai

D	1	♋
M	2	♋
D	3	♋
F	4	♌
S	5	♌
S	6	♍
M	7	♍
D	8	♍
M	9	♎
D	10	♎
F	11	♏
S	**12**	**♏**
S	13	♐
M	14	♐
D	15	♑
M	16	♑
D	17	♑
F	18	♒
S	19	♒
S	20	♓
M	21	♓
D	22	♈
M	23	♈
D	24	♉
F	25	♉
S	26	♊
S	27	♊
M	28	♊
D	29	♋
M	30	♋
D	31	♌

Juni

F	1	♌
S	2	♍
S	3	♍
M	4	♍
D	5	♎
M	6	♎
D	7	♏
F	8	♏
S	9	♏
S	**10**	**♐**
M	11	♐
D	12	♑
M	13	♑
D	14	♒
F	15	♒
S	16	♓
S	17	♓
M	18	♈
D	19	♈
M	20	♉
D	21	♉
F	22	♉
S	23	♊
S	24	♊
M	25	♋
D	26	♋
M	27	♌
D	28	♌
F	29	♌
S	30	♍

Juli

S	1	♍
M	2	♎
D	3	♎
M	4	♎
D	5	♏
F	6	♏
S	7	♐
S	8	♐
M	**9**	**♑**
D	10	♑
M	11	♒
D	12	♒
F	13	♓
S	14	♓
S	15	♈
M	16	♈
D	17	♉
M	18	♉
D	19	♉
F	20	♊
S	21	♊
S	22	♋
M	23	♋
D	24	♋
M	25	♌
D	26	♌
F	27	♍
S	28	♍
S	29	♍
M	30	♎
D	31	♎

August

M	1	♏
D	2	♏
F	3	♐
S	4	♐
S	5	♐
M	6	♑
D	7	♑
M	**8**	**♒**
D	9	♒
F	10	♓
S	11	♓
S	12	♈
M	13	♈
D	14	♉
M	15	♉
D	16	♊
F	17	♊
S	18	♋
S	19	♋
M	20	♋
D	21	♌
M	22	♌
D	23	♍
F	24	♍
S	25	♍
S	26	♎
M	27	♎
D	28	♏
M	29	♏
D	30	♏
F	31	♐

September

S	1	♐
S	2	♑
M	3	♑
D	4	♒
M	5	♒
D	**6**	**♓**
F	7	♓
S	8	♈
S	9	♈
M	10	♉
D	11	♉
M	12	♊
D	13	♊
F	14	♊
S	15	♋
S	16	♋
M	17	♌
D	18	♌
M	19	♌
D	20	♍
F	21	♍
S	22	♎
S	23	♎
M	24	♎
D	25	♏
M	26	♏
D	27	♐
F	28	♐
S	29	♑
S	30	♑

Oktober

M	1	♒
D	2	♒
M	3	♒
D	4	♓
F	**5**	**♓**
S	6	♈
S	7	♈
M	8	♉
D	9	♉
M	10	♊
D	11	♊
F	12	♋
S	13	♋
S	14	♌
M	15	♌
D	16	♌
M	17	♍
D	18	♍
F	19	♎
S	20	♎
S	21	♎
M	22	♏
D	23	♏
M	24	♐
D	25	♐
F	26	♐
S	27	♑
S	28	♑
M	29	♒
D	30	♒
M	31	♓

November

D	1	♓
F	2	♈
S	3	♈
S	**4**	**♉**
M	5	♉
D	6	♊
M	7	♊
D	8	♋
F	9	♋
S	10	♋
S	11	♌
M	12	♌
D	13	♍
M	14	♍
D	15	♍
F	16	♎
S	17	♎
S	18	♏
M	19	♏
D	20	♏
M	21	♐
D	22	♐
F	23	♑
S	24	♑
S	25	♒
M	26	♒
D	27	♓
M	28	♓
D	29	♈
F	30	♈

Dezember

S	1	♉
S	2	♉
M	**3**	**♉**
D	4	♊
M	5	♊
D	6	♋
F	7	♋
S	8	♌
S	9	♌
M	10	♌
D	11	♍
M	12	♍
D	13	♎
F	14	♎
S	15	♎
S	16	♏
M	17	♏
D	18	♐
M	19	♐
D	20	♑
F	21	♑
S	22	♒
S	23	♒
M	24	♓
D	25	♓
M	26	♈
D	27	♈
F	28	♈
S	29	♉
S	30	♉
M	31	♊

1980

Januar

D	1	♊
M	**2**	**♋**
D	3	♋
F	4	♌
S	5	♌
S	6	♌
M	7	♍
D	8	♍
M	9	♎
D	10	♎
F	11	♎
S	12	♏
S	13	♏
M	14	♐
D	15	♐
M	16	♐
D	17	♑
F	18	♑
S	19	♒
S	20	♒
M	21	♓
D	22	♓
M	23	♈
D	24	♈
F	25	♉
S	26	♉
S	27	♊
M	28	♊
D	29	♋
M	30	♋
D	31	♋

Februar

F	**1**	**♌**
S	2	♌
S	3	♍
M	4	♍
D	5	♍
M	6	♎
D	7	♎
F	8	♏
S	9	♏
S	10	♏
M	11	♐
D	12	♐
M	13	♑
D	14	♑
F	15	♒
S	16	♒
S	17	♓
M	18	♓
D	19	♈
M	20	♈
D	21	♉
F	22	♉
S	23	♊
S	24	♊
M	25	♊
D	26	♋
M	27	♋
D	28	♌
F	29	♌

März

S	**1**	**♍**
S	2	♍
M	3	♍
D	4	♎
M	5	♎
D	6	♎
F	7	♏
S	8	♏
S	9	♐
M	10	♐
D	11	♑
M	12	♑
D	13	♑
F	14	♒
S	15	♒
S	16	♓
M	17	♓
D	18	♈
M	19	♈
D	20	♉
F	21	♉
S	22	♊
S	23	♊
M	24	♋
D	25	♋
M	26	♌
D	27	♌
F	28	♌
S	29	♍
S	30	♍
M	**31**	**♎**

April

D	1	♎
M	2	♎
D	3	♏
F	4	♏
S	5	♐
S	6	♐
M	7	♐
D	8	♑
M	9	♑
D	10	♒
F	11	♒
S	12	♓
S	13	♓
M	14	♈
D	15	♈
M	16	♉
D	17	♉
F	18	♊
S	19	♊
S	20	♋
M	21	♋
D	22	♌
M	23	♌
D	24	♌
F	25	♍
S	26	♍
S	27	♍
M	28	♎
D	29	♎
M	**30**	**♏**

Mai

D	1	♏
F	2	♐
S	3	♐
S	4	♐
M	5	♑
D	6	♑
M	7	♒
D	8	♒
F	9	♓
S	10	♓
S	11	♈
M	12	♈
D	13	♉
M	14	♉
D	15	♊
F	16	♊
S	17	♊
S	18	♋
M	19	♋
D	20	♌
M	21	♌
D	22	♍
F	23	♍
S	24	♍
S	25	♎
M	26	♎
D	27	♏
M	28	♏
D	**29**	**♏**
F	30	♐
S	31	♐

Juni

S	1	♑
M	2	♑
D	3	♒
M	4	♒
D	5	♒
F	6	♓
S	7	♓
S	8	♈
M	9	♈
D	10	♉
M	11	♉
D	12	♊
F	13	♊
S	14	♋
S	15	♋
M	16	♌
D	17	♌
M	18	♌
D	19	♍
F	20	♍
S	21	♎
S	22	♎
M	23	♎
D	24	♏
M	25	♏
D	26	♐
F	27	♐
S	**28**	**♑**
S	29	♑
M	30	♑

Juli

D	1	♒
M	2	♒
D	3	♓
F	4	♓
S	5	♈
S	6	♈
M	7	♉
D	8	♉
M	9	♊
D	10	♊
F	11	♋
S	12	♋
S	13	♋
M	14	♌
D	15	♌
M	16	♍
D	17	♍
F	18	♎
S	19	♎
S	20	♎
M	21	♏
D	22	♏
M	23	♐
D	24	♐
F	25	♐
S	26	♑
S	**27**	**♑**
M	28	♒
D	29	♒
M	30	♓
D	31	♓

August

F	1	♈
S	2	♈
S	3	♉
M	4	♉
D	5	♊
M	6	♊
D	7	♊
F	8	♋
S	9	♋
S	10	♌
M	11	♌
D	12	♍
M	13	♍
D	14	♍
F	15	♎
S	16	♎
S	17	♏
M	18	♏
D	19	♏
M	20	♐
D	21	♐
F	22	♑
S	23	♑
S	24	♒
M	25	♒
D	**26**	**♓**
M	27	♓
D	28	♓
F	29	♈
S	30	♈
S	31	♉

September

M	1	♉
D	2	♊
M	3	♊
D	4	♋
F	5	♋
S	6	♌
S	7	♌
M	8	♌
D	9	♍
M	10	♍
D	11	♎
F	12	♎
S	13	♎
S	14	♏
M	15	♏
D	16	♐
M	17	♐
D	18	♐
F	19	♑
S	20	♑
S	21	♒
M	22	♒
D	23	♓
M	**24**	**♓**
D	25	♈
F	26	♈
S	27	♉
S	28	♉
M	29	♊
D	30	♊

Oktober

M	1	♋
D	2	♋
F	3	♌
S	4	♌
S	5	♌
M	6	♍
D	7	♍
M	8	♎
D	9	♎
F	10	♎
S	11	♏
S	12	♏
M	13	♐
D	14	♐
M	15	♐
D	16	♑
F	17	♑
S	18	♒
S	19	♒
M	20	♓
D	21	♓
M	22	♈
D	**23**	**♈**
F	24	♉
S	25	♉
S	26	♊
M	27	♊
D	28	♋
M	29	♋
D	30	♋
F	31	♌

November

S	1	♌
S	2	♍
M	3	♍
D	4	♍
M	5	♎
D	6	♎
F	7	♏
S	8	♏
S	9	♏
M	10	♐
D	11	♐
M	12	♑
D	13	♑
F	14	♒
S	15	♒
S	16	♒
M	17	♓
D	18	♓
M	19	♈
D	20	♈
F	21	♉
S	**22**	**♉**
S	23	♊
M	24	♊
D	25	♋
M	26	♋
D	27	♌
F	28	♌
S	29	♍
S	30	♍

Dezember

M	1	♍
D	2	♎
M	3	♎
D	4	♏
F	5	♏
S	6	♏
S	7	♐
M	8	♐
D	9	♑
M	10	♑
D	11	♑
F	12	♒
S	13	♒
S	14	♓
M	15	♓
D	16	♈
M	17	♈
D	18	♉
F	19	♉
S	20	♊
S	**21**	**♊**
M	22	♋
D	23	♋
M	24	♌
D	25	♌
F	26	♌
S	27	♍
S	28	♍
M	29	♎
D	30	♎
M	31	♏

1981

Januar		
D	1	♏
F	2	♏
S	3	♐
S	4	♐
M	5	♐
D	6	♑
M	7	♑
D	8	♒
F	9	♒
S	10	♓
S	11	♓
M	12	♈
D	13	♈
M	14	♉
D	15	♉
F	16	♉
S	17	♊
S	18	♊
M	19	♋
D	**20**	**♋**
M	21	♌
D	22	♌
F	23	♍
S	24	♍
S	25	♍
M	26	♎
D	27	♎
M	28	♏
D	29	♏
F	30	♏
S	31	♐

Februar		
S	1	♐
M	2	♑
D	3	♑
M	4	♒
D	5	♒
F	6	♓
S	7	♓
S	8	♓
M	9	♈
D	10	♈
M	11	♉
D	12	♉
F	13	♊
S	14	♊
S	15	♋
M	16	♋
D	17	♌
M	**18**	**♌**
D	19	♍
F	20	♍
S	21	♍
S	22	♎
M	23	♎
D	24	♏
M	25	♏
D	26	♏
F	27	♐
S	28	♐

März		
S	1	♑
M	2	♑
D	3	♑
M	4	♒
D	5	♒
F	6	♓
S	7	♓
S	8	♈
M	9	♈
D	10	♉
M	11	♉
D	12	♊
F	13	♊
S	14	♋
S	15	♋
M	16	♌
D	17	♌
M	18	♌
D	19	♍
F	**20**	**♍**
S	21	♎
S	22	♎
M	23	♎
D	24	♏
M	25	♏
D	26	♐
F	27	♐
S	28	♐
S	29	♑
M	30	♑
D	31	♒

April		
M	1	♒
D	2	♓
F	3	♓
S	4	♈
S	5	♈
M	6	♉
D	7	♉
M	8	♊
D	9	♊
F	10	♋
S	11	♋
S	12	♋
M	13	♌
D	14	♌
M	15	♍
D	16	♍
F	17	♎
S	18	♎
S	**19**	**♎**
M	20	♏
D	21	♏
M	22	♐
D	23	♐
F	24	♐
S	25	♑
S	26	♑
M	27	♒
D	28	♒
M	29	♒
D	30	♓

Mai		
F	1	♓
S	2	♈
S	3	♈
M	4	♉
D	5	♉
M	6	♊
D	7	♊
F	8	♋
S	9	♋
S	10	♌
M	11	♌
D	12	♍
M	13	♍
D	14	♍
F	15	♎
S	16	♎
S	17	♏
M	18	♏
D	**19**	**♏**
M	20	♐
D	21	♐
F	22	♑
S	23	♑
S	24	♑
M	25	♒
D	26	♒
M	27	♓
D	28	♓
F	29	♈
S	30	♈
S	31	♉

Juni		
M	1	♉
D	2	♊
M	3	♊
D	4	♋
F	5	♋
S	6	♌
S	7	♌
M	8	♌
D	9	♍
M	10	♍
D	11	♎
F	12	♎
S	13	♏
S	14	♏
M	15	♏
D	16	♐
M	**17**	**♐**
D	18	♑
F	19	♑
S	20	♑
S	21	♒
M	22	♒
D	23	♓
M	24	♓
D	25	♈
F	26	♈
S	27	♈
S	28	♉
M	29	♉
D	30	♊

Juli		
M	1	♊
D	2	♋
F	3	♋
S	4	♌
S	5	♌
M	6	♍
D	7	♍
M	8	♎
D	9	♎
F	10	♎
S	11	♏
S	12	♏
M	13	♐
D	14	♐
M	15	♐
D	16	♑
F	**17**	**♑**
S	18	♒
S	19	♒
M	20	♓
D	21	♓
M	22	♓
D	23	♈
F	24	♈
S	25	♉
S	26	♉
M	27	♊
D	28	♊
M	29	♋
D	30	♋
F	31	♌

August		
S	1	♌
S	2	♍
M	3	♍
D	4	♍
M	5	♎
D	6	♎
F	7	♏
S	8	♏
S	9	♏
M	10	♐
D	11	♐
M	12	♑
D	13	♑
F	14	♒
S	**15**	**♒**
S	16	♒
M	17	♓
D	18	♓
M	19	♈
D	20	♈
F	21	♉
S	22	♉
S	23	♊
M	24	♊
D	25	♋
M	26	♋
D	27	♌
F	28	♌
S	29	♌
S	30	♍
M	31	♍

September		
D	1	♎
M	2	♎
D	3	♏
F	4	♏
S	5	♏
S	6	♐
M	7	♐
D	8	♑
M	9	♑
D	10	♑
F	11	♒
S	12	♒
S	13	♓
M	**14**	**♓**
D	15	♈
M	16	♈
D	17	♉
F	18	♉
S	19	♊
S	20	♊
M	21	♊
D	22	♋
M	23	♋
D	24	♌
F	25	♌
S	26	♍
S	27	♍
M	28	♎
D	29	♎
M	30	♎

Oktober		
D	1	♏
F	2	♏
S	3	♐
S	4	♐
M	5	♐
D	6	♑
M	7	♑
D	8	♒
F	9	♒
S	10	♒
S	11	♓
M	12	♓
D	**13**	**♈**
M	14	♈
D	15	♉
F	16	♉
S	17	♊
S	18	♊
M	19	♋
D	20	♋
M	21	♌
D	22	♌
F	23	♍
S	24	♍
S	25	♍
M	26	♎
D	27	♎
M	28	♏
D	29	♏
F	30	♏
S	31	♐

November		
S	1	♐
M	2	♑
D	3	♑
M	4	♑
D	5	♒
F	6	♒
S	7	♓
S	8	♓
M	9	♈
D	10	♈
M	**11**	**♉**
D	12	♉
F	13	♊
S	14	♊
S	15	♋
M	16	♋
D	17	♌
M	18	♌
D	19	♍
F	20	♍
S	21	♍
S	22	♎
M	23	♎
D	24	♏
M	25	♏
D	26	♏
F	27	♐
S	28	♐
S	29	♑
M	30	♑

Dezember		
D	1	♑
M	2	♒
D	3	♒
F	4	♓
S	5	♓
S	6	♓
M	7	♈
D	8	♈
M	9	♉
D	10	♉
F	**11**	**♊**
S	12	♊
S	13	♋
M	14	♋
D	15	♌
M	16	♌
D	17	♍
F	18	♍
S	19	♎
S	20	♎
M	21	♎
D	22	♏
M	23	♏
D	24	♐
F	25	♐
S	26	♐
S	27	♑
M	28	♑
D	29	♒
M	30	♒
D	31	♒

1982

Januar

F	1	♓
S	2	♓
S	3	♈
M	4	♈
D	5	♉
M	6	♉
D	7	♊
F	8	♊
S	**9**	**♋**
S	10	♋
M	11	♌
D	12	♌
M	13	♍
D	14	♍
F	15	♎
S	16	♎
S	17	♎
M	18	♏
D	19	♏
M	20	♐
D	21	♐
F	22	♐
S	23	♑
S	24	♑
M	25	♒
D	26	♒
M	27	♒
D	28	♓
F	29	♓
S	30	♈
S	31	♈

Februar

M	1	♉
D	2	♉
M	3	♊
D	4	♊
F	5	♋
S	6	♋
S	7	♋
M	**8**	**♌**
D	9	♌
M	10	♍
D	11	♍
F	12	♎
S	13	♎
S	14	♏
M	15	♏
D	16	♏
M	17	♐
D	18	♐
F	19	♑
S	20	♑
S	21	♑
M	22	♒
D	23	♒
M	24	♓
D	25	♓
F	26	♈
S	27	♈
S	28	♉

März

M	1	♉
D	2	♉
M	3	♊
D	4	♊
F	5	♋
S	6	♋
S	7	♌
M	8	♌
D	**9**	**♍**
M	10	♍
D	11	♎
F	12	♎
S	13	♎
S	14	♏
M	15	♏
D	16	♐
M	17	♐
D	18	♐
F	19	♑
S	20	♑
S	21	♒
M	22	♒
D	23	♓
M	24	♓
D	25	♓
F	26	♈
S	27	♈
S	28	♉
M	29	♉
D	30	♊
M	31	♊

April

D	1	♋
F	2	♋
S	3	♌
S	4	♌
M	5	♍
D	6	♍
M	7	♍
D	**8**	**♎**
F	9	♎
S	10	♏
S	11	♏
M	12	♐
D	13	♐
M	14	♐
D	15	♑
F	16	♑
S	17	♒
S	18	♒
M	19	♒
D	20	♓
M	21	♓
D	22	♈
F	23	♈
S	24	♉
S	25	♉
M	26	♊
D	27	♊
M	28	♋
D	29	♋
F	30	♌

Mai

S	1	♌
S	2	♌
M	3	♍
D	4	♍
M	5	♎
D	6	♎
F	7	♏
S	**8**	**♏**
S	9	♏
M	10	♐
D	11	♐
M	12	♑
D	13	♑
F	14	♑
S	15	♒
S	16	♒
M	17	♓
D	18	♓
M	19	♈
D	20	♈
F	21	♈
S	22	♉
S	23	♉
M	24	♊
D	25	♊
M	26	♋
D	27	♋
F	28	♌
S	29	♌
S	30	♍
M	31	♍

Juni

D	1	♎
M	2	♎
D	3	♏
F	4	♏
S	5	♏
S	**6**	**♐**
M	7	♐
D	8	♑
M	9	♑
D	10	♑
F	11	♒
S	12	♒
S	13	♓
M	14	♓
D	15	♓
M	16	♈
D	17	♈
F	18	♉
S	19	♉
S	20	♊
M	21	♊
D	22	♋
M	23	♋
D	24	♌
F	25	♌
S	26	♍
S	27	♍
M	28	♎
D	29	♎
M	30	♎

Juli

D	1	♏
F	2	♏
S	3	♐
S	4	♐
M	5	♐
D	**6**	**♑**
M	7	♑
D	8	♒
F	9	♒
S	10	♒
S	11	♓
M	12	♓
D	13	♈
M	14	♈
D	15	♉
F	16	♉
S	17	♊
S	18	♊
M	19	♋
D	20	♋
M	21	♌
D	22	♌
F	23	♌
S	24	♍
S	25	♍
M	26	♎
D	27	♎
M	28	♏
D	29	♏
F	30	♐
S	31	♐

August

S	1	♐
M	2	♑
D	3	♑
M	**4**	**♒**
D	5	♒
F	6	♒
S	7	♓
S	8	♓
M	9	♈
D	10	♈
M	11	♈
D	12	♉
F	13	♉
S	14	♊
S	15	♊
M	16	♋
D	17	♋
M	18	♌
D	19	♌
F	20	♍
S	21	♍
S	22	♎
M	23	♎
D	24	♏
M	25	♏
D	26	♏
F	27	♐
S	28	♐
S	29	♑
M	30	♑
D	31	♑

September

M	1	♒
D	2	♒
F	**3**	**♓**
S	4	♓
S	5	♓
M	6	♈
D	7	♈
M	8	♉
D	9	♉
F	10	♊
S	11	♊
S	12	♋
M	13	♋
D	14	♌
M	15	♌
D	16	♍
F	17	♍
S	18	♎
S	19	♎
M	20	♎
D	21	♏
M	22	♏
D	23	♐
F	24	♐
S	25	♐
S	26	♑
M	27	♑
D	28	♒
M	29	♒
D	30	♒

Oktober

F	1	♓
S	2	♓
S	**3**	**♈**
M	4	♈
D	5	♉
M	6	♉
D	7	♊
F	8	♊
S	9	♋
S	10	♋
M	11	♌
D	12	♌
M	13	♌
D	14	♍
F	15	♍
S	16	♎
S	17	♎
M	18	♏
D	19	♏
M	20	♐
D	21	♐
F	22	♐
S	23	♑
S	24	♑
M	25	♒
D	26	♒
M	27	♒
D	28	♓
F	29	♓
S	30	♈
S	31	♈

November

M	**1**	**♉**
D	2	♉
M	3	♉
D	4	♊
F	5	♊
S	6	♋
S	7	♋
M	8	♌
D	9	♌
M	10	♍
D	11	♍
F	12	♎
S	13	♎
S	14	♏
M	15	♏
D	16	♏
M	17	♐
D	18	♐
F	19	♑
S	20	♑
S	21	♑
M	22	♒
D	23	♒
M	24	♓
D	25	♓
F	26	♓
S	27	♈
S	28	♈
M	29	♉
D	30	♉

Dezember

M	**1**	**♊**
D	2	♊
F	3	♋
S	4	♋
S	5	♌
M	6	♌
D	7	♍
M	8	♍
D	9	♎
F	10	♎
S	11	♎
S	12	♏
M	13	♏
D	14	♐
M	15	♐
D	16	♐
F	17	♑
S	18	♑
S	19	♒
M	20	♒
D	21	♒
M	22	♓
D	23	♓
F	24	♈
S	25	♈
S	26	♉
M	27	♉
D	28	♊
M	29	♊
D	**30**	**♋**
F	31	♋

1983

Januar

S	1	♌
S	2	♌
M	3	♍
D	4	♍
M	5	♍
D	6	♎
F	7	♎
S	8	♏
S	9	♏
M	10	♐
D	11	♐
M	12	♐
D	13	♑
F	14	♑
S	15	♒
S	16	♒
M	17	♒
D	18	♓
M	19	♓
D	20	♈
F	21	♈
S	22	♈
S	23	♉
M	24	♉
D	25	♊
M	26	♊
D	27	♋
F	**28**	**♋**
S	29	♌
S	30	♌
M	31	♍

Februar

D	1	♍
M	2	♎
D	3	♎
F	4	♏
S	5	♏
S	6	♏
M	7	♐
D	8	♐
M	9	♑
D	10	♑
F	11	♑
S	12	♒
S	13	♒
M	14	♓
D	15	♓
M	16	♓
D	17	♈
F	18	♈
S	19	♉
S	20	♉
M	21	♊
D	22	♊
M	23	♋
D	24	♋
F	25	♌
S	26	♌
S	**27**	**♍**
M	28	♍

März

D	1	♎
M	2	♎
D	3	♎
F	4	♏
S	5	♏
S	6	♐
M	7	♐
D	8	♑
M	9	♑
D	10	♑
F	11	♒
S	12	♒
S	13	♓
M	14	♓
D	15	♓
M	16	♈
D	17	♈
F	18	♉
S	19	♉
S	20	♊
M	21	♊
D	22	♊
M	23	♊
D	24	♋
F	25	♌
S	26	♌
S	27	♍
M	**28**	**♍**
D	29	♎
M	30	♎
D	31	♏

April

F	1	♏
S	2	♐
S	3	♐
M	4	♐
D	5	♑
M	6	♑
D	7	♒
F	8	♒
S	9	♒
S	10	♓
M	11	♓
D	12	♈
M	13	♈
D	14	♉
F	15	♉
S	16	♉
S	17	♊
M	18	♊
D	19	♋
M	20	♋
D	21	♌
F	22	♌
S	23	♍
S	24	♍
M	25	♎
D	26	♎
M	**27**	**♏**
D	28	♏
F	29	♏
S	30	♐

Mai

S	1	♐
M	2	♑
D	3	♑
M	4	♑
D	5	♒
F	6	♒
S	7	♓
S	8	♓
M	9	♓
D	10	♈
M	11	♈
D	12	♉
F	13	♉
S	14	♊
S	15	♊
M	16	♋
D	17	♋
M	18	♌
D	19	♌
F	20	♍
S	21	♍
S	22	♎
M	23	♎
D	24	♎
M	25	♏
D	**26**	**♏**
F	27	♐
S	28	♐
S	29	♑
M	30	♑
D	31	♑

Juni

M	1	♒
D	2	♒
F	3	♓
S	4	♓
S	5	♓
M	6	♈
D	7	♈
M	8	♉
D	9	♉
F	10	♊
S	11	♊
S	12	♋
M	13	♋
D	14	♋
M	15	♌
D	16	♌
F	17	♍
S	18	♍
S	19	♎
M	20	♎
D	21	♏
M	22	♏
D	23	♐
F	24	♐
S	**25**	**♐**
S	26	♑
M	27	♑
D	28	♒
M	29	♒
D	30	♒

Juli

F	1	♓
S	2	♓
S	3	♈
M	4	♈
D	5	♈
M	6	♉
D	7	♉
F	8	♊
S	9	♊
S	10	♋
M	11	♋
D	12	♌
M	13	♌
D	14	♍
F	15	♍
S	16	♎
S	17	♎
M	18	♏
D	19	♏
M	20	♐
D	21	♐
F	22	♐
S	23	♑
S	**24**	**♑**
M	25	♒
D	26	♒
M	27	♒
D	28	♓
F	29	♓
S	30	♈
S	31	♈

August

M	1	♈
D	2	♉
M	3	♉
D	4	♊
F	5	♊
S	6	♋
S	7	♋
M	8	♌
D	9	♌
M	10	♍
D	11	♍
F	12	♎
S	13	♎
S	14	♏
M	15	♏
D	16	♏
M	17	♐
D	18	♐
F	19	♑
S	20	♑
S	21	♑
M	22	♒
D	**23**	**♒**
M	24	♓
D	25	♓
F	26	♓
S	27	♈
S	28	♈
M	29	♈
D	30	♉
M	31	♊

September

D	1	♊
F	2	♊
S	3	♋
S	4	♋
M	5	♌
D	6	♌
M	7	♍
D	8	♍
F	9	♎
S	10	♎
S	11	♏
M	12	♏
D	13	♐
M	14	♐
D	15	♑
F	16	♑
S	17	♑
S	18	♒
M	19	♒
D	20	♓
M	21	♓
D	**22**	**♓**
F	23	♈
S	24	♈
S	25	♉
M	26	♉
D	27	♉
M	28	♊
D	29	♊
F	30	♋

Oktober

S	1	♋
S	2	♌
M	3	♌
D	4	♍
M	5	♍
D	6	♎
F	7	♎
S	8	♏
S	9	♏
M	10	♐
D	11	♐
M	12	♐
D	13	♑
F	14	♑
S	15	♒
S	16	♒
M	17	♒
D	18	♓
M	19	♓
D	20	♈
F	**21**	**♈**
S	22	♈
S	23	♉
M	24	♉
D	25	♊
M	26	♊
D	27	♋
F	28	♋
S	29	♌
S	30	♌
M	31	♍

November

D	1	♍
M	2	♍
D	3	♎
F	4	♎
S	5	♏
S	6	♏
M	7	♐
D	8	♐
M	9	♑
D	10	♑
F	11	♑
S	12	♒
S	13	♒
M	14	♓
D	15	♓
M	16	♓
D	17	♈
F	18	♈
S	19	♉
S	**20**	**♉**
M	21	♊
D	22	♊
M	23	♋
D	24	♋
F	25	♋
S	26	♌
S	27	♌
M	28	♍
D	29	♍
M	30	♎

Dezember

D	1	♎
F	2	♏
S	3	♏
S	4	♐
M	5	♐
D	6	♑
M	7	♑
D	8	♑
F	9	♒
S	10	♒
S	11	♓
M	12	♓
D	13	♓
M	14	♈
D	15	♈
F	16	♉
S	17	♉
S	18	♉
M	19	♊
D	**20**	**♊**
M	21	♋
D	22	♋
F	23	♌
S	24	♌
S	25	♍
M	26	♍
D	27	♎
M	28	♎
D	29	♏
F	30	♏
S	31	♐

1984

	Januar	Februar	März	April	Mai	Juni
1	S ♐	M ♑	D ♒	S ♈	D ♉	F ♊
2	M ♐	D ♒	F ♓	M ♈	M ♉	S ♋
3	D ♑	F ♒	S ♓	D ♈	D ♊	S ♋
4	M ♑	S ♓	S ♓	M ♉	F ♊	M ♌
5	D ♒	S ♓	M ♈	D ♉	S ♊	D ♌
6	F ♒	M ♓	D ♈	F ♊	S ♋	M ♍
7	S ♒	D ♈	M ♉	S ♊	M ♋	D ♍
8	S ♓	M ♈	D ♉	S ♋	D ♌	F ♎
9	M ♓	D ♉	F ♉	M ♋	M ♌	S ♎
10	D ♈	F ♉	S ♊	D ♋	D ♍	S ♏
11	M ♈	S ♊	S ♊	M ♌	F ♍	M ♏
12	D ♈	S ♊	M ♋	D ♌	S ♎	D ♏
13	F ♉	M ♊	D ♋	F ♍	S ♎	**M ♐**
14	S ♉	D ♋	M ♌	S ♍	M ♏	D ♐
15	S ♊	M ♋	D ♌	**S ♎**	**D ♏**	F ♑
16	M ♊	D ♌	F ♍	M ♎	M ♐	S ♑
17	D ♋	**F ♌**	**S ♍**	D ♏	D ♐	S ♒
18	**M ♋**	S ♍	S ♎	M ♏	F ♑	M ♒
19	D ♌	S ♍	M ♎	D ♐	S ♑	D ♒
20	F ♌	M ♎	D ♏	F ♐	S ♑	M ♓
21	S ♍	D ♎	M ♏	S ♑	M ♒	D ♓
22	S ♍	M ♏	D ♐	S ♑	D ♒	F ♈
23	M ♎	D ♏	F ♐	M ♒	M ♓	S ♈
24	D ♎	F ♐	S ♐	D ♒	D ♓	S ♈
25	M ♏	S ♐	S ♑	M ♒	F ♓	M ♉
26	D ♏	S ♑	M ♑	D ♓	S ♈	D ♉
27	F ♏	M ♑	D ♒	F ♓	S ♈	M ♊
28	S ♐	D ♑	M ♒	S ♈	M ♉	D ♊
29	S ♐	M ♒	D ♒	S ♈	D ♉	F ♋
30	M ♑		F ♓	M ♈	M ♉	S ♋
31	D ♑		S ♓		D ♊	

	Juli	August	September	Oktober	November	Dezember
1	S ♌	M ♍	S ♏	M ♐	D ♒	S ♓
2	M ♌	D ♎	S ♐	D ♑	F ♓	S ♓
3	D ♍	F ♎	M ♐	M ♑	S ♓	M ♈
4	M ♍	S ♏	D ♐	D ♒	S ♓	D ♈
5	D ♎	S ♏	M ♑	F ♒	M ♈	M ♉
6	F ♎	M ♐	D ♑	S ♒	D ♈	D ♉
7	S ♎	D ♐	F ♒	S ♓	M ♈	F ♉
8	S ♏	M ♑	S ♒	M ♓	**D ♉**	**S ♊**
9	M ♏	D ♑	S ♓	**D ♈**	F ♉	S ♊
10	D ♐	F ♑	**M ♓**	M ♈	S ♊	M ♋
11	M ♐	**S ♒**	D ♓	D ♈	S ♊	D ♋
12	D ♑	S ♒	M ♈	F ♉	M ♊	M ♌
13	**F ♑**	M ♓	D ♈	S ♉	D ♋	D ♌
14	S ♒	D ♓	F ♉	S ♊	M ♋	F ♍
15	S ♒	M ♓	S ♉	M ♊	D ♌	S ♍
16	M ♒	D ♈	S ♉	D ♊	F ♌	S ♍
17	D ♓	F ♈	M ♊	M ♋	S ♍	M ♎
18	M ♓	S ♉	D ♊	D ♋	S ♍	D ♎
19	D ♈	S ♉	M ♋	F ♌	M ♎	M ♏
20	F ♈	M ♉	D ♋	S ♌	D ♎	D ♏
21	S ♈	D ♊	F ♋	S ♍	M ♏	F ♐
22	S ♉	M ♊	S ♌	M ♍	D ♏	S ♐
23	M ♉	D ♋	S ♌	D ♎	F ♐	S ♑
24	D ♊	F ♋	M ♍	M ♎	S ♐	M ♑
25	M ♊	S ♌	D ♍	D ♏	S ♐	D ♒
26	D ♊	S ♌	M ♎	F ♏	M ♑	M ♒
27	F ♋	M ♍	D ♎	S ♐	D ♑	D ♒
28	S ♋	D ♍	F ♏	S ♐	M ♒	F ♓
29	S ♌	M ♎	S ♏	M ♑	D ♒	S ♓
30	M ♌	D ♎	S ♐	D ♑	F ♓	S ♓
31	D ♍	F ♏		M ♒		M ♈

1985

Januar

D	1	♈
M	2	♉
D	3	♉
F	4	♊
S	5	♊
S	6	♋
M	7	♋
D	8	♋
M	9	♌
D	10	♌
F	11	♍
S	12	♍
S	13	♎
M	14	♎
D	15	♏
M	16	♏
D	17	♐
F	18	♐
S	19	♑
S	20	♑
M	21	♑
D	22	♒
M	23	♒
D	24	♓
F	25	♓
S	26	♈
S	27	♈
M	28	♈
D	29	♉
M	30	♉
D	31	♊

Februar

F	1	♊
S	2	♊
S	3	♋
M	4	♋
D	5	♌
M	6	♌
D	7	♍
F	8	♍
S	9	♎
S	10	♎
M	11	♏
D	12	♏
M	13	♐
D	14	♐
F	15	♐
S	16	♑
S	17	♑
M	18	♒
D	19	♒
M	20	♓
D	21	♓
F	22	♓
S	23	♈
S	24	♈
M	25	♉
D	26	♉
M	27	♉
D	28	♊

März

F	1	♊
S	2	♋
S	3	♋
M	4	♌
D	5	♌
M	6	♌
D	7	♍
F	8	♍
S	9	♎
S	10	♎
M	11	♏
D	12	♏
M	13	♐
D	14	♐
F	15	♑
S	16	♑
S	17	♒
M	18	♒
D	19	♓
M	20	♓
D	21	♓
F	22	♈
S	23	♈
S	24	♈
M	25	♉
D	26	♉
M	27	♊
D	28	♊
F	29	♊
S	30	♋
S	31	♋

April

M	1	♌
D	2	♌
M	3	♍
D	4	♍
F	5	♎
S	6	♎
S	7	♏
M	8	♏
D	9	♐
M	10	♐
D	11	♑
F	12	♑
S	13	♒
S	14	♒
M	15	♒
D	16	♓
M	17	♓
D	18	♈
F	19	♈
S	20	♈
S	21	♉
M	22	♉
D	23	♊
M	24	♊
D	25	♊
F	26	♋
S	27	♋
S	28	♌
M	29	♌
D	30	♍

Mai

M	1	♍
D	2	♎
F	3	♎
S	4	♏
S	5	♏
M	6	♐
D	7	♐
M	8	♐
D	9	♑
F	10	♑
S	11	♒
S	12	♒
M	13	♓
D	14	♓
M	15	♓
D	16	♈
F	17	♈
S	18	♉
S	19	♉
M	20	♉
D	21	♊
M	22	♊
D	23	♋
F	24	♋
S	25	♌
S	26	♌
M	27	♌
D	28	♍
M	29	♍
D	30	♎
F	31	♎

Juni

S	1	♏
S	2	♏
M	3	♐
D	4	♐
M	5	♑
D	6	♑
F	7	♒
S	8	♒
S	9	♓
M	10	♓
D	11	♓
M	12	♈
D	13	♈
F	14	♉
S	15	♉
S	16	♉
M	17	♊
D	18	♊
M	19	♋
D	20	♋
F	21	♋
S	22	♌
S	23	♌
M	24	♍
D	25	♍
M	26	♎
D	27	♎
F	28	♏
S	29	♏
S	30	♐

Juli

M	1	♐
D	2	♑
M	3	♑
D	4	♒
F	5	♒
S	6	♒
S	7	♓
M	8	♓
D	9	♈
M	10	♈
D	11	♈
F	12	♉
S	13	♉
S	14	♊
M	15	♊
D	16	♊
M	17	♋
D	18	♋
F	19	♌
S	20	♌
S	21	♍
M	22	♍
D	23	♎
M	24	♎
D	25	♏
F	26	♏
S	27	♏
S	28	♐
M	29	♐
D	30	♑
M	31	♑

August

D	1	♒
F	2	♒
S	3	♓
S	4	♓
M	5	♈
D	6	♈
M	7	♈
D	8	♉
F	9	♉
S	10	♉
S	11	♊
M	12	♊
D	13	♋
M	14	♋
D	15	♌
F	16	♌
S	17	♍
S	18	♍
M	19	♍
D	20	♎
M	21	♎
D	22	♏
F	23	♏
S	24	♐
S	25	♐
M	26	♑
D	27	♑
M	28	♒
D	29	♒
F	30	♓
S	31	♓

September

S	1	♓
M	2	♈
D	3	♈
M	4	♉
D	5	♉
F	6	♉
S	7	♊
S	8	♊
M	9	♋
D	10	♋
M	11	♋
D	12	♌
F	13	♌
S	14	♍
S	15	♍
M	16	♎
D	17	♎
M	18	♏
D	19	♏
F	20	♐
S	21	♐
S	22	♑
M	23	♑
D	24	♒
M	25	♒
D	26	♒
F	27	♓
S	28	♓
S	29	♈
M	30	♈

Oktober

D	1	♈
M	2	♉
D	3	♉
F	4	♊
S	5	♊
S	6	♊
M	7	♋
D	8	♋
M	9	♌
D	10	♌
F	11	♍
S	12	♍
S	13	♎
M	14	♎
D	15	♏
M	16	♏
D	17	♐
F	18	♐
S	19	♑
S	20	♑
M	21	♑
D	22	♒
M	23	♒
D	24	♓
F	25	♓
S	26	♈
S	27	♈
M	28	♈
D	29	♉
M	30	♉
D	31	♊

November

F	1	♊
S	2	♊
S	3	♋
M	4	♋
D	5	♌
M	6	♌
D	7	♌
F	8	♍
S	9	♍
S	10	♎
M	11	♎
D	12	♏
M	13	♏
D	14	♐
F	15	♐
S	16	♑
S	17	♑
M	18	♒
D	19	♒
M	20	♓
D	21	♓
F	22	♓
S	23	♈
S	24	♈
M	25	♉
D	26	♉
M	27	♉
D	28	♊
F	29	♊
S	30	♋

Dezember

S	1	♋
M	2	♌
D	3	♌
M	4	♌
D	5	♍
F	6	♍
S	7	♎
S	8	♎
M	9	♏
D	10	♏
M	11	♐
D	12	♐
F	13	♑
S	14	♑
S	15	♒
M	16	♒
D	17	♓
M	18	♓
D	19	♓
F	20	♈
S	21	♈
S	22	♉
M	23	♉
D	24	♉
M	25	♊
D	26	♊
F	27	♋
S	28	♋
S	29	♋
M	30	♌
D	31	♌

1986

Januar

M	1	♍
D	2	♍
F	3	♎
S	4	♎
S	5	♎
M	6	♏
D	7	♏
M	8	♐
D	9	♐
F	10	♑
S	11	♑
S	12	♒
M	13	♒
D	14	♓
M	15	♓
D	16	♈
F	17	♈
S	18	♈
S	19	♉
M	20	♉
D	21	♊
M	22	♊
D	23	♊
F	24	♋
S	25	♋
S	**26**	**♌**
M	27	♌
D	28	♍
M	29	♍
D	30	♍
F	31	♎

Februar

S	1	♎
S	2	♏
M	3	♏
D	4	♐
M	5	♐
D	6	♑
F	7	♑
S	8	♒
S	9	♒
M	10	♓
D	11	♓
M	12	♓
D	13	♈
F	14	♈
S	15	♉
S	16	♉
M	17	♉
D	18	♊
M	19	♊
D	20	♋
F	21	♋
S	22	♌
S	23	♌
M	**24**	**♌**
D	25	♍
M	26	♍
D	27	♎
F	28	♎

März

S	1	♏
S	2	♏
M	3	♐
D	4	♐
M	5	♑
D	6	♑
F	7	♒
S	8	♒
S	9	♒
M	10	♓
D	11	♓
M	12	♈
D	13	♈
F	14	♉
S	15	♉
S	16	♉
M	17	♊
D	18	♊
M	19	♋
D	20	♋
F	21	♋
S	22	♌
S	23	♌
M	24	♍
D	25	♍
M	**26**	**♎**
D	27	♎
F	28	♏
S	29	♏
S	30	♐
M	31	♐

April

D	1	♐
M	2	♑
D	3	♑
F	4	♒
S	5	♒
S	6	♓
M	7	♓
D	8	♈
M	9	♈
D	10	♈
F	11	♉
S	12	♉
S	13	♊
M	14	♊
D	15	♊
M	16	♋
D	17	♋
F	18	♌
S	19	♌
S	20	♌
M	21	♍
D	22	♍
M	23	♎
D	**24**	**♎**
F	25	♏
S	26	♏
S	27	♐
M	28	♐
D	29	♑
M	30	♑

Mai

D	1	♒
F	2	♒
S	3	♓
S	4	♓
M	5	♓
D	6	♈
M	7	♈
D	8	♉
F	9	♉
S	10	♉
S	11	♊
M	12	♊
D	13	♋
M	14	♋
D	15	♋
F	16	♌
S	17	♌
S	18	♍
M	19	♍
D	20	♎
M	21	♎
D	22	♏
F	**23**	**♏**
S	24	♐
S	25	♐
M	26	♑
D	27	♑
M	28	♒
D	29	♒
F	30	♓
S	31	♓

Juni

S	1	♓
M	2	♈
D	3	♈
M	4	♉
D	5	♉
F	6	♉
S	7	♊
S	8	♊
M	9	♋
D	10	♋
M	11	♋
D	12	♌
F	13	♌
S	14	♍
S	15	♍
M	16	♍
D	17	♎
M	18	♎
D	19	♏
F	20	♏
S	21	♐
S	**22**	**♐**
M	23	♑
D	24	♑
M	25	♒
D	26	♒
F	27	♓
S	28	♓
S	29	♈
M	30	♈

Juli

D	1	♉
M	2	♉
D	3	♉
F	4	♊
S	5	♊
S	6	♊
M	7	♋
D	8	♋
M	9	♌
D	10	♌
F	11	♍
S	12	♍
S	13	♍
M	14	♎
D	15	♎
M	16	♏
D	17	♏
F	18	♐
S	19	♐
S	20	♑
M	**21**	**♑**
D	22	♒
M	23	♒
D	24	♓
F	25	♓
S	26	♈
S	27	♈
M	28	♈
D	29	♉
M	30	♉
D	31	♊

August

F	1	♊
S	2	♊
S	3	♋
M	4	♋
D	5	♌
M	6	♌
D	7	♌
F	8	♍
S	9	♍
S	10	♎
M	11	♎
D	12	♏
M	13	♏
D	14	♐
F	15	♐
S	16	♑
S	17	♑
M	18	♑
D	**19**	**♒**
M	20	♒
D	21	♓
F	22	♓
S	23	♈
S	24	♈
M	25	♉
D	26	♉
M	27	♉
D	28	♊
F	29	♊
S	30	♋
S	31	♋

September

M	1	♋
D	2	♌
M	3	♌
D	4	♍
F	5	♍
S	6	♎
S	7	♎
M	8	♏
D	9	♏
M	10	♏
D	11	♐
F	12	♐
S	13	♑
S	14	♑
M	15	♒
D	16	♒
M	17	♓
D	**18**	**♓**
F	19	♈
S	20	♈
S	21	♈
M	22	♉
D	23	♉
M	24	♊
D	25	♊
F	26	♋
S	27	♋
S	28	♋
M	29	♌
D	30	♌

Oktober

M	1	♍
D	2	♍
F	3	♍
S	4	♎
S	5	♎
M	6	♏
D	7	♏
M	8	♐
D	9	♐
F	10	♑
S	11	♑
S	12	♒
M	13	♒
D	14	♓
M	15	♓
D	16	♈
F	**17**	**♈**
S	18	♈
S	19	♉
M	20	♉
D	21	♊
M	22	♊
D	23	♊
F	24	♋
S	25	♋
S	26	♌
M	27	♌
D	28	♌
M	29	♍
D	30	♍
F	31	♎

November

S	1	♎
S	2	♏
M	3	♏
D	4	♐
M	5	♐
D	6	♑
F	7	♑
S	8	♒
S	9	♒
M	10	♓
D	11	♓
M	12	♓
D	13	♈
F	14	♈
S	15	♉
S	**16**	**♉**
M	17	♉
D	18	♊
M	19	♊
D	20	♋
F	21	♋
S	22	♋
S	23	♌
M	24	♌
D	25	♍
M	26	♍
D	27	♎
F	28	♎
S	29	♎
S	30	♏

Dezember

M	1	♏
D	2	♐
M	3	♐
D	4	♑
F	5	♑
S	6	♒
S	7	♒
M	8	♓
D	9	♓
M	10	♈
D	11	♈
F	12	♉
S	13	♉
S	14	♉
M	15	♊
D	**16**	**♊**
M	17	♋
D	18	♋
F	19	♋
S	20	♌
S	21	♌
M	22	♍
D	23	♍
M	24	♍
D	25	♎
F	26	♎
S	27	♏
S	28	♏
M	29	♐
D	30	♐
M	31	♑

1987

Januar

D	1	♑
F	2	♒
S	3	♒
S	4	♓
M	5	♓
D	6	♈
M	7	♈
D	8	♈
F	9	♉
S	10	♉
S	11	♊
M	12	♊
D	13	♊
M	14	♋
D	**15**	**♋**
F	16	♌
S	17	♌
S	18	♌
M	19	♍
D	20	♍
M	21	♎
D	22	♎
F	23	♏
S	24	♏
S	25	♐
M	26	♐
D	27	♐
M	28	♑
D	29	♑
F	30	♒
S	31	♒

Februar

S	1	♓
M	2	♓
D	3	♈
M	4	♈
D	5	♉
F	6	♉
S	7	♊
S	8	♊
M	9	♊
D	10	♋
M	11	♋
D	12	♌
F	**13**	**♌**
S	14	♌
S	15	♍
M	16	♍
D	17	♎
M	18	♎
D	19	♎
F	20	♏
S	21	♏
S	22	♐
M	23	♐
D	24	♑
M	25	♑
D	26	♒
F	27	♒
S	28	♓

März

S	1	♓
M	2	♈
D	3	♈
M	4	♉
D	5	♉
F	6	♉
S	7	♊
S	8	♊
M	9	♋
D	10	♋
M	11	♋
D	12	♌
F	13	♌
S	14	♍
S	**15**	**♍**
M	16	♍
D	17	♎
M	18	♎
D	19	♏
F	20	♏
S	21	♐
S	22	♐
M	23	♑
D	24	♑
M	25	♒
D	26	♒
F	27	♓
S	28	♓
S	29	♈
M	30	♈
D	31	♈

April

M	1	♉
D	2	♉
F	3	♊
S	4	♊
S	5	♊
M	6	♋
D	7	♋
M	8	♌
D	9	♌
F	10	♌
S	11	♍
S	12	♍
M	13	♎
D	**14**	**♎**
M	15	♏
D	16	♏
F	17	♐
S	18	♐
S	19	♑
M	20	♑
D	21	♒
M	22	♒
D	23	♒
F	24	♓
S	25	♓
S	26	♈
M	27	♈
D	28	♉
M	29	♉
D	30	♊

Mai

F	1	♊
S	2	♊
S	3	♋
M	4	♋
D	5	♌
M	6	♌
D	7	♌
F	8	♍
S	9	♍
S	10	♎
M	11	♎
D	12	♎
M	**13**	**♏**
D	14	♏
F	15	♐
S	16	♐
S	17	♑
M	18	♑
D	19	♒
M	20	♒
D	21	♓
F	22	♓
S	23	♈
S	24	♈
M	25	♉
D	26	♉
M	27	♉
D	28	♊
F	29	♊
S	30	♋
S	31	♋

Juni

M	1	♋
D	2	♌
M	3	♌
D	4	♍
F	5	♍
S	6	♍
S	7	♎
M	8	♎
D	9	♏
M	10	♏
D	**11**	**♐**
F	12	♐
S	13	♑
S	14	♑
M	15	♒
D	16	♒
M	17	♓
D	18	♓
F	19	♈
S	20	♈
S	21	♈
M	22	♉
D	23	♉
M	24	♊
D	25	♊
F	26	♋
S	27	♋
S	28	♋
M	29	♌
D	30	♌

Juli

M	1	♌
D	2	♍
F	3	♍
S	4	♎
S	5	♎
M	6	♏
D	7	♏
M	8	♏
D	9	♐
F	10	♐
S	**11**	**♑**
S	12	♒
M	13	♒
D	14	♓
M	15	♓
D	16	♓
F	17	♈
S	18	♈
S	19	♉
M	20	♉
D	21	♊
M	22	♊
D	23	♊
F	24	♋
S	25	♋
S	26	♌
M	27	♌
D	28	♌
M	29	♍
D	30	♍
F	31	♎

August

S	1	♎
S	2	♎
M	3	♏
D	4	♏
M	5	♐
D	6	♐
F	7	♑
S	8	♑
S	**9**	**♒**
M	10	♒
D	11	♓
M	12	♓
D	13	♈
F	14	♈
S	15	♉
S	16	♉
M	17	♊
D	18	♊
M	19	♊
D	20	♋
F	21	♋
S	22	♌
S	23	♌
M	24	♌
D	25	♍
M	26	♍
D	27	♎
F	28	♎
S	29	♎
S	30	♏
M	31	♏

September

D	1	♐
M	2	♐
D	3	♑
F	4	♑
S	5	♒
S	6	♒
M	**7**	**♓**
D	8	♓
M	9	♈
D	10	♈
F	11	♈
S	12	♉
S	13	♉
M	14	♊
D	15	♊
M	16	♋
D	17	♋
F	18	♋
S	19	♌
S	20	♌
M	21	♍
D	22	♍
M	23	♍
D	24	♎
F	25	♎
S	26	♏
S	27	♏
M	28	♐
D	29	♐
M	30	♐

Oktober

D	1	♑
F	2	♑
S	3	♒
S	4	♒
M	5	♓
D	6	♓
M	**7**	**♈**
D	8	♈
F	9	♉
S	10	♉
S	11	♊
M	12	♊
D	13	♊
M	14	♋
D	15	♋
F	16	♌
S	17	♌
S	18	♌
M	19	♍
D	20	♍
M	21	♎
D	22	♎
F	23	♏
S	24	♏
S	25	♏
M	26	♐
D	27	♐
M	28	♑
D	29	♑
F	30	♒
S	31	♒

November

S	1	♓
M	2	♓
D	3	♈
M	4	♈
D	**5**	**♉**
F	6	♉
S	7	♉
S	8	♊
M	9	♊
D	10	♋
M	11	♋
D	12	♌
F	13	♌
S	14	♌
S	15	♍
M	16	♍
D	17	♎
M	18	♎
D	19	♎
F	20	♏
S	21	♏
S	22	♐
M	23	♐
D	24	♑
M	25	♑
D	26	♒
F	27	♒
S	28	♓
S	29	♓
M	30	♈

Dezember

D	1	♈
M	2	♈
D	3	♉
F	4	♉
S	**5**	**♊**
S	6	♊
M	7	♋
D	8	♋
M	9	♋
D	10	♌
F	11	♌
S	12	♍
S	13	♍
M	14	♍
D	15	♎
M	16	♎
D	17	♏
F	18	♏
S	19	♐
S	20	♐
M	21	♑
D	22	♑
M	23	♒
D	24	♒
F	25	♓
S	26	♓
S	27	♓
M	28	♈
D	29	♈
M	30	♉
D	31	♉

1988

Januar

F	1	♊
S	2	♊
S	3	♊
M	4	♋
D	5	♋
M	6	♌
D	7	♌
F	8	♌
S	9	♍
S	10	♍
M	11	♎
D	12	♎
M	13	♎
D	14	♏
F	15	♏
S	16	♐
S	17	♐
M	18	♑
D	19	♑
M	20	♒
D	21	♒
F	22	♓
S	23	♓
S	24	♈
M	25	♈
D	26	♉
M	27	♉
D	28	♊
F	29	♊
S	30	♊
S	31	♋

Februar

M	1	♋
D	2	♌
M	3	♌
D	4	♌
F	5	♍
S	6	♍
S	7	♎
M	8	♎
D	9	♎
M	10	♏
D	11	♏
F	12	♐
S	13	♐
S	14	♑
M	15	♑
D	16	♒
M	17	♒
D	18	♓
F	19	♓
S	20	♈
S	21	♈
M	22	♉
D	23	♉
M	24	♉
D	25	♊
F	26	♊
S	27	♋
S	28	♋
M	29	♋

März

D	1	♌
M	2	♌
D	3	♍
F	4	♍
S	5	♍
S	6	♎
M	7	♎
D	8	♏
M	9	♏
D	10	♐
F	11	♐
S	12	♐
S	13	♑
M	14	♑
D	15	♒
M	16	♒
D	17	♓
F	18	♓
S	19	♈
S	20	♈
M	21	♉
D	22	♉
M	23	♊
D	24	♊
F	25	♋
S	26	♋
S	27	♋
M	28	♌
D	29	♌
M	30	♍
D	31	♍

April

F	1	♍
S	2	♎
S	3	♎
M	4	♏
D	5	♏
M	6	♏
D	7	♐
F	8	♐
S	9	♑
S	10	♑
M	11	♒
D	12	♒
M	13	♓
D	14	♓
F	15	♈
S	16	♈
S	17	♉
M	18	♉
D	19	♊
M	20	♊
D	21	♊
F	22	♋
S	23	♋
S	24	♌
M	25	♌
D	26	♌
M	27	♍
D	28	♍
F	29	♎
S	30	♎

Mai

S	1	♎
M	2	♏
D	3	♏
M	4	♐
D	5	♐
F	6	♑
S	7	♑
S	8	♒
M	9	♒
D	10	♓
M	11	♓
D	12	♓
F	13	♈
S	14	♈
S	15	♉
M	16	♉
D	17	♊
M	18	♊
D	19	♋
F	20	♋
S	21	♋
S	22	♌
M	23	♌
D	24	♍
M	25	♍
D	26	♍
F	27	♎
S	28	♎
S	29	♏
M	30	♏
D	31	♐

Juni

M	1	♐
D	2	♑
F	3	♑
S	4	♑
S	5	♒
M	6	♒
D	7	♓
M	8	♓
D	9	♈
F	10	♈
S	11	♉
S	12	♉
M	13	♊
D	14	♊
M	15	♋
D	16	♋
F	17	♋
S	18	♌
S	19	♌
M	20	♍
D	21	♍
M	22	♍
D	23	♎
F	24	♎
S	25	♏
S	26	♏
M	27	♏
D	28	♐
M	29	♐
D	30	♑

Juli

F	1	♑
S	2	♒
S	3	♒
M	4	♓
D	5	♓
M	6	♈
D	7	♈
F	8	♉
S	9	♉
S	10	♊
M	11	♊
D	12	♊
M	13	♋
D	14	♋
F	15	♌
S	16	♌
S	17	♌
M	18	♍
D	19	♍
M	20	♎
D	21	♎
F	22	♎
S	23	♏
S	24	♏
M	25	♐
D	26	♐
M	27	♑
D	28	♑
F	29	♒
S	30	♒
S	31	♓

August

M	1	♓
D	2	♈
M	3	♈
D	4	♉
F	5	♉
S	6	♉
S	7	♊
M	8	♊
D	9	♋
M	10	♋
D	11	♌
F	12	♌
S	13	♌
S	14	♍
M	15	♍
D	16	♎
M	17	♎
D	18	♎
F	19	♏
S	20	♏
S	21	♐
M	22	♐
D	23	♐
M	24	♑
D	25	♑
F	26	♒
S	27	♒
S	28	♓
M	29	♓
D	30	♈
M	31	♈

September

D	1	♉
F	2	♉
S	3	♊
S	4	♊
M	5	♋
D	6	♋
M	7	♋
D	8	♌
F	9	♌
S	10	♍
S	11	♍
M	12	♍
D	13	♎
M	14	♎
D	15	♏
F	16	♏
S	17	♏
S	18	♐
M	19	♐
D	20	♑
M	21	♑
D	22	♒
F	23	♒
S	24	♓
S	25	♓
M	26	♈
D	27	♈
M	28	♉
D	29	♉
F	30	♊

Oktober

S	1	♊
S	2	♋
M	3	♋
D	4	♋
M	5	♌
D	6	♌
F	7	♍
S	8	♍
S	9	♍
M	10	♎
D	11	♎
M	12	♏
D	13	♏
F	14	♏
S	15	♐
S	16	♐
M	17	♑
D	18	♑
M	19	♒
D	20	♒
F	21	♒
S	22	♓
S	23	♓
M	24	♈
D	25	♈
M	26	♉
D	27	♉
F	28	♊
S	29	♊
S	30	♋
M	31	♋

November

D	1	♌
M	2	♌
D	3	♌
F	4	♍
S	5	♍
S	6	♎
M	7	♎
D	8	♎
M	9	♏
D	10	♏
F	11	♐
S	12	♐
S	13	♑
M	14	♑
D	15	♑
M	16	♒
D	17	♒
F	18	♓
S	19	♓
S	20	♈
M	21	♈
D	22	♉
M	23	♉
D	24	♊
F	25	♊
S	26	♋
S	27	♋
M	28	♋
D	29	♌
M	30	♌

Dezember

D	1	♍
F	2	♍
S	3	♍
S	4	♎
M	5	♎
D	6	♏
M	7	♏
D	8	♐
F	9	♐
S	10	♐
S	11	♑
M	12	♑
D	13	♒
M	14	♒
D	15	♓
F	16	♓
S	17	♈
S	18	♈
M	19	♉
D	20	♉
M	21	♊
D	22	♊
F	23	♊
S	24	♋
S	25	♋
M	26	♌
D	27	♌
M	28	♍
D	29	♍
F	30	♍
S	31	♎

1989

Januar

S	1	♎
M	2	♏
D	3	♏
M	4	♏
D	5	♐
F	6	♐
S	7	♑
S	8	♑
M	9	♒
D	10	♒
M	11	♓
D	12	♓
F	13	♈
S	14	♈
S	15	♈
M	16	♉
D	17	♉
M	18	♊
D	19	♊
F	20	♋
S	**21**	**♋**
S	22	♌
M	23	♌
D	24	♌
M	25	♍
D	26	♍
F	27	♎
S	28	♎
S	29	♎
M	30	♏
D	31	♏

Februar

M	1	♐
D	2	♐
F	3	♐
S	4	♑
S	5	♑
M	6	♒
D	7	♒
M	8	♓
D	9	♓
F	10	♈
S	11	♈
S	12	♉
M	13	♉
D	14	♊
M	15	♊
D	16	♋
F	17	♋
S	18	♋
S	19	♌
M	**20**	**♌**
D	21	♍
M	22	♍
D	23	♍
F	24	♎
S	25	♎
S	26	♏
M	27	♏
D	28	♏

März

M	1	♐
D	2	♐
F	3	♑
S	4	♑
S	5	♒
M	6	♒
D	7	♓
M	8	♓
D	9	♈
F	10	♈
S	11	♉
S	12	♉
M	13	♊
D	14	♊
M	15	♋
D	16	♋
F	17	♋
S	18	♌
S	19	♌
M	20	♍
D	21	♍
M	**22**	**♍**
D	23	♎
F	24	♎
S	25	♏
S	26	♏
M	27	♏
D	28	♐
M	29	♐
D	30	♑
F	31	♑

April

S	1	♑
S	2	♒
M	3	♒
D	4	♓
M	5	♓
D	6	♈
F	7	♈
S	8	♉
S	9	♉
M	10	♊
D	11	♊
M	12	♋
D	13	♋
F	14	♌
S	15	♌
S	16	♌
M	17	♍
D	18	♍
M	19	♎
D	20	♎
F	**21**	**♎**
S	22	♏
S	23	♏
M	24	♐
D	25	♐
M	26	♐
D	27	♑
F	28	♑
S	29	♒
S	30	♒

Mai

M	1	♓
D	2	♓
M	3	♈
D	4	♈
F	5	♉
S	6	♉
S	7	♊
M	8	♊
D	9	♋
M	10	♋
D	11	♌
F	12	♌
S	13	♌
S	14	♍
M	15	♍
D	16	♎
M	17	♎
D	18	♎
F	19	♏
S	**20**	**♏**
S	21	♐
M	22	♐
D	23	♐
M	24	♑
D	25	♑
F	26	♒
S	27	♒
S	28	♓
M	29	♓
D	30	♈
M	31	♈

Juni

D	1	♉
F	2	♉
S	3	♉
S	4	♊
M	5	♊
D	6	♋
M	7	♋
D	8	♌
F	9	♌
S	10	♍
S	11	♍
M	12	♍
D	13	♎
M	14	♎
D	15	♏
F	16	♏
S	17	♏
S	18	♐
M	**19**	**♐**
D	20	♑
M	21	♑
D	22	♒
F	23	♒
S	24	♓
S	25	♓
M	26	♓
D	27	♈
M	28	♈
D	29	♉
F	30	♉

Juli

S	1	♊
S	2	♊
M	3	♋
D	4	♋
M	5	♌
D	6	♌
F	7	♌
S	8	♍
S	9	♍
M	10	♎
D	11	♎
M	12	♎
D	13	♏
F	14	♏
S	15	♐
S	16	♐
M	17	♑
D	**18**	**♑**
M	19	♑
D	20	♒
F	21	♒
S	22	♓
S	23	♓
M	24	♈
D	25	♈
M	26	♉
D	27	♉
F	28	♊
S	29	♊
S	30	♋
M	31	♋

August

D	1	♋
M	2	♌
D	3	♌
F	4	♍
S	5	♍
S	6	♎
M	7	♎
D	8	♎
M	9	♏
D	10	♏
F	11	♐
S	12	♐
S	13	♐
M	14	♑
D	15	♑
M	16	♒
D	**17**	**♒**
F	18	♓
S	19	♓
S	20	♈
M	21	♈
D	22	♉
M	23	♉
D	24	♊
F	25	♊
S	26	♊
S	27	♋
M	28	♋
D	29	♌
M	30	♌
D	31	♍

September

F	1	♍
S	2	♍
S	3	♎
M	4	♎
D	5	♏
M	6	♏
D	7	♏
F	8	♐
S	9	♐
S	10	♑
M	11	♑
D	12	♒
M	13	♒
D	14	♒
F	**15**	**♓**
S	16	♓
S	17	♈
M	18	♈
D	19	♉
M	20	♉
D	21	♊
F	22	♊
S	23	♋
S	24	♋
M	25	♌
D	26	♌
M	27	♍
D	28	♍
F	29	♍
S	30	♎

Oktober

S	1	♎
M	2	♏
D	3	♏
M	4	♏
D	5	♐
F	6	♐
S	7	♑
S	8	♑
M	9	♑
D	10	♒
M	11	♒
D	12	♓
F	13	♓
S	**14**	**♈**
S	15	♈
M	16	♉
D	17	♉
M	18	♊
D	19	♊
F	20	♋
S	21	♋
S	22	♌
M	23	♌
D	24	♌
M	25	♍
D	26	♍
F	27	♎
S	28	♎
S	29	♎
M	30	♏
D	31	♏

November

M	1	♐
D	2	♐
F	3	♐
S	4	♑
S	5	♑
M	6	♒
D	7	♒
M	8	♓
D	9	♓
F	10	♈
S	11	♈
S	12	♉
M	**13**	**♉**
D	14	♊
M	15	♊
D	16	♋
F	17	♋
S	18	♋
S	19	♌
M	20	♌
D	21	♍
M	22	♍
D	23	♎
F	24	♎
S	25	♎
S	26	♏
M	27	♏
D	28	♐
M	29	♐
D	30	♐

Dezember

F	1	♑
S	2	♑
S	3	♒
M	4	♒
D	5	♒
M	6	♓
D	7	♓
F	8	♈
S	9	♈
S	10	♉
M	11	♉
D	**12**	**♊**
M	13	♊
D	14	♋
F	15	♋
S	16	♌
S	17	♌
M	18	♍
D	19	♍
M	20	♍
D	21	♎
F	22	♎
S	23	♏
S	24	♏
M	25	♏
D	26	♐
M	27	♐
D	28	♑
F	29	♑
S	30	♑
S	31	♒

1990

Januar

M	1	♒
D	2	♓
M	3	♓
D	4	♈
F	5	♈
S	6	♉
S	7	♉
M	8	♊
D	9	♊
M	10	♋
D	**11**	**♋**
F	12	♌
S	13	♌
S	14	♌
M	15	♍
D	16	♍
M	17	♎
D	18	♎
F	19	♎
S	20	♎
S	21	♏
M	22	♐
D	23	♐
M	24	♐
D	25	♑
F	26	♑
S	27	♒
S	28	♒
M	29	♓
D	30	♓
M	31	♈

Februar

D	1	♈
F	2	♉
S	3	♉
S	4	♊
M	5	♊
D	6	♊
M	7	♋
D	8	♋
F	**9**	**♌**
S	10	♌
S	11	♍
M	12	♍
D	13	♎
M	14	♎
D	15	♎
F	16	♏
S	17	♏
S	18	♐
M	19	♐
D	20	♐
M	21	♑
D	22	♑
F	23	♒
S	24	♒
S	25	♓
M	26	♓
D	27	♓
M	28	♓

März

D	1	♈
F	2	♉
S	3	♉
S	4	♊
M	5	♊
D	6	♋
M	7	♋
D	8	♌
F	9	♌
S	10	♍
S	**11**	**♍**
M	12	♍
D	13	♎
M	14	♎
D	15	♏
F	16	♏
S	17	♏
S	18	♐
M	19	♐
D	20	♑
M	21	♑
D	22	♑
F	23	♒
S	24	♒
S	25	♓
M	26	♓
D	27	♈
M	28	♈
D	29	♉
F	30	♉
S	31	♊

April

S	1	♊
M	2	♋
D	3	♋
M	4	♌
D	5	♌
F	6	♌
S	7	♍
S	8	♍
M	9	♎
D	**10**	**♎**
M	11	♎
D	12	♏
F	13	♏
S	14	♐
S	15	♐
M	16	♐
D	17	♑
M	18	♑
D	19	♒
F	20	♒
S	21	♓
S	22	♓
M	23	♈
D	24	♈
M	25	♉
D	26	♉
F	27	♊
S	28	♊
S	29	♋
M	30	♋

Mai

D	1	♋
M	2	♌
D	3	♌
F	4	♍
S	5	♍
S	6	♎
M	7	♎
D	8	♎
M	**9**	**♏**
D	10	♏
F	11	♐
S	12	♐
S	13	♐
M	14	♑
D	15	♑
M	16	♒
D	17	♒
F	18	♒
S	19	♓
S	20	♓
M	21	♈
D	22	♈
M	23	♉
D	24	♉
F	25	♊
S	26	♊
S	27	♋
M	28	♋
D	29	♌
M	30	♌
D	31	♍

Juni

F	1	♍
S	2	♍
S	3	♎
M	4	♎
D	5	♏
M	6	♏
D	7	♏
F	**8**	**♏**
S	9	♐
S	10	♑
M	11	♑
D	12	♑
M	13	♒
D	14	♒
F	15	♓
S	16	♓
S	17	♈
M	18	♈
D	19	♉
M	20	♉
D	21	♊
F	22	♊
S	23	♋
S	24	♋
M	25	♌
D	26	♌
M	27	♍
D	28	♍
F	29	♍
S	30	♎

Juli

S	1	♎
M	2	♏
D	3	♏
M	4	♏
D	5	♐
F	6	♐
S	7	♑
S	**8**	**♑**
M	9	♑
D	10	♒
M	11	♒
D	12	♓
F	13	♓
S	14	♈
S	15	♈
M	16	♈
D	17	♉
M	18	♉
D	19	♊
F	20	♊
S	21	♋
S	22	♋
M	23	♌
D	24	♌
M	25	♍
D	26	♍
F	27	♎
S	28	♎
S	29	♎
M	30	♏
D	31	♏

August

M	1	♐
D	2	♐
F	3	♐
S	4	♑
S	5	♑
M	**6**	**♒**
D	7	♒
M	8	♓
D	9	♓
F	10	♓
S	11	♈
S	12	♈
M	13	♉
D	14	♉
M	15	♊
D	16	♊
F	17	♋
S	18	♋
S	19	♌
M	20	♌
D	21	♍
M	22	♍
D	23	♍
F	24	♍
S	25	♎
S	26	♏
M	27	♏
D	28	♐
M	29	♐
D	30	♐
F	31	♑

September

S	1	♑
S	2	♒
M	3	♒
D	4	♒
M	**5**	**♓**
D	6	♓
F	7	♈
S	8	♈
S	9	♉
M	10	♉
D	11	♊
M	12	♊
D	13	♋
F	14	♋
S	15	♌
S	16	♌
M	17	♌
D	18	♍
M	19	♍
D	20	♎
F	21	♎
S	22	♏
S	23	♏
M	24	♏
D	25	♐
M	26	♐
D	27	♑
F	28	♑
S	29	♑
S	30	♒

Oktober

M	1	♒
D	2	♓
M	3	♓
D	**4**	**♈**
F	5	♈
S	6	♉
S	7	♉
M	8	♊
D	9	♊
M	10	♋
D	11	♋
F	12	♋
S	13	♌
S	14	♌
M	15	♍
D	16	♍
M	17	♎
D	18	♎
F	19	♎
S	20	♏
S	21	♏
M	22	♐
D	23	♐
M	24	♐
D	25	♑
F	26	♑
S	27	♒
S	28	♒
M	29	♒
D	30	♓
M	31	♓

November

D	1	♈
F	**2**	**♉**
S	3	♉
S	4	♉
M	5	♊
D	6	♊
M	7	♋
D	8	♋
F	9	♌
S	10	♌
S	11	♍
M	12	♍
D	13	♎
M	14	♎
D	15	♎
F	16	♏
S	17	♏
S	18	♐
M	19	♐
D	20	♐
M	21	♑
D	22	♑
F	23	♒
S	24	♒
S	25	♒
M	26	♓
D	27	♓
M	28	♈
D	29	♈
F	30	♉

Dezember

S	1	♉
S	**2**	**♊**
M	3	♊
D	4	♋
M	5	♋
D	6	♌
F	7	♌
S	8	♍
S	9	♍
M	10	♍
D	11	♎
M	12	♎
D	13	♏
F	14	♏
S	15	♏
S	16	♐
M	17	♐
D	18	♑
M	19	♑
D	20	♑
F	21	♒
S	22	♒
S	23	♓
M	24	♓
D	25	♈
M	26	♈
D	27	♈
F	28	♉
S	29	♉
S	30	♊
M	**31**	**♊**

1991

Januar

D	1	♋
M	2	♋
D	3	♌
F	4	♌
S	5	♍
S	6	♍
M	7	♎
D	8	♎
M	9	♏
D	10	♏
F	11	♏
S	12	♐
S	13	♐
M	14	♑
D	15	♑
M	16	♑
D	17	♒
F	18	♒
S	19	♓
S	20	♓
M	21	♓
D	22	♈
M	23	♈
D	24	♉
F	25	♉
S	26	♊
S	27	♊
M	28	♋
D	29	♋
M	**30**	**♌**
D	31	♌

Februar

F	1	♍
S	2	♍
S	3	♎
M	4	♎
D	5	♎
M	6	♏
D	7	♏
F	8	♐
S	9	♐
S	10	♐
M	11	♑
D	12	♑
M	13	♒
D	14	♒
F	15	♒
S	16	♓
S	17	♓
M	18	♈
D	19	♈
M	20	♉
D	21	♉
F	22	♊
S	23	♊
S	24	♋
M	25	♋
D	26	♋
M	27	♌
D	**28**	**♌**

März

F	1	♍
S	2	♍
S	3	♎
M	4	♎
D	5	♏
M	6	♏
D	7	♏
F	8	♐
S	9	♐
S	10	♑
M	11	♑
D	12	♑
M	13	♒
D	14	♒
F	15	♓
S	16	♓
S	17	♈
M	18	♈
D	19	♉
M	20	♉
D	21	♉
F	22	♊
S	23	♊
S	24	♋
M	25	♋
D	26	♌
M	27	♌
D	28	♍
F	29	♍
S	**30**	**♎**
S	31	♎

April

M	1	♏
D	2	♏
M	3	♏
D	4	♐
F	5	♐
S	6	♑
S	7	♑
M	8	♑
D	9	♒
M	10	♒
D	11	♓
F	12	♓
S	13	♓
S	14	♈
M	15	♈
D	16	♉
M	17	♉
D	18	♊
F	19	♊
S	20	♋
S	21	♋
M	22	♌
D	23	♌
M	24	♍
D	25	♍
F	26	♎
S	27	♎
S	**28**	**♎**
M	29	♏
D	30	♏

Mai

M	1	♐
D	2	♐
F	3	♐
S	4	♑
S	5	♑
M	6	♒
D	7	♒
M	8	♒
D	9	♓
F	10	♓
S	11	♈
S	12	♈
M	13	♉
D	14	♉
M	15	♊
D	16	♊
F	17	♋
S	18	♋
S	19	♌
M	20	♌
D	21	♍
M	22	♍
D	23	♍
F	24	♎
S	25	♎
S	26	♏
M	27	♏
D	**28**	**♐**
M	29	♐
D	30	♐
F	31	♑

Juni

S	1	♑
S	2	♑
M	3	♒
D	4	♒
M	5	♓
D	6	♓
F	7	♈
S	8	♈
S	9	♈
M	10	♉
D	11	♉
M	12	♊
D	13	♊
F	14	♋
S	15	♋
S	16	♌
M	17	♌
D	18	♍
M	19	♍
D	20	♎
F	21	♎
S	22	♏
S	23	♏
M	24	♏
D	25	♐
M	26	♐
D	**27**	**♑**
F	28	♑
S	29	♑
S	30	♒

Juli

M	1	♒
D	2	♓
M	3	♓
D	4	♓
F	5	♈
S	6	♈
S	7	♉
M	8	♉
D	9	♊
M	10	♊
D	11	♋
F	12	♋
S	13	♌
S	14	♌
M	15	♍
D	16	♍
M	17	♎
D	18	♎
F	19	♎
S	20	♏
S	21	♏
M	22	♐
D	23	♐
M	24	♑
D	25	♑
F	**26**	**♑**
S	27	♒
S	28	♒
M	29	♒
D	30	♓
M	31	♓

August

D	1	♈
F	2	♈
S	3	♉
S	4	♉
M	5	♊
D	6	♊
M	7	♊
D	8	♋
F	9	♋
S	10	♌
S	11	♌
M	12	♍
D	13	♍
M	14	♎
D	15	♎
F	16	♏
S	17	♏
S	18	♐
M	19	♐
D	20	♐
M	21	♑
D	22	♑
F	23	♒
S	24	♒
S	**25**	**♒**
M	26	♓
D	27	♓
M	28	♈
D	29	♈
F	30	♉
S	31	♉

September

S	1	♉
M	2	♊
D	3	♊
M	4	♋
D	5	♋
F	6	♌
S	7	♌
S	8	♍
M	9	♍
D	10	♎
M	11	♎
D	12	♏
F	13	♏
S	14	♏
S	15	♐
M	16	♐
D	17	♑
M	18	♑
D	19	♑
F	20	♒
S	21	♒
S	22	♓
M	**23**	**♓**
D	24	♈
M	25	♈
D	26	♈
F	27	♉
S	28	♉
S	29	♊
M	30	♊

Oktober

D	1	♋
M	2	♋
D	3	♌
F	4	♌
S	5	♍
S	6	♍
M	7	♎
D	8	♎
M	9	♎
D	10	♏
F	11	♏
S	12	♐
S	13	♐
M	14	♑
D	15	♑
M	16	♑
D	17	♒
F	18	♒
S	19	♓
S	20	♓
M	21	♓
D	22	♈
M	**23**	**♈**
D	24	♉
F	25	♉
S	26	♊
S	27	♊
M	28	♋
D	29	♋
M	30	♌
D	31	♌

November

F	1	♌
S	2	♍
S	3	♍
M	4	♎
D	5	♎
M	6	♏
D	7	♏
F	8	♐
S	9	♐
S	10	♐
M	11	♑
D	12	♑
M	13	♒
D	14	♒
F	15	♒
S	16	♓
S	17	♓
M	18	♈
D	19	♈
M	20	♉
D	**21**	**♉**
F	22	♉
S	23	♊
S	24	♊
M	25	♋
D	26	♋
M	27	♌
D	28	♌
F	29	♍
S	30	♍

Dezember

S	1	♎
M	2	♎
D	3	♏
M	4	♏
D	5	♏
F	6	♐
S	7	♐
S	8	♑
M	9	♑
D	10	♑
M	11	♒
D	12	♒
F	13	♓
S	14	♓
S	15	♓
M	16	♈
D	17	♈
M	18	♉
D	19	♉
F	20	♊
S	**21**	**♊**
S	22	♋
M	23	♋
D	24	♌
M	25	♌
D	26	♍
F	27	♍
S	28	♎
S	29	♎
M	30	♏
D	31	♏

1992

Januar

M	1	♏
D	2	♐
F	3	♐
S	4	♑
S	5	♑
M	6	♑
D	7	♒
M	8	♒
D	9	♓
F	10	♓
S	11	♓
S	12	♈
M	13	♈
D	14	♉
M	15	♉
D	16	♊
F	17	♊
S	18	♊
S	**19**	**♋**
M	20	♌
D	21	♌
M	22	♍
D	23	♍
F	24	♍
S	25	♎
S	26	♎
M	27	♏
D	28	♏
M	29	♐
D	30	♐
F	31	♐

Februar

S	1	♑
S	2	♑
M	3	♒
D	4	♒
M	5	♒
D	6	♓
F	7	♓
S	8	♈
S	9	♈
M	10	♈
D	11	♉
M	12	♉
D	13	♊
F	14	♊
S	15	♋
S	16	♋
M	17	♌
D	**18**	**♌**
M	19	♍
D	20	♍
F	21	♎
S	22	♎
S	23	♏
M	24	♏
D	25	♐
M	26	♐
D	27	♐
F	28	♑
S	29	♑

März

S	1	♒
M	2	♒
D	3	♒
M	4	♓
D	5	♓
F	6	♈
S	7	♈
S	8	♈
M	9	♉
D	10	♉
M	11	♊
D	12	♊
F	13	♋
S	14	♋
S	15	♌
M	16	♌
D	17	♍
M	**18**	**♍**
D	19	♎
F	20	♎
S	21	♎
S	22	♏
M	23	♏
D	24	♐
M	25	♐
D	26	♑
F	27	♑
S	28	♑
S	29	♒
M	30	♒
D	31	♓

April

M	1	♓
D	2	♓
F	3	♈
S	4	♈
S	5	♉
M	6	♉
D	7	♊
M	8	♊
D	9	♊
F	10	♋
S	11	♋
S	12	♌
M	13	♌
D	14	♍
M	15	♍
D	16	♎
F	**17**	**♎**
S	18	♏
S	19	♏
M	20	♐
D	21	♐
M	22	♐
D	23	♑
F	24	♑
S	25	♒
S	26	♒
M	27	♒
D	28	♓
M	29	♓
D	30	♈

Mai

F	1	♈
S	2	♉
S	3	♉
M	4	♉
D	5	♊
M	6	♊
D	7	♋
F	8	♋
S	9	♌
S	10	♌
M	11	♍
D	12	♍
M	13	♎
D	14	♎
F	15	♏
S	**16**	**♏**
S	17	♏
M	18	♐
D	19	♐
M	20	♑
D	21	♑
F	22	♒
S	23	♒
S	24	♒
M	25	♓
D	26	♓
M	27	♈
D	28	♈
F	29	♈
S	30	♉
S	31	♉

Juni

M	1	♊
D	2	♊
M	3	♋
D	4	♋
F	5	♌
S	6	♌
S	7	♍
M	8	♍
D	9	♎
M	10	♎
D	11	♎
F	12	♏
S	13	♏
S	14	♐
M	**15**	**♐**
D	16	♑
M	17	♑
D	18	♑
F	19	♒
S	20	♒
S	21	♓
M	22	♓
D	23	♓
M	24	♈
D	25	♈
F	26	♉
S	27	♉
S	28	♊
M	29	♊
D	30	♋

Juli

M	1	♋
D	2	♋
F	3	♌
S	4	♌
S	5	♍
M	6	♎
D	7	♎
M	8	♎
D	9	♏
F	10	♏
S	11	♐
S	12	♐
M	13	♐
D	**14**	**♑**
M	15	♑
D	16	♒
F	17	♒
S	18	♒
S	19	♓
M	20	♓
D	21	♈
M	22	♈
D	23	♉
F	24	♉
S	25	♉
S	26	♊
M	27	♊
D	28	♋
M	29	♋
D	30	♌
F	31	♌

August

S	1	♍
S	2	♍
M	3	♎
D	4	♎
M	5	♏
D	6	♏
F	7	♐
S	8	♐
S	9	♐
M	10	♑
D	11	♑
M	12	♒
D	**13**	**♒**
F	14	♒
S	15	♓
S	16	♓
M	17	♈
D	18	♈
M	19	♈
D	20	♉
F	21	♉
S	22	♊
S	23	♊
M	24	♋
D	25	♋
M	26	♌
D	27	♌
F	28	♍
S	29	♍
S	30	♎
M	31	♎

September

D	1	♏
M	2	♏
D	3	♏
F	4	♐
S	5	♐
S	6	♑
M	7	♑
D	8	♑
M	9	♒
D	10	♒
F	11	♓
S	**12**	**♓**
S	13	♓
M	14	♈
D	15	♈
M	16	♉
D	17	♉
F	18	♊
S	19	♊
S	20	♊
M	21	♋
D	22	♋
M	23	♌
D	24	♌
F	25	♍
S	26	♍
S	27	♎
M	28	♎
D	29	♏
M	30	♏

Oktober

D	1	♐
F	2	♐
S	3	♑
S	4	♑
M	5	♑
D	6	♒
M	7	♒
D	8	♓
F	9	♓
S	10	♓
S	**11**	**♈**
M	12	♈
D	13	♉
M	14	♉
D	15	♉
F	16	♊
S	17	♊
S	18	♋
M	19	♋
D	20	♌
M	21	♌
D	22	♍
F	23	♍
S	24	♎
S	25	♎
M	26	♏
D	27	♏
M	28	♐
D	29	♐
F	30	♐
S	31	♑

November

S	1	♑
M	2	♒
D	3	♒
M	4	♒
D	5	♓
F	6	♓
S	7	♈
S	8	♈
M	9	♈
D	**10**	**♉**
M	11	♉
D	12	♊
F	13	♊
S	14	♋
S	15	♋
M	16	♌
D	17	♌
M	18	♍
D	19	♍
F	20	♎
S	21	♎
S	22	♎
M	23	♏
D	24	♏
M	25	♐
D	26	♐
F	27	♑
S	28	♑
S	29	♒
M	30	♒

Dezember

D	1	♒
M	2	♓
D	3	♓
F	4	♈
S	5	♈
S	6	♈
M	7	♉
D	8	♉
M	**9**	**♊**
D	10	♊
F	11	♋
S	12	♋
S	13	♌
M	14	♌
D	15	♌
M	16	♍
D	17	♍
F	18	♎
S	19	♎
S	20	♏
M	21	♏
D	22	♐
M	23	♐
D	24	♑
F	25	♑
S	26	♑
S	27	♒
M	28	♒
D	29	♓
M	30	♓
D	31	♓

1993

Januar

F	1	♈
S	2	♈
S	3	♉
M	4	♉
D	5	♉
M	6	♊
D	7	♊
F	**8**	**♋**
S	9	♋
S	10	♌
M	11	♌
D	12	♍
M	13	♍
D	14	♎
F	15	♎
S	16	♏
S	17	♏
M	18	♐
D	19	♐
M	20	♐
D	21	♑
F	22	♑
S	23	♒
S	24	♒
M	25	♒
D	26	♓
M	27	♓
D	28	♈
F	29	♈
S	30	♈
S	31	♉

Februar

M	1	♉
D	2	♊
M	3	♊
D	4	♋
F	5	♋
S	**6**	**♌**
S	7	♌
M	8	♍
D	9	♍
M	10	♎
D	11	♎
F	12	♏
S	13	♏
S	14	♏
M	15	♐
D	16	♐
M	17	♑
D	18	♑
F	19	♒
S	20	♒
S	21	♒
M	22	♓
D	23	♓
M	24	♈
D	25	♈
F	26	♈
S	27	♉
S	28	♉

März

M	1	♊
D	2	♊
M	3	♊
D	4	♋
F	5	♋
S	6	♌
S	7	♌
M	**8**	**♍**
D	9	♍
M	10	♎
D	11	♎
F	12	♏
S	13	♏
S	14	♐
M	15	♐
D	16	♑
M	17	♑
D	18	♑
F	19	♒
S	20	♒
S	21	♓
M	22	♓
D	23	♓
M	24	♈
D	25	♈
F	26	♉
S	27	♉
S	28	♉
M	29	♊
D	30	♊
M	31	♋

April

D	1	♋
F	2	♌
S	3	♌
S	4	♍
M	5	♍
D	**6**	**♎**
M	7	♎
D	8	♏
F	9	♏
S	10	♐
S	11	♐
M	12	♐
D	13	♑
M	14	♑
D	15	♒
F	16	♒
S	17	♓
S	18	♓
M	19	♓
D	20	♈
M	21	♈
D	22	♉
F	23	♉
S	24	♉
S	25	♊
M	26	♊
D	27	♋
M	28	♋
D	29	♌
F	30	♌

Mai

S	1	♌
S	2	♍
M	3	♍
D	4	♎
M	5	♎
D	**6**	**♏**
F	7	♏
S	8	♐
S	9	♐
M	10	♑
D	11	♑
M	12	♒
D	13	♒
F	14	♒
S	15	♓
S	16	♓
M	17	♈
D	18	♈
M	19	♈
D	20	♉
F	21	♉
S	22	♊
S	23	♊
M	24	♋
D	25	♋
M	26	♋
D	27	♌
F	28	♌
S	29	♍
S	30	♍
M	31	♎

Juni

D	1	♎
M	2	♏
D	3	♏
F	**4**	**♐**
S	5	♐
S	6	♑
M	7	♑
D	8	♑
M	9	♒
D	10	♒
F	11	♓
S	12	♓
S	13	♓
M	14	♈
D	15	♈
M	16	♉
D	17	♉
F	18	♊
S	19	♊
S	20	♊
M	21	♋
D	22	♋
M	23	♌
D	24	♌
F	25	♍
S	26	♍
S	27	♎
M	28	♎
D	29	♏
M	30	♏

Juli

D	1	♐
F	2	♐
S	**3**	**♐**
S	4	♑
M	5	♑
D	6	♒
M	7	♒
D	8	♓
F	9	♓
S	10	♓
S	11	♈
M	12	♈
D	13	♉
M	14	♉
D	15	♉
F	16	♊
S	17	♊
S	18	♋
M	19	♋
D	20	♌
M	21	♌
D	22	♍
F	23	♍
S	24	♎
S	25	♎
M	26	♎
D	27	♏
M	28	♏
D	29	♐
F	30	♐
S	31	♑

August

S	1	♑
M	**2**	**♒**
D	3	♒
M	4	♒
D	5	♓
F	6	♓
S	7	♈
S	8	♈
M	9	♈
D	10	♉
M	11	♉
D	12	♊
F	13	♊
S	14	♊
S	15	♋
M	16	♋
D	17	♌
M	18	♌
D	19	♍
F	20	♍
S	21	♎
S	22	♎
M	23	♏
D	24	♏
M	25	♐
D	26	♐
F	27	♑
S	28	♑
S	29	♑
M	30	♒
D	31	♒

September

M	**1**	**♓**
D	2	♓
F	3	♈
S	4	♈
S	5	♈
M	6	♉
D	7	♉
M	8	♉
D	9	♊
F	10	♊
S	11	♋
S	12	♋
M	13	♌
D	14	♌
M	15	♍
D	16	♍
F	17	♎
S	18	♎
S	19	♏
M	20	♏
D	21	♐
M	22	♐
D	23	♑
F	24	♑
S	25	♑
S	26	♒
M	27	♒
D	28	♓
M	29	♓
D	**30**	**♓**

Oktober

F	1	♈
S	2	♈
S	3	♉
M	4	♉
D	5	♉
M	6	♊
D	7	♊
F	8	♋
S	9	♋
S	10	♌
M	11	♌
D	12	♌
M	13	♍
D	14	♍
F	15	♎
S	16	♎
S	17	♏
M	18	♏
D	19	♐
M	20	♐
D	21	♑
F	22	♑
S	23	♒
S	24	♒
M	25	♓
D	26	♓
M	27	♓
D	28	♈
F	29	♈
S	**30**	**♉**
S	31	♉

November

M	1	♉
D	2	♊
M	3	♊
D	4	♋
F	5	♋
S	6	♋
S	7	♌
M	8	♌
D	9	♍
M	10	♍
D	11	♎
F	12	♎
S	13	♏
S	14	♏
M	15	♐
D	16	♐
M	17	♑
D	18	♑
F	19	♒
S	20	♒
S	21	♒
M	22	♓
D	23	♓
M	24	♈
D	25	♈
F	26	♈
S	27	♉
S	28	♉
M	**29**	**♊**
D	30	♊

Dezember

M	1	♊
D	2	♋
F	3	♋
S	4	♌
S	5	♌
M	6	♍
D	7	♍
M	8	♎
D	9	♎
F	10	♏
S	11	♏
S	12	♐
M	13	♐
D	14	♐
M	15	♑
D	16	♑
F	17	♒
S	18	♒
S	19	♓
M	20	♓
D	21	♓
M	22	♈
D	23	♈
F	24	♉
S	25	♉
S	26	♉
M	27	♊
D	**28**	**♊**
M	29	♋
D	30	♋
F	31	♌

1994

Januar

S	1	♌
S	2	♍
M	3	♍
D	4	♍
M	5	♎
D	6	♎
F	7	♏
S	8	♏
S	9	♐
M	10	♐
D	11	♑
M	12	♑
D	13	♒
F	14	♒
S	15	♓
S	16	♓
M	17	♓
D	18	♈
M	19	♈
D	20	♉
F	21	♉
S	22	♉
S	23	♊
M	24	♊
D	25	♋
M	26	♋
D	**27**	**♋**
F	28	♌
S	29	♌
S	30	♍
M	31	♍

Februar

D	1	♎
M	2	♎
D	3	♏
F	4	♏
S	5	♐
S	6	♐
M	7	♑
D	8	♑
M	9	♒
D	10	♒
F	11	♒
S	12	♓
S	13	♓
M	14	♈
D	15	♈
M	16	♈
D	17	♉
F	18	♉
S	19	♊
S	20	♊
M	21	♊
D	22	♋
M	23	♋
D	24	♌
F	25	♌
S	**26**	**♍**
S	27	♍
M	28	♎

März

D	1	♎
M	2	♏
D	3	♏
F	4	♐
S	5	♐
S	6	♑
M	7	♑
D	8	♑
M	9	♒
D	10	♒
F	11	♓
S	12	♓
S	13	♓
M	14	♈
D	15	♈
M	16	♉
D	17	♉
F	18	♉
S	19	♊
S	20	♊
M	21	♋
D	22	♋
M	23	♌
D	24	♌
F	25	♌
S	26	♍
S	**27**	**♍**
M	28	♎
D	29	♎
M	30	♏
D	31	♏

April

F	1	♐
S	2	♐
S	3	♑
M	4	♑
D	5	♒
M	6	♒
D	7	♓
F	8	♓
S	9	♓
S	10	♈
M	11	♈
D	12	♉
M	13	♉
D	14	♉
F	15	♊
S	16	♊
S	17	♋
M	18	♋
D	19	♋
M	20	♌
D	21	♌
F	22	♍
S	23	♍
S	24	♎
M	**25**	**♎**
D	26	♏
M	27	♏
D	28	♐
F	29	♐
S	30	♑

Mai

S	1	♑
M	2	♒
D	3	♒
M	4	♒
D	5	♓
F	6	♓
S	7	♈
S	8	♈
M	9	♈
D	10	♉
M	11	♉
D	12	♊
F	13	♊
S	14	♊
S	15	♋
M	16	♋
D	17	♌
M	18	♌
D	19	♍
F	20	♍
S	21	♎
S	22	♎
M	23	♏
D	24	♏
M	**25**	**♐**
D	26	♐
F	27	♐
S	28	♑
S	29	♑
M	30	♒
D	31	♒

Juni

M	1	♓
D	2	♓
F	3	♈
S	4	♈
S	5	♈
M	6	♉
D	7	♉
M	8	♊
D	9	♊
F	10	♊
S	11	♋
S	12	♋
M	13	♌
D	14	♌
M	15	♌
D	16	♍
F	17	♍
S	18	♎
S	19	♎
M	20	♏
D	21	♏
M	22	♐
D	**23**	**♐**
F	24	♑
S	25	♑
S	26	♒
M	27	♒
D	28	♓
M	29	♓
D	30	♓

Juli

F	1	♈
S	2	♈
S	3	♉
M	4	♉
D	5	♉
M	6	♊
D	7	♊
F	8	♋
S	9	♋
S	10	♋
M	11	♌
D	12	♌
M	13	♍
D	14	♍
F	15	♎
S	16	♎
S	17	♏
M	18	♏
D	19	♐
M	20	♐
D	21	♑
F	**22**	**♑**
S	23	♒
S	24	♒
M	25	♒
D	26	♓
M	27	♓
D	28	♈
F	29	♈
S	30	♈
S	31	♉

August

M	1	♉
D	2	♊
M	3	♊
D	4	♊
F	5	♋
S	6	♋
S	7	♌
M	8	♌
D	9	♍
M	10	♍
D	11	♎
F	12	♎
S	13	♏
S	14	♏
M	15	♐
D	16	♐
M	17	♐
D	18	♑
F	19	♑
S	20	♒
S	**21**	**♒**
M	22	♓
D	23	♓
M	24	♈
D	25	♈
F	26	♈
S	27	♉
S	28	♉
M	29	♊
D	30	♊
M	31	♊

September

D	1	♋
F	2	♋
S	3	♌
S	4	♌
M	5	♍
D	6	♍
M	7	♍
D	8	♎
F	9	♎
S	10	♏
S	11	♏
M	12	♐
D	13	♐
M	14	♑
D	15	♑
F	16	♒
S	17	♒
S	18	♓
M	**19**	**♓**
D	20	♓
M	21	♈
D	22	♈
F	23	♉
S	24	♉
S	25	♉
M	26	♊
D	27	♊
M	28	♋
D	29	♋
F	30	♋

Oktober

S	1	♌
S	2	♌
M	3	♍
D	4	♍
M	5	♎
D	6	♎
F	7	♏
S	8	♏
S	9	♐
M	10	♐
D	11	♑
M	12	♑
D	13	♒
F	14	♒
S	15	♒
S	16	♓
M	17	♓
D	18	♈
M	**19**	**♈**
D	20	♉
F	21	♉
S	22	♉
S	23	♊
M	24	♊
D	25	♋
M	26	♋
D	27	♋
F	28	♌
S	29	♌
S	30	♍
M	31	♍

November

D	1	♎
M	2	♎
D	3	♏
F	4	♏
S	5	♐
S	6	♐
M	7	♑
D	8	♑
M	9	♒
D	10	♒
F	11	♒
S	12	♓
S	13	♓
M	14	♈
D	15	♈
M	16	♈
D	17	♉
F	**18**	**♉**
S	19	♊
S	20	♊
M	21	♊
D	22	♋
M	23	♋
D	24	♌
F	25	♌
S	26	♌
S	27	♍
M	28	♍
D	29	♎
M	30	♎

Dezember

D	1	♏
F	2	♏
S	3	♐
S	4	♐
M	5	♑
D	6	♑
M	7	♒
D	8	♒
F	9	♓
S	10	♓
S	11	♈
M	12	♈
D	13	♈
M	14	♉
D	15	♉
F	16	♊
S	17	♊
S	**18**	**♊**
M	19	♋
D	20	♋
M	21	♌
D	22	♌
F	23	♌
S	24	♍
S	25	♍
M	26	♎
D	27	♎
M	28	♏
D	29	♏
F	30	♐
S	31	♐

1995

Tag	Januar	Februar	März	April	Mai	Juni
1	S ♑	M ♒	M ♓	S ♈	M ♉	D ♋
2	M ♑	D ♓	D ♓	S ♉	D ♊	F ♋
3	D ♒	F ♓	F ♓	M ♉	M ♊	S ♌
4	M ♒	S ♈	S ♈	D ♉	D ♊	S ♌
5	D ♓	S ♈	S ♈	M ♊	F ♋	M ♌
6	F ♓	M ♈	M ♉	D ♊	S ♋	D ♍
7	S ♓	D ♉	D ♉	F ♋	S ♌	M ♍
8	S ♈	M ♉	M ♊	S ♋	M ♌	D ♎
9	M ♈	D ♊	D ♊	S ♋	D ♌	F ♎
10	D ♉	F ♊	F ♊	M ♌	M ♍	S ♏
11	M ♉	S ♊	S ♋	D ♌	D ♍	S ♏
12	D ♉	S ♋	S ♋	M ♍	F ♎	M ♐
13	F ♊	M ♋	M ♌	D ♍	S ♎	**D ♐**
14	S ♊	D ♌	D ♌	F ♎	**S ♏**	M ♑
15	S ♋	**M ♌**	M ♌	**S ♎**	M ♏	D ♑
16	**M ♋**	D ♍	D ♍	S ♏	D ♐	F ♒
17	D ♋	F ♍	**F ♍**	M ♏	M ♐	S ♒
18	M ♌	S ♍	S ♎	D ♐	D ♑	S ♓
19	D ♌	S ♎	S ♎	M ♐	F ♑	M ♓
20	F ♍	M ♎	M ♏	D ♑	S ♒	D ♓
21	S ♍	D ♏	D ♏	F ♑	S ♒	M ♈
22	S ♎	M ♏	M ♐	S ♑	M ♓	D ♈
23	M ♎	D ♐	D ♐	S ♒	D ♓	F ♉
24	D ♏	F ♐	F ♑	M ♒	M ♈	S ♉
25	M ♏	S ♑	S ♑	D ♓	D ♈	S ♉
26	D ♏	S ♑	S ♒	M ♓	F ♈	M ♊
27	F ♐	M ♒	M ♒	D ♈	S ♉	D ♊
28	S ♐	D ♒	D ♒	F ♈	S ♉	M ♋
29	S ♑		M ♓	S ♈	M ♊	D ♋
30	M ♑		D ♓	S ♉	D ♊	F ♋
31	D ♒		F ♈		M ♊	

Tag	Juli	August	September	Oktober	November	Dezember
1	S ♌	D ♍	F ♏	S ♐	M ♒	F ♓
2	S ♌	M ♎	S ♐	M ♑	D ♓	S ♈
3	M ♍	D ♎	S ♐	D ♑	F ♓	S ♈
4	D ♍	F ♏	M ♑	M ♒	S ♈	M ♉
5	M ♎	S ♏	D ♑	D ♒	S ♈	D ♉
6	D ♎	S ♐	M ♒	F ♓	M ♈	M ♊
7	F ♎	M ♐	D ♒	S ♓	**D ♉**	**D ♊**
8	S ♏	D ♑	F ♒	**S ♈**	M ♉	F ♊
9	S ♏	M ♑	**S ♓**	M ♈	D ♊	S ♋
10	M ♐	**D ♒**	S ♓	D ♉	F ♊	S ♋
11	D ♐	F ♒	M ♈	M ♉	S ♊	M ♌
12	**M ♑**	S ♓	D ♈	D ♉	S ♋	D ♌
13	D ♑	S ♓	M ♉	F ♊	M ♋	M ♌
14	F ♒	M ♈	D ♉	S ♊	D ♌	D ♍
15	S ♒	D ♈	F ♊	S ♋	M ♌	F ♍
16	S ♓	M ♈	S ♊	M ♋	D ♌	S ♎
17	M ♓	D ♉	S ♊	D ♋	F ♍	S ♎
18	D ♈	F ♉	M ♋	M ♌	S ♍	M ♎
19	M ♈	S ♊	D ♋	D ♌	S ♎	D ♏
20	D ♉	S ♊	M ♋	F ♍	M ♎	M ♏
21	F ♉	M ♊	D ♌	S ♍	D ♏	D ♐
22	S ♉	D ♋	F ♌	S ♍	M ♏	F ♐
23	S ♊	M ♋	S ♍	M ♎	D ♐	S ♑
24	M ♊	D ♌	S ♍	D ♎	F ♐	S ♑
25	D ♋	F ♌	M ♎	M ♏	S ♑	M ♒
26	M ♋	S ♌	D ♎	D ♏	S ♑	D ♒
27	D ♋	S ♍	M ♏	F ♐	M ♒	M ♓
28	F ♌	M ♍	D ♏	S ♐	D ♒	D ♓
29	S ♌	D ♎	F ♐	S ♑	M ♓	F ♈
30	S ♍	M ♎	S ♐	M ♑	D ♓	S ♈
31	M ♍	D ♏		D ♒		S ♉

1996

Januar

M	1	♉
D	2	♉
M	3	♊
D	4	♊
F	**5**	**♋**
S	6	♋
S	7	♋
M	8	♌
D	9	♌
M	10	♍
D	11	♍
F	12	♍
S	13	♎
S	14	♎
M	15	♏
D	16	♏
M	17	♐
D	18	♐
F	19	♑
S	20	♑
S	21	♒
M	22	♒
D	23	♓
M	24	♓
D	25	♈
F	26	♈
S	27	♉
S	28	♉
M	29	♉
D	30	♊
M	31	♊

Februar

D	1	♋
F	2	♋
S	3	♋
S	**4**	**♌**
M	5	♌
D	6	♍
M	7	♍
D	8	♍
F	9	♎
S	10	♎
S	11	♏
M	12	♏
D	13	♐
M	14	♐
D	15	♐
F	16	♑
S	17	♑
S	18	♒
M	19	♒
D	20	♓
M	21	♓
D	22	♈
F	23	♈
S	24	♉
S	25	♉
M	26	♊
D	27	♊
M	28	♊
D	29	♋

März

F	1	♋
S	2	♌
S	3	♌
M	4	♌
D	**5**	**♍**
M	6	♍
D	7	♎
F	8	♎
S	9	♏
S	10	♏
M	11	♏
D	12	♐
M	13	♐
D	14	♑
F	15	♑
S	16	♒
S	17	♒
M	18	♓
D	19	♓
M	20	♈
D	21	♈
F	22	♉
S	23	♉
S	24	♉
M	25	♊
D	26	♊
M	27	♋
D	28	♋
F	29	♋
S	30	♌
S	31	♌

April

M	1	♍
D	2	♍
M	3	♎
D	**4**	**♎**
F	5	♎
S	6	♏
S	7	♏
M	8	♐
D	9	♐
M	10	♑
D	11	♑
F	12	♒
S	13	♒
S	14	♓
M	15	♓
D	16	♈
M	17	♈
D	18	♈
F	19	♉
S	20	♉
S	21	♊
M	22	♊
D	23	♋
M	24	♋
D	25	♋
F	26	♌
S	27	♌
S	28	♍
M	29	♍
D	30	♍

Mai

M	1	♎
D	2	♎
F	**3**	**♏**
S	4	♏
S	5	♐
M	6	♐
D	7	♑
M	8	♑
D	9	♒
F	10	♒
S	11	♓
S	12	♓
M	13	♓
D	14	♈
M	15	♈
D	16	♉
F	17	♉
S	18	♊
S	19	♊
M	20	♊
D	21	♋
M	22	♋
D	23	♌
F	24	♌
S	25	♌
S	26	♍
M	27	♍
D	28	♎
M	29	♎
D	30	♏
F	31	♏

Juni

S	**1**	**♏**
S	2	♐
M	3	♐
D	4	♑
M	5	♑
D	6	♒
F	7	♒
S	8	♓
S	9	♓
M	10	♈
D	11	♈
M	12	♉
D	13	♉
F	14	♉
S	15	♊
S	16	♊
M	17	♋
D	18	♋
M	19	♋
D	20	♌
F	21	♌
S	22	♍
S	23	♍
M	24	♍
D	25	♎
M	26	♎
D	27	♏
F	28	♏
S	29	♐
S	30	♐

Juli

M	**1**	**♑**
D	2	♑
M	3	♒
D	4	♒
F	5	♓
S	6	♓
S	7	♈
M	8	♈
D	9	♉
M	10	♉
D	11	♉
F	12	♊
S	13	♊
S	14	♋
M	15	♋
D	16	♋
M	17	♌
D	18	♌
F	19	♍
S	20	♍
S	21	♍
M	22	♎
D	23	♎
M	24	♏
D	25	♏
F	26	♐
S	27	♐
S	28	♐
M	29	♑
D	**30**	**♒**
M	31	♒

August

D	1	♓
F	2	♓
S	3	♓
S	4	♈
M	5	♈
D	6	♉
M	7	♉
D	8	♊
F	9	♊
S	10	♋
S	11	♋
M	12	♋
D	13	♌
M	14	♌
D	15	♌
F	16	♍
S	17	♍
S	18	♎
M	19	♎
D	20	♏
M	21	♏
D	22	♏
F	23	♐
S	24	♐
S	25	♑
M	26	♑
D	27	♒
M	**28**	**♒**
D	29	♓
F	30	♓
S	31	♈

September

S	1	♈
M	2	♉
D	3	♉
M	4	♊
D	5	♊
F	6	♊
S	7	♋
S	8	♋
M	9	♌
D	10	♌
M	11	♌
D	12	♍
F	13	♍
S	14	♎
S	15	♎
M	16	♎
D	17	♏
M	18	♏
D	19	♐
F	20	♐
S	21	♑
S	22	♑
M	23	♒
D	24	♒
M	25	♓
D	26	♓
F	**27**	**♈**
S	28	♈
S	29	♉
M	30	♉

Oktober

D	1	♉
M	2	♊
D	3	♊
F	4	♋
S	5	♋
S	6	♋
M	7	♌
D	8	♌
M	9	♍
D	10	♍
F	11	♍
S	12	♎
S	13	♎
M	14	♏
D	15	♏
M	16	♐
D	17	♐
F	18	♑
S	19	♑
S	20	♑
M	21	♒
D	22	♒
M	23	♓
D	24	♓
F	25	♈
S	**26**	**♈**
S	27	♉
M	28	♉
D	29	♊
M	30	♊
D	31	♋

November

F	1	♋
S	2	♋
S	3	♌
M	4	♌
D	5	♍
M	6	♍
D	7	♍
F	8	♎
S	9	♎
S	10	♏
M	11	♏
D	12	♏
M	13	♐
D	14	♐
F	15	♑
S	16	♑
S	17	♒
M	18	♒
D	19	♓
M	20	♓
D	21	♈
F	22	♈
S	23	♉
S	24	♉
M	**25**	**♊**
D	26	♊
M	27	♊
D	28	♋
F	29	♋
S	30	♌

Dezember

S	1	♌
M	2	♌
D	3	♍
M	4	♍
D	5	♎
F	6	♎
S	7	♎
S	8	♏
M	9	♏
D	10	♐
M	11	♐
D	12	♑
F	13	♑
S	14	♒
S	15	♒
M	16	♓
D	17	♓
M	18	♈
D	19	♈
F	20	♉
S	21	♉
S	22	♉
M	23	♊
D	**24**	**♊**
M	25	♋
D	26	♋
F	27	♋
S	28	♌
S	29	♌
M	30	♍
D	31	♍

1997

Januar

M	1	♍
D	2	♎
F	3	♎
S	4	♏
S	5	♏
M	6	♐
D	7	♐
M	8	♑
D	9	♑
F	10	♒
S	11	♒
S	12	♓
M	13	♓
D	14	♓
M	15	♈
D	16	♈
F	17	♉
S	18	♉
S	19	♊
M	20	♊
D	21	♋
M	22	♋
D	**23**	**♋**
F	24	♌
S	25	♌
S	26	♍
M	27	♍
D	28	♍
M	29	♎
D	30	♎
F	31	♏

Februar

S	1	♏
S	2	♏
M	3	♐
D	4	♐
M	5	♑
D	6	♑
F	7	♒
S	8	♒
S	9	♓
M	10	♓
D	11	♈
M	12	♈
D	13	♉
F	14	♉
S	15	♊
S	16	♊
M	17	♊
D	18	♋
M	19	♋
D	20	♌
F	21	♌
S	**22**	**♌**
S	23	♍
M	24	♍
D	25	♎
M	26	♎
D	27	♎
F	28	♏

März

S	1	♏
S	2	♐
M	3	♐
D	4	♑
M	5	♑
D	6	♒
F	7	♒
S	8	♓
S	9	♓
M	10	♈
D	11	♈
M	12	♉
D	13	♉
F	14	♉
S	15	♊
S	16	♊
M	17	♋
D	18	♋
M	19	♌
D	20	♌
F	21	♌
S	22	♍
S	23	♍
M	**24**	**♎**
D	25	♎
M	26	♎
D	27	♏
F	28	♏
S	29	♐
S	30	♐
M	31	♐

April

D	1	♑
M	2	♑
D	3	♒
F	4	♒
S	5	♓
S	6	♓
M	7	♈
D	8	♈
M	9	♉
D	10	♉
F	11	♊
S	12	♊
S	13	♋
M	14	♋
D	15	♋
M	16	♌
D	17	♌
F	18	♍
S	19	♍
S	20	♍
M	21	♎
D	**22**	**♎**
M	23	♏
D	24	♏
F	25	♏
S	26	♐
S	27	♐
M	28	♑
D	29	♑
M	30	♒

Mai

D	1	♒
F	2	♓
S	3	♓
S	4	♈
M	5	♈
D	6	♉
M	7	♉
D	8	♊
F	9	♊
S	10	♊
S	11	♋
M	12	♋
D	13	♌
M	14	♌
D	15	♌
F	16	♍
S	17	♍
S	18	♎
M	19	♎
D	20	♎
M	21	♏
D	**22**	**♏**
F	23	♐
S	24	♐
S	25	♑
M	26	♑
D	27	♒
M	28	♒
D	29	♓
F	30	♓
S	31	♈

Juni

S	1	♈
M	2	♈
D	3	♉
M	4	♉
D	5	♊
F	6	♊
S	7	♋
S	8	♋
M	9	♌
D	10	♌
M	11	♌
D	12	♍
F	13	♍
S	14	♎
S	15	♎
M	16	♎
D	17	♏
M	18	♏
D	19	♐
F	**20**	**♐**
S	21	♑
S	22	♑
M	23	♒
D	24	♒
M	25	♒
D	26	♓
F	27	♓
S	28	♈
S	29	♈
M	30	♉

Juli

D	1	♉
M	2	♊
D	3	♊
F	4	♋
S	5	♋
S	6	♋
M	7	♌
D	8	♌
M	9	♍
D	10	♍
F	11	♍
S	12	♎
S	13	♎
M	14	♏
D	15	♏
M	16	♏
D	17	♐
F	18	♐
S	19	♑
S	**20**	**♑**
M	21	♒
D	22	♒
M	23	♓
D	24	♓
F	25	♈
S	26	♈
S	27	♉
M	28	♉
D	29	♊
M	30	♊
D	31	♊

August

F	1	♋
S	2	♋
S	3	♌
M	4	♌
D	5	♍
M	6	♍
D	7	♍
F	8	♎
S	9	♎
S	10	♎
M	11	♏
D	12	♏
M	13	♐
D	14	♐
F	15	♑
S	16	♑
S	17	♒
M	**18**	**♒**
D	19	♓
M	20	♓
D	21	♈
F	22	♈
S	23	♉
S	24	♉
M	25	♊
D	26	♊
M	27	♊
D	28	♋
F	29	♋
S	30	♌
S	31	♌

September

M	1	♌
D	2	♍
M	3	♍
D	4	♎
F	5	♎
S	6	♎
S	7	♏
M	8	♏
D	9	♐
M	10	♐
D	11	♐
F	12	♑
S	13	♑
S	14	♒
M	15	♒
D	**16**	**♓**
M	17	♓
D	18	♈
F	19	♈
S	20	♉
S	21	♉
M	22	♊
D	23	♊
M	24	♋
D	25	♋
F	26	♌
S	27	♌
S	28	♌
M	29	♍
D	30	♍

Oktober

M	1	♍
D	2	♎
F	3	♎
S	4	♏
S	5	♏
M	6	♐
D	7	♐
M	8	♐
D	9	♑
F	10	♑
S	11	♒
S	12	♒
M	13	♓
D	14	♓
M	15	♈
D	**16**	**♈**
F	17	♉
S	18	♉
S	19	♊
M	20	♊
D	21	♋
M	22	♋
D	23	♋
F	24	♌
S	25	♌
S	26	♍
M	27	♍
D	28	♍
M	29	♎
D	30	♎
F	31	♏

November

S	1	♏
S	2	♏
M	3	♐
D	4	♐
M	5	♑
D	6	♑
F	7	♒
S	8	♒
S	9	♓
M	10	♓
D	11	♓
M	12	♈
D	13	♈
F	**14**	**♉**
S	15	♉
S	16	♊
M	17	♊
D	18	♋
M	19	♋
D	20	♌
F	21	♌
S	22	♌
S	23	♍
M	24	♍
D	25	♎
M	26	♎
D	27	♎
F	28	♏
S	29	♏
S	30	♐

Dezember

M	1	♐
D	2	♑
M	3	♑
D	4	♑
F	5	♒
S	6	♒
S	7	♓
M	8	♓
D	9	♈
M	10	♈
D	11	♉
F	12	♉
S	13	♊
S	**14**	**♊**
M	15	♋
D	16	♋
M	17	♌
D	18	♌
F	19	♌
S	20	♍
S	21	♍
M	22	♎
D	23	♎
M	24	♎
D	25	♏
F	26	♏
S	27	♐
S	28	♐
M	29	♐
D	30	♑
M	31	♑

1998

Januar

D	1	♒
F	2	♒
S	3	♓
S	4	♓
M	5	♈
D	6	♈
M	7	♉
D	8	♉
F	9	♊
S	10	♊
S	11	♊
M	**12**	♋
D	13	♋
M	14	♌
D	15	♌
F	16	♍
S	17	♍
S	18	♍
M	19	♎
D	20	♎
M	21	♏
D	22	♏
F	23	♏
S	24	♐
S	25	♐
M	26	♑
D	27	♑
M	28	♒
D	29	♒
F	30	♓
S	31	♓

Februar

S	1	♈
M	2	♈
D	3	♉
M	4	♉
D	5	♉
F	6	♊
S	7	♊
S	8	♋
M	9	♋
D	10	♌
M	**11**	♌
D	12	♌
F	13	♍
S	14	♍
S	15	♎
M	16	♎
D	17	♎
M	18	♏
D	19	♏
F	20	♐
S	21	♐
S	22	♑
M	23	♑
D	24	♑
M	25	♒
D	26	♒
F	27	♓
S	28	♓

März

S	1	♈
M	2	♈
D	3	♉
M	4	♉
D	5	♊
F	6	♊
S	7	♋
S	8	♋
M	9	♌
D	10	♌
M	11	♌
D	12	♍
F	**13**	♍
S	14	♎
S	15	♎
M	16	♎
D	17	♏
M	18	♏
D	19	♐
F	20	♐
S	21	♐
S	22	♑
M	23	♑
D	24	♒
M	25	♒
D	26	♓
F	27	♓
S	28	♈
S	29	♈
M	30	♉
D	31	♉

April

M	1	♊
D	2	♊
F	3	♋
S	4	♋
S	5	♋
M	6	♌
D	7	♌
M	8	♍
D	9	♍
F	10	♍
S	**11**	♎
S	12	♎
M	13	♏
D	14	♏
M	15	♏
D	16	♐
F	17	♐
S	18	♑
S	19	♑
M	20	♒
D	21	♒
M	22	♒
D	23	♓
F	24	♓
S	25	♈
S	26	♈
M	27	♉
D	28	♉
M	29	♊
D	30	♊

Mai

F	1	♋
S	2	♋
S	3	♌
M	4	♌
D	5	♍
M	6	♍
D	7	♍
F	8	♎
S	9	♎
S	10	♏
M	**11**	♏
D	12	♏
M	13	♐
D	14	♐
F	15	♑
S	16	♑
S	17	♑
M	18	♒
D	19	♒
M	20	♓
D	21	♓
F	22	♈
S	23	♈
S	24	♉
M	25	♉
D	26	♊
M	27	♊
D	28	♋
F	29	♋
S	30	♌
S	31	♌

Juni

M	1	♌
D	2	♍
M	3	♍
D	4	♎
F	5	♎
S	6	♎
S	7	♏
M	8	♏
D	9	♐
M	**10**	♐
D	11	♐
F	12	♑
S	13	♑
S	14	♒
M	15	♒
D	16	♓
M	17	♓
D	18	♈
F	19	♈
S	20	♉
S	21	♉
M	22	♊
D	23	♊
M	24	♊
D	25	♋
F	26	♋
S	27	♌
S	28	♌
M	29	♍
D	30	♍

Juli

M	1	♍
D	2	♎
F	3	♎
S	4	♏
S	5	♏
M	6	♏
D	7	♐
M	8	♐
D	**9**	♑
F	10	♑
S	11	♒
S	12	♒
M	13	♓
D	14	♓
M	15	♈
D	16	♈
F	17	♈
S	18	♉
S	19	♉
M	20	♊
D	21	♊
M	22	♋
D	23	♋
F	24	♌
S	25	♌
S	26	♍
M	27	♍
D	28	♍
M	29	♎
D	30	♎
F	31	♏

August

S	1	♏
S	2	♏
M	3	♐
D	4	♐
M	5	♑
D	6	♑
F	7	♑
S	**8**	♒
S	9	♒
M	10	♓
D	11	♓
M	12	♈
D	13	♈
F	14	♉
S	15	♉
S	16	♊
M	17	♊
D	18	♋
M	19	♋
D	20	♌
F	21	♌
S	22	♌
S	23	♍
M	24	♍
D	25	♎
M	26	♎
D	27	♎
F	28	♏
S	29	♏
S	30	♐
M	31	♐

September

D	1	♐
M	2	♑
D	3	♑
F	4	♒
S	5	♒
S	**6**	♓
M	7	♓
D	8	♈
M	9	♈
D	10	♉
F	11	♉
S	12	♊
S	13	♊
M	14	♋
D	15	♋
M	16	♋
D	17	♌
F	18	♌
S	19	♍
S	20	♍
M	21	♎
D	22	♎
M	23	♎
D	24	♏
F	25	♏
S	26	♏
S	27	♐
M	28	♐
D	29	♑
M	30	♑

Oktober

D	1	♒
F	2	♒
S	3	♒
S	4	♓
M	**5**	♓
D	6	♈
M	7	♈
D	8	♉
F	9	♉
S	10	♊
S	11	♊
M	12	♋
D	13	♋
M	14	♌
D	15	♌
F	16	♍
S	17	♍
S	18	♍
M	19	♎
D	20	♎
M	21	♏
D	22	♏
F	23	♏
S	24	♐
S	25	♐
M	26	♑
D	27	♑
M	28	♑
D	29	♒
F	30	♒
S	31	♓

November

S	1	♓
M	2	♈
D	3	♈
M	**4**	♉
D	5	♉
F	6	♊
S	7	♊
S	8	♋
M	9	♋
D	10	♌
M	11	♌
D	12	♍
F	13	♍
S	14	♍
S	15	♎
M	16	♎
D	17	♏
M	18	♏
D	19	♏
F	20	♐
S	21	♐
S	22	♑
M	23	♑
D	24	♑
M	25	♒
D	26	♒
F	27	♓
S	28	♓
S	29	♈
M	30	♈

Dezember

D	1	♉
M	2	♉
D	**3**	♊
F	4	♊
S	5	♋
S	6	♋
M	7	♋
D	8	♌
M	9	♌
D	10	♍
F	11	♍
S	12	♎
S	13	♎
M	14	♎
D	15	♏
M	16	♏
D	17	♐
F	18	♐
S	19	♐
S	20	♑
M	21	♑
D	22	♒
M	23	♒
D	24	♓
F	25	♓
S	26	♓
S	27	♈
M	28	♈
D	29	♉
M	30	♉
D	31	♊

1999

Januar

F	1	♊
S	2	♋
S	3	♋
M	4	♌
D	5	♌
M	6	♍
D	7	♍
F	8	♍
S	9	♎
S	10	♎
M	11	♏
D	12	♏
M	13	♏
D	14	♐
F	15	♐
S	16	♑
S	17	♑
M	18	♒
D	19	♒
M	20	♒
D	21	♓
F	22	♓
S	23	♈
S	24	♈
M	25	♉
D	26	♉
M	27	♊
D	28	♊
F	29	♋
S	30	♋
S	31	♌

Februar

M	1	♌
D	2	♌
M	3	♍
D	4	♍
F	5	♎
S	6	♎
S	7	♏
M	8	♏
D	9	♏
M	10	♐
D	11	♐
F	12	♑
S	13	♑
S	14	♑
M	15	♒
D	16	♒
M	17	♓
D	18	♓
F	19	♈
S	20	♈
S	21	♉
M	22	♉
D	23	♊
M	24	♊
D	25	♊
F	26	♋
S	27	♋
S	28	♌

März

M	1	♌
D	2	♍
M	3	♍
D	4	♎
F	5	♎
S	6	♎
S	7	♏
M	8	♏
D	9	♐
M	10	♐
D	11	♐
F	12	♑
S	13	♑
S	14	♒
M	15	♒
D	16	♓
M	17	♓
D	18	♓
F	19	♈
S	20	♈
S	21	♉
M	22	♉
D	23	♊
M	24	♊
D	25	♋
F	26	♋
S	27	♌
S	28	♌
M	29	♍
D	30	♍
M	31	♍

April

D	1	♎
F	2	♎
S	3	♏
S	4	♏
M	5	♏
D	6	♐
M	7	♐
D	8	♑
F	9	♑
S	10	♑
S	11	♒
M	12	♒
D	13	♓
M	14	♓
D	15	♈
F	16	♈
S	17	♉
S	18	♉
M	19	♊
D	20	♊
M	21	♋
D	22	♋
F	23	♌
S	24	♌
S	25	♍
M	26	♍
D	27	♍
M	28	♎
D	29	♎
F	30	♏

Mai

S	1	♏
S	2	♏
M	3	♐
D	4	♐
M	5	♑
D	6	♑
F	7	♑
S	8	♒
S	9	♒
M	10	♓
D	11	♓
M	12	♈
D	13	♈
F	14	♉
S	15	♉
S	16	♊
M	17	♊
D	18	♋
M	19	♋
D	20	♌
F	21	♌
S	22	♌
S	23	♍
M	24	♍
D	25	♎
M	26	♎
D	27	♎
F	28	♏
S	29	♏
S	30	♐
M	31	♐

Juni

D	1	♐
M	2	♑
D	3	♑
F	4	♒
S	5	♒
S	6	♒
M	7	♓
D	8	♓
M	9	♈
D	10	♈
F	11	♉
S	12	♉
S	13	♊
M	14	♊
D	15	♋
M	16	♋
D	17	♌
F	18	♌
S	19	♍
S	20	♍
M	21	♎
D	22	♎
M	23	♎
D	24	♏
F	25	♏
S	26	♐
S	27	♐
M	28	♐
D	29	♑
M	30	♑

Juli

D	1	♒
F	2	♒
S	3	♒
S	4	♓
M	5	♓
D	6	♈
M	7	♈
D	8	♉
F	9	♉
S	10	♊
S	11	♊
M	12	♋
D	13	♋
M	14	♌
D	15	♌
F	16	♍
S	17	♍
S	18	♍
M	19	♎
D	20	♎
M	21	♏
D	22	♏
F	23	♏
S	24	♐
S	25	♐
M	26	♑
D	27	♑
M	28	♑
D	29	♒
F	30	♒
S	31	♓

August

S	1	♓
M	2	♈
D	3	♈
M	4	♉
D	5	♉
F	6	♉
S	7	♊
S	8	♊
M	9	♋
D	10	♋
M	11	♌
D	12	♌
F	13	♍
S	14	♍
S	15	♎
M	16	♎
D	17	♏
M	18	♏
D	19	♏
F	20	♐
S	21	♐
S	22	♐
M	23	♑
D	24	♑
M	25	♒
D	26	♒
F	27	♓
S	28	♓
S	29	♓
M	30	♈
D	31	♈

September

M	1	♉
D	2	♉
F	3	♊
S	4	♊
S	5	♋
M	6	♋
D	7	♌
M	8	♌
D	9	♍
F	10	♍
S	11	♎
S	12	♎
M	13	♎
D	14	♏
M	15	♏
D	16	♐
F	17	♐
S	18	♐
S	19	♑
M	20	♑
D	21	♒
M	22	♒
D	23	♒
F	24	♓
S	25	♓
S	26	♈
M	27	♈
D	28	♉
M	29	♉
D	30	♊

Oktober

F	1	♊
S	2	♋
S	3	♋
M	4	♌
D	5	♌
M	6	♍
D	7	♍
F	8	♍
S	9	♎
S	10	♎
M	11	♏
D	12	♏
M	13	♏
D	14	♐
F	15	♐
S	16	♑
S	17	♑
M	18	♑
D	19	♒
M	20	♒
D	21	♓
F	22	♓
S	23	♈
S	24	♈
M	25	♉
D	26	♉
M	27	♊
D	28	♊
F	29	♋
S	30	♋
S	31	♌

November

M	1	♌
D	2	♌
M	3	♍
D	4	♍
F	5	♎
S	6	♎
S	7	♏
M	8	♏
D	9	♏
M	10	♐
D	11	♐
F	12	♑
S	13	♑
S	14	♑
M	15	♒
D	16	♒
M	17	♓
D	18	♓
F	19	♓
S	20	♈
S	21	♈
M	22	♉
D	23	♉
M	24	♊
D	25	♊
F	26	♋
S	27	♋
S	28	♌
M	29	♌
D	30	♍

Dezember

M	1	♍
D	2	♎
F	3	♎
S	4	♏
S	5	♏
M	6	♏
D	7	♐
M	8	♐
D	9	♐
F	10	♑
S	11	♑
S	12	♒
M	13	♒
D	14	♒
M	15	♓
D	16	♓
F	17	♈
S	18	♈
S	19	♉
M	20	♉
D	21	♊
M	22	♊
D	23	♋
F	24	♋
S	25	♌
S	26	♌
M	27	♍
D	28	♍
M	29	♍
D	30	♎
F	31	♎

2000

Januar

S	1	♏
S	2	♏
M	3	♐
D	4	♐
M	5	♐
D	6	♑
F	7	♑
S	8	♒
S	9	♒
M	10	♒
D	11	♓
M	12	♓
D	13	♈
F	14	♈
S	15	♈
S	16	♉
M	17	♉
D	18	♊
M	19	♊
D	20	♋
F	**21**	**♋**
S	22	♌
S	23	♌
M	24	♍
D	25	♍
M	26	♎
D	27	♎
F	28	♏
S	29	♏
S	30	♏
M	31	♐

Februar

D	1	♐
M	2	♑
D	3	♑
F	4	♑
S	5	♒
S	6	♒
M	7	♓
D	8	♓
M	9	♓
D	10	♈
F	11	♈
S	12	♉
S	13	♉
M	14	♊
D	15	♊
M	16	♋
D	17	♋
F	18	♌
S	**19**	**♌**
S	20	♍
M	21	♍
D	22	♎
M	23	♎
D	24	♎
F	25	♏
S	26	♏
S	27	♐
M	28	♐
D	29	♐

März

M	1	♑
D	2	♑
F	3	♒
S	4	♒
S	5	♒
M	6	♓
D	7	♓
M	8	♈
D	9	♈
F	10	♉
S	11	♉
S	12	♊
M	13	♊
D	14	♋
M	15	♋
D	16	♌
F	17	♌
S	18	♌
S	19	♍
M	**20**	**♍**
D	21	♎
M	22	♎
D	23	♏
F	24	♏
S	25	♐
S	26	♐
M	27	♐
D	28	♑
M	29	♑
D	30	♒
F	31	♒

April

S	1	♒
S	2	♓
M	3	♓
D	4	♈
M	5	♈
D	6	♉
F	7	♉
S	8	♊
S	9	♊
M	10	♊
D	11	♋
M	12	♋
D	13	♌
F	14	♌
S	15	♍
S	16	♍
M	17	♎
D	**18**	**♎**
M	19	♏
D	20	♏
F	21	♏
S	22	♐
S	23	♐
M	24	♑
D	25	♑
M	26	♑
D	27	♒
F	28	♒
S	29	♓
S	30	♓

Mai

M	1	♓
D	2	♈
M	3	♈
D	4	♉
F	5	♉
S	6	♊
S	7	♊
M	8	♋
D	9	♋
M	10	♌
D	11	♌
F	12	♍
S	13	♍
S	14	♎
M	15	♎
D	16	♎
M	17	♏
D	**18**	**♏**
F	19	♐
S	20	♐
S	21	♐
M	22	♑
D	23	♑
M	24	♒
D	25	♒
F	26	♒
S	27	♓
S	28	♓
M	29	♈
D	30	♈
M	31	♉

Juni

D	1	♉
F	2	♊
S	3	♊
S	4	♋
M	5	♋
D	6	♌
M	7	♌
D	8	♍
F	9	♍
S	10	♍
S	11	♎
M	12	♎
D	13	♏
M	14	♏
D	15	♐
F	**16**	**♐**
S	17	♐
S	18	♑
M	19	♑
D	20	♒
M	21	♒
D	22	♒
F	23	♓
S	24	♓
S	25	♈
M	26	♈
D	27	♈
M	28	♉
D	29	♉
F	30	♊

Juli

S	1	♊
S	2	♋
M	3	♋
D	4	♌
M	5	♌
D	6	♍
F	7	♍
S	8	♎
S	9	♎
M	10	♏
D	11	♏
M	12	♏
D	13	♐
F	14	♐
S	15	♑
S	**16**	**♑**
M	17	♑
D	18	♒
M	19	♒
D	20	♓
F	21	♓
S	22	♓
S	23	♈
M	24	♈
D	25	♉
M	26	♉
D	27	♊
F	28	♊
S	29	♋
S	30	♋
M	31	♌

August

D	1	♌
M	2	♍
D	3	♍
F	4	♎
S	5	♎
S	6	♏
M	7	♏
D	8	♏
M	9	♐
D	10	♐
F	11	♑
S	12	♑
S	13	♑
M	14	♒
D	**15**	**♒**
M	16	♓
D	17	♓
F	18	♓
S	19	♈
S	20	♈
M	21	♉
D	22	♉
M	23	♊
D	24	♊
F	25	♋
S	26	♋
S	27	♋
M	28	♌
D	29	♌
M	30	♍
D	31	♍

September

F	1	♎
S	2	♎
S	3	♏
M	4	♏
D	5	♐
M	6	♐
D	7	♐
F	8	♑
S	9	♑
S	10	♒
M	11	♒
D	12	♒
M	**13**	**♓**
D	14	♓
F	15	♈
S	16	♈
S	17	♉
M	18	♉
D	19	♉
M	20	♊
D	21	♊
F	22	♋
S	23	♋
S	24	♌
M	25	♌
D	26	♍
M	27	♍
D	28	♎
F	29	♎
S	30	♏

Oktober

S	1	♏
M	2	♐
D	3	♐
M	4	♐
D	5	♑
F	6	♑
S	7	♒
S	8	♒
M	9	♒
D	10	♓
M	11	♓
D	12	♈
F	**13**	**♈**
S	14	♈
S	15	♉
M	16	♉
D	17	♊
M	18	♊
D	19	♋
F	20	♋
S	21	♌
S	22	♌
M	23	♍
D	24	♍
M	25	♎
D	26	♎
F	27	♎
S	28	♏
S	29	♏
M	30	♐
D	31	♐

November

M	1	♑
D	2	♑
F	3	♑
S	4	♒
S	5	♒
M	6	♓
D	7	♓
M	8	♓
D	9	♈
F	10	♈
S	**11**	**♉**
S	12	♉
M	13	♊
D	14	♊
M	15	♋
D	16	♋
F	17	♌
S	18	♌
S	19	♍
M	20	♍
D	21	♍
M	22	♎
D	23	♎
F	24	♏
S	25	♏
S	26	♐
M	27	♐
D	28	♐
M	29	♑
D	30	♑

Dezember

F	1	♒
S	2	♒
S	3	♒
M	4	♓
D	5	♓
M	6	♈
D	7	♈
F	8	♉
S	9	♉
S	10	♉
M	**11**	**♊**
D	12	♊
M	13	♋
D	14	♋
F	15	♌
S	16	♌
S	17	♍
M	18	♍
D	19	♎
M	20	♎
D	21	♏
F	22	♏
S	23	♐
S	24	♐
M	25	♐
D	26	♑
M	27	♑
D	28	♒
F	29	♒
S	30	♒
S	31	♓

2001

Januar

M	1	♓
D	2	♈
M	3	♈
D	4	♈
F	5	♉
S	6	♉
S	7	♊
M	8	♊
D	9	♋
M	10	♋
D	11	♌
F	12	♌
S	13	♍
S	14	♍
M	15	♎
D	16	♎
M	17	♏
D	18	♏
F	19	♏
S	20	♐
S	21	♐
M	22	♑
D	23	♑
M	24	♑
D	25	♒
F	26	♒
S	27	♓
S	28	♓
M	29	♓
D	30	♈
M	31	♈

Februar

D	1	♉
F	2	♉
S	3	♊
S	4	♊
M	5	♋
D	6	♋
M	7	♋
D	8	♌
F	9	♍
S	10	♍
S	11	♎
M	12	♎
D	13	♎
M	14	♏
D	15	♏
F	16	♐
S	17	♐
S	18	♑
M	19	♑
D	20	♑
M	21	♒
D	22	♒
F	23	♓
S	24	♓
S	25	♓
M	26	♈
D	27	♈
M	28	♉

März

D	1	♉
F	2	♉
S	3	♊
S	4	♊
M	5	♋
D	6	♋
M	7	♌
D	8	♌
F	9	♍
S	10	♍
S	11	♎
M	12	♎
D	13	♏
M	14	♏
D	15	♐
F	16	♐
S	17	♐
S	18	♑
M	19	♑
D	20	♒
M	21	♒
D	22	♒
F	23	♓
S	24	♓
S	25	♈
M	26	♈
D	27	♈
M	28	♉
D	29	♉
F	30	♊
S	31	♊

April

S	1	♋
M	2	♋
D	3	♌
M	4	♌
D	5	♍
F	6	♍
S	7	♎
S	8	♎
M	9	♏
D	10	♏
M	11	♏
D	12	♐
F	13	♐
S	14	♑
S	15	♑
M	16	♑
D	17	♒
M	18	♒
D	19	♓
F	20	♓
S	21	♓
S	22	♈
M	23	♈
D	24	♉
M	25	♉
D	26	♊
F	27	♊
S	28	♋
S	29	♋
M	30	♌

Mai

D	1	♌
M	2	♌
D	3	♍
F	4	♍
S	5	♎
S	6	♎
M	7	♏
D	8	♏
M	9	♐
D	10	♐
F	11	♑
S	12	♑
S	13	♑
M	14	♒
D	15	♒
M	16	♓
D	17	♓
F	18	♓
S	19	♈
S	20	♈
M	21	♉
D	22	♉
M	23	♊
D	24	♊
F	25	♊
S	26	♋
S	27	♋
M	28	♌
D	29	♌
M	30	♍
D	31	♍

Juni

F	1	♎
S	2	♎
S	3	♏
M	4	♏
D	5	♐
M	6	♐
D	7	♐
F	8	♑
S	9	♑
S	10	♒
M	11	♒
D	12	♒
M	13	♓
D	14	♓
F	15	♈
S	16	♈
S	17	♈
M	18	♉
D	19	♉
M	20	♊
D	21	♊
F	22	♋
S	23	♋
S	24	♌
M	25	♌
D	26	♍
M	27	♍
D	28	♎
F	29	♎
S	30	♏

Juli

S	1	♏
M	2	♏
D	3	♐
M	4	♐
D	5	♑
F	6	♑
S	7	♒
S	8	♒
M	9	♒
D	10	♓
M	11	♓
D	12	♓
F	13	♈
S	14	♈
S	15	♉
M	16	♉
D	17	♊
M	18	♊
D	19	♋
F	20	♋
S	21	♌
S	22	♌
M	23	♍
D	24	♍
M	25	♎
D	26	♎
F	27	♎
S	28	♏
S	29	♏
M	30	♐
D	31	♐

August

M	1	♑
D	2	♑
F	3	♑
S	4	♒
S	5	♒
M	6	♓
D	7	♓
M	8	♓
D	9	♈
F	10	♈
S	11	♉
S	12	♉
M	13	♉
D	14	♊
M	15	♊
D	16	♋
F	17	♋
S	18	♌
S	19	♌
M	20	♍
D	21	♍
M	22	♎
D	23	♎
F	24	♏
S	25	♏
S	26	♐
M	27	♐
D	28	♐
M	29	♑
D	30	♑
F	31	♒

September

S	1	♒
S	2	♒
M	3	♓
D	4	♓
M	5	♈
D	6	♈
F	7	♈
S	8	♉
S	9	♉
M	10	♊
D	11	♊
M	12	♋
D	13	♋
F	14	♌
S	15	♌
S	16	♍
M	17	♍
D	18	♎
M	19	♎
D	20	♏
F	21	♏
S	22	♐
S	23	♐
M	24	♐
D	25	♑
M	26	♑
D	27	♒
F	28	♒
S	29	♒
S	30	♓

Oktober

M	1	♓
D	2	♈
M	3	♈
D	4	♈
F	5	♉
S	6	♉
S	7	♊
M	8	♊
D	9	♋
M	10	♋
D	11	♋
F	12	♌
S	13	♌
S	14	♍
M	15	♍
D	16	♎
M	17	♎
D	18	♏
F	19	♏
S	20	♐
S	21	♐
M	22	♑
D	23	♑
M	24	♑
D	25	♒
F	26	♒
S	27	♓
S	28	♓
M	29	♓
D	30	♈
M	31	♈

November

D	1	♉
F	2	♉
S	3	♊
S	4	♊
M	5	♊
D	6	♋
M	7	♋
D	8	♌
F	9	♌
S	10	♍
S	11	♍
M	12	♎
D	13	♎
M	14	♏
D	15	♏
F	16	♐
S	17	♐
S	18	♐
M	19	♑
D	20	♑
M	21	♒
D	22	♒
F	23	♓
S	24	♓
S	25	♓
M	26	♈
D	27	♈
M	28	♉
D	29	♉
F	30	♉

Dezember

S	1	♊
S	2	♊
M	3	♋
D	4	♋
M	5	♌
D	6	♌
F	7	♍
S	8	♍
S	9	♎
M	10	♎
D	11	♏
M	12	♏
D	13	♏
F	14	♐
S	15	♐
S	16	♑
M	17	♑
D	18	♒
M	19	♒
D	20	♒
F	21	♓
S	22	♓
S	23	♈
M	24	♈
D	25	♈
M	26	♉
D	27	♉
F	28	♊
S	29	♊
S	30	♋
M	31	♋

2002

Januar

D	1	♌
M	2	♌
D	3	♍
F	4	♍
S	5	♍
S	6	♎
M	7	♎
D	8	♏
M	9	♏
D	10	♐
F	11	♐
S	12	♑
S	13	♑
M	14	♑
D	15	♒
M	16	♒
D	17	♓
F	18	♓
S	19	♓
S	20	♈
M	21	♈
D	22	♉
M	23	♉
D	24	♉
F	25	♊
S	26	♊
S	27	♋
M	**28**	**♋**
D	29	♌
M	30	♌
D	31	♍

Februar

F	1	♍
S	2	♎
S	3	♎
M	4	♏
D	5	♏
M	6	♐
D	7	♐
F	8	♑
S	9	♑
S	10	♑
M	11	♒
D	12	♒
M	13	♓
D	14	♓
F	15	♓
S	16	♈
S	17	♈
M	18	♉
D	19	♉
M	20	♉
D	21	♊
F	22	♊
S	23	♋
S	24	♋
M	25	♌
D	26	♌
M	**27**	**♍**
D	28	♍

März

F	1	♎
S	2	♎
S	3	♏
M	4	♏
D	5	♐
M	6	♐
D	7	♐
F	8	♑
S	9	♑
S	10	♒
M	11	♒
D	12	♒
M	13	♓
D	14	♓
F	15	♈
S	16	♈
S	17	♈
M	18	♉
D	19	♉
M	20	♊
D	21	♊
F	22	♊
S	23	♋
S	24	♋
M	25	♌
D	26	♌
M	27	♍
D	**28**	**♍**
F	29	♎
S	30	♎
S	31	♏

April

M	1	♏
D	2	♐
M	3	♐
D	4	♑
F	5	♑
S	6	♒
S	7	♒
M	8	♒
D	9	♓
M	10	♓
D	11	♈
F	12	♈
S	13	♈
S	14	♉
M	15	♉
D	16	♊
M	17	♊
D	18	♊
F	19	♋
S	20	♋
S	21	♌
M	22	♌
D	23	♍
M	24	♍
D	25	♎
F	26	♎
S	**27**	**♏**
S	28	♏
M	29	♐
D	30	♐

Mai

M	1	♑
D	2	♑
F	3	♑
S	4	♒
S	5	♒
M	6	♓
D	7	♓
M	8	♓
D	9	♈
F	10	♈
S	11	♉
S	12	♉
M	13	♉
D	14	♊
M	15	♊
D	16	♋
F	17	♋
S	18	♌
S	19	♌
M	20	♍
D	21	♍
M	22	♍
D	23	♎
F	24	♎
S	25	♏
S	**26**	**♏**
M	27	♐
D	28	♐
M	29	♑
D	30	♑
F	31	♒

Juni

S	1	♒
S	2	♓
M	3	♓
D	4	♓
M	5	♈
D	6	♈
F	7	♈
S	8	♉
S	9	♉
M	10	♊
D	11	♊
M	12	♋
D	13	♋
F	14	♌
S	15	♌
S	16	♌
M	17	♍
D	18	♍
M	19	♎
D	20	♎
F	21	♏
S	22	♏
S	23	♐
M	**24**	**♐**
D	25	♑
M	26	♑
D	27	♒
F	28	♒
S	29	♒
S	30	♓

Juli

M	1	♓
D	2	♈
M	3	♈
D	4	♈
F	5	♉
S	6	♉
S	7	♊
M	8	♊
D	9	♊
M	10	♋
D	11	♋
F	12	♌
S	13	♌
S	14	♍
M	15	♍
D	16	♎
M	17	♎
D	18	♏
F	19	♏
S	20	♐
S	21	♐
M	22	♑
D	23	♑
M	**24**	**♑**
D	25	♒
F	26	♒
S	27	♓
S	28	♓
M	29	♓
D	30	♈
M	31	♈

August

D	1	♉
F	2	♉
S	3	♉
S	4	♊
M	5	♊
D	6	♋
M	7	♋
D	8	♌
F	9	♌
S	10	♍
S	11	♍
M	12	♎
D	13	♎
M	14	♏
D	15	♏
F	16	♐
S	17	♐
S	18	♐
M	19	♑
D	20	♑
M	21	♒
D	**22**	**♒**
F	23	♓
S	24	♓
S	25	♓
M	26	♈
D	27	♈
M	28	♉
D	29	♉
F	30	♉
S	31	♊

September

S	1	♊
M	2	♋
D	3	♋
M	4	♋
D	5	♌
F	6	♌
S	7	♍
S	8	♍
M	9	♎
D	10	♎
M	11	♏
D	12	♏
F	13	♐
S	14	♐
S	15	♑
M	16	♑
D	17	♒
M	18	♒
D	19	♒
F	20	♓
S	**21**	**♓**
S	22	♈
M	23	♈
D	24	♈
M	25	♉
D	26	♉
F	27	♊
S	28	♊
S	29	♊
M	30	♋

Oktober

D	1	♋
M	2	♌
D	3	♌
F	4	♍
S	5	♍
S	6	♎
M	7	♎
D	8	♏
M	9	♏
D	10	♐
F	11	♐
S	12	♑
S	13	♑
M	14	♑
D	15	♒
M	16	♒
D	17	♓
F	18	♓
S	19	♈
S	20	♈
M	**21**	**♈**
D	22	♉
M	23	♉
D	24	♉
F	25	♊
S	26	♊
S	27	♋
M	28	♋
D	29	♌
M	30	♌
D	31	♍

November

F	1	♍
S	2	♍
S	3	♎
M	4	♎
D	5	♏
M	6	♏
D	7	♐
F	8	♐
S	9	♑
S	10	♑
M	11	♒
D	12	♒
M	13	♓
D	14	♓
F	15	♓
S	16	♈
S	17	♈
M	18	♉
D	19	♉
M	**20**	**♉**
D	21	♊
F	22	♊
S	23	♋
S	24	♋
M	25	♋
D	26	♌
M	27	♌
D	28	♍
F	29	♍
S	30	♎

Dezember

S	1	♎
M	2	♏
D	3	♏
M	4	♐
D	5	♐
F	6	♑
S	7	♑
S	8	♒
M	9	♒
D	10	♒
M	11	♓
D	12	♓
F	13	♈
S	14	♈
S	15	♈
M	16	♉
D	17	♉
M	18	♊
D	**19**	**♊**
F	20	♋
S	21	♋
S	22	♋
M	23	♌
D	24	♌
M	25	♍
D	26	♍
F	27	♎
S	28	♎
S	29	♏
M	30	♏
D	31	♐

2003

Januar

M	1	♐
D	2	♑
F	3	♑
S	4	♑
S	5	♒
M	6	♒
D	7	♓
M	8	♓
D	9	♈
F	10	♈
S	11	♈
S	12	♉
M	13	♉
D	14	♊
M	15	♊
D	16	♊
F	17	♋
S	**18**	**♋**
S	19	♌
M	20	♌
D	21	♍
M	22	♍
D	23	♎
F	24	♎
S	25	♎
S	26	♏
M	27	♏
D	28	♐
M	29	♐
D	30	♑
F	31	♑

Februar

S	1	♒
S	2	♒
M	3	♓
D	4	♓
M	5	♓
D	6	♈
F	7	♈
S	8	♉
S	9	♉
M	10	♉
D	11	♊
M	12	♊
D	13	♋
F	14	♋
S	15	♋
S	16	♌
M	**17**	**♌**
D	18	♍
M	19	♍
D	20	♎
F	21	♎
S	22	♏
S	23	♏
M	24	♐
D	25	♐
M	26	♑
D	27	♑
F	28	♒

März

S	1	♒
S	2	♒
M	3	♓
D	4	♓
M	5	♈
D	6	♈
F	7	♈
S	8	♉
S	9	♉
M	10	♊
D	11	♊
M	12	♊
D	13	♋
F	14	♋
S	15	♌
S	16	♌
M	17	♍
D	**18**	**♍**
M	19	♎
D	20	♎
F	21	♏
S	22	♏
S	23	♐
M	24	♐
D	25	♑
M	26	♑
D	27	♑
F	28	♒
S	29	♒
S	30	♓
M	31	♓

April

D	1	♈
M	2	♈
D	3	♈
F	4	♉
S	5	♉
S	6	♊
M	7	♊
D	8	♊
M	9	♋
D	10	♋
F	11	♌
S	12	♌
S	13	♌
M	14	♍
D	15	♍
M	**16**	**♎**
D	17	♎
F	18	♏
S	19	♏
S	20	♐
M	21	♐
D	22	♑
M	23	♑
D	24	♒
F	25	♒
S	26	♓
S	27	♓
M	28	♓
D	29	♈
M	30	♈

Mai

D	1	♉
F	2	♉
S	3	♉
S	4	♊
M	5	♊
D	6	♋
M	7	♋
D	8	♋
F	9	♌
S	10	♌
S	11	♍
M	12	♍
D	13	♎
M	14	♎
D	15	♏
F	**16**	**♏**
S	17	♐
S	18	♐
M	19	♑
D	20	♑
M	21	♒
D	22	♒
F	23	♓
S	24	♓
S	25	♓
M	26	♈
D	27	♈
M	28	♉
D	29	♉
F	30	♉
S	31	♊

Juni

S	1	♊
M	2	♋
D	3	♋
M	4	♋
D	5	♌
F	6	♌
S	7	♍
S	8	♍
M	9	♎
D	10	♎
M	11	♏
D	12	♏
F	13	♐
S	**14**	**♐**
S	15	♑
M	16	♑
D	17	♑
M	18	♒
D	19	♒
F	20	♓
S	21	♓
S	22	♈
M	23	♈
D	24	♈
M	25	♉
D	26	♉
F	27	♊
S	28	♊
S	29	♊
M	30	♋

Juli

D	1	♋
M	2	♌
D	3	♌
F	4	♍
S	5	♍
S	6	♍
M	7	♎
D	8	♎
M	9	♏
D	10	♏
F	11	♐
S	12	♐
S	**13**	**♑**
M	14	♑
D	15	♒
M	16	♒
D	17	♓
F	18	♓
S	19	♈
S	20	♈
M	21	♈
D	22	♉
M	23	♉
D	24	♊
F	25	♊
S	26	♊
S	27	♋
M	28	♋
D	29	♌
M	30	♌
D	31	♌

August

F	1	♍
S	2	♍
S	3	♎
M	4	♎
D	5	♏
M	6	♏
D	7	♐
F	8	♐
S	9	♑
S	10	♑
M	11	♒
D	**12**	**♒**
M	13	♒
D	14	♓
F	15	♓
S	16	♈
S	17	♈
M	18	♉
D	19	♉
M	20	♉
D	21	♊
F	22	♊
S	23	♋
S	24	♋
M	25	♋
D	26	♌
M	27	♌
D	28	♍
F	29	♍
S	30	♎
S	31	♎

September

M	1	♏
D	2	♏
M	3	♐
D	4	♐
F	5	♑
S	6	♑
S	7	♑
M	8	♒
D	9	♒
M	**10**	**♓**
D	11	♓
F	12	♈
S	13	♈
S	14	♈
M	15	♉
D	16	♉
M	17	♊
D	18	♊
F	19	♊
S	20	♋
S	21	♋
M	22	♌
D	23	♌
M	24	♍
D	25	♍
F	26	♎
S	27	♎
S	28	♏
M	29	♏
D	30	♏

Oktober

M	1	♐
D	2	♐
F	3	♑
S	4	♑
S	5	♒
M	6	♒
D	7	♓
M	8	♓
D	9	♈
F	**10**	**♈**
S	11	♈
S	12	♉
M	13	♉
D	14	♊
M	15	♊
D	16	♊
F	17	♋
S	18	♋
S	19	♌
M	20	♌
D	21	♌
M	22	♍
D	23	♍
F	24	♎
S	25	♎
S	26	♏
M	27	♏
D	28	♐
M	29	♐
D	30	♑
F	31	♑

November

S	1	♒
S	2	♒
M	3	♓
D	4	♓
M	5	♓
D	6	♈
F	7	♈
S	8	♉
S	**9**	**♉**
M	10	♉
D	11	♊
M	12	♊
D	13	♋
F	14	♋
S	15	♋
S	16	♌
M	17	♌
D	18	♍
M	19	♍
D	20	♎
F	21	♎
S	22	♏
S	23	♏
M	24	♐
D	25	♐
M	26	♑
D	27	♑
F	28	♒
S	29	♒
S	30	♒

Dezember

M	1	♓
D	2	♓
M	3	♈
D	4	♈
F	5	♉
S	6	♉
S	7	♉
M	**8**	**♊**
D	9	♊
M	10	♊
D	11	♋
F	12	♋
S	13	♌
S	14	♌
M	15	♍
D	16	♍
M	17	♍
D	18	♎
F	19	♎
S	20	♏
S	21	♏
M	22	♐
D	23	♐
M	24	♑
D	25	♑
F	26	♒
S	27	♒
S	28	♓
M	29	♓
D	30	♈
M	31	♈

2004

Januar			Februar			März			April			Mai			Juni		
D	1	♈	S	1	♊	M	1	♋	D	1	♌	S	1	♍	D	1	♏
F	2	♉	M	2	♊	D	2	♋	F	2	♌	S	2	♎	M	2	♏
S	3	♉	D	3	♋	M	3	♋	S	3	♍	M	3	♎	D	3	♐
S	4	♊	M	4	♋	D	4	♌	S	4	♍	D	4	♏	F	4	♐
M	5	♊	D	5	♋	F	5	♌	M	5	♎	M	5	♏	S	5	♑
D	6	♊	F	6	♌	S	6	♍	D	6	♎	D	6	♐	S	6	♑
M	7	♋	S	7	♌	S	7	♍	M	7	♏	F	7	♐	M	7	♒
D	8	♋	S	8	♍	M	8	♎	D	8	♏	S	8	♑	D	8	♒
F	9	♌	M	9	♍	D	9	♎	F	9	♐	S	9	♑	M	9	♓
S	10	♌	D	10	♎	M	10	♎	S	10	♐	M	10	♒	D	10	♓
S	11	♌	M	11	♎	D	11	♏	S	11	♑	D	11	♒	F	11	♈
M	12	♍	D	12	♏	F	12	♏	M	12	♑	M	12	♒	S	12	♈
D	13	♍	F	13	♏	S	13	♐	D	13	♒	D	13	♓	S	13	♈
M	14	♎	S	14	♐	S	14	♐	M	14	♒	F	14	♓	M	14	♉
D	15	♎	S	15	♐	M	15	♑	D	15	♓	S	15	♈	D	15	♉
F	16	♏	M	16	♐	D	16	♑	F	16	♓	S	16	♈	M	16	♊
S	17	♏	D	17	♑	M	17	♒	S	17	♓	M	17	♉	D	17	♊
S	18	♐	M	18	♑	D	18	♒	S	18	♈	D	18	♉	F	18	♊
M	19	♐	D	19	♒	F	19	♓	M	19	♈	M	19	♉	S	19	♋
D	20	♑	F	20	♒	S	20	♓	D	20	♉	D	20	♊	S	20	♋
M	21	♑	S	21	♓	S	21	♈	M	21	♉	F	21	♊	M	21	♌
D	22	♒	S	22	♓	M	22	♈	D	22	♉	S	22	♋	D	22	♌
F	23	♒	M	23	♈	D	23	♈	F	23	♊	S	23	♋	M	23	♌
S	24	♓	D	24	♈	M	24	♉	S	24	♊	M	24	♋	D	24	♍
S	25	♓	M	25	♉	D	25	♉	S	25	♋	D	25	♌	F	25	♍
M	26	♓	D	26	♉	F	26	♊	M	26	♋	M	26	♌	S	26	♎
D	27	♈	F	27	♉	S	27	♊	D	27	♋	D	27	♍	S	27	♎
M	28	♈	S	28	♊	S	28	♊	M	28	♌	F	28	♍	M	28	♏
D	29	♉	S	29	♊	M	29	♋	D	29	♌	S	29	♍	D	29	♏
F	30	♉				D	30	♋	F	30	♍	S	30	♎	M	30	♐
S	31	♉				M	31	♌				M	31	♎			

Juli			August			September			Oktober			November			Dezember		
D	1	♐	S	1	♒	M	1	♈	F	1	♉	M	1	♊	M	1	♋
F	2	♑	M	2	♒	D	2	♈	S	2	♉	D	2	♋	D	2	♌
S	3	♑	D	3	♓	F	3	♈	S	3	♊	M	3	♋	F	3	♌
S	4	♒	M	4	♓	S	4	♉	M	4	♊	D	4	♋	S	4	♍
M	5	♒	D	5	♈	S	5	♉	D	5	♊	F	5	♌	S	5	♍
D	6	♓	F	6	♈	M	6	♊	M	6	♋	S	6	♌	M	6	♍
M	7	♓	S	7	♉	D	7	♊	D	7	♋	S	7	♍	D	7	♎
D	8	♈	S	8	♉	M	8	♋	F	8	♌	M	8	♍	M	8	♎
F	9	♈	M	9	♉	D	9	♋	S	9	♌	D	9	♎	D	9	♏
S	10	♈	D	10	♊	F	10	♋	S	10	♌	M	10	♎	F	10	♏
S	11	♉	M	11	♊	S	11	♌	M	11	♍	D	11	♎	S	11	♐
M	12	♉	D	12	♋	S	12	♌	D	12	♍	F	12	♏	S	12	♐
D	13	♊	F	13	♋	M	13	♍	M	13	♎	S	13	♏	M	13	♑
M	14	♊	S	14	♋	D	14	♍	D	14	♎	S	14	♐	D	14	♑
D	15	♊	S	15	♌	M	15	♍	F	15	♏	M	15	♐	M	15	♒
F	16	♋	M	16	♌	D	16	♎	S	16	♏	D	16	♑	D	16	♒
S	17	♋	D	17	♍	F	17	♎	S	17	♐	M	17	♑	F	17	♓
S	18	♌	M	18	♍	S	18	♏	M	18	♐	D	18	♒	S	18	♓
M	19	♌	D	19	♎	S	19	♏	D	19	♑	F	19	♒	S	19	♈
D	20	♌	F	20	♎	M	20	♐	M	20	♑	S	20	♓	M	20	♈
M	21	♍	S	21	♎	D	21	♐	D	21	♑	S	21	♓	D	21	♈
D	22	♍	S	22	♏	M	22	♑	F	22	♒	M	22	♈	M	22	♉
F	23	♎	M	23	♏	D	23	♑	S	23	♒	D	23	♈	D	23	♉
S	24	♎	D	24	♐	F	24	♒	S	24	♓	M	24	♈	F	24	♊
S	25	♏	M	25	♐	S	25	♒	M	25	♓	D	25	♉	S	25	♊
M	26	♏	D	26	♑	S	26	♓	D	26	♈	F	26	♉	S	26	♊
D	27	♏	F	27	♑	M	27	♓	M	27	♈	S	27	♊	M	27	♋
M	28	♐	S	28	♒	D	28	♓	D	28	♉	S	28	♊	D	28	♋
D	29	♐	S	29	♒	M	29	♈	F	29	♉	M	29	♋	M	29	♌
F	30	♑	M	30	♓	D	30	♈	S	30	♉	D	30	♋	D	30	♌
S	31	♑	D	31	♓				S	31	♊				F	31	♌